中東鐵道
新聞資料集成

이 도서는 2009년도 정부(교육과학기술부)의 재원으로 한국연구재단의 지원을 받아 출판되었음(NRF-2009-362-A00002).

| 중국관행 자료총서 02 |

中東鐵道
新聞資料集成

김지환 편저

學古房

저자 **김지환(金志煥)**

- 고려대학교 사학과 졸업
- 동대학교 대학원 석사, 박사 졸업
- 중국 푸단대학 역사학박사
- 고려대, 명지대, 서울예술대 강사
- 일본 동경대학 객원연구원
- 고려대 중국학연구소, 평화연구소 연구교수
- 고려대 아세아문제연구소 HK연구교수
- 인천대 인문학연구소 교수
- 현재 인천대 중국학술원 교수

- 저서

『전후중국경제사(1945-1949)』, 고려대학교출판부, 2009.
『棉紡之戰』, 上海辭書出版社, 2006.
『中國國民政府의 工業政策』, 신서원출판사, 2005.
『中國紡織建設公司硏究』, 復旦大學出版社, 2006.
『철도로 보는 중국역사』, 학고방, 2014.

중국관행자료총서 02
중동철도신문자료집성

초판 인쇄 2015년 4월 03일
초판 발행 2015년 4월 10일

중국관행연구총서 · 중국관행자료총서 편찬위원회
위 원 장 | 장정아
부위원장 | 안치영
위   원 | 장정아, 김지환, 박경석, 송승석

편   저 | 김지환
펴 낸 이 | 하운근
펴 낸 곳 | 學古房

주   소 | 서울시 은평구 대조동 213-5 우편번호 122-843
전   화 | (02)353-9907 편집부(02)353-9908
팩   스 | (02)386-8308
홈페이지 | http://hakgobang.co.kr/
전자우편 | hakgobang@naver.com, hakgobang@chol.com
등록번호 | 제311-1994-000001호

ISBN   978-89-6071-488-5 94910
            978-89-6071-320-8 (세트)

값 : 32,000원

이 도서의 국립중앙도서관 출판시도서목록(CIP)은 서지정보유통지원시스템 홈페이지(http://seoji.nl.go.kr)와 국가자료공동목록시스템(http://www.nl.go.kr/kolisnet)에서 이용하실 수 있습니다. (CIP제어번호: CIP2015010674)

■ 파본은 교환해 드립니다.

『중국관행자료총서』 간행에 즈음하여

　　한국의 중국연구가 한 단계 심화되기 위해서는 무엇보다 중국사회 전반에 강하게 지속되고 있는 역사와 전통의 무게에 대한 학문적 · 실증적 연구로부터 출발해야 할 것이다. 역사의 무게가 현재의 삶을 무겁게 규정하고 있고, '현재'를 역사의 일부로 인식하는 한편 자신의 존재를 역사의 연속선상에서 발견하고자 하는 경향이 그 어떤 역사체보다 강한 중국이고 보면, 역사와 분리된 오늘의 중국은 상상하기 어렵다. 따라서 중국문화의 중층성에 대한 이해로부터 현대 중국을 이해하고 중국연구의 지평을 심화 · 확대하는 연구방향을 모색해야 할 것이다.

　　근현대 중국 사회 · 경제관행의 조사 및 연구는 중국의 과거와 현재를 모두 잘 살펴볼 수 있는 실사구시적 연구이다. 그리고 이는 추상적 담론이 아니라 중국인의 일상생활을 지속적이고 안정적으로 제어하는 무형의 사회운영시스템인 관행을 통하여 중국사회의 통시적 변화와 지속을 조망한다는 점에서, 인문학적 중국연구와 사회과학적 중국연구의 독자성과 통합성을 조화시켜 중국연구의 새로운 지평을 열 수 있는 최적의 소재라 할 수 있을 것이다. 중층적 역사과정을 통해 형성된 문화적 · 사회적 · 종교적 · 경제적 규범인 사회 · 경제관행 그 자체에 역사성과 시대성이 내재해 있으며, 관행은 인간의 삶이 시대와 사회의 변화에

5

역동적으로 대응하는 양상을 반영하고 있다. 이 점에서 이러한 연구는 적절하고도 실용적인 중국연구라 할 것이다.

『중국관행자료총서』는 중국연구의 새로운 패러다임을 세우기 위한 토대 작업으로 기획되었다. 객관적이고 과학적인 실증 분석이 새로운 이론을 세우는 출발점임은 명확하다. 특히 관행연구는 광범위한 자료의 수집과 분석이 결여된다면 결코 성과를 거둘 수 없는 분야이다. 향후 우리 사업단은 이 분야의 여러 연구 주제와 관련된 자료총서를 지속적으로 발간할 것이며, 이를 통하여 그 성과가 차곡차곡 쌓여 가기를 충심으로 기원한다.

2015년 4월
인천대학교 중국학술원
HK중국관행연구사업단
단장 장정아

저자 서문

『中東鐵道新聞資料集成』

　　근대 중국에서 철도의 부설과 발달은 제국주의 열강의 침략정책과 불가분의 관계를 가지고 있다. 철도 부설권은 단순한 교통운수를 넘어 그것이 관통하는 지역에 대한 광범위한 배타적 지배권을 의미하며, 따라서 철도 부설권의 분포는 바로 각 지역 간 열강의 세력범위를 그대로 보여주고 있다. 일찍이 러시아의 재무상 비테(Witte)가 철도야말로 중국을 평화적으로 정복할 수 있는 수단이라고 갈파한 바와 마찬가지로 철도는 은행과 더불어 제국주의 침략의 상징적 도구였다.

　　열강이 철도 부설권과 경영권을 통해 중국에 대한 지배와 침략을 공고히하였듯이, 러시아 역시 中東鐵道(China Eastern Railway)의 부설을 통해 만주지역에 대한 지배권을 확립할 수 있었다. 청일전쟁 이후 삼국간섭의 대가로 러시아는 1896년의 청러밀약을 통해 중동철도 부설권을 획득하였으며, 1898년 부설에 착수하여 마침내 1902년에 철도 전 구간을 완공하였다. 이와같이 중동철도는 구러시아, 이후 소련이 만주지역에서 세력권을 형성할 수 있었던 근본적인 토대였으며, 대중국정책의 핵심적인 통로였다고 할 수 있다.

　　중동철도는 赤塔에서 시작하여 滿洲里, 海拉爾, 齊齊哈爾, 哈爾濱,

牡丹江, 綏芬河를 거쳐 블라디보스톡에 이르는 시베리아철도 만주통과 노선이다. 이 철도는 中東鐵道, 東淸鐵道, 東支鐵道, 東省鐵道, 北滿鐵道, 長春鐵道 등 여러 명칭으로 불리웠으며, 신해혁명 이후 중국에서는 중동철도, 일본에서는 동지철도라는 명칭으로 많이 불리웠다. 그럼에도 동아시아 각국에서는 동청철도라는 명칭이 여전히 관행적으로 사용되었다. 우리나라에서도 중동철도, 동청철도, 동지철도, 북만철도 등 다양한 명칭으로 불리웠으며, 신해혁명 이후에도 중동철도 외에도 『東亞日報』 등 각종 언론에서 동청철도라는 용어를 병용하였다.

『中東鐵道新聞資料集成』은 인천대학교 중국학술원 중국관행연구사업단의 원문자료집 편찬 및 출판사업의 일환으로 진행되었으며, 중국 동북지역(만주)의 최대 간선철도인 중동철도와 관련된 동아시아 각국의 신문기사를 주제별로 집성한 것이다. 중동철도가 세간의 여론과 신문에서 본격적으로 회자된 것은 일차대전 이후이며, 1935년 소련은 중동철도를 형식적으로 만주국에, 실질적으로 일본에 매각하게 된다. 본 자료집은 주로 1916년부터 1935년까지 한국, 중국, 일본, 소련 등 동아시아 각국의 신문에서 중동철도 관련 신문자료를 집성하였다.

신문자료는 정치, 외교, 경제, 사회, 문화 등 각 방면의 생생한 현장 기록을 담고 있어 특히 근현대사를 연구하기 위한 자료의 보고라 할 수 있다. 중국에서 가장 오랜 전통과 역사를 가진 『申報』를 '중국 근현대사의 백과사전'이라 부르는 데에는 신문자료가 역사연구를 위해 없어서는 안 될 귀중한 사료적 가치를 가지고 있다는 의미가 내포되어 있다. 일본의 경우만 하더라도 3대 신문인 『朝日新聞』(1879년 창간), 『讀賣新聞』(1874년 창간), 『每日新聞』(1882년 창간) 등의 기사를 중심으로 明治, 大正, 昭和 시기의 정치 · 경제 · 사회 · 문화 등 각종 주제와 관련된 『新聞記事資料集成』이 방대하게 편찬되고 있다. 『新聞集成明治編

年史』, 『新聞集成大正編年史』, 『新聞集成昭和編年史』, 『新聞集成昭和史の證言』, 『新聞記事資料集成:貿易編』, 『新聞記事資料集成:企業經營編』, 『近代美術關係新聞記事資料集成』 등은 이미 관련 연구를 진행하기 위해 반드시 검토되어야 할 기본사료로서 높이 평가되고 있다.

중국학의 연구에서 일차사료의 발굴과 그를 통한 연구의 중요성은 새삼 부언할 필요도 없을 것이다. 특히 한국에 있는 중국학 연구자의 일원으로서 중국학에 대한 한국 고유의 시각을 확보하는 것이 얼마나 중요하고도 지난한 일인지를 실감하고 있다. 일례로 역사분야만 하더라도 연구를 위한 사료는 중국을 비롯한 외국에서 편찬되고 출판된 사료집에 다분히 의존해 왔던 것이 사실이다. 그런데 사료집은 그 편찬의 과정에서부터 이미 편찬자의 시각과 그 사회의 필요성을 반영하고 있으며, 이러한 점에서 결과적으로 중국학의 연구를 위한 한국 고유의 시각을 담지하기 어려웠던 것이다. 따라서 일차사료의 발굴과 자료집의 편찬 및 출판, 그리고 그 위에서 이루어지는 연구라는 일련의 과정이 얼마나 중요한지는 아무리 강조해도 지나치지 않을 것이다.

주지하다시피 자료집의 편찬은 투여되는 시간과 노력에 비해 그다지 빛이 나지 않는 지난한 작업이라고 할 수 있다. 그럼에도 불구하고 한국 중국학계의 연구 기반을 마련하기 위해서도 자료의 발굴과 자료집의 편찬 및 출판은 매우 중요한 작업이 아닐 수 없을 것이다. 이러한 취지에서 인천대학교 중국학술원 중국관행연구사업단은 이미 『中國新聞記事資料集成: 『申報』 土地篇(1920年~1933年)』(모두의지혜출판사, 2014.4)과 『中國新聞記事資料集成: 『申報』 土地篇(1934年~1949年)』(모두의지혜출판사, 2014.4), 『中國紡織建設公司理事會會議錄』(학고방출판사, 2015.5) 등 다양한 자료집을 출판한 바 있다.

이러한 연장선상에서 중동철도와 관련된 해당기사를 동아시아 각국의 주요 신문자료로부터 선별한 이후, 오래된 신문지면으로부터 희미해진 글자를 한자 한자 식별하여 활자화하였다. 수년 간에 걸친 각고의 노력을 거친 끝에 마침내 금번 『中東鐵道新聞資料集成』이 출판될 수 있었다. 더욱 의미있는 일은 본서의 편집과정에서 수집된 자료를 바탕으로 중국역사학에서 세계적인 학술지인 『近代史研究』(2015年5期)에 관련 연구성과(金志煥, 「中東鐵路出售的經濟背景」)를 발표할 수 있었다는 사실이다. 본 논문은 기존 이 분야의 전통적인 통설과는 구별되는 그야말로 일차사료의 발굴과 편찬, 출판의 기반 위에서 연구가 진행됨으로써 명실상부하게 중국학에 대한 한국적 고유의 시각을 반영한 것으로서 연구사적 의미가 적지 않다고 감히 평할 수 있다. 향후 본서의 출판을 계기로 이와 관련된 보다 다양하고 진전된 연구가 이루어지기를 바라마지 않는다.

역사적으로 만주는 러시아(소련), 일본, 영국, 미국 등 열강이 이권확보를 위해 치열한 경쟁을 전개했던 지역이었으며, 중동철도는 러시아세력의 상징이었다. 이러한 이유에서 일국의 신문을 중심으로 자료를 선편하는 것은 객관성을 담지하기 어렵다고 생각하여, 일국 중심의 관점과 해석을 넘어 각국 신문보도에서 나타난 다양한 시선과 이해를 제시함으로써 일차사료로서의 객관성을 확보하고자 하였다.

이를 위해 중국에서 가장 오랜 역사와 전통을 가진 『申報』를 비롯하여 중국 동북지역, 즉 만주에서 발행되었던 『滿州日日新聞』, 『滿州日報』, 그리고 일본에서 발행된 『東京朝日新聞』, 『東京日日新聞』, 『時事新報』, 『中外商業新報』, 『大阪毎日新聞』, 『大阪朝日新聞』, 『大阪新報』, 『大正日日新聞』, 『國民新聞』, 『神戸又新日報』, 『神戸新聞』, 『讀賣新聞』, 『報知新聞』, 한국에서 발행된 『京城日報』, 『東亞日報』, 『時代日報』, 그리고 소련 연해주지역의 한인신문인 『先鋒』 등에서 중동철

도와 관련된 주요 기사를 선별하여 한자 한자를 식별하여 활자화하였다. 아무쪼록 본 자료집이 중동철도 문제를 중심으로 만주에서의 각국 간 세력관계의 발자취를 연구하는데 미력이나마 기여하기를 기원한다.

본 사료집은 주제에 따라 신문기사를 분류하여 목차를 구성하였으나, 신문기사의 특성상 사건의 시기별 전개가 매우 중요하므로 주제별 목차 이외에 시기별 목차도 함께 수록하였다. 일부 신문의 기사는 오랜 시간이 지나면서 희미해지거나 훼손되기도 하여 글자 자체를 식별하기 어려운 경우도 있었다. 이러한 부분은 가능한 한 여러 판본을 통해 확인하려 하였으나 마지막까지 확인할 수 없었던 부분은 □으로 표시해 두었다.

마지막으로 본서가 출판되는데 지원을 아끼지 않으신 장정아, 안치영, 신용권 선생님, 그리고 출판을 위해 애써준 송승석 선생님께 감사드리며, 편집과 목차 작성, 대조 등 실무 작업에서 많은 도움을 준 이민주 선생에게도 감사의 마음을 전한다.

2015년 3월 5일
인천 송도에서 金志煥

목 차(주제별)

1 중동철도 개관, 경영 및 수지, 차관

13

2   중동철도의 지배구조와 조직(소유권, 관리권)

3 철도이권 회수운동과 중동로사건

4   중동철도와 소련(러시아)

5　중동철도와 중국

6   만주국과 중동철도

7   열강과 중동철도 공동관리

8   중동철도 매각문제

25

27

9 중동철도와 일본자본 철도와의 대립

29

1

중동철도 개관, 경영
및 수지, 차관

1. 중동철도 개관, 경영 및 수지, 차관(해제)

중동철도(Chinese Eastern Railway)는 삼국간섭의 대가로 체결된 청러밀약에서 러시아에 부설권이 주어졌으며, 러시아는 조약에 근거하여 1898년에 이 철도의 부설에 착수하여 마침내 1902년에 전 구간을 완공하였다. 중동철도는 赤塔에서 시작하여 만주리, 海拉爾, 치치하얼, 하얼빈, 牧丹江, 綏芬河를 거쳐 블라디보스톡에 이르는 총연장 1,760킬로미터의 시베리아철도 만주 통과노선이다.

이 철도는 동청철도, 동지철도, 동성철도, 중동철도, 북만철도, 장춘철도 등 여러 명칭으로 불리웠으며, 신해혁명 이후 중국에서는 중동철도, 일본에서는 동지철도라는 명칭이 많이 사용되었다. 그럼에도 동아시아 각국에서는 동청철도라는 명칭이 여전히 관행적으로 병용되었다. 우리나라에서도 중동철도, 동청철도, 동지철도, 북만철도 등 다양한 명칭으로 불리웠다.

중동철도의 부설과 관련된 역사적 경위를 간단히 살펴보면 다음과 같다. 러시아는 크림전쟁(1853-1856)에서의 패배로 유럽으로의 팽창에 타격을 입은 이후 자신의 외교적 역량을 극동으로 전환시키기 시작하였다. 1861년 3월 알렉산드르 2세가 농노해방을 단행하고, 같은해 4월 27일 이민법을 반포한 이후 러시아농민은 유럽령 러시아로부터 본격적으로 동쪽으로 이주하기 시작하였다. 이러한 배경 하에서 식민정책을 추진하기 위한 필요에서 시베리아 횡단철도를 부설해야 한다는 주장이 부단히 제기되었다. 1890년 아무르구역 행정장관 코르프(Korff)는 짜르에게 시베리아철도를 부설하여 블라디보스톡과 남우수리지역을 방어하는 일이 시급하다고 보고하였다. 1891년 2월 21일 내각회의에서 짜르는 시베리아철도를 시급히 부설하도록 지시하였으며, 마침내 같은해 3월 31일 서둘러 착공에 들어가게 되었다.

한편, 중국에서는 청일전쟁을 계기로 전통적인 중영 간의 외교관계에 큰 변화가 발생하게 되는데, 이는 영국의 동방정책과 밀접한 관계를 가지고 있었다. 일본이 동방에서 세력을 확대해 나가자, 영국은 전통적인 러시아의 남진 저지정책의 일환으로 만주 등 동방에서 러시아와 이해가 상충되는 일본을 동방의 맹방으로 부식하기로 결정하였다. 이에 중국은 영러 간의 전통적인 대립관계를 의식하여 러시아를 끌어들여 영국과 일본을 견제하려는 정책을 구사하게 되었다. 중국은 주중 러시아공사를 통해 청일전쟁의 중재를 요청하였으며, 러시아는 청러밀약을 통해 시베리아철도의 만주 통과노선, 즉 중동철도의 부설권을 중국으로부터 획득할 수 있었던 것이다.

중국대표로 러시아에 파견된 이홍장은 일본의 침략으로부터 국방상의 안전을 도모하기 위해 청러군사동맹을 체결하는 것이 매우 긴요한 과제라고 인식하였다. 러시아 역시 청러밀약의 협상 과정에서 만일 중동철도 부설권의 공여를 수용하지 않을 경우 중국에 대한 원조가 불가능하다고 이홍장을 설득하였다. 결국 러시아는 중국에 대한 군사적 지원을 대가로 중동철도 부설권을 획득하게 되었다.

중동철도를 부설하고 관리하기 위해 러시아는 1896년 12월 중동철도공사를 설립하였으며, 중국에서는 이를 大淸東省稽査鐵路進款公司라 명명하였다. 이 회사는 설립 당초부터 러시아정부와 불가분의 관계를 가지고 있었다. 다시 말해 러시아정부는 이 회사를 통해 중동철도의 부설과 경영에 긴밀히 관여하고 있었던 것이다. 설립 당시 조례에 따라 회사의 자본금 500만 루블은 러시아정부의 보증 하에 러청은행을 기관은행으로 채권을 발행하여 조달하였다. 500만 루블은 먼저 주식으로 발행되었으며, 발행된 주식은 러청은행에 의해 다시 매입된 이후 러시아국립은행에 보관되었다. 더욱이 중동철도의 부설을 위해 러시아는 총 6억 6,200만 루블을 국고에서 지출하였으며, 이밖에도 매년 약 2천만 루블을 보조하였다. 이와같이 이 회사는 사실상 러시아 대장성에 의해 설립되고 운영된 기업이었으며, 재원의 조달은 러청은행의 감독권을 가진 러시아 대장대신의 통제 하에 있었다. 따라서 공사는 명의상 철도회사이지만 실제로는 러시아정부의 직영이라고 할 수 있다.

철도를 경영하기 위해 외면상 기업의 형식을 취한 것은 러시아정부의 직접적인 개입을 통한 만주지역의 지배를 노골적으로 드러내지 않으면서도 실질적으로 이를 관철시키기 위한 방편이었다고 할 수 있다. 이러한 형식은 영국의 동인도회사나 일본의 남만주철도주식회사에서도 마찬가지로 취해졌다. 러시아는 중동철도의 부설권과 함께 이에 부속되는 다음과 같은 수많은 권리를 획득하였다.

첫째, 철도 수비권이다. 중동철도 부설권 및 경영에 관한 협약 제5조에 따라 러시아는 철도 연변에 수비병을 배치할 수 있는 권리를 획득하였다. 이에 따라 1897년 500명의 수비병을 배치하기 시작한 이후, 1900년에는 의화단사건을 빌미로 크게 증원하여 1901년 1월에는 종래 철도수비대를 흑룡강수비대로 개편하여 모두 2만 5천 명으로 증원하였다.

둘째, 철도 부속지 수용권이다. 즉 협약의 제6조에 따라 철도 부지뿐 아니라 점차 철도 부속지를 확대해 나갔다.

셋째, 면세 특권이다. 철도 운수를 통해 발생하는 일체의 수입에 대해 세금의 부과를 면제하고, 철도의 부설, 경영 및 수리에 필요한 부속 및 재료에 대한 모든 관세 및 내국과금, 세금을 면제하였다.

넷째, 부속지의 행정권이다. 즉 협약의 제6조 가운데 "공사는 부속토지에 대해 절대적, 배타적 행정권을 행사한다"라는 규정에 따라 1)민정과(경찰 포함), 2)토지과, 3)대중교섭과, 4)교육과, 5)사원과, 6)신문발행과, 7)의무위생과, 8)금수방역과 등을 설치하였다.

다섯째, 광산 채굴권이다. 중동철도 부설 경영 협약에 의거하여 철도 양변 30리 이내의 지역에서 채굴권을 우선적으로 독점하며, 이에 따라 길림성 및 흑룡강성 내의 탄광 시추 및 채굴권을 획득하였다.

여섯째, 삼림 벌채권이다. 협약 제6조에 의거하여 철도 부설의 진전과 함께 연료대책으로 강구된 조항이다. 실제로 1904년에는 흑룡강성 내 삼림 벌채 계약이 체결되었으며, 1907년에는 길림성 내 삼림 벌채 계약이 체결되었다.

그러나 1920년대 말부터 중동철도의 경영이 악화되면서 재정적자가 가중되었다. 이러한 이유는 중국 동북지역에서 각 철도의 개통이 본격화되면서 중동철도의 수송 분담률이 저하된 것이 주요한 원인이었으며, 더욱이 세계공황, 중소관계의 악화 등이 이러한 어려움을 가중시켰다. 중동철도는 1927년부터 점차 재정이 악화되기 시작하였으며, 1930년 가을이 되면 영업이익이 급감하여 종업원들의 임금을 지불할 수 없을 정도가 되어 결국 러청은행으로부터 300만 루블의 차관을 도입하여 급한 불을 끌 정도에 이르렀다.

이러한 결과 종업원을 대폭 정리, 감원하면서 이들에 대한 퇴직수당의 지불 정지, 신규사업 및 각종 재료 구입의 정지를 비롯하여 긴축정책을 시행하지 않을 수 없었다. 당초 5,600만 루블로 예상되었던 수입이 실제로는 3,200만 루블 이하로 축소되었음에도 불구하고 지출 총계는 영업비 및 비영업비를 합쳐 4,100만 루블 이상에 달하였으며, 결국 약 1천 만 루블의 적자가 발생되어 재정난이 더욱 심화되었다.

1931년 4월 중 철도노동자들은 연일 철도국 앞에 모여 구제금의 지급을 요구하는 시위를 전개하였다. 회사는 모든 노동자들에게 1개월 동안의 무급휴가를 주어 부족한 예산을 절감하고자 하였다. 그럼에도 불구하고 1930년대 전반기 내내 중동철도의 경영은 개선되지 못하였다. 중동철도는 1934년 8월분의 예산으로 수입 1,776,000원, 지출 1,117,500원을 책정하였으나, 여객, 화물의 수송이 감소하면서 실제 수입 1,268,000원, 지출 1,532,000원으로 적자를 기록하였다. 이러한 이유로 중동철도는 직공의 임금조차 지불하기 어려웠다. 중동철도공사는 경영난을 해소하기 위해 일본을 비롯한 각국으로부터 차관을 도입하기 위해 다대한 노력을 경주하였다. 중동철도 경영의 어려움은 이후 철도 매각의 매우 주요한 원인으로 부상하였다.

여기에서는 각국 신문에서 중동철도의 개관 및 철도가 통과하는 연선지역의 사회경제적 상황, 생산력과 생산 상황, 중동철도의 거점도시인 하얼빈의 화물 수출입 통계를 비롯하여 중동철도공사의 예산 편성, 회사의 경영 및 자금 운용, 운임, 수입과 지출, 화폐본위제도, 철도노동자의 임금 및 노동운동, 경영 악화로 인한 차관의 도입 상황 등과 관련된 각국 신문의 기사를 선별하여 집대성하였다. 이를 통해 중동철도의 경영 추이, 그리고 이에 대한 각국 신문의 논조를 잘 살펴볼 수 있다.

1. 중동철도 개관, 경영 및 수지, 차관

001. 露支鐵道借欵, 東京朝日新聞, 1916.04.02

露支鐵道借欵

△ 北満の鐵道網

三月廿日八月露支間、北満に於る鐵道借欵契約成立したり北京特電に據ば本線、哈爾賓ブラゴヴエシチエンスク間にして別に斎々哈爾に達する支線を含むとの口なりしも本社の確聞する所に據るに此外斎々哈爾伯都納、伯都納哈爾賓及一面坡松花江の三線を含みあり完全に東清黒龍江兩鐵道と松花江とを連絡せしむるものにして其工事竣成の曉には西伯利亞より軍隊軍需品を北満に輸送するにつき殆ど遺憾あらざるべし.

△ 露國の目的如何

上記北満五個の鐵道借欵は我邦が満蒙五鐵道借欵獲得後幾何ならず噂に上りたるものにして露國が該鐵道借欵權を獲得せんとしたるは支那に於いて勢力範圍政策復活したる結果なるに相遠なきも我邦が満蒙五鐵道借欵を獲得せるに刺戟せらるること少からず卽ち當時日露を離間せんとするもの我邦が該鐵道を利用し露國を攻擊すべしとの流言を放ちたるが為め露人の感情を害し俄に之に對抗すべき鐵道として上記の諸線路を案出することとなれり而も其後幾何ならず我邦の真意のある所露人の諒解する所と為りたるのみならず我邦も亦露國の不利と為るべき疑ひある鐵道布設を差控へたるに依り露國の鐵道借欵は暫く聲を潜めたるに歐洲戰乱正に酣にして露國が全力を舉げて交戰に従事せる際俄に北満鐵道借欵成立せるは聊か意外なりと謂うべし外交家中クルベンスキー公使が置土産として締結したるものに係り他意あるにあらずと解し居るも決して斯る單純なる理由により締結せられたるものにあらざるべし.

002. 東清鐵道の價値, 東京日日新聞, 1916.06.27

東清鐵道の價値, 沿線一帶の寶庫

京城に於ける日支鐵道聯絡會議に出席したる後支那滿洲の各鐵道を視察せる大園鐵院監督局長は廿五日午前七時四十分神戸通過歸京せり氏は語りて曰く.(廿五日大阪電報)

近く露國より割讓を受くべき東清鐵道線の長春、第二松花江間は今回親しく視察したるが沿線一帶は滿洲第一の肥沃地と稱せられた大豆其他の産物殆ど無盡藏にして哈爾賓、浦墟間の鐵道貨物の一半は同沿線より出づる大豆及豆粕に依りて滿たされ居れり割讓區域は第二松花江の南岸以南六十餘哩に過ぎざれども從來東清鐵道の經濟は殆ど此區域に於て支へられ露國は此沿線の貨物を浦墟に吸集すべき鐵道政策に基き哈爾賓、浦墟間の運賃よりも却て長春以北と浦墟間の運賃を低廉にして以て同地方貨物の我南滿鐵道に吸集さるるを防ぎ居たる程なれば今後同線を南滿鐵道に併せ其貨物を我に吸集するに至らば我國の受くべき利益は實に莫大なるものあらん而して露都に於ける同協約の調印は尚多少の時日を要すべきも露國側に於ても亦同線に就て頻りに調査をなしつつありたり同鐵道の讓受價格は尚言明すべき時機に達せざれども貴紙の報道とさして大なる徑庭なかるべし即ち之に依れば一哩二十餘萬圓に當れり一部人士の中には或は高價に失する如く唱ふるものあれど开は同鐵道の實際的價値を知らざる者の言にして予は寧ろ低廉なにと思ふものなり愈露國より讓り.

003. 東鐵と哈爾賓, 滿洲日日新聞, 1917.07.06

東鐵と哈爾賓, 最近四年間の統計

東清鐵道は千九百十三年即ち歐洲戰爭未だ開始せられざりし大正二年には七十一億十萬二千四百八十六布度の貨物を輸送せしが千九百十四年には減じて六十六億三十一萬三千三百六十二布度となり千九

百十五年には急速に増加して百十億六十六萬七千零七十七布度に上り昨千九百十六年中には更に激増して百二十七億三十五萬七千百八十九布度に達せり而して哈爾賓仕出貨物は千九百十三年は二十二億十五萬五千百布度千九百十四年は十八億十七萬八千五百四十七布度千九百十五年は二十一億九十四萬千八百八十六布度千九百十六年は七億八十二萬七千八百四十一布度を示し歐戰闌なる去年が遥かに戰前よりも好景氣なることを語りつつあるは注意すべき現象なりといはざるべからず今左に最近四年間の哈市輸出入貨物量を表示すべし.

▶ 輸出（單位布度）

一九一三年

烏蘇里仕向	二八、	四六三、	七一七
後貝加爾仕向	一、	○六二、	二九九
南満仕向	三、	七○二、	九五二

一九一四年

烏蘇里仕向	二四、	六七五、	八九二
後貝加爾仕向	一、	一四四、	四八七
南満仕向	四、	四六五、	九○九

一九一五年

烏蘇里仕向	三五、	五八三、	四二六
後貝加爾仕向	一、	四一○、	八四六
南満仕向	九、	二九四、	七八三

一九一六年

烏蘇里仕向	二七、	八二七、	六四一
後貝加爾仕向	一、	○四七、	○九一
南満仕向	一○、	二七七、	八七八

▶ 輸入

一九一三年

| 烏蘇里積出 | 四、 | 二五四、 | ○四八 |
| 後貝加爾積出 | 一、 | 九八九、 | 六六九 |

南満積出　　　　三、五七三、九二〇
一九一四年
烏蘇里積出　　　三、八二三、二八八
後貝加爾積出　　一、七九一、〇六二
南満積出　　　　七、一四四、〇五二
一九一五年
烏蘇里積出　　　三、三五〇、四〇〇
後貝加爾積出　　一、八三二、〇六一
南満仕出　　　一二、四三四、一六六
一九一六年
烏蘇里積出　　　四、四八〇、八一二
後貝加爾積出　　一、〇五四、三四四
南満積出　　　一一、二八九、七〇八

▶ 經 過 貨 物

烏蘇里より後貝加爾に至るもの
一九一三年　　　四、三二〇、八四〇
一九一六年　　三六、九一八、一一九
後貝加爾より烏蘇里に至るもの
一九一三年　　　一、五八〇、八五〇
一九一六年　　　七、六〇三、七〇八

004. 東淸鐵道罷業實行, 大阪毎日新聞, 1918.05.18

東淸鐵道罷業實行

近因は鐵道学校長殺害事件（長春特電十六日發）

東淸鐵道從業員は十五日午後十二時より十六日午後十二時迄廿四時
間同盟罷業をなす事を決議直に之を實行せり其原因は同鐵道東線
横道河子にある鐵道学校長イマンスキー外一名が何者にか殺害され

たるが彼等は之を以てセミヨノフ軍部下の所得なりと思惟し面もホルワト長官が犯人を逮捕せず且死者に對する處置冷淡なるに憤慨せる結果哈爾賓にある鐵道從業員同盟會本部より同盟罷業を行はん口を各驛長に打電し實行せるものなり之が為十五日午後十時長春發哈爾賓行列車は寛城子驛にて立往生となり十五日午後哈爾賓發列車は同夜十二時半に至り漸く長春に到着せるが從業員等は十五日夜より十六日朝まで各所に集まりて酒を飲み何れも太平樂を唱へ居れり此罷業による東清鐵道の損害は五十萬留なりといへるが其確實なる数字は未だ判明せず尚十六日朝哈爾賓よりの情報によれば同驛は全部閉鎖して從業員一名も居らず寂寞を極め居れりと.

005. 東清罷業の煽動者, 大阪新報, 1918.09.12

東清罷業の煽動者, 某國と獨探との提携説あり

東清鐵道に勃發せる從業員の同盟罷工は四日午後より之を開始し五日には遂に列車の發着を見ずして了り罷工の形勢愈よ擴大し六日に至り電信電話の從業員亦之に參加し事態益々險惡を呈し容易に解決の模様なく漸次政治的色彩を帶び來り其根底頗る輕視すべからざるものあり右原因に關し二三の揣測説あり. (一) は賃金値上げ問題より缺勤者の給料を日割勘定にて支拂ふ事に決議したる為なりと云ひ. (二) は高給者に昇給を行ひ低給者を減給したる為めなりと云ひ. (三) 一説には某國が獨探と提携し彼等を教唆したるに基くと傳へられ果して何れが其真因なるべきや俄に判断し難きも第一説第二説は只に表面上の口實に過ぎざるべく蓋し.
其真因は第三説にある事畧信すべき事由あり某國は夙に鐵道隊員を同鐵道に派遣し種々畫策に怠らざりしのみならず西伯利亞に對する野心遂行上斯る手段に訴ふるに至るは必ず有り得べき事實にして若し果して然りとせば其目的は當然我軍事行動を阻害せんとするに在る事明瞭にして實に言語同斷の輕擧妄動と云ふべし且又最近獨探の活動俄に色彩を加へ來れる場合なるを以て或は獨探の之に參加し

居るやも測り知るべからず何れにしても同鐵道の罷業は我軍事上に
真大の影響を齎らす大問題たるを免れず現に罷業勃發後に於ける我
軍事輸送は直ちに中断さるるの已むなきに至り.

軍隊軍需　品其他は長春驛及寛子城に立往生を為し居れるの有樣なる
を以て日々奉天に到着する後續列車は其出發を見合さざるべからざ
る狀態にあり而も日本が豫め斯る場合に對する準備なかりしは軍事
計畫上の一大失態なると共に如何に同鐵道の管理者が無力なるかを
窺ふに至る此意味よりするも同鐵道の管理權問題は一日も速かに解
決を要ずべきは火を睹るよりも明白なりと云べきなり.

006. 東鐵罷業に就て, 滿洲日日新聞, 1919.08.02

東鐵罷業に就て

長尾半平氏談

哈市北滿ホテル滯在中なる鐵口院理口にして共同管理帝國代表たる
長尾半平氏東鐵罷業問題に付左の如く語れり.

▲ 東鐵罷業は交通運輸と云ふ大切の事業なる丈けに甚だ遺憾の憾み
なり以前より多少此傾向ありしも何口東支鐵道其ものの口叹窮乏の
折柄なれば如何とも為す能はず過ぎ來れるに遂に今日の勃發口見る
に至れるものにして勞働者の要求も無理からぬ事ながら現在東支鐵
道の府政よりせば其今日に至れるも亦已を得ざるなり.

▲ 後員要求罷業勃發す口や東支當事者は勿論我等技術部口口於ても
何とか圓滿解決を為さしめんものとて相當努力をなし既に從事員代
表者即ち支那八十二名露人四名をスチーブンス氏と共に口見せるが
彼等の要求は七ケ條より口れるも其主たる問題は口銀値上に在り彼
等は生活し得る丈けの支口を得たしと云ふに在り尤もなる事なり彼
等從事員の最下級者の得口俸給は約1ケ月三百留に過ぎず然しそれを

オムスク札にて給せらるるが故に現在金貨に換算すれば口に一ケ月七八圓に過ぎざるを以て如何に倹約するも到底七八圓にて生活し得べしとは想はれず.

▲政的不法事情此の如くなるが故に全く生活の危急より生じたる事にして全く政治問題と口口等の關係なく現に支那人が卒先明擔なし居るを見ても瞭然たる口なり然らば一方口へって東支鐵道の現状如何と云ふに東支鐵道の得處の收入總ては全部オムスク札なるが故に之れを舊ロマノフ殘幣と交換せんか其差甚しく.

▲三分の一により相當せざるが故に只だ財政缺乏の同鐵道として到底行ひ得べき問題にもあらず双方實に無理からぬ立場に在れば問題は通貨の安定口るものが口限たるべきもそれらはオムスク政府の問題より解決せざるべからざれば口は吾等の參與すべき事柄にあらざるが故に結局本問題は頗る難問題なり余等は只スチブンス氏と力を併せ一日も早く罷業終熄に努力をせしめても僅少なる南部支線而己にても寸時も早く運轉を口ん事を切口せる次第なり.

▲学生と軍隊而も彼鐵從事員も通学の生徒と軍隊の輸送丈は何とかしませんと云ひ居る様なれども斯の如き事が一日遷延せば夫れ丈双方の不利益なれば早日圓満なる解決を見るに至るべく當事者も口口に勉めつつあり.

007. 中東鐵路之危狀, 申報, 1920.01.08

東三省通訊

中東鐵路之危狀

哈爾濱函云中東鐵路即俗稱之東清鐵路, 根據光緒二十二年所訂之中俄合辦東省鐵路公司合同章程而成立者, 照合同內容完全為中俄兩國合辦, 詎初時俄人野心勃勃, 有清權貴絕不以主權為意, 馴致名義合

辦之路，實際成為俄人獨佔之路有年矣。自前年俄多數派南侵時毆西各國有事於歐陸東亞問題，弗遑顧及俄亦弗能制止我國當局為地面治安計，為合同計，特起而主張合辦之權利，組設東省鐵路督辦公所，在哈爾濱路届内設置員警總局，沿路則派兵護路，既而海參崴各國委員代表集會對於西伯利亞及烏蘇裏中東各路為具體之計畫，而中東一路護路之權完全歸我鮑督辦並組總司令部分段節制矣。

此路俄國方面之主持者為霍爾瓦特，霍氏居東有年，於遠東情形與我國俗尚最為熟悉，軍事方面有謝米諸夫者奔走呼號，欲有所為，而於路務上霍氏實佔優勝，盡其資格最老，名望亦較孚也，最近為俄帖暴落，前值大洋一元有奇之幣現在大帖（即二百五十元，五百元，千元者）僅合銅元一二枚，以致該路收入實不足以抵所出，公司中收存之幣堆積如山，無可動用，幾乎擱淺。上年十一月間議折用金幣，張巡閱使大為反對，因此吉省長官亦不得不隨之而反對，此時俄國勢力至為薄弱，欲自強行諸多窒礙，無如之何。會於上年十二月二十五日霍派拉琴諸夫到吉與鮑督辦磋商加價事宜，其法客車票價照中東鐵路從前金幣價目每俄幣一元由搭客以一元三元五元十元二十五元之羅帛（即羅贊諸夫之幣），或一元三元十元之鐵路與銀行發行之兌換券納之，其貨物運費按照從前價目，每元運費數目用一元三元五元十元二十五元之羅幣或一元三元十元之鐵路與銀行發行之兌換券二十元等，其不足此數者准以數小之幣付納。此議定於上年十二月十八日實行已通令沿路各站矣，距鮑督辦力拒否認開議之頃，幾不能下臺。拉等無可如何聲請。依照合同將公司帳目送呈督辦查核之後再予核准加價，鮑督辦始不反對此議，遂告一段落，拉氏亦於二十八日旋哈現在公司狀況岌岌可危，據長春及吉垣來人云現在吉長兩埠商民因中東路拒收大帖市面大受影響並已請求當道交涉，不知如何結果也。

008. 東支鐵道運輸辦法，大阪朝日新聞，1921.01.08

東支鐵道運輸辦法

チタ政府の讓步 (國際北京五日發)

東支鐵道督辦宋小濂氏は五日政府に對して東支鐵道及び西伯利鐵道の交通開始に關しチタ政府代表との間に左の如き六箇條の臨時辦法を規定したる旨を報し且つ指令を乞ひ來れり

一、先づ貨車を通じて在住支那人及獨口俘虜を救濟す、但し通車度數を決定す.

二、國境の停車場に軍事檢查場を設け支那側これを擔任す.

三、滿洲里の露西亞稅關及び露西亞鐵道工場は國境外に移轉せしむ.

四、右移轉一時不可能の際には支那側は暫時これを保管して作業を停止し其從業員を全部國境外に移送す.

五、露西亞側は車輛が滿洲里に到着し荷下を了らば即時引返すべし.

六、滿洲里に於ける鐵道事務に關しては露西亞側は一切これに干涉するを得ず.

009. 中東路改大洋本位，申報，1921.02.21

中東路改大洋本位

北京電：中東路改大洋本位，英美日三代表不依，華代表約局長謀再進行，並請中央向英美要人疏通。 (二十日下午二鐘)

010. 東支鐵道の現狀，大阪時事新報，1921.04.23

東支鐵道の現狀

長尾委員長談

西伯利亞鐵道監理委員長尾半平氏は家族と共に二十二日朝入港の口
釜連絡船にて着關午後七時十分發列車にて東上せしが氏は山陽ホテ
ル休憩中記者に語る．スチーブンス氏が再び歸るとか歸らぬとか世間
では種々取沙汰されているが自分はスチーブンス氏が再び歸るとす
れば氏の身邊が危いと考へる此間も或る露國人が斯ふ云う噂がある
から多分再び歸つて来ないと噂して居た併し一説には氏が支那の公
使となると云ふ噂も傳えられて居る再び歸るとすれば支那の公使と
なると云ふ説が或は事實となつて現れるかも知れぬ若しそうなれば
支那へ對して亞米利加としては適材を適所に用いるものだと云つて
宜かろう又東支鐵道　と後貝加爾鐵道との聯絡は滿洲里に於て聯絡す
ることになつて居るが今の所後貝加爾へ行くには旅行券を以て行か
ねば通過させないやうに取締つて居る又軍人にしても暗號電報の如
き許されて居なければ歐露方面から来るレニン・トロツキーなどに
關する報道なども果して真を穿ち居るかどうかは考へものである東
支鐵道の現狀に付ては一箇年三千六百萬圓の收入に對し三千四百萬
圓の支出があるから差引二百萬圓の純益があるが其中本社の經費百
萬圓を要するから結局百萬圓　の利益を收めている口である東支鐵道
は口由の負債はあり而も口負債は償還期限にこれを返還しなければ
ならぬ現在は唯此百萬圓で按配して行かなけ口ればならぬといふ
のだから却々心細い萬一從業員にペスト又は同盟罷業が起つた場合
は数百萬圓の損害を受けばければならぬチタよりスバスカヤへ輸送
費八百萬圓其他支那兵輸送二百萬圓は東支鐵道にて當然引受くべき
口のものである即ち支那政府へ支付ふべきの債務があるがそれは無
期限であるらしい詳細は此場合語る自由を有しない又烏蘇里鐵道　の
如き昨年の暮一週間に亘つて約八十輛の貨車客車を口ムール線不通
つてチタに取られて了つた我軍では是等の惡廧を嚴重取締らんとす
るも亞米利加や其他の國が拒むと云ふので却々六ケ敷い又大連でセ

ミヨノフ将軍と會見し食を共にしたが例の問題の金塊も今ではもう深山ある譯ではあるまい併し同将軍にしても将来安樂に暮すと云ふ意であれば萬と云ふ兵を抱いて居るのであるから将軍としては容易に忍びないであらふ例えば騎馬 が昂奮して口の中に藻據き居ると云ふ有様だが再起するに付いても日本の諒解不得なければならぬし支那側に對しては張作霖の了解を得ることも必要であらうセミヨノフ将軍が英雄を慕ふ口り成吉汗の墓地を發掘して英雄に接したなど世間に傳へられて居るから會口した口其真偽を確めた所自分は由野を跋渉することが好きで或る時口の由野を抜渉して居ると口々降雨の為め或る口に潜んで居ると其附近に骨や鐵口などが見受けられたので之を寄集めて研究して見た結果意外にも其處は成吉汗の墓であつたことが判明したので自ら掘つたのではなく天然に掘れ出されて居たのを發見した迄の事であると世間はセミヨノフ将軍と言へば武張つた乱暴者のやうに想ふが決してそうではなく非當に情誼に厚い人で日本にも決して反かないと云ふ堅い口も此情誼に厚い為であらう云々．(下關電話)

011. 瀕死の東支鐵道, 東京朝日新聞, 1921.05.02

瀕死の東支鐵道

軍隊輸送費支拂われず＝新長官は敏腕＝長尾半平氏談

鐵道院理事西伯利駐在鐵道技術官會議委員長尾半平氏は去る二十三日歸朝せるが其談に曰く東支鐵道は財政著しく逼迫し今や瀕死の窮状に陷つて居るが其の原因は聯合軍が彼の様に深山の軍隊を輸送しながら其輸送運賃を未だに支拂はないからである．日本は 一千二百萬圓支拂濟で残額百萬圓ばかりはまだ支拂つてない日本は一番多数の軍隊を動かしたので日本の支拂額が從つて最も多額である次はチエツクで第三位は支那であるチエツクの支拂ふべき金額は七百数十萬圓に達し支那は多分二百五十萬圓以上であらう現在でも支那は沿線守備の為に沢山の兵員を動かして居るから支那は最早三百萬圓

以上に為つたであらう佛國は九十萬圓位あり是等の輸送費は一文も支拂つていない支拂口なのは日、英、米、伊、の諸國である其他にも小國の未拂はあるが小額であるから別段の事はない以上の債權は總額一千二百萬圓に達する斯様に巨額の債權が果して何時頃支拂はれるかは全然不明であるのに引換え債務は利子と共に益増加するのみであるから如何に口腕の財政家と雖も之を能くすることは六ケ口い併し會社が今日の窮状を招いたのは思想上の問題も手傳つて居口夫は頻繁に惹起せしめられたる現業員ストライキにより待遇が極度　に昂上された事である現に昨一箇年間に約三〇となつたのに見るも明白である現業員は二萬八千人あるが其一人平均給料は六十五圓となつて居る日本内地の鐵道現業員の平均給料は二十三圓で支那は十八圓有名な滿鐵の待遇でも三十八圓である滿鐵は日本人の外國勤務たる關係であるから他とは事情が遠ふ土口の露人支那人を使役する東支鐵道の六十五圓は如何に高給を與え居るかが判る然も彼等の日常食料品たるパン卵等は日本人常食品たる米口に比して口に低口である斯の如き現業員の厚遇と軍事費の不拂と世界的財界不況とを受けて東支鐵道は全く進退口まつて仕舞つた其の戰前は日本の東海道線の倍以上の利益を舉げ一箇年一千哩の鐵道で四千萬圓の純益を獲た鐵道である沿線の原野山林等は未開發の状態にある許りでなく林産礦産農産が豐富であるから前途は悲觀する口はない幸ひに新長官オスツローモスは鐵道に永き經驗を有ち有名なスタヘース商會の支配人より長官に推されたる非當に鐵腕家であるから大債務に苦しむ東支鐵道を必ずや復活　させる事と信ずる現に三百萬圓を要した重役費を八十萬圓に節約整理した口前を見ても判る新長官は米國委員等よりも口口せられつつあるが余も又至極同感である東支鐵道の財政救濟に就ては予も技術官會議に提案をした西伯利の現状に於て最も不評判なるは支那裁判官の仕打であつて露國人は非常に支那人を怨み頻に裁判上の不平を訴へて居る云々.

012. 東支鐵道廳から日本へ借欵の交渉, 大阪毎日新聞, 1921.05.20

東支鐵道廳から日本へ借欵の交渉
諾否は猶未定なるが應ずるとせば
長春哈爾賓線の改修を條件とせん
支那及投資諸國關係に就き考慮中

東支鐵道經營難の爲め同鐵道口から日本へ向つて借欵の交渉中である日本が之に應ずるや否やは未だ決定せぬが若し貸付くる事となれば長春哈爾賓線の改修を條件とするであらう此支線は滿鐵と是非共運轉系統を等うする必要があり多年日本と露支間の懸案となつて居る問題である即ち滿鐵の經濟的自衛策から東支線の長春驛ご滿鐵終點の頭口溝驛とな連結し軌道の統一及び運貨協定を爲さねば北滿の物資が總て放散して滿鐵は立往かぬのである辨し東支鐵道廳の右の提議は層聽と支那交通總長との暫定協約に依つて或る程度の監督權を有する支那側との關係もあり又た投資上の國際關係もある故日本政府は考慮中である.

013. 東支鐵道救濟借欵, 國民新聞, 1921.05.20

東支鐵道救濟借欵

は結局日本で引受ける

併し管理の意嚮は毫頭ない (口天特電十八日發)

東支鐵道借欵問題に就き目下奉天に聞會中の日支聯絡會議に出席して居る中川鐵道省運輸局長は曰く余の出發前鐵道省で長尾半平氏の歸朝を期とし松平、芳澤兩局長、管野軍務局長等會合し東支鐵道救濟對策を協議する口があつた、同鐵道に對しては口に日、米兩國から八百萬圓を支出したが既に消費し盡して終つた、昨冬米國技師長スチーブンス氏が歸國したのは右救濟借欵に應ぜん爲だと稱せられ

たけれども口米國は恐らく之に應せざるべく英佛亦救濟は到底不可
能の状態であるから結局日本に於て該救濟借欵に應ずるの外あるま
い唯鐵道省としては之に關する國策の決定を待つて居る次第である
借欵額は一時救濟融通金と根本的改善に要する資金との二途に分れ
て居るが其金額の如きは唯今明言する事は出來ない唯該借欵に應ず
るからと云つて日本が同鐵道を管理するものではないから誤解のな
いやう注意されたい．

014．東支鐵道救濟經緯，中外商業新報，1921．05．23

東支鐵道救濟経緯應急借欵五百萬圓内外

長尾氏の努力と政府の決意

東支鐵道經營困難の為め今回右鐵道當局より帝國政府に對し借欵を
交渉し來り之に付き我政府が先般來慎重審議し口月の閣議並に満鮮
會議等に於て其救濟を為　す事に決定せるは既報の如くなるが尚ほ其
經過に就て聞く所に依れば元來該鐵道の興廢は我満鐵に取り最も密
接の關係ありて帝國の満蒙發展上に多大の影響を及ぼすものなれば
現在の如く該鐵道經營難に陷るを見ては帝國政府として到底之を傍
觀する能はずされば今回の借欵提議も先づ右鐵道管理委員たる我長
尾半平氏より各國管理委員に其救濟方を提議し種種研究したるに各
委員とも其借欵の止むなきに一致し而して其借欵申込先に就ても口
議したる結果英佛は元より米國亦應口の意なき模樣なりし為め遂に
帝國政府に對し借欵を申込むに一決したるものの如し斯て長尾氏は
此の件を口して歸朝以來盛に政府要路を説き又屢々閣議　に召致され
て其現状並に救濟意見等に付き詳細陳述する所あり更に鐵道省會議
に於ても満鮮會議に於ても其救濟方を力説する等百方努めたる結果
政府も最初は列國の意嚮若くは高橋蔵相の國内財政状態を慮りて快
諾せざる等の為め容易に決せざりしも結局慎重審議の上列國の意嚮
に就いては投資上の國際關係もあるを以て一應列國に之を質す事と

し且つ或程度の監督且つ或程度の監督權を有する支那側とも充分の
協議を遂げたる後或る條件の下に借欵に應ずる事とし高橋藏相の財
政關係憂慮に就ては各方面撤兵其他各種の整理等に依り充分緊縮方
針の下に財源を作る事とし尚は此際一方に於て列國の疑惑を解く必
要上西比利亞由東等の撤兵と共に既記の如く東支鐵道沿線の撤兵を
も斷行する事に決したるが如く又其借欵金額に就ては未だ窺知する
を得ざるも第一應急借欵と第二根本借欵とに分れ帝國政府は差當り
應急借欵に應じ五百萬圓内外を貸付くるに決定し居るが如し.

015. 東支鐵道の救濟資本, 大阪朝日新聞, 1921.05.29

東支鐵道の救濟資本, 滿鐵引受決定

東支鐵道經營資本の供給に就ては既に政府當局の諒解があり先般來
本邦代表同鐵道管理委員長長尾半平氏と興銀、鮮銀、臺銀の各銀行
及滿鐵との間に接衝中であったが大體に於て其方針決定するに至り
即ち同營業年度缺損見込金凡三千萬圓は將來東支鐵道に於て滿鐵と
の連絡設備を完全にすべき事其他の條件を附し路滿鐵に於て供給を
引受け更に他の必要資金は同社に於て銀行團と協議の上社債發行の
方法に依り調達すべく尚差當り窮乏を告げつつある運轉資金は從來
とても正金及び鮮銀の哈爾賓支店に於て時々當用的に融通せる例も
あるので取り敢ず兩行支店に於て供給するに決したがこは二三百萬
圓程度の少額に過ぎない由而して現在同鐵道を管理せる列國の關係
に就ては從來長尾氏より屢救濟の提議をしたが各國何れも躊躇の口
樣で然も同鐵道の現狀に於て經營資金の供給は焦眉の急を告ぐる事
情なるを以て容易に列國との諒解も得るであろうとのことである.

016. 中東路借款將在京接洽, 申報, 1921.06.11

中東路借款將在京接洽

關於中東鐵路營業損失問題, 日本此次特開重要會議, 決定投資三千萬元。頃據交通方面消息, 我國政府及日本俄國方面之管理員均認此事極為重要, 已決定不日在京開會, 從詳討論救濟方法。中東鐵路督辦宋小濂氏亦定於八日啟程來京, 日本委員長長尾半平氏則已於六日夜由大連乘車赴奉天轉赴北京。此次會議之主要議題, 難為救濟中東路, 向日本南滿鐵路公司借債, 但其債品如何尚有研究之餘地, 其即以決算未收之債品代價, 以煤炭為主之形式, 抑以購買鐵軌枕木等材料之形式, 抑取名寶兼收之形式, 刻尚未定, 惟總不出此三塗, 開此事長尾半平會極力運動, 大體上業已決定, 不日開會後, 或可將其經過發表云。

017. 日本は單獨ででも東支鐵道に資金融通, 東京日日新聞, 1921.06.12

日本は單獨ででも東支鐵道に資金融通

但し各國の諒解を得た上

東支鐵道の救濟問題は目下關係者間の協議に上つて居る同鐵道は露國の内乱以来全く修理を加へず殊に西伯利より歸還せる英米佛並にチエツク軍等の輸送費約三千萬圓が貸倒れとなつて回收の見込がない為帳簿上は兎も角財政は愈窮迫するばかりで車輛、軌道共に破滅し殆ど瀕死の状態に立ち至つて居るから今にして救濟手段を講じなければ遂に運行の自由を失ふに至るであらう而して東支鐵道は露支合辦の下に成立して居るものなるが故に其救濟に就ては露亞銀行並に支那が其衝に當るを當然とする所があるけれども右兩者の財政亦東支鐵道以上の窮況に口しつつあるが為に救濟等は思ひも寄らぬ所であつて同鐵道總辦宋小濂及鐵道長官オストロモフ氏等は我西伯利

鐵道管理委員長尾半平氏を通じて頻りに我國の救濟を求めて居る長尾氏亦東支鐵道が我國に對して特殊の利害關係を有するの理由により之が救濟の急務なる事を主張し過般来政府に對して約三千万圓の資金を融通し以て同鐵道の根本的整理を為すべしと提議して居る政府の意見も整理の具體的方法さへ樹てばもとより其救濟に當らんとするものであつて過般来奉天に於て張督軍、宋小濂、オストロモフ、長尾半平氏等が協議したのも救濟の具體案に關するものであらう而して東支鐵道側に於ては我國の救濟を求めて居ると同時にスチーヴンス、スミス氏等を通じて米國の意嚮をも探つて居る同國が如何なる態度に出るか未だ判然しないけれども先年西伯利鐵道管理問題の起つた當時に各國協同の約があるから今回同鐵道の救濟に就ても米國政府とは特に協議するの必要あり目下其交涉も行はれて居る若し米國が其交涉に應ぜざるとするも我國としては特殊の利害を有する關係上各國の諒解を得たる上單獨にても極めて公正なる態度を以て其救濟に當り充分整理を為すに足るべき資金を融通し車輛、軌道の修理改築を圖つて後貝加爾との聯絡を圓滑ならしむると同時に滿鐵との聯絡も考慮するの方針であると.

018. 東鐵借欵問題, 동아일보, 1921.07.04

東鐵借欵問題

▲ 米國猛烈反對
▲ 國際管理如何

東支鐵道借款은 日本銀行團에서 引受할 事로 內定되얏스나 其後米國은 日本의 單獨借款에 對하야 猛烈히 反對함으로 因하야 遂히同借款은 中斷하는 狀態에 陷하얏도다.

當初東支鐵道廳으로서 各國에 向하야 救濟借款의 提議를 □하얏는바 米國은 此를 拒絕하고 其他各國에서도 實際로 此에 應하는 回答을 與치 아니한 結果로 日本의 單獨借款함에 至하얏는대 過般哈爾賓에서 開

崔한 會議에서 米國은 日本의 單獨借款에 反對하야 國際管理를 主張함에 至하얏도다. 一千九百十九年 三月에 組織한 鐵道委員會는 日本軍撤兵과 共히 解散할 者이나 此善後策에 對하야도 幾多의 問題가 存在한바이라 鐵道委員會가 西伯利及東支鐵道에 投한 救濟基金은 日米兩國에서 四百萬弗式出資하얏는바 其後昨年에 中國은 此와 別個로 二百萬元을 支出하얏도다. 如斯한 關係가 有함으로 米國의 主張은 『우스리』線其他와 共하야 東支鐵道를 西伯利政情이 確定하기까지 一時國際管理下에 置코자하는바이라 然而此에 對한 中國은 豫히 抱懷한 利益回收의 目的으로써 國際管理에 反對할지며 又日本形便으로도 此를 國際管理下에 置하는 事는 極히 不利益이 되겟슨 즉 勿論米國의 主張에는 容易히 應치아니할지나 米國의 態度가 頗히 强硬함으로 □은 管理問題는 日本撤兵時卽鐵道委員會解散時期까지 此를 保留하고 借款問題를 進涉하야 日米兩國新借款을 組織하야 東支鐵道借款에 應할지도 未知라 云하더라.

019. 中東路之股東會議, 申報, 1921.07.09

中東路之股東會議

中東鐵路股東會議, 於前日（五日）下午在華俄道勝銀行擧行, 華洋股東到會者甚衆, 對於俄經理奧司杜魯莫夫提出擴張該路營業計畫, 咸表贊同, 奧氏擴張營業之計畫, 要端有二：㈠減少運費, ㈡加購車輛, 為運貨之用, 並可藉與貝加爾及烏蘇里鐵路聯絡。此項計畫, 係奧氏任事五閱月以來潛心籌劃者, 前次已經董事會核准, 現復得股東一致贊成, 預料此計畫實行後, 該路運費既減, 運貨額必大增, 將來營業之佳, 必超過歐戰以前, 而該路將為遠東俄國之重要聯絡, 一變共政治作用而為純粹的商務營業矣, 是日會議, 並討論削平沿路鬍匪問題, 由宋小濂督辦報告, 謂關於此事, 已與政府當局接洽, 當局亦亟欲肅清沿路鬍匪, 現已訂定妥善辦法, 至前在瑪于烏齊（譯音）被鬍匪擄去勒贖之俄委員八人, 業已釋放回哈爾濱云云。會議將終時,

由俄經理奧氏詳細報告該路之財政狀況，謂該路自上年十月改組以來，收入照前增加一倍，股東極為滿意，就是日會議情形觀之，中俄股東職員，均有一種互相提攜進行之精神，故數月之間，即有良好之成績，席間北京華俄銀行經理白君演說，盛稱宋督辦與奧經理之功，中國交通部方面，亦頗表同情云。

字林報六日北京電云，中東鐵路之會議，今日終畢，午時股東與董事設筵請客，到者為宋小濂等要人，此會之最重要結果，為發行五厘債券之決議，債額二千五百萬兩，以中東鐵路為抵押品，中政府得一千五百萬兩之債券，抵付舊欠五百萬兩及一九零七年以來之複息，其餘債券，則公售於市場，以籌鐵路行政經費。北京人士，莫不謂此事明為發行公債，意則將中國管理中東路財政之權賣與日本而已，華人得此債券，勢必出售，而此種投資除日人外不為人所歡迎，蓋日人近曾願借二千萬，以鐵路為抵也，中國在中東路上之唯一財政關係，厥為此債券，若出售債券，是無異將其財政關係讓與日本，故預料中國之售此債券，比遭重大之反對，俄人所以默認發行債券之辦法者，殆欲日本保護北滿之故，預料此債券必盡為日人賺得，果爾，則財政上既無俄政府之存身，又無中國之關係，俄銀行僅有五百萬盧布之股本，而日人則有二千五百萬兩之債券，一旦有事，日本振振有詞，可佔據此路而伸其勢力於北滿，視如南滿矣，中國政界謂此議之成，當由靳云鵬，蔡成勛，潘復，張志潭負責，協約國技術委員會頗不謂然，主張提出外交上之抗議，銀行團不注意中東路事，而日人亦不願銀行團與聞中東路事也，非官署之華人，以為國人反抗，或可阻政府之出售此債券，據銀行家云，此中債券以中東路為擔保品，或在市場中索價在七十以上，則惟日人願購之，他國人比不過問，因其利率太低，且他國不準備出兵以保護此路之安寧也。

020. 東路發債券, 申報, 1921.07.22

東路發債券

北京電：東路發債券，列國注意，政府發表聲明此券限於中俄人民購買，不准轉移第三國人民之手，以免糾紛。（二十一日上午十一鐘）

021. 東支鐵道資金調達, 讀賣新聞, 1921.08.06

東支鐵道資金調達
四千萬圓の貸付決定
支那側の橫槍で行惱みたるも
露亞銀行の名で日本より融通

過般決定せる本邦より東支鐵道に對する資金の融通一件に關しては世間に幾多の流説 行はれ甚だしきに至つては東支鐵道總辦の結果口口口口口に於て決定し居たる融通の形式を變更するの餘儀なきに至りたりと稱するものもありたれど確聞する所に依れば何等右樣の事實なきは勿論此程開催したる同鐵道總會に於ても殆ど調口一致を以て此際本邦曲の援助を仰ぐ旨決議したる程なり從つて其後本件の交渉は着々順調に進捗し東支鐵道側に於ても頗る滿足し居る狀況にあり唯支那當局のみ何故か初めより本邦側の口意を解せず恰も日本が利權獲得の一手段とせるかの如く臆測し口に哈爾賓に於て本件に關する口口の行はれたる當時の如きも北京政府と連絡を取りて口口より本邦口當事者の態度に嚴重なる監視を加へたるのみならず東支鐵道に對しては支那政府こそ口に保護の口に當るべきものなりと云つて極力資金融通の割込運動を主張したり然れども東支鐵道に對しては該鐵道唯一の口口口口として設立されたる露亞銀行の依然現存するあれば兎に角も表面の形式は露亞銀行より東支鐵道に對し二千五百萬兩（邦貨時價に換算して約四千萬圓）を融通し露亞銀行に對し

ては本邦側に於て之が保證の位置に立つことに實踐一決したり然る
に支那側にては此方法に依るも本邦側の獨占的融通に當るとし右四
千萬圓中の約半額に對しては支那政府が本邦に對し直接の債務者た
る地位に立ち同時に露亞銀行に對しては本邦同樣支那も債權者の立
場に列すべきを至當とする旨主張して下らず而して其主張の根據 は
光緒廿二年七月廿五日露亞銀行の設立に對し五百萬兩を該銀行資本
金中に出資し且つ現下の東支鐵道沿線地域は治安の維持十分ならず
從つて幾多の點より支那政府は此際露亞銀行及び東支鐵道と密接な
る關係を保持する權利義務ありと云ふにあるが支那政府の露亞銀行
に對する關係は日露戰役前東支鐵道が露國政府の手に依りて旅順ま
で延長されたる際既に消滅したるものにして今更援用すべきにあら
ざると共に其他の支那側の主張も必ずしも合理的のもののみに非ざ
れど本来我國の好意より發する本問題の為めに國際間に面白からざ
る關係を惹起するも妙ならざるより大體に於て支那側の主張を容 れ
本件を纏めたるが目下尚ほ支那側が如何なる形式及び條件に依つて
露亞銀行への融通資金を調達すべきかの點が未決にて此問題の決定
次第一切の解決を見る次第なりと.

022. 東鐵現狀, 滿洲日日新聞, 1921.08.07

東鐵現状, 運賃の踏倒し一千五百萬圓

東支鐵道管理委員長スチーブンス氏は滿洲里から哈爾賓に歸運し大
に劃策する口あり結局同鐵道を列國の共同管理にすると言つて居る
が日本側では共同管理の必要なしといふので双方目下形勢觀望の態
である、東支鐵道は現在の狀況では相當の收益を擧げなければなら
ない筈であるが實際は帳簿面の現金收入がない.其の理由は軍隊輸送
賃金を踏み倒さるるからで日本側は國際協議の事項に照して規定の
運賃を支拂つて居るが他國は一切支拂をせず支那は其常習犯である
現在踏倒された金額は一千五百萬圓に達し其頭株はチエツクスロバ

ツク軍の八百萬圓である支那軍の横暴は同鐵道迄及んで露國に正式
の政府が出来る迄は支那で管理すると虫のいい事を言つて居る併し
支那軍隊も馬賊には一目置いて居るが現今が馬賊の跳梁時期で各地
で馬賊のため支那軍隊が武装解除をさるる滑稽事もある支那軍は日
本軍は無力にして頼むに足らずと實傳して居るが其結果這般佐久間
大佐が哈爾賓で支那兵の為め辱められた如き事件が起るのである
云々と二ケ年振に哈爾賓から歸國した東支鐵道哈爾賓長春間監理官
の談である.

023. 東支社債行惱, 神戶新聞, 1921.08.18

東支社債行惱

支那一部の人士は東支鐵道の社債を舉行するとせば日本より以上の
條件を以て引受くるものなく結局日本の手に期すべしとなし之れを
阻止すると共に同社債を支那銀行をして引受けしめんとて盛に暗中
飛躍を為しつつあるが、支那銀行が社債を引受くるとせば外國より
資金を仰がざるべからず口つて手數料の關係上利子其他の條件を引
上ぐることとなるを以て東支鐵道は之れを口ばざるは勿論資金の必
要は眼前に窮迫しつつあるを以て一日も社債發行の速かならん事を
切口しつつあるも未だ決定を見ざる右其の内情は前記の如き運動あ
ると昨年十月二日の露支間に於ける暫定協約に依り支那財政總長の
認可を受くるの要ありと云ふ權限を口として未だ其認可を與へざる
に起因するものなるべし. (哈爾賓電報)

024. 東支借欵と早川社長の活動, 大阪朝日新聞, 1921.08.22

東支借欵と早川社長の活動

今回早川滿鐵社長一行が滿鐵沿線を巡視して二十、二十一の兩日哈

爾賓に滞在せしが予の聞きたる所及び露紙の發表せるものと符合せるものあり即ち左の如し

早川満鐵社長の来哈に由り兎角行悩める東支鐵道の財政運命も稍解決の曙光を得たるものの如し或は極めて近き將來に於て何等かの決定を見るやも知れず今確實なる筋より得たる報道に據れば早川社長は今回来哈を機として東支鐵道長官オストロウモフ氏、共同管理技術部委員長スチーブンス氏、鐵路特辨宋小濂氏と會商したり早川社長の意見は日本側に於いて満鐵が三千萬圓の社債發行,其の内二千五百萬圓を満鐵より東支鐵道に貸付け其の交換條件として

一、東支南線と満鐵の積替へ無しの貨物の直通
二、東支南線運賃引下げ
三、東支沿線の小口運賃値上げ
四、東支南線の満鐵と同福軌道を敷設

其他技術上の管理を行はんと云ふにあり右の意見は略諒解を得たるも外資輸入には反對なる支那側の態度未だ決定せずスチーブンス氏も管理部の權限擴張を主張し居り近く東支鐵道關係の幹部は早川氏の訪問に答禮、旁大連に會合して最後の決定をなす筈なりと．(奉天特電二十一日發)

025. 東支鐵借欵難, 國民新聞, 1921.08.28

東支鐵借欵難, 支那側委員の頑迷なる反對
早川満鐵社長之が交渉の為

◇…近く北京に赴かん

東支鐵道借欵問題に關しては露國側の代表者オストロモス氏は日本政府の口意を諒解して日資の援助を仰がんとするも支那側の代表者宋小濂は極力之に反對して居る先般北京に於いて支那側の委員會を開き二千萬圓の社債を露亞銀行を介して募集する事に決し外國資金

の投資を拒絶したるが今日の經濟界の狀態では社債も思はしくなく
鐵道は修理する事も出來ないので餘程經營に困つて居る最近早川滿
鐵社長が哈市訪問の際東支鐵道當事者と會見し運會協定とゲーヂの
統一とを販件として借歀を成立せしめようとしたが未だ其の完全な
成立を見ないが滿鐵としては決して侵略的の意味ではなく滿鐵自己
の鐵道政策上東支鐵道の日支合辨を欲して居るので早川氏は九月早
早北京に赴き中央政府に充分諒解を求め尚前東支鐵道長官ハルアツ
ト氏と會見して者々と交涉を進める意嚮らしいので存外早く借歀の
成立を見る事になるかも知れない.

026. 對東支鐵道意見, 大阪時事新報, 1921.09.17

對東支鐵道意見
技術部長スチーブンス氏提示

【長春特電十五日發】聯合國技術部長スチーブンス氏は本年三月東
支鐵道の適用せる改正運賃率に基く四月以降七月に亘る四箇月間の
東支鐵道成績を前年同期間に比較して之に關する意見を技術部各員
に提示する所あり.

一、東支輸送景況比較對照を九年前記四箇月間車輛載積數四萬六千
七百五十二車收入一千四百三十五萬二百三十金留一車平均百九金留
大正十年前記四箇月間車輛積載數五萬九千九百入十七車收入一千三
十萬三千百二十八金留一車一日平均百七十二金留即ち輸送車輛數に
於て本年は一萬三千二百三十五を增加せるも收入に於て四百四萬五
千百二金留の減少を認む.

二、スチーブンス觀察の要旨は前記の如き實況に鑑み車輛の增加に
反して收入の減少せるは殊に考慮を要すべきものにして貨率低減は
輸送力增加に關係あるは明かなるも必しもこれが絕體的の理由と認
め難し殊に宗谷豆の供給は大部分東支沿線地方より搬出せられ東支

鐵道これが輸送を獨占しある事實に鑑み貨率低減は必ずしも荷主の利益積の獎勵に絶體密接の關係あるものとのみ首肯し難く疑念を挾む餘地あり果して然らば東支鐵道の運賃率低減は徒に收入を減少したるに過ぎずと云ふを得べし即ち現行賃率は當時の商況に對する一時的政策と解せらるべきものなるを以て更らに全局に對する考慮を周到ならしめ速かに改正の審議を要望すとの希望を發表せりと云ふ然れどもオストロフ長官の鐵道に關する豊富なる知識と非常なる努力により適當なる方法を講ぜらるべく期待せられつつあり.

027. 東支鐵道借欵進捗, 報知新聞, 1922.06.17

東支鐵道借欵進捗, 滿鐵と朝鮮銀行引受

東支鐵道が資金欠乏の爲め經營難を告げつつあるは既知の事實であるが最近運轉資金調達の爲め吾が南滿鐵道並に朝鮮銀行に對し
△約百萬圓の借欵 並に若干の石炭供給を申込んで來たので種々審議の結果應諾に決定し略關印を了した模様である、右は帝國と利害關係至密なる東支鐵道に關する
△地方的小借欵 の事であるから何等列國の抗議には接して居ないが別段東支鐵道技術委員會を通じて來たものではなく又借欵團に豫告したものでもないから当局中心なる者の中には大分氣に病んで居る向きもある.

028. 東鐵經營困難, 近近 大淘汰實行, 동아일보, 1922.07.26

東鐵經營困難, 近近 大淘汰實行

中東鐵道는 經營이 困難함으로 不遠에 更히 重要한 從業員 七百名을 □首키 爲하야 目下調査中인 대 此를 知한 從業員等은 多大한 恐慌을 感하야 二十一日 中東從業員同盟會委員은 [오쓰트로모푸]長官을 訪問

하얏다더라. (哈爾賓二十二日發)

029. 財政難の東支鐵道, 東京朝日新聞, 1922.10.13

財政難の東支鐵道日米の援助的監督

東支鐵道の列國共同管理撤廢に伴ふ事務整理のため滯口中であつた日本政府の管理委員長渡邊技師は十一日出發哈爾賓に向つたが近く愈東支鐵道は支那政府の管理に移る口となつた、之は結局財政の不如意から滿足な經營が出來ず再び行詰まりに至るであらうとは列國の同鐵道關係者が抱いている不安である、口聞する處に依ると東支鐵道經營上の難關はそれのみに止まらず更に重大な事が目前に横つているので支那政府は勿論各國の委員に於ても非常に此點を憂慮している模樣があるそれは張作霖氏の北滿地方に於ける武力的勢力であつて今日の列國管理委員の哈爾賓引揚後は張氏が機に應じて該鐵道を領有しないとも限らない現在中央政府に對して一獨立國を宣言している關係から觀てもあり得る口であり且哈爾賓を中心としてボクラチユニヤ地方に至るまで悉く張派の武官が勢力を張つて居り支那中央政府の勢力としては皆無である事實に稽へても明かな道行であると看做される況や中央政府から東支鐵道の管理員長として派遣されている王景春氏の如きは我社電報にも見えた如く現在既に東支鐵道が財政難に陷つて殆ど動きが執れぬ口及び張氏並に馬賊等の武力的口口の加はる口を口前途の成行きを口へて居る有樣であるから此際何とかして此の運命から逃れ東支鐵道を完全に支那中央政府の手に管理したいとの考へから技術部の廢止後に於ても依然會計狀態に就ては日本、運輸及技術上の事項に關しては米國側で援助的に夫々監督するやう希望するに至つたと云ふことである換言すれば列國の勢力が絕對的に東支鐵道から離れないことを策したものと見做される勿論日米としても投資された債權を確保する意味からも既報の如く當然同鐵道の經營に對して或る程度の監督を必要と認めてい

る矢先であるから支那中央政府としては張氏勢力の加はることを牽制する點からも日米の協力は渡りに舟だとのことで今度の會計監督其他の條件を提議しても之を認諾した次第であると.

030. 東鐵監督廢止 其他에 關한 公表, 동아일보, 1922.11.03

東鐵監督廢止 其他에 關한 公表

十一月一日中東及西伯利橫斷鐵道聯合國監督事務終了及對中申請件에 關하야 外務省公表는 左와 如하다더라(東京電)
西伯利駐屯日本軍隊撤退完了에 對한 中東急西伯利橫斷鐵道에 關係가 有한 日本代表者에게 對하야 十月三十一日까지에 召喚하기를 訓令하고 同時에 左의 通牒을 十月三十一日 中國政府에 提出하얏스며,
露西亞國民을 爲하야 一時中東鐵道及西伯利橫斷鐵道를 運行할 目的으로써 聯合國間에 締結한 是等鐵道에 關한 協定은 十月三十一日을 限하야 消滅하기로 하고 尙且 日本은 從來 中東鐵道를 援助키 爲하야 貸與한 實金材料其他一切의 權利를 留保하며 又各國人民의게對하야 商業事項及通路로 特權의 附與 又는 差別待遇가 無히 一率로 平等公平히 維持할 것은 當然한 事라고 思慮함.

031. 東支鐵道行詰る, 大阪朝日新聞, 1922.12.23

東支鐵道行詰る(奉天特電廿二日發)

内部紊乱、露支の反目

哈爾賓よりの来報に據れば東支鐵道は北満西伯利地方の混乱、輸送機關の不整備、集散貨物の減少等により久しく經營難に陷り現在に於ては鐵道收入一日一萬圓内外に過ぎぬ爲め從業員の給料不拂、御用商への未拂約四萬圓に達し從業員の不満は積んで同盟罷業に出でんとして能率著るしく減少した、戰者間に其國際交通路たる關係上

之を列國管理の下に維持すべしと唱へられ鐵道局に於ては運賃の割引券を發行、附屬地擔保の借欵等凡ゆる方法に依つて一時を彌縫せんとして居るも現在の如き露支兩國の狀態及び兩國の反目に依る鐵道內部の紊亂では何人も鐵道局の下に應ずるものなく、斯くて經營難は益濃厚となるのみであるが来年一月に豫定され居る北京外國銀行團の来滿は主として東支鐵道借欵に對する該鐵道視察の為めであると.

032. 동지철도의 운임환산율, 시대일보, 1924.06.04

東支鐵道의 運賃換算率 改正

東支鐵道運賃徵收의 方法은 從來 留對圓 換算率을 固定的으로하게 하얏는데 今番이 □改正하야 一週間의 豫告로써 月一回나 又는 非常한 變動이 있는 境遇에는 一個月二回를 넘지안는 限度에서 隨時變更하기로 하고 右變更은 東支線에서 南滿洲線에 移出되는 荷物에 對하야는 一週間의 豫告로써 實施하야 換算率은 實施하기 一週間前에 發表하게 되었다. 이 豫告는 協議終了 되는대로 곳 正式으로 發表하야 될 수만 잇스면 移入荷物에 對하야는 七月一日부터 實施하도록 □事를 進行中인 듯하다.

033. 東支鐵道擔保, 시대일보, 1924.06.15

東支鐵道擔保 倫敦에서 公債에

[倫敦十一日發表] 露國勞農政府代表 리트비노프氏는 倫敦에 到着하얏다. 反過激派의 傳하는바에 依하면 同氏는 東支鐵道를 倫敦에서 募集하는 公債의 擔保에 供하리라한다.

034. 중동철도의 확장, 선봉, 1924.07.01

중동텰도의 확장, 지선을 느리여 이민한다

동철도 당국은 업무의 확장홀게획으로 의수회에서 협의흔 그판법은 아래와갓틈 一、 홀빈으로 극산진까지 지선을 느릴 것, 二、 마교허로 밀산현까지 지선을 느리고 이민三천만호로써 변방을 채울 것 三、 조수대를 편성ᄒᆞ야 연션의 디질과 삼림, 광산을 조수ᄒᆞ야 채벌에 편리케홀것 이 의안을 당국에 뎨츨ᄒᆞ야 지시를 기다려 실행흔다더라.

035. 東支鐵道の大株主露亞銀行の正體, 大阪每日新聞, 1924.08.13

東支鐵道の大株主露亞銀行の正體

滿鐵で調査中の疑問の二點
最後の解決は露佛交涉か

最近露國の東支鐵道買收説が傳へられたり又は露亞銀行は東支鐵道の大株主たる關係上佛國が露亞銀行の權利を確保する爲に支那に警告を發するなど露支協約細目の交涉が近づくと共に北京の日露及露支交涉を中心として東支鐵道問題並に露亞銀行との關係問題が漸く一般に注目を惹くに至り特に東支鐵道とは運輸上直接深い關係を有する滿鐵側は此問題の成行に對して神經を痛め窃かに調査しているといふ、東支鐵道と露亞銀行の關係に付滿鐵側では第一、露亞銀行が果して東支鐵道の株主であるかどうか第二、露亞銀行の國口の所在等につき疑ひを存する模様で第二の銀行國籍に就ては露國帝政時代に支那との間に露亞銀行を通じて債權關係を有する我正金でも滿鐵同樣の見解を抱いて居る、即ち露亞銀行は帝政露國國内法によって莫斯科に設立され極東政策實現のための經濟機關であつたが革命後サウエート政府が一切の銀行を沒收し解散せしめた事から露亞銀行は其當時當然解散消滅したもので今日の露亞銀行は舊露亞銀行と

は全く別箇のものであるから舊口權の口承を許さず又東支鐵道の株主たるを得ないといふにある、而して露亞銀行が東支鐵道の株主たるや否やに就ても滿鐵側の主張に依ると東支鐵道は表面上は株式組織で株式一千枚を民間に賣出した事にはなつて居るが事實は帝政露國大藏省の獨占に屬し革命當時右株式保管證を國立銀行の貸出部長フォンザメン氏が露亞銀行總裁ブチロフ氏に手渡し銀行は佛國政府の後援を得て其保管證を證據に東支鐵道の大株主なる事を主張し支那側の承認を得るに至つたといふのである、元來露亞銀行は露清銀行と稱して一千八百九十五年資本金一千五百萬留で露國政府唯一の特殊銀行として設立され一千九百十年現在の名に改め同時に佛國民間資金を入れて四千五百萬留に增資した卽ち出資割合は露國三百萬留獨逸二百萬留佛國三千五百萬留で佛國の投資額が大部分なるも露國銀行たる事には疑ひなく革命後銀行沒收の布告に依つて消滅したものと見做される而してこの問題は露支間の細目協定の問題となるべきこと勿論であるが一口具體化して最後の解決を見るのは露佛の交渉が開始されてからのことになるべく解決如何に依つては當然種々の影響を口むることであるから滿鐵側が神經を尖からすのも無理はない．(東京電話)

036. 中東鐵道業績良好, 동아일보, 1925.03.05

中東鐵道業績良好

當地中東鐵道管理局理事는 本日[로스터]通信社員과의 會見談中 最近에 中東鐵道狀況에 대하야 語하되 中東鐵道가 中國及勞農露西亞政府의 手에 移管되기前, 右鐵道의 負債는 約 一千萬留에 達하엿는데 勞農露西亞政府及中國政府의 管理에 歸한 以來 負債는 非常히 減少하엿고 또 目下該鐵道의 運輸方面도 常態에 □하야 不遠한 將來에 莫斯科, 海蔘威間의 直通列車를 運輸하게 되엿다하더라. (莫斯科二日發)

037. 동지철도 收入, 시대일보, 1925.09.13

동지철도 收入

東支鐵道收入[奉天十日發電] 東支鐵道의 一九二五年中의 收支豫算은 □左하다

▲ 收入三千六百二十六萬四千三百元 ▲ 支出二千九百三十八萬六百五十三元.

038. 중동선의 수입고는 삼배 증가, 선봉, 1925.12.05

중동선의 수입고는 삼배 증가

모쓰크바. 二六.(마쓰) 一九二二년二三년도의 중동 로 수입총액은 五八, 七〇〇, 〇〇〇원이엇고 그중에서 리익은 八, 六〇〇, 〇〇〇원이엇는데 一九二三년 二四년도의 수입총액은 三三, 七〇〇, 〇〇〇원이엇고 그중에서 리익은 六,一〇〇, 〇〇〇원이엇으며 一九二四년 二五년도에 쎄베쎄르 대표가 관리사업에 참가하엿음으로 총수입이 四三. 五〇〇. 〇〇〇원이되엇고 그중에서 리익이 一六, 八〇〇, 〇〇〇원이되엇는데 순리익으로 약 三배가 증가된 셈이라고.

039. 중동철도재정문제에 관한 협정 성립, 선봉, 1927.08.21

중동텰도 재정문데에 관한 협뎡성립

금액외 절반은 쏘베트은행에, 절반은 중국은행에 보관하기로

할빈十四일(따쓰) 중동 도관리국의 쏘베트부와 중국부 사이에 현금여액의 보관방법에 대하야 가협뎡이 성립되엿다.

이 협뎡에 의하면 중동선 현재 영업상에 관계없는 현금액을 중동 로관리국 처분에 부칠 것이며 이금액은 철도국에 보관키할 것이되 그 반액은 쏘

베트은행에 보관하고 또 그반액은 중국은행에 보관하기로 결뎡하엿는데
방서 중국방면에서 현금 五百萬량을 가져다가 동상성은행에 적립하엿다
한다.

040. 東鐵存款提出五百萬, 申報, 1927.08.22

東鐵存款提出五百萬

▲ 華方現存於東三省銀行
▲ 呂榮寰解決路案之步驟

哈爾濱通信, 駐哈蘇聯遠東銀行, 自被特區市政局派員監察後, 中間
曾由駐哈蘇聯領事, 提出抗議, 究因特區當局持之堅決, 遂不得不軟
化, 迨至星期二日, 遠東銀行交出鐵路存款賬簿, 計存款共有三種,
（甲）金魯布二千五百萬,（乙）美金一千六百萬元,（丙）哈洋二十二
萬元, 總計三宗款項, 合哈洋三千四百餘萬, 當局既知款項確數, 乃
作進一步交涉, 向東鐵俄方要求以八百萬提存於華銀行, 蘇聯理事初
尚猶豫, 嗣請得本國命令, 准予相機解決, 於是俄理事乃於星期四簽
發支票, 以五百萬金票提交於華方, 華當局送存於東三省銀行,（一說
存在中國銀行）, 本年路欵盈餘時再另議分配存儲辦法, 按此案曾糾紛
二年餘, 直至今日方始解決, 推原其故, 未始非當局監察遠東行之效
果也。
東鐵懸案, 不祇前述已解決之存款問題, 蓋較存款重且要者正復不
少, 刻聞督辦呂榮寰正與一般理事預備交涉手續, 其交涉步驟, 大致
已擬定如下, 一俟理事會開會時, 即將提出,（一）東鐵管理局及理事
會之重要事務, 最低限度, 須有一部分移交華員辦理,（二）凡俄局長
發佈之命令, 須有華局長之簽字, 方為有效,（三）華方局長處長對鐵
路業務, 有單獨發佈命令, 命令全線中俄職員服從之權力, 如俄員違
抗, 則由警察干涉之,（四）各課課長全部任命華人, 俄方如不承認
時, 亦以警察力強制行之,（五）鐵路教育權由特區收回, 各校之經
費, 由路局撥付之,（六）東鐵所有之電報電話長途電話, 由特區經

管，不准鐵路兼營。（十三日）

041. 中東路之理事會，申報，1927.10.01

中東路之理事會

▲ 東方社二十九日哈爾濱電

昨日中東路開理事會時，中國方面起述，謂 一八九六年締結關於建設及經營中東鐵路諸項條約之際，曾由中國政府以規元五百萬兩付與道勝銀行，現主張以該項利息算入中東路預算，仍照契約上該五百萬兩是該路建築完竣通車後，應由該路還給中國政府，但迄今已約有三十年，尚未償還，故本利合計，應該在一千五百萬兩以上，但俄國方面對此，以為此系政治問題，須由中俄兩國政府審議後解決之，雙方爭辯至三小時之久，毫無結果，遂行閉會，此事之進行頗為人注意。

042. 東支鐵道支線に露國が資金融通，國民新聞，1928.01.17

東支鐵道支線に露國が資金融通
滿鐵の影響は甚大

【ハルビン十五日發電通】最近北滿支那民間に東支鐵道幹線に連路する支線敷設熱度に勃興しつつあるが何れも資金難で實現困難に陥りつつあるも、勞農幹部は先般来より之れが援助策につき交渉中であつたが、新駐日トロヤノフスキー大使来哈と共に具體的協議を凝らした結果、借欵契約により此の實現を期する事となり
一、借欵返濟の方法は敷設鐵道の收入を以てすること
一、東鐵は借欵返濟完了まで敷設線の營業を監督すること
一、借欵返濟後鐵道は敷設者の收用に歸す事
一、利率年六分

等の條件で長短十数條の計畫線に對し東鐵が融資する事となり東鐵
理事會は全會一致本案を可決した同大使が出發を十六日に延期せる
も全く之がためなりと傳へらる.

043. 東支鐵道の大洋建採用, 大阪朝日新聞, 1928.02.19

東支鐵道の大洋建採用, 實施期は未定

【ハルビン特電十六日發】過般北京に向つた張煥相氏は張作霖氏に
對し特別區金莊絶對策を建議しかつ東三省財政の立替のためには東
支鐵道として大洋票を採用せしむる必要を力説した結果、張氏もこ
れに賛成し東支鐵督辨呂栄環氏を召致し、通貨維持策につき協議の
結果、張煥相氏は特別區における財政管理官を兼職することとなり
支那銀行の紙幣發行状態を監督することとなつたが、更に重大なる
は東支鐵道も支出入建値を支那基本通貨たる大洋建に變更しもつて
大洋票の價格を維持するに決したことである、東鐵は今日まで金
ルーブル建を採用し支那側の大洋建の要求を拒絶してきたが、今回
は支那側財政察理の見地から大洋採用を強要するものなる結果ロシ
ヤ側の相場變動による大洋排斥の口實成り立たず結局本問題は財政
的に東支鐵道を支那側にてのりとる形となり、政治的にも重大なる
影響ありと見らる、なほ東支鐵の大洋建採用期日は未決定である.

044. 東鐵の金留換算率變更實施遂に延期, 滿洲日日新聞,
1928.07.29

東鐵の金留換算率變更實施遂に延期, 關係方面の反對强硬

【哈爾賓發】東支鐵道の金留換算率變更問題については最に日露協
議の條理ある反對に遭つて流石の東鐵管理局も殆ど手の下しやうな

く到底豫定通り八月一日から實施する如きことは不可能であらうと
觀測されるが他面東支鐵道は支那商人側に躍起となつて諒解運動を
試み商總會を動かした結果商總會は反對もせず賛成もせずとの決議
を存したので東支鐵道側はやや重荷を下した感があつたが支那商人
とても今回の東鐵管理局の横暴振りには頗る不滿を抱き且換算率の
變更は當然南行運賃　の値上げであるから一人として東鐵の處置を是
認するものはないが商務總會は東鐵の大洋建を主張している關係上
聲明は出來ないので糧業協會の名で反對することとなりこの程協議
した結果遂に嚴重な抗議を東鐵管理局につきつけた、糧業協會と云
ふも有力なる特産商の殆ど全部を網羅しているので實質上商總會と
何等異る所はないから愈東鐵は四面楚歌に陷り結局無期延期或は少
くも内外特産商議の希望通り十月一日まで實施期を如期するのでは
あるまいかと見られている、仄聞する所によれば東鐵管理局ではエ
ムシヤノフ管理局長の屬哈以来、協議を重ねたが一般の反對氣勢が
案外強硬なので既に實施期を延期するに内定し實施に關する細則の
作成を中止したと傳へられている、尤も八月一日の實施期に　ついて
はロシア商議に通知した許りで日本商議及び商總會には正式通牒を
發していないからうやむやの内に本問題を口むつて自己の面子を保
ち適當な時機を見て再び持ち出す肚であらうと．

045．東支が滯貨に對し，滿洲日日新聞，1929.07.24

東支が滯貨に對し多額の逆送運賃を貪る
我國からも逆に東行杜絕に依る損害賠償を要求す

【ハルビン特電二十三日發】時局發生以来ポクラニチナヤを初め東
支東部沿線各地に停滞していた特産荷積貨車千八百車輛は目下當地
へ逆送中であるが、その内邦商扱ひの物四百十一車、此の價格四十
二萬九千圓あり、當市では一車に就き百金貨留の逆送運賃を徴收せ

んとして居る、然し日本側では右逆送運賃は支拂義務なきものと認
めているが、兎もかく手数料として二十圓を支拂ふことにし、目下
強硬なる態度を以て東支鐵道と交渉中である。尚事件發生以前東行
貨物として邦商が買付けた四百八十七車此の價格五十三萬三千圓に
對する東行杜絶に依り生ずる損害賠償は日本總領事より東鐵に對し
目下嚴重交渉中である.

046. 東鐵へ停滯貨物の損害賠償提出, 大阪毎日新聞, 1929.07.26

東鐵へ停滯貨物の損害賠償提出
再三要求したが應じぬので各國領事から正式に

【ハルビン三池特派員二十四日發】東支鐵道連絡停止によつて經濟
的に最も打擊を蒙つたものはハルビンおよび沿線の特産物商で、去
る十四日以来ウラジオ向貨物でポグラニーチナヤに停滯せるものは
貨車一千四百兩、うち日本側の停滯貨物は豆粕三百二十七トン、粟
三十九トンのほか小豆、大豆等合計價額四十三萬圓でその他沿線買
付未發送の粟二百六十七トン、大豆七十トン、高粱四十八トンその
他合せて貨車四百八十八兩、價額六十萬圓である、右につき各國商
業會議所は数日前領事國首席ドイツ總領事ストッベル氏を通じ東支
鐵道に向つて損害賠償を要求したが東支鐵道側は責任をウスリー鐵
道側に轉換してらちあかず、遂に領事國會議の結果正式に東支鐵道
に對し外國商人の損害賠償要求をした一方各國商業會議所は停滯貨
物のハルビン還送費用を東支鐵道に負担せしめハルビンから大連へ
の連絡運賃を輕減し、すでに支拂濟の運賃は大連までの運賃より差
引くといふ妥協案を提出したがこれに對しても東支鐵道は何等の回
答を與へない、よつて各國領事は二十四日再び各國別に東支鐵道に
對し自國商人の損害賠償を提出した、なほハルビンの市況は平和氣
分で活氣を呈して来たがそれに引きかえて現大洋は百六十四圓に暴

落し物價は二割方昂騰している．

現大洋の暴落は邦人輸入商に影響し支那綿糸布商などは邦人商店に
支那を延期する有樣で邦商を悩ましている、しかし現在東支鐵道沿
線は夏枯れ期で影響さまで大ならず露支兩國關係の緩和とともに漸
次回復するものと見られている．

047. 中東路失機之回想，申報，1929.08.01

中東路失機之回想

▲ 已一度失去徹底解決之時機

俄於前清乘我外交多故，藉助我之名脅取中東路之敷設權，復藉中東
路之名攫取其他附屬權利，我東三省則因有此中東路而起種種糾紛，
受種種損失，國際間復牽動種種風云，發生種種恐怖，嗚呼此皆由我
前清當局顢頇不明外人情為而自取其咎，固無足怪也，所可異者，俄
黨藉中東路作彼政爭以後，擾亂我領土治安，我國正宜乘機與彼嚴重
交涉，得一正當之解決，而乃僅解除其武裝驅逐殘俄而止，已可痛
惜。況其後新俄勞農政府於民八民九三次宣言東路及一切侵佔之權利
均無條件放棄，則我國於此宜速乘機與之澈底磋商，作一根本上之總
解決。而乃遲徊猶疑，復與道勝為枝節之締結，以留遺葛藤於無窮。
吾為此言非僅痛恨於軍閥外交之失策，亦以其足引為今後之殷鑒也。
蓋在當時霍爾瓦特與留金假我中東路為其革命戰爭之根據地，其足以
危害我國家，正與今日蘇聯假我中東路為其宣傳第三國際主義之根據
地，情勢相同，前既失機，以收回若干權利為滿足，而留今日之禍
根，則今日不能再失其機而留禍根於後日。吾故謂今日之中東路非澈
底解決不可。

048. 中東路借款三百萬, 申報, 1930.09.04

中東路借款三百萬

哈爾濱 東鐵因收入減少，向銀行借欵三百萬，前東鐵俄局長艾氏，有回哈任理事說。（二日專電）

049. 中東路向美國借款, 申報, 1930.09.06

中東路向美國借款

▲ 電權會議理事會停止接洽

哈爾濱通訊，東鐵提高運費後，半年以來，營業陷於不振。前曾陸續裁人，但猶有支付爲艱之概。八月份收入，較去年同月減少數十萬，會計處進欵處紛向局長報告，九月份開支，已無底欵。同時各站工程費用，亦先後告乏。路局因此，乃不得不借債以維持。最近已向美商花旗銀行，商借三百萬至五百萬之間，約定冬季運輸昌旺，即行償付。日本方面，因此項借欵成立，大吃厥醋，甚至疑惑美俄發生關係，近日盛傳蘇俄出賣東鐵與美之說，即由此而來。其實蘇俄經營東鐵，不惜出其全力，其目的別有所在，明乎此，當知其決不輕易賣出也。

東鐵俄方幹部人員，近來顯分兩派，局長莫德惠，與各理事積不相能，凡事不待請命，即以局令頒行。俄理事等，以不肯示其內訌弱點於人，故忍隱不發，惟暗中互相傾軋日甚。上月中裁員一事，葉木沙那夫與魯德意，曾發生劇烈爭執，馴至互相稟揭於莫斯科政府。在魯德意謂東鐵俄籍職員，於去年七月十日以後，不聽從罷工命令，仍爲華人服務，致東鐵行車上未生故障，時對蘇維埃爲不忠，自宜撤換。葉木沙那夫謂此輩能堅苦卓絕保持東鐵俄方權力，雖未罷工，但其監視華方行動，暗通消息，功績亦不可沒，是不宜裁盡。理事達尼列夫·別爾申諸人，及領事梅立尼國夫，均以葉說爲然。惟莫斯科訓令仍照魯德意辦法實行，於是俄局長遂大舉裁員，現在俄籍職員被裁

者，既不准其回國，復不發給恤金，此一般赤黨，遂淪爲真正之赤黨矣。聞蘇俄交通委員會，近有調回葉木沙那夫歸國，另委理事長，以調劑兩派意見，料不久可實現云。

東鐵電權會議，近一月中，完全停頓，專委會因無理事可議，早已停止召集。俄副理事長葉木沙那夫，且携眷赴日，歸期無定，故理事會中接洽，亦已中斷。交委會郵傳處長李德言，雖與俄副局長簡尼索夫會見多次，簡氏則誘爲理事會尚未有何命令，專委會自不能續開。李氏因此，亦於日昨復返瀋請示矣。 （八月三十一日）

050. 東鐵成立借款三百萬，申報，1930.09.15

東鐵成立借款三百萬

▲遠東及中國銀行各半
▲理事會決議實行減政

哈爾濱通信，東鐵因路欵支絀，擬向銀行借欵，茲聞此事先本與英商花旗銀行進行接洽，大致已得妥協。嗣因日本銀行界妬嫉，造作俄讓東鐵於美謠言，致俄方停止接洽惟鐵路需欵孔亟，勢非貸入大批欵項，不能渡過難關，故改向蘇俄遠東，乃我方中國·交通·東三省·邊業各銀行接洽，并由理事會命令路局派進欵處長，總會計處長負責談商，最近亦已商妥，計其借洋三百萬，中俄銀行各半數，本星期內即可提欵，遠東銀行利息五厘，華銀行利息一分二厘，期限三個月，冬後運輸昌旺還債。本月初旬，路局收支處及在銀行所存之欵，僅八十三萬二千七百三十九元，而累積待付之單據，則達二百三十萬元，採購材料，及被裁職員應得之儲金恤金，均包括在內，所存現欵，不足清償債務，約差金魯布一百五十萬元，此外又屆本月二十日發薪之日，又須魯布一百五十萬元。此次貸入欵項，尚不足清付一切，故或將另向其他銀行，繼續接洽貸欵，至鐵路今歲營業之不振，主因受金貴銀賤影響，緣北滿特產，一向歐運甚多，東鐵則恃運費之收入，以維持全路之經濟。金潮發生後，歐商以北滿產品價格連同運費，高出

於歐洲當地出產，所以相率不來批購，致特產不得外運，間接予東鐵以重大損失，冬季特產雖可上市，恐鐵路收入仍無把握耳。

東鐵既因路欵支絀，故八日召開理事會議，乃決議實行減政。議決全案如下，（一）橄欖油煉製廠與製造廠，依照路局原議，併歸總工廠辦理，（二）元豆混合保管，併入商務事務所，因招攬貨商科已取消，故亦併入該所辦理，（三）海拉爾洗毛廠，詳資并無虧損，每年尚有盈餘，依照路局原議，可歸商務事務所節制，（四）現經決定，自本年八月十五日起，取消沿線商務事務所十四處，外省事務所經費，交預算委員會切實核減，（五）觀象台已實行取消，無問題，（六）中央圖書館，議決改爲東鐵圖書館，設於前督辦公館，不另添設房舍，經費數目，決定雙方共爲六萬餘元，辦公員額，由雙方平均分配，（七）自來水·電燈廠·依照路局原議辦理，（八）工務處中央工廠，依照原議辦理，鐵路印刷所可酌加經費，（九）工務處照像館，可依照原議辦理，（十）樹木培植園，照路局原議辦理，其預算決定減半支付，（十一）房產處暫不取消，其預算決定，由預算委員會從嚴核減，（十二）大旅館另製預算，務使收支相抵，路局決不補助，其旅館職員，不認爲路員，停止一切待遇，（十三）汽水廠因不虧累，仍舊辦理，（十四）鋸木廠，據局長報告，至本年年底，尚須鋸枕木等料，一時不便停辦，僅可縮減經費，同時石頭河子鋸木廠停辦，由明年起，另製預算，（十五）華俄職業學校，因係雙方共有，且專爲造就中級技術路員而設，不便歸屬教育廳，着預算委員會從嚴核減預算，但應添華副校長一員，（十六）農業科暫不劃歸商務處，此科應與改組地畝處同時解決，至該科所屬之奶油廠·養豬·養馬廠·一律取消，（十七）獸醫處取消一部，餘一部歸併務處辦理，每年省開支二十萬，（十八）氣候療養所着路局設法出租，（十九）汽車房或出租與私人承辦或裁減經費，（二十）編輯部預算核減，（二十一）華俄文傳習所仍舊，（二十二）札蘭諾爾煤礦先小作，并探採其他煤苗，（二十三）中央印刷所印刷票照，仍舊執行，該所人員，分爲二部，印票照者爲路員，其餘由所長雇用，作爲營業，不予路員待遇。（九日）

051. 中東路之整理, 申報, 1931.02.04

中東路之整理
王肇泉之談話

南京 據隨莫德惠來京之中東路理事會秘書王肇泉談, 關於中東路整理
事宜, 莫此次在哈協議結果, (一) 用人絕對平均, 該路職員,
除大加裁汰外, 尚餘三千人之譜, 華俄員各占半數, 以後如有缺
額, 由華俄雙方輪流補充。 (二) 路用材料, 並非專採自俄境,
刻正計劃擴充本路林鑛事業, 華境產量素豐, 盡可採購。 (三)
實行減低運費, 刻因該路運價較高, 貨物多繞由四洮路運輸, 以
致營業不振, 已決議將客票價減低百分之十五至百分之二十, 貨
運價減低百分之十五至百分之四十, 將來擬續減。 (三日專電)

052. 東鐵路局進行借款, 申報, 1931.02.06

東鐵路局進行借款

哈爾濱 東鐵奇窘, 一月份員工薪金, 多未發, 路局頃又向銀行進行三
百萬借欵, 東鐵去年全年, 計裁工人五千三百, 現全路餘職工
一萬九千一百九十一人, 內正額一萬二百七人, 餘爲日工及臨
時者。 (四日專電)

053. 東鐵理事會討論預算問題, 申報, 1931.03.12

東鐵理事會討論預算問題

哈爾濱 十一東鐵理事會爲解決預算問題開會, 中俄雙方理監事均出
席。 (十一日專電)

054. 東鐵大裁員工, 申報, 1931.04.11

東鐵大裁員工

頒佈五日勞動週制

哈爾濱 九日東鐵路局裁三十六棚, 總工廠工人三百八十六名, 内俄工百七十四名。（九日專電）

哈爾濱 路局頒佈, 總工廠五日勞動週制, 每週工作五日, 休息兩日, 自十五實行, 此法先蘇聯施行, 有破壞我勞工制度意。（九日專電）

哈爾濱 東鐵被裁員工, 爲要求恤金, 九日往見俄局長俄理事長, 均拒見, 現每日路局前總有數十百員工候發恤金。（九日專電）

055. 東鐵縮減預算, 申報, 1931.04.17

東鐵縮減預算

哈爾濱 東鐵路局俄局長, 今日下令, 各處預算減至二百五十元, 用人多寡, 聽華方便, 聞此項預算, 均用於華員。此次當有四百人被裁, 東鐵定下月始令減員工薪水一成, 並將實行每人給假一月, 不支薪俸, 以維持現狀。（十六日專電）

哈爾濱 東鐵俄方已決以五十萬魯布恢復札蘭諾爾煤礦, 聞係俄境缺煤, 故主張恢復。（十六日專電）

哈爾濱 東鐵減政, 哈客貨總站歸并為一。（十六日專電）

哈爾濱 今日東鐵總工廠裁工四十。（十六日專電）

056. 東支鐵道危機に直面，東京朝日新聞，1931.05.15

東支鐵道危機に直面
財政難と内部の紛擾

【ハルビン特派員十三日發】最近東支鐵道は財界の不況からその從業員に對し四月分の給料さえ支拂ふ得ぬまでに深刻な収入減に悩まされその切抜け策として目下あらゆる方面に徹底的緊縮方針をとり從業員も一萬八千名の内約その一割を六月から解雇するに決定したがこれと同時に東鐵管理局内部及び勞農側從業員間に醸されつつあつたエムシヤノフ氏一派の舊幹部派と現管理局長ルーデー氏派とのあつ轢が表面化し業事會内に勢力を占むるルーデー氏はこの機會に舊幹部派の高級從理員十名および中下級從業員約五百名を整理すべく決心し商業部長イスチエンコ氏は今回その最初のやり玉にあげられた、ルーデー氏派と舊幹部派との確執が漸次深まりつつあるので近くモスコーから調査委員がハルビンにくるはずであるが今や東支鐵は財界の不況と内部のあつ轢から二重の脅威を受けている．

057. 蘇俄操縱東路俄員，申報，1931.07.23

蘇俄操縱東路俄員

南京 哈埠二十一日電，蘇俄自強迫東路俄員簽字，於隨時奉調歸國服務之呈請書後，全路俄員前途大受影響，俄方狡計企圖此後操縱俄員，爲本國爪牙，不簽字者均有停職危險，另據悉内幕者云，俄方利用此限制，使俄員此後對祖國公債或捐欵，可自動應征云。（二十二日中央社電）

058. 東鐵預算決定核減, 申報, 1931.08.08

東鐵預算決定核減

哈爾濱 東鐵預算經三次核減, 今通過, 全年收入三千七百萬, 支出二千六百萬。 (六日專電)

059. 東鐵營業頗有起色, 申報, 1931.09.10

東鐵營業頗有起色

哈爾濱 東鐵營業起色, 日入十萬元。 (九日專電)

060. 중동철도는 제대로 일한다, 선봉, 1932.02.10

중동철도는 제대로 일한다

영국기타 구라파국가들의 출판물에 중동철도로 □어씨베리루가는 화차운전은 정지되엿다고 한 사실은 근본없는 사실이다. 화차의 운전 이중에 급행열차의 운전도 제대로 되어 나아같지만 만주사변이 생긴 동안에 □모지도 없었다.

061. 中東路車輛集中俄境, 申報, 1932.03.17

中東路車輛集中俄境

哈爾濱 中東路運入俄境之車輛, 至少當有機車八十輛, 及客貨車四千輛, 估計已運入俄國之鐵路用品, 共值二千五百萬金盧布。 (十五日路透電)

062. 中東路最近營業狀況, 申報, 1932.03.22

中東路最近營業狀況

▲ 被歇路員頒發退職金

哈爾濱 在自去年十月起至今年二月底止之五個月輸出時季中，中東路共運輸出貨物八萬一千車，每車載□十六噸半，比上屆同期增一萬九千車，計經過綏芬河由鐵路運出者四萬二千車，經過滿洲里者八千車，經過長春者三萬一千車，蘇俄採辦糧食機關，近曾收買大批麵粉與小麥，但偽政府則禁止此項輸出，聞此糧食係供海參崴廟街與大烏里駐兵之需，該機關曾奉趕速儘量收買之訓令，聞中東路於過去一月半之時期中，經過綏芬河運入俄境之車輛，不下機車七十輛，客貨車一千三百輛，聞鐵路所辦各種用物，自軌道以至油漆，現皆裝入車中，經滿洲里與綏芬河而入俄境。　（二十一日路透電）

哈爾濱 中東路局依據被歇路員代表與路局督辦會辦所定之合同，現開始發給被歇路員各金盧布一百五十枚。　（二十一日路透電）

063. 東支鐵道割引廢止, 神戸新聞, 1932.03.23

東支鐵道割引廢止
支那がロシヤに貨車返還請求

ハルビン發廿二日大阪市産業部着報。東支鐵道が昨年十一月十五日以來ハルビンより南下する貨物に對して實施して來た例の馬車對抗目的の季節的割引運賃は二十一日限り廢止された、また東支鐵道蘇連邦側幹部の命により蘇連邦内に運び去つた貨車は約三千輛にして東支所有の全貨車の約三割に相當し支邦側で抗議の結果四月一日より遂次返還するといつてをるが實行は疑問視されている.

064. 中東路恐將不能通車, 申報, 1932.04.04

中東路恐將不能通車

哈爾濱 中東鐵路火車駛入俄境者，佔全數百分之七八十，恐該路不久
將有不能通車之虞，現信該路局華員或將請滿洲僞政府供給借
款，以購通車所缺之設備，至俄員亦未便反對此議，惟滿洲僞
政府款無所出，勢必假之日本，果爾，則日本藉此可獲該路若
干管理權。 （三日路透電）

065. 中東路考慮改幣本位, 申報, 1932.06.16

中東路考慮改幣本位

哈爾濱 傳說中東路局現考慮將金盧布本位改爲銀元之可能性，此說甚
引起商界之注意，此間商家希望此項改革實施後，中東路貨物
運費，當可減輕。 （十四日路透社電）

066. 一萬五千名 大馘首, 中東鐵道에서, 동아일보,
   1932.07.09

一萬五千名 大馘首, 中東鐵道에서

「哈爾賓發電通」中東鐵道는 過去 一個月來 東部線의 不通으로 收入
이 激減한 結果 從業員의 大淘汰를 行하기로 되엇다. 卽露滿人 從業員
一萬五千名 現在 三割을 馘首한다는 것으로 一般從業員間 大恐慌을
招來하얏다.

067. 東支鐵道を北滿道鐵と改稱, 神戸新聞, 1932.08.19

東支鐵道を北滿鐵道と改稱
滿洲國の權限擴大

【ハルビン十八日發入報】滿洲國成立以来從来の各官衙は逐次改稱
されていたが東支鐵道も北滿鐵道と改稱されるに決定せる由であ
る、從来の東支鐵道における支那側の職員は單なる形式にとどまり
何等の實權を有せずソヴィエト側に顎使されて来たのだが過日の理
事會で管理局内の權限も露滿折半主義にすることに決定した模様で
ある.

068. 中東鐵道를 北滿洲鐵道로 改稱키로 內定, 동아일보, 1932.08.25

中東鐵道를 北滿洲鐵道로 改稱키로 內定

[奉天發電通]滿洲國이 成立하야 中間의 名을 □할 것은 將次 其□을
沒하고 滿洲 或은 滿洲國에 關係잇는 名은 全部改稱되엇는데 中露鐵
道(東支鐵道)만은 旣히 何等中國의 干涉을 밧지안는 鐵道로 되엇슴에
도 不拘하고 中國의 文字를 冠하고 잇슴으로 鐵道當局에서는 至急改稱
의 必要가 잇다하고 研究中에 잇섯는데 蘇聯或은 滿洲國等의 所屬先을
想起하게하는 것도 妥當을 欠하야 □味롭지못한것이라하야 [北滿洲鐵
道]라 改稱하기로 內定하야 駐派쏘비엣트 領事도 贊成을 表하고 즉시
右의 □□ □□에 □□하얏슴으로 向□잇는대로 正式으로 決定하기로
되엇다한다.

069. 北滿鐵道復舊, 동아일보, 1932.08.31

北滿鐵道復舊 連絡運輸取扱

[奉天二十八日聯合] 水害로 因하야 오래 不通 으로되야잇든 北滿鐵道의 復舊는 意外로 □□하야 僅히 一部分을 남기고는 全部復舊開通하기로 되얏슴으로 東支鐵道管理局은 滿鐵에 向하야 南滿□支의 日滿連絡의 旅客及貨物의 取扱運輸를 開始한다고 通知하야 왓다. 此結果 우스리一線을 經由하고잇든 歐羅巴亞細亞問의 郵便物도 이제는 平常時와 가티 取扱하게 되야 □□方而에의 郵便物은 約一月로서 復舊하얏다. 然이나 大量의 □物은 依然히 取扱不能이라고 한다.

070. 東支鐵道南部線, 大阪朝日新聞, 1932.09.15

東支鐵道南部線, 突如、運行中止を命ず

露國東支鐵局長ルージイ氏
新京本社特電【十四日發】

東支鐵道局長ルージイ氏は突如東支鐵道南部線に運行されハルビンに引揚げ、全從業員は全部双城堡驛に集合せよと電命したと、右は如何なる目ないので各方面に異常のセンセーションを與へている、これがため東支南部線は運行不能れる恐れあり、匪賊またこれに乗ずべくその成行は頗る注視されている.

一部の警備權, 日本軍委任の為めか, 問題は複雑化せん

ハルビン本社特電【十四日發】東支鐵道局長の全從業員に對する命令は何の目的か明かでないが、滿洲國では東支鐵南部線の屢次の匪賊襲擊事件にかんがみ南部線の警備はひとり護路軍に一任せず日本軍をもこれに當らせては如何との議も出たので東鐵側にこれを通告し、同鐵道局では數日來この問題につき協議中のところ同鐵道側で

は護路軍が日本軍の便乗應援を希望する以上やむを得ないとの見解に出で一列車一車輛のみこれに當らせるといふ制限をつけたので早速十四日朝ハルビン發の列車よりこれを實施した、元来東支鐵道警備權が滿洲國側の手にあるのをロシア側は非常に苦にし、何とかしてこれをロシアの手に收めたいと希望していた.

071. 東支鐵の運賃大改正, 神戸新聞, 1933.04.16

東支鐵の運賃大改正
矛盾極まる蘇國側政策に滿洲國゛近く抗議

【新京十五日發聯合】滿洲國交通部は東支鐵道ソウイエト側役員の不法トランシット阻止、車輛の返還をあくまで主張し、これが解決を期すると共に北滿開發を多年に亘り阻害し八百萬住民を窮乏に陷れつつあつた東支鐵道の運賃政策に向つて徹底的改革のメスを揮ふこととなつた東支鐵道の運賃政策はソウイエト聯邦側の利益のみを目標に驚くべき賃率が實施されウスリー線の培養、ウラヂオ港の繁栄のために多大の犠牲を拂ふ大連港の至る東支南部線の運賃率は殺人的高率にて全く當軌を逸し滿鐵線、大連港の駿連を招来せしむべきあらゆる人為的政策が實施されていたものである.しかしながら東支鐵道がかくの如き高率運賃の制定により物資の移入を故意に防遏し北滿住民の窮乏を顧みず滿洲國の主要部分を占める北滿廣野の開發を阻止しその繁栄を危殆ならしむるは滿洲國建國の精神を阻害する許すべからざる行為なるを以て交通部當局は東支鐵道ソウイエト側役員の依然たるウラヂオストツク繁栄策固執に對して斷固反省の鐘を鳴らし不合理且つ矛盾極まる運賃政策に對しては徹底的改革を斷行せしめ高率運賃の障壁により人為的に疲弊せいめられたる北滿八百萬民衆を王道の光の下に更生せしめる計畫で近く東支鐵道ソウイエト側役員に對し運賃率の根本的改正實施を要求することとなつた.

072. 俄國當局決定中東路改名稱, 申報, 1933.04.29

俄國當局決定中東路改名稱

哈爾濱「滿洲國」當局已決定將中東路易名爲北滿鐵路。 (二十八日路透電)

073. 東支鐵財政的に行詰リ, 大阪每日新聞, 1933.05.28

東支鐵財政的に行詰り破産の危機に直面
本年度豫算編成も不能

ハルビン本社特電【二十七日發】滿洲國の露國側專斷行爲彈壓により遺憾なくその不合法なる内部機構を暴露した東支鐵道はいまや財政的にも全くの行きつまりとなり、破産の危機に直面しその前途頗る憂慮されている.

すでに昨年度において水害と匪賊跋扈のため多大の損害を受けた東支は引續き今年に至つてその減收に惱まされ一昨年度の据置金約一千萬金ルーブルは現在すでに五百四十萬金ルーブルに減じている、一九三二年度の決算は未だに出來ていないがこの分では五百萬金ルーブルの赤字は免れず、本年度收支も同樣相當の赤字を出す見込である.

この上露國側の不誠意に基因するボグラの封鎖が斷行さるれば總收入の上に重要な役割を占めてきた東部線の生命は全く無價値同樣となりさらにまた十月から二ケ月にわたる特産出廻りの書入れ期においては早くも十月竣工する強敵拉賓鐵道の出現がありたとえ南部線の賃率値下げを斷行しても東支財政はこの方面からも收拾すべからざる混亂狀態に陷るであらう、かかる亂脈と焦慮の中に東支は今年度（三三年度）豫算の編成も未だ不可能の狀態に置かれており、この混亂の中で東支が如何にして餘命をつないで行くか、一方に讓渡

問題を控へて頗る興味あるものとされている.

074. 東鐵收入銳減, 申報, 1934.09.28

東鐵收入銳減

▲日軍部深恐夜長夢多主談判成立訓辦接收

天津 東鐵八月份因各線屢次發生覆車, 義勇軍邀擊日軍事件, 客貨收入銳減, 原預算收入一七七六零零零元, 支出一一一七五零零元, 但實際收入爲一二六八零零零元, 支出一五三二零零零元, 致八月份職工薪俸, 猶未支付。 (二十七日專電)

075. 北鐵讓渡後の軌間問題, 大阪朝日新聞, 1935.01.15

北鐵讓渡後の軌間問題
京大教授滝山與

　　北鐵 (北満鐵路) は、元東支鐵道または中東鐵道とも稱せられたる満サ兩國共同經營の鐵道である.ハルビンを中心として東、ボグラニーチナヤ (綏芬河) に至る區間を東部線、また西、マンヂユリーまでを西部線と呼び、この西部線がウスリー線とシベリア線とを結ぶ本線をなしてその延長は一,四八〇キロメートル、サ邦本土より極東唯一の港湾ウラジオストックに至る捷路に當つている.ハルビンより南方に分岐し、新京において満鐵に連絡する支線は、南部線を稱せられ、その延長は二四〇キロメートルである.本支線を合したる總延長は一,七二〇キロメートルにして、現在満洲國の有する全鐵道の約四分一に該當する。その鐵道の軌間は、サ邦の統一的軌間同様にして、満鐵及び満洲國有鐵道の軌間よりはやや廣きものである.

北鐵の讓渡問題はいずれその内に解決せられ、北鐵は滿洲國有鐵道に編入せられるであらう、その時に當りて、同鐵道の軌間が現在のままに存置せらるか、または滿鐵及び他の滿洲國有鐵道との同一軌間に改築せらるるかは專門家にとり興味を惹く問題である.

本論に入るに先ち、軌間に關して概説するの要がある。軌間とは「直線の線路における左右レールの頭部内側間最小間隔をいう」のである。曲線の箇所にありては車輛の運行を圓滑ならしむるため左右レール間の距離を曲線半徑に應じて擴大するがゆえに、特に「直線の線路」と限定する必要がある.しかるにレール頭部の内側は必ずしも垂直でなく、下擴がりの型もあるから、軌間の定義を端的に説くにはレールの頭面以下何.

076. 東路全部財産統計, 申報, 1935.03.13

東路全部財産統計

以中東鐵路督辦李紹庚爲委員長之東路債權委員會，自二月二十七日以來審理管理局長提出之東路債權債務之結果，始知從來不明瞭之東路財産全貌，據委員會計算，債權總額一億六百三十七萬六千三百二十八盧布，債務總額一千六百五十二萬五千一十盧布，其中債權之主要者如左：

一、現金及存欵額：四,七三九,八九二盧布

二、「滿洲國」政府機關償務及軍隊輸送費：五七,八二九,四八零盧布

三、日軍輸送費：（一九三四年九月）一六,三九四,五八八盧布

四、聯合軍債務：（一九三四年九月一日）一四,零七一,八三一盧布

主要債務內容如次：

一、職員薪俸，退職者津貼及其他未付賬目：一,五二四,一零三盧布,

二、工人及機關未付經費：五八七,二四九盧布，三、中國海關及其他「滿洲國」政府機關之債：三六,二四零盧布。（十二日日聯電）

077. 東路改名稱, 局長人選內定, 申報, 1935.03.15

東路改名稱
局長人選內定

哈爾濱 「滿洲國」當局決定將接收後之中東路, 該稱爲北滿廣軌線, 南部線改名爲京賓線, 東部線改爲浜賓綏線, 西部線改爲賓州線, 又接收後哈爾濱鐵路局將大加擴張, 約爲從來之二部, 局長將任命現哈爾濱之佐原局長, 預定於簽字時即與路總局長交代, 副局長則決定任命平田喜。

078. 이전 중동철도 역원들에게 해고비 지급, 선봉, 1935.04.12

이전 중동철도 역원들에게 해고비 지급

동경, 7일발(따쓰), 전보통신사의 통신에 의하면 만주국이 사월5일에 중동철도역원 쎄쎄쎄르 공민들에게 해고비 지급을 시작하였는바 사월 6일에 그들에게 지불한 것이 백만원이다.

079. 中東路蘇聯職員全部返國, 申報, 1935.07.07

中東路蘇聯職員全部返國

哈爾濱 前中東路西段蘇聯職員已全部撤退, 頃有家族三千二百六十戶離此, 人數在一萬一千人以上。 (五日塔斯電)

080. 北鐵公債一千萬圓, 時事新報, 1935.11.03

北鐵公債一千萬圓
大蔵省預金部で引受か

満洲國の北満鐵道公債は吾國のシンヂケート銀行團にて總額一億八千萬圓を引き受ける事になつてをり、既に内六千萬圓は發行濟みであるが、この既發行債は第一回、第二回とも市場では九十六圓八十錢見當を唱へ發行價格を割つており、而も發行條件の變更は諸種の事情にさまたげられて困難なので、殘り一億二千萬圓の發行についてはシンヂケートはもとより大蔵當局に於ても憂慮し.

この間満洲國星野財政部總務司長の奔走によって今回大蔵省預金部に於て北鐵公債を一部引受を交渉が進められており關係方面から成行きを注視されている、預金部が満洲公債の引受をなすのは今回が最初であり、近く開かれる運用委員會を經て之が實現する事となれば、満洲公債の信用をたかめ市場性を増大する事になるので、シ團としてもこれが實現を希望している、但これは預金部が直接引受となるか或は一應シ團の引受にて發行し、預金部が之を買入れる事になるか、又發行條件等は一切未定で發行額は大體一千萬圓の見當であると.

081. 北鐵公債發行條件正式發表, 中外商業新報, 1935.12.21

北鐵公債發行條件正式發表

日本興業銀行では二十日北鐵公債三十萬圓の發行條件を左の如く正式發表した

一、募集金額日本通貨金三千萬圓 (總額一億八千萬圓の内第三回發行分)

一、利率年四分

一、發行價格金九十七圓五十錢

一、期限十ヶ年但三ヶ年措置後毎半年金十五萬圓以上を償還

一、擔保北滿鐵道の財産及び收入一切

一、申込期間昭和十一年一月十六日より同十八日迄

一、拂込期限昭和十一年二月五日

一、引受銀行及會社興銀、横浜正金、朝鮮、第一、三井、三菱、安田、川崎第百、住友、三和、野村、名古屋、愛知各銀行、三井、三菱、安田、住友各信託

一、應募者利回初期四分八厘三毛餘最終四分三厘五毛餘（單）利初期四分七厘八毛餘最終四分三厘一毛餘（複利）

2

중동철도의 지배구조와 조직(소유권, 관리권)

2. 중동철도의 지배구조와 조직(소유권, 관리권) (해제)

중동철도는 청러밀약의 대가로 청조가 러시아에게 부설권을 부여한 것으로서, 철도의 소유권와 경영권은 중동철도공사(이전의 동청철도공사)에 귀속되어 있었다. 그런데 중동철도공사는 사실상 러시아대장성에 의해 설립되고 경영된 기업이었으며, 재원의 조달은 러청은행의 감독권을 가진 러시아 대장대신의 통제 하에 있었다. 따라서 중동철도공사는 명의상 철도회사이지만 실제로는 소련정부의 직영이라고 할 수 있다. 이러한 이유에서 러시아는 중동철도의 부설과 경영에 긴밀히 관여하였으며, 설립자본금을 제공하였을 뿐만 아니라 철도의 운영비로서 매년 약 2천만 루블을 보조하였다.

그런데 일차대전을 계기로 중동철도는 그 성격에서 큰 변화가 발생하였다. 중동철도에 대한 소유권을 보유하고 있던 러시아는 이미 1917년 러시아혁명을 거치면서 대외정책에서 급격한 변화를 보이게 되었다. 소련은 과거 제정러시아시대에 침략으로 획득한 일체의 특권을 포기할 의사를 중국에 통지하였다. 즉 1919년 7월 25일 〈제1차 對華宣言〉(제1차 카라한선언)을 통해 비밀조약의 폐지, 침략으로 획득한 토지 소유권의 포기, 중동철도, 광산 및 기타 특권을 대가 없이 중국에 반환한다고 선언하였다. 또한 1920년 9월 27일 〈제2차 대화선언〉(제2차 카라한선언)을 제출하여 거듭 제정러시아정부가 취득한 권리, 특권을 무조건적으로 중국에 반환한다고 발표하는 동시에, 중동철도에 대해서도 이 철도를 소비에트 노농정부가 이용하는 방안에 대해서 중소 양국정부가 특별협정을 제정하여 심의해야 한다는 입장을 밝히며 회담의 필요성을 강조하였다.

카라한선언을 기점으로 중국과 소련 양국은 러시아혁명 이래 단절된 국교를 정상화하기 위한 방안을 모색하기 시작하였으며, 그 연장선상에서 중동철도의 문제 역시 포괄적으로 해결하고자 하였다. 1923년 9월 카라한이 중국을 방문하여 교섭을 개시한 결과 마침내 1924년 5월 31일 중국외교총장 고유균과 소련대표 카라한은 〈中蘇懸案解決大綱協定〉(중소협정)을 체결하였다. 이 협정의 제9조는 중동철도와 관련하여 다음과 같은 상세한 규정을 마련하였다.

첫째, 중동철도는 순수한 상업적 성격을 지니며, 영업과 직결된 업무 이외에 중국의 중앙정부나 지방주권과 관련되는 사항, 즉 사법, 민정, 군무, 경무, 시정, 세무, 토지 등은 모두 중국정부의 관할 하에 편입한다.

둘째, 소련정부는 중국이 대금을 지불하고 중동철도 및 그 부속재산 일체를 回贖하는 것을 승인한다.

셋째, 중동철도의 처리에 대해서는 조약 체결 당사국인 중국과 소련 양국만이 관여할 수 있으며, 제3국의 간섭을 용인하지 않는다.

넷째, 양국정부는 중동철도와 관련된 1896년의 협약에서 규정한 권리 가운데 중국의 주권과 저촉되지 않는 부분은 여전히 유효하다.

이와같이 중소협정의 내용은 카라한선언의 주지를 그대로 반영하고 있으며, 주요한 골자는 중동철도가 가지고 있는 경제외적 특권, 다시 말해 제국주의적 침략성을 내포한 군사, 정치적 특권을 포기하고 이를 중국에 반환한다는 내용을 담고 있다. 이러한 원칙은 1924년 9월 20일 봉천에서 소련과 봉천성정부와의 사이에 체결된 봉소협정에서도 재차 확인되었다.

소련과 봉천성정부는 중동철도와 관련된 일체의 특권을 부정하는데 동의하였다. 즉 제1조 제1항에서 양자는 중동철도공사를 순수한 상업적 기업으로 규정한 위에서 중동철도의 영업에 관한 사항을 제외하고 기타 모든 사항, 즉 사법사항, 민정사항, 경찰, 군정사항, 과세 및 토지 등 중국 중앙정부 및 지방정부의 권리에 영향을 주는 사항은 중국관헌이 관장하도록 하는데 합의하였다.

또한 중동철도의 매각 및 양도와 관련해서는 1896년 9월 8일 러시아와 청조 사이에 체결된 조약의 제12조에서 정한 80년을 60년으로 단축하고, 이 기간이 종료되면 중국정부가 무상으로 철도 및 부속재산을 환수할 수 있도록 하였다. 더욱이 이 기간, 즉 60년을 더욱 단축할지의 여부는 소련과 중국 양국정부가 협의하여 결정할 수 있도록 하였다. 따라서 소련은 중국이 중동철도를 매입할 권리를 가지고 있음을 인정하고, 매입 시에는 양국이 중동철도의 실제 가치를 산정하여 중국이 이에 상응하는 가격을 지불하고 매입할 수 있도록 규정하였다. 더욱이 이 협정은 중동철도의 장래와 관련하여 소련과 중국 양국만이 결정권을 행사할 수 있을 뿐, 여타 제3국의 관여를 배제하기로 결정하였다. 또한 36년이 경과한 이후 중국정부는 이 철도를 回贖할 수 있는 권리를 가지게 되며, 이러한 경우 부설 원금과 기타 비용을 참작하여 비용을 산출하도록 하였다.

일차대전 종결 직후인 1919년에 개최된 파리강화회의에서 중국은 자국에서 모든 외국의 세력 및 이익 범위의 폐지, 외국군대 및 경찰의 철수, 영사재판권의 폐지, 조차지의 환수, 외국의 이권 및 조계의 환수, 관세자주권의 확립이라는 구체적 조항을 명시하였다. 여기서 중국은 중동철도를 과거 제국주의 열강이 중국에서 획득한 대표적인 불평등조약의 결과물로 간주하고, 그 이권을 회수하는데 많은 노력을 경주하였다.

그러나 1922년에 개최된 워싱턴회의 중동철도분과회 제1차 위원회에서 열강은 중동철도의 소유권이 소련에 있으며, 중국은 단지 1896년의 협정에 따라 종국적인 귀속권만을 가지고 있다는 사실을 확인하였다. 이에 대해 중국은 중동철도가 결코 소련의 자산이 아니라고 주장했으나 일본, 프랑스 등이 정면으로 반대의 뜻을 표명하였다. 다시 말해 중국의 입장에서 중동철도는 소련과 중국이 공동으로 소유하고 관리하는 철도로서, 엄밀히 말해 중소 양국의 공동재산에 속한다는 주장인 것이다. 그러나 이에 대해 프랑스는 중국이 지출한 500만 고평량은 철도 부설에 투자된 것이 아니고 은행자본의 일부일 뿐으로서 철도 소유권과는 하등의 관계가 없다고 주장하였다.

　여기서 유의할 점은 러시아혁명과 카라한선언 이후 중소협정과 봉소협정을 통해 중동철도의 소유권과 경영권이 어떻게 변화되었는지에 대한 것이다. 1924년 5월 중소 간에 체결된 중소협정의 제1조는 "중동철도는 순수한 상업적 성격을 지니며, 영업과 직결된 업무 이외에 중국의 중앙정부나 지방주권과 관련되는 사항, 즉 사법, 민정, 군무, 경무, 시정, 세무, 토지 등은 모두 중국정부의 관할 하에 편입한다"라고 규정하였다. 이로부터 소련은 종래 중동철도를 통해 보유하고 있던 정치, 사법 등의 비경제적 권리를 반환하였음을 알 수 있다. 그러나 제4조에서는 "양국 정부는 중동철도와 관련된 1896년의 협약에서 규정한 권리 가운데 중국의 주권과 저촉되지 않는 부분은 여전히 유효하다"라고 규정함으로써 중동철도의 경영 등 경제적 권리는 여전히 유지하고 있음을 알 수 있다. 이와같이 중동철도는 중소협정과 봉소협정을 통해 이권과 성격이 상업적인 것으로 대폭 축소되기는 하였지만, 그럼에도 불구하고 소련이 여전히 중동철도의 소유권과 경영권을 유지하고 있음을 알 수 있다.

　1924년 9월 20일 체결된 봉소협정의 제1조는 중동철도의 조직과 지배구조, 경영에 관한 사항을 규정하고 있는데, 이 중 제6, 7, 8항의 내용은 다음과 같다.

제6항: 중동철도공사는 철도와 관련된 일체의 사항을 상의하여 결정하기 위해 10명으로 구성된 이사회를 조직하고, 조약체결국에서 각각 5명씩을 임명한다. 중국 측은 자국이사 가운데 한 명을 이사장으로 임명하고, 소련도 자국이사 가운데 한 명을 이사회 부이사장으로 임명한다. 법정 가결수는 7명으로 하고 이사회의 모든 의결은 실시에 앞서 6명 이상의 동의를 얻어야 한다. 이사장 및 부이사장은 이사회의 사무를 공동으로 처리한다.

제7항: 중동철도공사는 5명으로 구성된 감사를 조직하며, 3명은 소련, 2명은 중국이 임명한다. 감사회장은 중국감사 중에서 선임한다.

제8항: 중동철도공사는 소련인 1명을 관리국장으로 두고, 2명의 부관리국장을 둔다. 2명의 부관리국장 가운데 1명은 소련인으로 하고, 나머지 1명은 중국인으로 임명한다.

이와같이 중동철도 이사회는 양국 이사 10명으로 구성되는데, 중국 측은 이사장을 포함하여 5명, 소련 측은 부이사장을 포함하여 5명을 임명하였다. 따라서 양국의 이해가 상충하는 사항은 이사 7명의 찬성을 필요로 하기 때문에 사실상 합의를 이끌어 내기 어려운 구조였던 것이다.

이러한 이유에서 관리국장은 이사회에 구애받지 않고 독자적으로 전결할 수 있는 입장에 있었다. 더욱이 관리국의 조직을 보면, 관리국장은 소련정부가 임명하고 그 아래 양국정부가 각각 임명한 두 명의 부관리국장이 있었다. 그런데 중동철도의 중추적인 지역은 관리국장의 관할 하에 있었으며, 중국 측의 부관리국장은 수입 심사, 전화, 봉급, 중소교섭의 4과 및 인쇄소만을 담당하고 있을 따름이었다. 이와같이 중동철도는 중소협정, 봉소협정 이후에도 여전히 소련이 소유권과 경영권을 행사하고 있었음을 알 수 있다.

여기에서는 중동철도의 소유권과 관리권을 둘러싼 중소 간의 입장 차이와 갈등, 그리고 양국 간 충돌과 협상의 과정에 대한 각국 신문의 보도를 집대성하였다. 이로부터 중동철도와 관련된 각국의 이해가 매우 상충되고 있음을 잘 알 수 있다. 특히 일본은 중동철도의 소유권이 중국으로 귀속되는 것에 대해 반감을 가지고 있었는데, 이러한 이유는 만주지역에서 중동철도와 함께 최대의 철도인 남만주철도의 소유권을 보유하고 있었기 때문이다. 만일 중동철도의 소유권이 중국으로 귀속될 경우 남만주철도에 대해서도 동일한 권리를 주장할 여지를 사전에 차단하지 않으면 안되었던 것이다. 따라서 일본은 영국, 프랑스 등 열강과의 적극적인 협조를 통해 이와같은 위험성을 사전에 차단하려는 노력을 경주하였다. 반면 중국신문은 중동철도의 소유권과 경영권이 여전히 소련에 의해 장악되어 있는 현상에 대해 그 위험성을 환기시키고 있다. 이와함께 중동로사건 이후 중동철도의 소유권과 경영권에 대한 중소 간의 협상과정도 상세히 보도하고 있다.

2. 중동철도의 지배구조와 조직(소유권, 관리권)

082. 東淸鐵道管理權, 大阪每日新聞, 1918.02.08

東淸鐵道管理權果たして支那政府に在りや

支那政府は東淸鐵道督辦を設け一面露都に於て該鐵道に關する交渉を爲しつつある事は我社特電所報の如し支那政府が此の決意をなすに至りたるは露國の紛擾が今日以上に擴大すべきを慮かり豫め某々國とも打合せ法理上の研究をも重ねたる結果にして支那自己の發意とのみ見るべからざる事情あり支那政府は十分の自信と外交上の援助とを有するが如きも支那政府が果して該鐵道の管理權を有するか督辦を任命し得るか頗る疑問にして支那人間にも外國人間にも多くの異論あり即ち東淸鐵道設立に關する條約第五條、東淸鐵道會社條例第八條、カシ二一條約第五條等によれば鐵道及び鐵道に使用する人員に對しては支那政府は之を保護し得るも鐵道を管理し得ず又鐵道の建造經理に關する事務は露淸銀行に委託するを約し運轉開始後八十年以内は一切の利益は東淸鐵道會社に歸管る事を明記せる條文あれば保護とす理とは別個の機關に依るを要すること明白なり且支那政府は光緒二十二年七月露淸銀行と該鐵道建造を約することを許可せる勅諭に於ては露淸銀行と組合營業の形式をとり辨公契約なるものを締結し庫平銀五百萬兩を出資せるも鐵道落成の後之を回收し一たび督辦を任命したるも其死亡後は再び任命せず以て今日に至れるものなれば該鐵道は露支合辨に非ず從つて支那政府及び人民は該鐵道と沒交渉なりと云ふに在りて支那政府今回の行動は歐洲戰乱中は兎に角戰後に於ては必ず露支兩國間に重大なる繫争問題を發生すべしと某氏は語れり.

083. 中東鐵路之現狀，申報，1920.02.02

東三省通訊

▲ **中東鐵路之現狀**

▲ **哈爾濱政權所屬**

哈爾濱函云，東北情勢，近自美兵撤回之說轟傳以來，為之一變，日本向與謝米諾夫親密，而於中俄合辦之中東鐵路，又非常注意，謝氏近與霍爾瓦特爭權，頗為劇烈。蓋謝氏恃有後援，欲攫取中東鐵路之各種權利，霍氏與爭，迄未定局，現在鮑兼督辦對於中東鐵路，抱定合同以與抗爭，一切越軌行動，絲毫不能承認，即如加價一事，日前霍派翻譯司弼臣到吉，與鮑督辦磋商，鮑力稱現在羅卜稍漲，不必加價，如同前客票二十倍貨費六十倍之多，且應送清賬，至今未到，公司內容，實屬不合公司組織之通例等語，司氏回哈以語霍，霍甚為困難。觀察現在之趨勢，鮑督辦將有嚴厲之表示，以定其督辦對于鐵路應有之權責，免致長此放棄云云，哈埠商民聞之，對于此層，非常熱望。蓋督辦主持其事，中東路必有一番整頓也。

至謝米諾夫宣佈，遠東總長官名義以后，霍亦以原有之遼東總長官名義，發行布告，濱江道尹見此布告，即提議抗議，一面電稟省垣軍民兩長官及鮑督辦。鮑即電詰霍，霍甚為支吾，然又不能不答覆。遂覆鮑督辦大致云，鄙人因臨時政府元首，被大勢所驅，故于大局未定以前宣佈住中東鐵路租界俄民，鄙人為俄政府之代表，受國家之全權，有維持之責。蓋為恐俄國鄰省高級長官，有侵犯中東鐵路權限起見，更恐有擾亂本地治安之虞。復將中東鐵路之地主權利情形，亦曉諭俄國人民，此種布告，與現在中東鐵路所有主權，毫無妨礙。特此敬告貴督辦。此次鄙人所籌之法，實與彼此權利有益，尚祈貴督辦賜愛，力為贊助是幸云云。鮑督辦與霍於此時，尚欲行使侵害我國政府之行為，如不亟予駁斥，轉恐成為默認。遂即復以此事本督辦已將不能承認理由，電令董道尹等轉達，諒已接洽。貴坐辦用意，本督辦亦所深知，惟中東鐵路合同，并有保護沿線人民之責，故同時於領土主權之

下，當然不能容第三國家施行其統治權。至坐辦系路務人員，尤無政治上之關係，職是之故，應請貴坐辦，即將布告取消，其公司人員及沿線僑居之俄國商民，另由本督辦宣佈查照合同，盡力保護。特電奉復，并祈亮察等語。現在中央政府，亦以此路系合辦，地主主權，萬無可以退讓之理，聞已密飭鮑督辦，悉力抗議，勿任侵害我國權矣。

084. 政府對中東路之方針, 申報, 1920.04.09

政府對中東路之方針

中東路為遠東極重要之問題，且與我國有絕大關係。頃據某要人談話云，中東路原來系中俄合辦，日俄戰爭後，日俄以之作平分南北滿之鴻溝。然路權則仍為中俄所有也。當俄羅馬諸失皇家瓦解後，克倫斯基內部時，日本即欲出資先行購買長哈間一段，論價四千萬盧布。日本國曾會望月氏反對，謂此等權利，吾日本將來可以向俄國一索而得之，安用此鉅金為，此議遂寢。迨克倫斯基倒後，列寧杜洛克分據彼莫爾京，即有意放棄取得外國之利益。然徒托空言，毫無實際。嗣英法日美共管團設立後，將中東路列于西伯利亞阿穆爾烏蘇里三路之列。我政府三次抗議結果，由美國方面幫助，遂於海參崴會議能過護路權歸中國之一項。自此以後，中東路之地位，已與上列三路微異其性質矣。然共管團始終未承認為我國完全之權也。前月哈爾濱罷工事件作，全路停工，以擯退霍氏為請，政府乃命鮑督辦對外宣佈，為維持交通及秩序起見，不得不暫將霍氏路權解去，嗣後路事取決於董事會，以示公開。將來俄國統一後，中俄間再訂辦法。此言宣佈後，列國並無異言。美國首先有滿意之答覆，然日本仍進欲慫恿協約國以四國名義，出而干涉，協約國不為所動。月前葉恭綽專使在京時，亦曾研究及此，頗贊鮑氏措施非常圓滿。此次政府以王景春顏世清爾業事，在哈辦理接收後之外交運輸等事。故於葉恭綽到時奉進，請其順便加以贊助，並無欲以葉為中東路督辦之事。該督辦每月僅一千元月俸。郭宗熙兼任時，常言不足開銷。鮑督於月前因政府援助中東路非常冷淡，意頗不滿。且有請卸兼職之舉，旋經院覆挽留，許以充分接

濟，鮑氏方允維持。此在葉氏赴奉前一旬之事，當時李家鏊電請設東路專員，辦理交涉。經交通部否決。現在政府對於該路辦法，分為三說：一即奉省當局主張，發生新銀團關係之一說；一即張斯口報告，所謂俄新黨欲我國備價償還之一說；一即鮑貴卿請以俄國賠款，補助東路之一說。此事結果，尚未大定。現在該路每月不敷六十三萬三千七百元，政府擬先由中央接濟，至必要之時，方採行第一第三兩說之方法。至第二說，則形勢已變，不成問題。現在日本對於攫取此路之策略，即欲挑撥中東路當事者之意見，俾可藉口於中國保護能力之薄弱，彼乃乘機活動，以收漁人之利。惟英美法各國，以該路有關國際之交通，世界中最緊要之兩路，在近東者為巴爾各達，在遠東者即為中東路。以前巴爾幹之糾紛，原因即為巴爾各達一路而起。若中東路落於日本之手，則遠東將來問題恐亦將成巴爾幹之局勢。故列強極願由中國自行收回，抑或歸國際保護，頗反對日本之單獨運動云。

085. 中東鐵路股東會，申報，1920.11.02

中東鐵路股東會

一日北京電：中東鐵路股東會約星期四日復開，華董雖未經股東舉定，但參與會議，系所預料。關於選舉俄董之困，今似已銷除。前雙方所爭執者，華人方面欲某某俄人應選，而俄人則以新合同第二條相辯。蓋依照此條規定，俄人可自由選舉其董事也。

086. 東支鐵道は救濟不要，大阪朝日新聞，1921.06.09

東支鐵道は救濟不要（奉天特電八日發）
宋小濂督辦の豪語

東支鐵道長官オストロウーモフ氏、督辦宋小濂氏一行六名は八日奉天通過京奉線にて北京に向へり鐵嶺迄出迎へたる予（本社特派員）

に對して宋督辦の語る所左の如し今回一行の北京行東支鐵道例年の
株主總會に臨席する為めにして滯在約三週間の豫定なるも株主總會
の外に重大用務あるにあらず東支鐵道の救濟會議　が北京に開かれる
とは以ての外なり東支鐵道は昨年より運輸狀態順調に進み相當の利
益を舉げつつあれば經營決して困難なるにあらず各國に對する是迄
の負債も更急ぎ償却するに及ばず斯かる故なれば目下救濟の必要を
認めず從つて北京救濟會議の開催される筈なし東支鐵道は露支兩國
の合辦會社なれば東支鐵道管理は露支兩國の權限に屬し日、英、
米、佛の之を管理するは屋上屋架するものにして露支の希望せざる
所なり救濟既に不必要なれば何ぞ又他國に依つて借欵を圖らんや東
支鐵道は歐戰以後既に久しく西佰利鐵道との連絡なく從つて歐洲方
面への輸送を受けず僅に吉林、黑龍江及び蒙古の一部の輸送に限ら
れ貨車、客車、機關車に未だ不足を告げず又今日之を修繕せざれば
使用に堪へずと云ふ程に損傷し居らず鐵道材料は既に斯くの如くに
して經營口亦困難ならざるに於ては借欵の意なきこと自から明かな
り昨年予が公債募集を主張して成らざるより辭職を申出たりとは恐
らく虛傳ならん己むなきに至らば之を他國に圖らずして必ず自國に
得ん我國も東支鐵道借欵に應ずる能はざる程貧弱にあらず.日本の撤
兵は衷心より之を希望す沿線の守備、警察、行政は云ふ迄もなく之
を支那の手にて完全に行ひ得ることを固く信ずるが故に露國過激派
の如きは之を眼中に置かず沿線一帯の治安は彼等に依つて妨害され
得るものにあらず云々
宋督辦としては此言あるは素より當然ならんも亦支那一流の口言虛
勢を張り暮夜富貴の門を叩くかに感ぜられ其餘りに虛心坦懷ならざ
りしを惜む.

087. 中東路股東會議中之爭點, 申報, 1922.10.18

中東路股東會議中之爭點

上海泰晤士報北京通信云, 中東路股東會議, 即將開幕矣, 在俄人方

面，仍欲維持其地位，管理中東路，而中國方面則極力反對之，此問題頗有極感困難者，即為前華俄道勝銀行要求召集股東全體之舉，顧中東路歀係俄政府所撥發，華俄道勝銀行何以得為中東路之代理人，其中蓋亦有故焉，起初李鴻章與俄人談判，在柏林簽約之際，曾表明該項條約雖係中俄政府訂立，但不妨目為一種商務契約，因之路歀雖由俄政府撥發，而華俄道勝銀行乃得為紹介人，後法國雖曾供給俄政府借歀，為建造中東路之歀，但根據中東路原約，除中俄兩國人外，他國人概不能有股東權也，現華俄道勝銀行已在法國保護之下，其地位如何，無難確定，而據其稱，則謂握有三千七百萬金盧布之股票，但該行是否能代表股東之全體，故仍不無疑問，關於此點，昨曾晤及公府顧問辛博□氏，辛氏謂中國人依照原訂契約之規定，當然有股東權，中國人所允之各為一半之管理，即可為中國人同意其代表股東之明證，華俄道勝銀行所稱可代表股東全體，即係照此旨趣而言，至於管理問題，苟能順序進行，自不無改良之望，不過管理部殊太懦弱，俄人沃斯脫洛莫夫現實主宰管理部之一切事務，沃氏雖係專門家，然似宜更有一強幹之管理者，處其上也，關於中東路之管理部，世人多抱若干之疑慮，顧欲使人祛除此疑慮，自應為具體之申明，俾人咸知其內容，華俄道勝銀行於此時起而要求代表全體股東，表示對現在狀況之滿意，而要求仍留其現在之地位，自屬最好時機，但待考慮之處正多，決非如是之簡單，吾人於此更應注意者，中國於若干年後，即可將該路收回，但照原來契約之規定，中國收回時，不但須付該路之原價，即在中俄合辦時期中，該路所負之債務，亦應歸中國清償，故此後將入於經濟問題，而現在之爭點，恐亦緣是而增多也。

088. 中東路日本所有權利，申報，1924.06.10

中東路日本所有權利

北京電：九日，使館發表日使六日照會外部，中東路日本所有權利及利益，不能因中俄協定有所變更，請保留。

089. 東鐵のクーデター, 大阪朝日新聞, 1924.10.05

東鐵のクーデター (長春特電三日發)

前露國幹部拘禁
露亞銀行の恐慌

三日在長春の確かなる露人への入電に據れば三日朝哈爾賓東支鐵道
應で開かれた新重役會議の決議により前長官オストロウモフ氏及び
土地課長ゴンダツチ氏は三日支那官憲の為拘禁されたが其際鐵道從
業員一同に對し口口な告別口を述べて悄然として警察に引かれて行
つたので舊幹部、社員一般恐怖の念に駆られている新任イワノフ長
官は四日より就任口務する由, 此問題に關し同口と關係口き露亞銀
行は之が對策を口する必要あるため三日東支鐵道舊幹部と協議會を
開き露奉協定は露亞銀行の利益を阻害し東鐵の權利を侵すものなれ
ば嚴重抗議すべしとの議論沸騰せるも兎に角巴里本店の調令を仰い
だ上決することとなり非常に狼狽を口めていると.

090. 露中人의 反目 東支鐵道가 中心, 동아일보, 1924.11.05

露中人의 反目 東支鐵道가 中心

中東鐵道新長官[이바노프]가 目家勢力扶植에 汲汲하야 獨斷專行하야
職員更迭을 斷行하며 中國人이업다고 上下를 勿論하고 鐵道에 關한
知識이업다고 公然發表하엿다. 露中合同의 明記한 奉露協定의 根本을
破壞함이 甚하야 中國側理事及高級職員은 最近 □□히 會議를 열고
今後 中國人에게 不利益한 提案에는 絶對로 反對하야 重要問題를 理
事會에 붓지 아니하고 長官獨斷으로 決定할 때에는 張作霖을 勸誘하야
長官을 排斥하자고 決議한 模樣이다. 이리하야 中東鐵道를 中心잡아
露中間葛藤反目은 逐日 甚하여가는 모양이더라.
援助停止命令 無所屬從業員에 中東長官[이바노프]는 鐵道□과 그 地
方□□이 無所□□□□□□에게 □□□物質上援助를 求하는 것을 停

止하라고 命令한바 그 理由는 該團體가 勞農露國에 敵意를 가지고 過去의 勞農露國와 中國의 提携를 妨害하엿고 現在에도 敵對行動을한즉 露中共同利益을 阻害함으로 法律上存在에는 干涉하지안치만은 如同한 形式으로든지 物質的援助는 停止하고 各□□長은 本命令受領後 七日間 以內에 該團體의 使用하는 全部家宅을 내여달날 方針을 □究하라고 命令하엿더라.

091. 中東路交涉, 申報, 1925.02.05

中東路交涉

四日北京電, 華人通訊社稱, 外交部致牒加拉罕氏, 約謂中東路之俄總理的專斷之政策, 必須止之, 否則將引起嚴重後果. 聞此牒之發, 因為該總理把持路務, 漠視中國理事意見之故, 牒文徵實外間所傳中俄於中東鐵路事抵牾日甚之諸說. 中國似決議將鐵路捐改為鐵路區域之田地捐, 照鐵路捐辦法, 商行以貨物轉輸入該路, 可免付費, 若征田地捐, 則每車轉轍者須收費五元. 此爭端會牽涉其他數事, 而與張作霖最有關係.

092. 東省鐵路對華策略之觀察, 申報, 1925.02.11

東省鐵路對華策略之觀察

哈爾濱通訊, 東省鐵路為中俄兩國合辦之一商業公司, 當無對華策略之可言, 而乃如是者, 果何說乎, 曰, 東省鐵路, 即東清鐵路昔年俄人倡造時, 即欲侵略我華者也, 經日俄一役, 長春以南歸日人掌握, 而長春以北, 及綏芬至滿洲里長二千八百餘裡, 謂為干路, 長春至哈爾濱為支路, 長四百三十餘裡, 綜計綿亘三千餘裡之地, 所移殖之俄人, 昔年達三四十萬, 今則頻年退去, 乃有十餘萬, 其惟一之主腦, 為東省鐵路學校也, 醫院也, 農場也, 俱樂部也, 無一不為東省鐵路

所設, 設除鐵路所有物外, 實已殘留無幾, 從前鐵路交涉局官員, 大都仰鼻息於鐵路當局, 年來雖將政權次第收回於我華, 然經濟力之所在, 猶未免多所遷就, 一般託足沿線之華人, 亦覺路局之命令, 如王言之綸綍, 積習所存, 未易朝夕變革, 上年中俄奉俄協定, 先後簽字, 蘇維埃聯邦共和國之人員, 次第伸手插足於東省鐵路, 其第一步汰去帝俄之職員, 如前鐵路局長沃斯特羅烏莫夫等, 因訟入獄, 初不僅因平日開罪於華人之關係, 實因蘇俄之主張, 而隱以請求我官府之處置者也. 我華人以為勞農俄國, 以自由平等為主旨, 必能實行其所謂博愛互助誠懇親善之行為, 故於加拉罕來華, 極意歡迎, 以掬其誠, 將以敦篤中俄之友誼, 詎東省特別區, 即沿東省鐵路一帶境內之俄官, 處處挑剔, 事事苛責, 不曰中國不能優待勞農, 即曰華官輒事虐待, 俄僑捕風捉影, 似是而非之論, 在我未經承認蘇俄以前, 即有此種情形, 近則東鐵俄員, 恣肆益甚, 而不知所謂公道與主權矣, 考東省鐵路之重要職員, 以為鐵路局長, 以為理事會, 理事會之組織十人, 華俄各半, 但議決至少七票為法數, 故無論何方, 不得他方之協助, 絕無表決通過之望, 彼俄方之理事, 俱打成一氣, 其一即駐哈俄領吉西遼夫也, 彼以總領事兼理事, 其用意不僅在商業可知, 而我方理事, 意見未盡一致, 前代理事長袁會鎧氏, 讀書雖多, 不識法律, 主權二字, 不甚介意, 此次八站之失敗, 實袁氏為之, 袁氏今已去職, 職代者為呂榮寰, 呂為少年英俊, 奉天省長王永江所賞識之人物也, 此外理事劉哲氏, 亦多年國會議員, 向於國家主權, 能抗爭不舍, 或者此後得所聯合, 挽狂瀾於既倒, 固吾人之所希望者, 惟此只能做到少失敗不失敗, 若欲進而求得利, 難乎其難. 鐵路局長, 掌握全路主權, 一切路局支配, 悉由局長主持, 自伊萬諾夫歷任局長, 於人員則任意更易, 定章每年三千元以上之職員, 更動必經理事會通過, 而伊氏則否, 任使更易, 以致路局職員, 往往黨同伐異, 入主出奴, 其他工廠, 亦弄種種手腕, 所標榜者曰節流, 實則欲使其支配經濟之手腕, 希冀我受路局之撥款者, 悉聽其指揮左右, 或予以特別之好感, 如核減路警經費等案, 其名未嘗不美, 其用心則別有所在也, 彼嘗謂我國官廳曰, 路局撥款各官廳, 官廳並不予路局以特別之方便, 彼所云云, 可以窺見一斑矣, 故近來路局對於各官廳, 以條件相

要，不獨對於官廳，即對於商民亦然，如此次八站之苛加撥車等費，亦以中國商民之不交地租於路局而為此，蓋彼隱定之策略，在局外人今日尚不能窺及，記著此言，非故為逆臆路局俄員之心理，月暈知風，礎潤知魚，事有必至，而勢有固然者，其以經濟籠絡官吏，籠絡策士，籠絡商民，正不知其所至極也。 （二月五日）

093. 東鐵支配職員問題, 申報, 1927.01.16

東鐵支配職員問題

哈爾濱東鐵支配職員問題，連日經華俄理事幾度協商之結果，決定將工務，材料，電務，進款，秘書，地畝六處改派華員任處長。（十五日下午二鐘）

094. 中東鐵道에 朝鮮人副驛長, 동아일보, 1927.03.22

中東鐵道에 朝鮮人副驛長

처음으로 부역댱 합이빈(哈爾賓)에 거주하는 조선사람중에 중동털도국(中東鐵道局)에서 사무를 보는이가 사오인이나 되는데 그들은 전부 로서아 어학에 상당한지식이 잇는터임으로 최근에는 김좌긔(金佐琪)군이 오가역(五家站)에 부역댱(副驛長)으로 영면하게되여 볼일간 취임하리라는데 국제 도라할만한 중동선에 조선인의 부역 은 이번이 처음이라한다. 김군믄 본시 경북고령군(高靈郡) 태생으로 길림성아성현(吉林省阿城縣)에 살면서 천구백이십이년에 북경(北京)에 일중학교를 졸업하고 천구백이십칠년에 합이빈 털도학교를 졸업한 수재라더라. (합이빈)

095. 東鐵の會計課長支那側から任命すべく，滿洲日日新聞， 1929.03.26

東鐵の會計課長,支那側から任命すべく，理事會に提議をなす

【哈爾賓特信】東支鐵道回收の前提として從業員折半問題並に管理局長權限縮小問題などを持ち出し相當效果を收めた支那側は、今回更に東支鐵道の財政的樞機を握る會計課長を支那側から任命すべく理事會に提議した、元來東支鐵道の財政問題は于冲漢氏の督辨時代支那側の要求によってその收入金を總て露支兩銀行に折半預金することにして一段落を告げたのであつたが、會計課長が露國側から任命されている限り口大且つ複雜な財政に乘じて巧に收支を誤魔化し或は他に流用又は不當貸付などの不法行爲が露國側幹部によって暗々裡に行はれているのである、事實最近にも東支が支那側に秘密にしていた數百萬圓の某猶太銀行に對する不當貸付が回收不能に陷つたので支那側の手入れを恐れ一件書類を全部課員ベカルスキーをして莫斯科 へ持ち去らしめたなどのことさえあつた、兎も角永年の間露國側の管理下にあつた東支の財政には從來の行きがかりからも今尚相當秘密が伏在していることは否定し能はざる處で、支那側ではいかにしてもその實權を握り財政的に露國側の勢力を掣肘せんとする意圖である.しかし露國側においては東支の財政問題は預金折半をもつて既に解決したものであると主張してこれに對抗し目下連日理事會を開いて討議しいるが、今のところ平和的には解決の見込みなき模樣である.

096. 東支鐵道の實權遂に支那に移る，大阪時事新報，1929.07.12

東支鐵道の實權遂に支那に移る

管理局長に范氏任命

【ハルビン電通十一日發】十一日東支鐵道管理局長エムシヤノフ氏は遂にその職を罷免せられ東三省交通委員會は范其光氏をその後任に任命した、斯くて支那側は多年の懸案たる東支鐵道の實權を把握した、尚ほ東史鐵道職員中露人は罷免せられ支那人がその後に任命された、尚新任東支鐵道管理局長范其光氏は就任に當り大要左の如き聲明を發した.

鐵道從業員は励精して平常どおり服務す可し予は鐵道の運行は全責任を以て行ひ東支連絡中枢の使命を果す可し満鐵に及ぼす影響甚大

【ハルビン電通十一日發】奉天側は東支鐵道管理權を把握した結果奉天派の對外態度は自然硬化し満鐵に及ぼす影響甚大なるものあるべく満鐵も事件の成行を注視して居る、斯くて從来の日支露の三國鐵道の協調に破綻を来たす處あり又ウスリー鐵道は之が為經濟的に一大危機に瀕するに至つた.

097. 中東路之管理權，申報，1929.08.04

中東路之管理權

論中東路管理權問題，當先問中東路之國籍誰屬，該公司建築鐵路既在中國領土之內督辦，由中國委派鈐記，又由中國頒發，則其國籍當然屬我而不屬俄國籍。既屬中國則管理權亦當屬中國，此就世界公共之法理論。若論我中東路過去之事，實因為種種不合法之條約合同所誤致大權盡為俄人所操。然自中俄所訂解決懸案大綱之協定觀之，其第九條一四兩項之含意，不啻顯然表示其政府以後不再與聞該路，則今日管理權之應由我全部收回無可疑也。退一步言之，即以此項協定

延未解決之，故認俄國尚有一部份管理權存在，然自發覺共黨證據及種處違法行為後，其管理人實已喪失其管理之資格，故我中國於此時實具有兩個主體資格，一方自執行其權，一方替代俄人執行其權，此固無論何人不能否認，亦不能出而干涉，即在俄國亦須彼產生一正式合格之繼承人，方有與我磋商之餘地，此又讓一步交涉之理由也。

由前之說，中東路管理權我應全部收回，由後之說，一部分之管理權尚有磋商餘地。我國今後與俄談判將主張我正當權利而全部爭回乎，抑有一部分可商而示以寬大乎，此乃我國人應先討論之一點也。

098. 東鐵所有權は折半するも管理權は獨占せよ，神戸新聞，1929.08.04

東鐵所有權は折半するも管理權は獨占せよ

國民政府原則的方針決定
朱紹陽氏に急電を發す

（北平三日發電通）國民政府は蔡運升、メリニコフ兩氏の交渉にて略々ロシアの意向も見當が付いたので正式交渉における根本的原則商議中であつたが東支鐵道所有權は露支折半となるも管理權は支那の獨占とすといふに決定しこの旨北上中の朱紹陽氏に急電を發すると共に近く會見すべき張学良、孫科兩氏に通知したと確聞す.

099. 東鐵管理權は支那側の獨占に，大阪時事新報，1929.08.04

東鐵管理權は支那側の獨占に露支根本原則は意見一致

【北平電通三日發】國民政府は蔡運升、メリニコフ兩氏間にての豫備交渉により略々露西亞の意向も見當がついたので正式交渉に於け

る根本的原則商議中であつたが此程「東支鐵道所有權は露支折半とするも管理權は支那の獨占とす」と云ふに決定、北上中の朱紹陽に急電すると共に近く會見す可き張学良、孫科に通知したと確聞す正式會議に先立ち
支那側から六箇條

【上海特電三日發】支那側某方面の消息に依ると支那は露支正式會議に先立ち先決問題として左記六箇條件を提出することになろう．
一、東支鐵道管理權は赤化防止の見地から之を支那に回收す．
二、露國の抑留せる支那汽船及支那人は速かに釈放し自由を與う．
三、支那側の受けたる損害は一律に賠償すること
四、東支鐵道服務員は支那局長の指揮監督を受けること
五、軍事状態を速かに解除すること
六、支那側は前記五箇條件を露國側に於て承認するなれば今後決して白露人を援助せざる旨を聲明し直ちに正式會議に移ること

100. 中東路之所有權, 申報, 1929.08.05

中東路之所有權

今之論中東路者，又莫不注意於中東路之所有權，而抑知中東路之所有權實亦糾紛枝節而莫能確定者乎。以名義言，道勝與中國訂約，實為中東路唯一之股東。以事實言，俄財部不過以道勝為傀儡，且為借款故又已爭歸國有，故在俄方亦不能確指所有權之誰屬第。自其革命以後言之，俄政府已非昔日之舊政府，俄銀行亦非舊日之舊銀行，其操縱鐵路之權能均已隨其革命宣言而消滅，俄既不能自保其所有權，則由我中國出而收回理至當也。
夫所謂所有權者，質言之，股票耳。照該路公司章程之規定，中東路股票只限中俄人民購買，非特第三者不能有，即其政府亦不能有，然自道勝經一度改組後，股票多已轉入外人之手，而道勝之清理亦且延宕至今。中俄協定文中俄政府表示負擔革命以前所有股東持債票及債

權人，一切責任又故意懸而不履行，此實為收回所有權之大梗。今果欲設法收回一方應切實責成俄政府履行其協定中所負革命以前之責任，其在革命后所生糾葛亦應與俄商定一清理方法，毋使外人之持有股票及債權者有所損失。一方則按照債權人某種紙幣借出以同等紙幣還償之通例，不論年限贖回俄人手中之股票。吾知今日不主張以革命外交收回中東路者，則此說庶乎其近之矣。

101. 莫德惠就任東鐵督辦，申報，1930.01.06

莫德惠就任東鐵督辦

駐哈俄領亦已就職哈滿線交通將恢復

哈爾濱 新任東鐵督辦莫德惠，五日早八時，偕新任東鐵理事沈瑞麟，自吉來哈，午刻就督辦任。中央委員吳鐵城五日晨來哈。東鐵爲恢復哈滿線交通，將組車工委員會。哈俄領謝米諾夫斯基一日就職，范其光王洪身辭東鐵理事，遼除派沈瑞麟繼任外，其一人選未定。蔡運升將繼莫德惠任東北政委，預定五日後返遼，請示華方高級路員人選，十日與俄哈領同往莫斯科會議。 （五日專電）

102. 行政院通過莫任東鐵督辦，申報，1930.01.08

行政院通過莫任東鐵督辦

南京 七日行政會議孫科提議，准張學良電稱，中蘇預備會議，業簽訂紀錄恢復東路原狀，該路督辦呂榮寰，現已調遼，亟須派員接任。茲查有莫德惠才具德長，於東路情形，多極熟悉。經已電請派充中蘇會議全權代表，擬請再明令任該員爲東鐵督辦，俾先主持任務，然後赴會等語。查所請係爲事擇人，以期主持路務接洽會議起見，擬請准予任命，當經決議，轉呈國府任

命。 （七日專電）

103. 中東路俄局長易人, 申報, 1931.01.01

中東路俄局長易人

哈爾濱 東鐵新任俄理事庫氏, 將實任副理事長, 原任俄副理事長業木晉諾夫, 仍回路局長職, 原局長莫德惠, 則奉調回國, 元旦後可發表。 （三十一日專電）

104. 中東路理監聯席會議, 申報, 1931.03.20

中東路理監聯席會議, 議決裁員減薪等要案

哈爾濱 今午東鐵理監事聯席會議, 莫德惠並中俄理監事均出席, 議決裁員減薪減運費等要案十七項, 莫德惠決于出國時過札蘭諾爾煤礦, 停三時, 視察該礦, 以決恢復與否。 （十九日專電）

哈爾濱 李琛今早携外交文件到哈, 各團體今日公宴莫德惠, 哈商擬具中俄通商意見書, 送致莫德惠參考。 （十九日專電）

105. 東鐵俄理事長回國, 申報, 1931.04.23

東鐵俄理事長回國

哈爾濱 東鐵俄理事長業木沙諾夫調回本國, 今日成行, 繼任者俄政府未發表。 （二十二日專電）

106. 加拉罕提議變東鐵管理制度, 申報, 1931.06.14

加拉罕提議變東鐵管理制度

郭崇熙復任副局長

哈爾濱 外息, 第八次中俄会談, 加拉罕所提變更現行管理法, 其提案爲 (一) 免除東鐵日後糾紛及辦事手續便捷, (二) 節省鐵路大部開銷, (三) 仿南滿鐵路, 議事行政機關化合爲一, 即重要事項, 由局長召集局務會議, 過半數通過, 爲決案, 華方有交議事, 仍由鐵路督辦傳達, 莫德惠已電中央請示, 第九次會十一日開, 情形如何, 此間猶未得信。 (十二日專電)

哈爾濱 路局今日召開重要局務會議。 (十二日專電)

哈爾濱 莫德惠來電, 路局華副局長, 仍由郭崇熙復任。 (十二日專電)

哈爾濱 莫斯科來電, 中俄第九次會議, 加拉罕十日派員見莫德惠, 請展期十六開。 (十二日專電)

107. 中俄十次會議, 申報, 1931.06.27

中俄十次會議

續議東路管理問題

南京 外部息, 中蘇會議二十四日開十次會, 仍討論東路暫行管理問題, 下次會議, 訂二十九日繼續舉行。 (二十五日專電)

哈爾濱 莫斯科二十四電, 第十次中蘇會今日下午開議, 仍談東鐵變更制度問題, 無結果, 定二十九繼續開會, 專委王曾思·屠慰曾·以候張副司令病愈後請訓, 仍在平, 去俄期未定。 (二十六日專電)

北平 二十四日中蘇開第十次會議, 莫德惠加拉罕均出席, 討論中東路暫行管理問題, 定二十九開會繼續討論。 (二十六專電)

108. 東支鐵道長官更迭, 大阪毎日新聞, 1932.04.09

東支鐵道長官更迭
對滿策を協調的に

【ハルビン八日發電通】滿洲政局の變化に伴い露國は從来の共産黨員を中心とする急進的對滿政策變更の必要に迫られ東支鐵道長官に純然たる技術家を起用することとなり、現長官ルーデイ氏を本國に召還しその四代目後任長官として鐵道技師トルストフ氏を据え露國の對滿政策を協調的なものとすることとなつた.

109. 東鐵開理監會, 申報, 1932.04.18

東鐵開理監會請求澈底護路辦法

百餘路員被日捕去

哈爾濱 日兵車傾覆事, 十五東鐵特開一理監會, 通過俄局長提案, 要求僞國請求澈底護路手段, 由李紹庚代表路方向俄道歉。 (十六日專電)

哈爾濱 十四東鐵路哈綏線, 自哈開綏車, 因車輛出軌, 交通斷三時。 (十六日專電)

哈爾濱 與東線日兵車傾覆有關之赤俄路員, 連日爲日憲兵秘密捕去百餘, 在偵察中, 東鐵俄路局長魯德義十六訪護路軍司令部, 請注意澈底護路辦法。 (十七日專電)

哈爾濱 日軍用列車傾覆事件, 哈爾濱警察高等課全部出動, 自努力檢舉該案犯人後, 於昨日中逮捕嫌疑犯俄人二十名, 現在偵查中, 至十六日止所檢舉之俄人已逾五十名, 因此該陰謀團之本部行將發覺, 尚欲繼續逮捕嫌疑人犯。 (十七日電通社電)

110. 蘇俄否認中東路共有, 申報, 1933.04.26

蘇俄否認中東路共有

李紹庚發表函件

哈爾濱 中東路俄總代表柯士尼作夫函復李紹庚, 以強硬詞句駁斥中東路爲俄滿共有之說, 其言曰：「中東路乃蘇俄產業, 不過共管而已, 此層君所深知, 無待贅述」云, 繼引證哈爾濱俄總領事前次文件中所載關於機車貨車所有權之證據, 並指李紹庚及其他路董從未採行積極計畫, 以保障鐵路利益, 而對於鐵路職員及其設法處理上述問題, 並發訓令致滿洲里當道, 不得干涉中東路與其聯接歐亞交通及在俄國鐵路間聯運等事, 未請設法造成一種局勢, 俾中東路可照常營業。 (二十五日路透電)

哈爾濱 李紹庚於四月二十二日爲中東鐵路火車爭案答覆中東政局蘇俄總代表柯士尼作夫之函, 其內容於今日發表, 內謂蘇俄所稱中東鐵路屬於蘇俄一節, 毫無法律根據, 並否認中東鐵路曾用蘇俄貨車二千輛, 又謂蘇俄移去之車輛, 因戰事之故, 迄未交還, 如柯氏願恢復中東鐵路之常狀, 須在五月十日之前將達法駛入俄境之貨車機車全行交還云云。 (二十五日路透電)

哈爾濱 樸克拉尼溪那耶之蘇俄聯邦稅關, 今日被封鎖, 當通告「滿洲國」謂樸克拉尼溪那耶蘇俄聯邦稅關, 自今日起停止檢查各種貨物, 在葛拉台谷檢查云。

111. 俄報揭露日人圖攫中東路詭謀, 申報, 1933.04.28

俄報揭露日人圖攫中東路詭謀

東路管理權盡操駐哈日領手擬就計劃積極排斥蘇聯利權
俄方函僞國主外交解決中東路俱樂部全毀於火

莫斯科 此聞報紙今日載一伯力消息, 揭露日人對於中東路之詭謀, 據

2. 중동철도의 지배구조와 조직(소유권, 관리권)

119

云「據可靠方面消息，中東路理事會中之「滿」方管理權，現已操於哈爾濱日本總領事森島之手，所有截斷中東路與外貝加爾鐵道通車之強暴行為，由偽滿國外交官施履本簽名而致哈埠蘇聯總領斯拉夫茲基之公函，及由中東路理事長李紹庚致副理事長柯茲尼佐夫之公函，實際均由森島為主動，又聞在滿洲之日人團體，已擬定一關於在中東路行動之計劃，并已交於關東軍總部，請求批准，該計劃主張排斥蘇聯在中東路之權利，由日人以移交偽滿國為藉口，奪取該路，按此項計劃，實際即欲破壞中俄及奉俄協定，使路方工作全受擾亂，外貝加爾及烏蘇里亞鐵路與中東路之貨運陷於停頓，而致蘇聯不能在中東路立足也，又此計劃之一部分，為以絕對無稽之誣詞，指責中東路主任魯迪，謂彼承認蘇聯扣住中東路之機頭車輛云云，總之，此種反對蘇聯之攻擊，實際目的即在攫取中東路，包括入日本統治下之滿洲鐵道中」云，蘇聯政府公報「伊凡士斯太」今日論及此事謂：「此項消息已引起蘇聯對於中東路狀態之驚惶，惟若北滿日官員之熱心，竟使彼等進為此種冒險或挑釁之行動，則蘇聯甚望日政府未預聞之，日政府負有不破壞蘇聯在中東路權利之責任，此固蘇聯所望者，惟哈爾濱之日代表縱為捉迷藏戲，殊不能掩飾其企圖，故蘇聯之輿論，切願日政府能在此時機，訓誡其哈埠駐員，勿為危險及不負責任之行動，并不許其破壞中俄及奉俄協定」云云。（二十七日塔斯社電）

哈爾濱 俄總領事史拉佛資基今日致函（偽）「滿國」外長駐哈代表，建議凡關於中東鐵路各問題，應由外交機關解決之。 （二十七日路透電）

哈爾濱綏芬河之稅關，已於今日撤至格羅臺戈伐，其地為烏蘇里鐵路滿俄邊界之第一大車站，綏芬河之中東路俱樂部全毀於火，詳情未悉，聞有縱火嫌疑云。 （二十七日路透電）

哈爾濱 昨日有匪在華沙河附近拆毀路軌，致載有工人一大隊之修路車脫軌傾覆，匪衆不特以炸彈擲擊火車，且以機關槍向車中之人射擊，工人死一傷五，並被架去九人。 （二十七日路透電）

莫斯科 此間報紙對於中東路爭議，現表示更大之注意，今日登載伯力

來電，據謂北滿日已籌議銷減中東路俄方管理權，並奪取此路云。俄報稱，蘇俄希望日政府及早申斥哈爾濱官員，以免破壞瀋陽與北平條約。（二十七日路透電）

哈爾濱 據日人消息，自四月二十二日起至二十五日止，僅有中東鐵路貨車四輛由烏蘇里鐵路開回綏芬河，足證蘇俄實無意交還移入俄境之車輛也。（二十七日路透電）

112. 東支鐵建直し焦眉の急務だ，大阪時事新報，1933.04.29

東支鐵建直し焦眉の急務だ

外交上政治的解決も結構
森東支課長語る

【ハルビン聯合二十八日發】森東支科長は二十八日記者團との會見において東支鐵道問題に關し、左の如く語つた.

問題の機關車の所有權如何で外交問題としてこれを政治的に解決する云ふなら、それで結構だ交通部としては只事務的に現狀回復を要求し、一方的不法行為により抑留せる機關車を、一先づ東支鐵道に返還せよと云つている迄の話だ、從つて交通部としては飽く迄も此要求を貫徹する積りだ、ソビエット側では東支鐵道はソ滿兩國共同管理に屬するものと主張しているが、管理なる用語は行為的意味を有するので我々はこれを避け共同經營と呼ぶ、即ち東支鐵道は滿洲國の絶對主權であり、ソ滿兩國の共同經營による一商業機關に過ぎない、從つて東支鐵道は何等ソビエット政府に對し一方的義務や責任を負うものではないこの意味で滿洲國成立による情勢の變化に適應するやう東支鐵道經營の建直しこそ刻下の急務である、我々はこれを速かに遂行せんとするものである、從つて不必要な機關の改廢や内部的機構の調整合理化が斷行されても何等怪しむに足りない.

113. 東鐵問題益々紛糾す, 神戸新聞, 1933.04.29

東鐵問題益々紛糾す
故意に解決を遷延
外交問題化を策す
満洲國は理事會招集を要請
妥協の餘地全然なし

【奉天二十八日發聯合】紛糾中の東支鐵道問題に對しソヴィエト當局は故意に解決を遷延して問題を正式の外交問題に移管せんとしていることが二十八日奉天の某所着電により明瞭となつた.

【ハルビン二十八日發聯合】東支鐵道問題に關する蘇、満兩國代表の見解は最早や妥協の餘地なき對立狀態となつたので満洲國側では可及的速かに理事會を招集し本問題に對する理事會としての態度を決定することとなりこれをソヴィエト側に通告した、ソヴィエト側がこれを受諾すれば五月早々理事會開會のはこびに至るものと見られている.
政治的解決も可事務的には原狀回復を要求森東支課長語る.

【ハルビン二十八日發聯合】森東支課長は二十八日記者團との會見において東支鐵道問題に關し次の如く語つた.問題の機關車の所有權如何は外交問題としてこれを政治的に解決すると云ふならそれで結構だ、交通部としてはただ事務的に原狀回復を要求し一方的不法行為により抑留せる機關車を速かに東支鐵道に返還せよといつているまでだ、したがつて交通部としてはあくまでこの要求を貫徹するつもりである、ソヴィエト側では東支鐵道を蘇満兩國の共同管理に屬するものと主張しているが管理なる用語をもちいることは行政的意味を有するので我々はこれを避け共同經營とよぶ、即ち東支鐵道は満洲國の絶對主權下にあり蘇、満兩國の共同經營による一商業機關にすぎない、從つて東支鐵道は何等ソヴィエト政府に對し一方的義務責任を負うものではない、この意味で満洲國成立による情勢の變

化に適應する東支鐵道合流のたて直しこそ刻下の急務である、我々
はあくまでこれを事務的に遂行せんとするものである、從つて不必
要な機關の改廢や一部機構の調整合理化が斷行されても何等あやし
むにもあたらない.

114. 東支鐵問題で露、滿正面衝突せん, 大阪朝日新聞, 1933.05.03

東支鐵問題で露´滿正面衝突せん

貨車返還要求の期限切迫す
局地交渉望み薄し

【電通新京二日發】森島ハルビン總領事は一日新京に至り駐満大使
館側と東支鐵道問題を中心とする對サウエート方針に關する打合せ
をなし外務省よりの命令に本づき過般受領せるカラハン外務人民委
員會次長の抗議內容調査に關しても協議を遂げ出先當局としての一
切の方針を決した一方滿洲國交通部においても李東鐵督辨をして一
日ハルビンより歸京せしめ、二十八日付クズネツオフ氏より李督辨
に手交されたる東鐵所有權問題に關する抗議につき首腦部間に協議
を遂げ案を得たので一兩日中に李督辨を通じクズネツオフ副理事長
に回答を發する段取となつた、かくて貨車返還要求の一ケ月の期限
も殘るところ一週間後に迫り滿、露局地交渉解決の望みは絶え露、
滿兩國の正面衝突は免れぬ形勢となりつつある.

115. 中東鐵道는 露中共有物 無視하면 世界의 輿論喚起, 中國 政府推移注視, 동아일보, 1933.05.09

中東鐵道는 露中共有物 無視하면 世界의 輿論喚起

中國政府推移注視

[上海七日發電通]東鐵을 日本에 賣却한다는 報는 中國側에 多大한 센세이슌을 惹起하야 七日 □□는 左의 意味의 □□□發表하여다.
東鐵은 露中兩國의 共有物이다. 露中協定, 奉蘇協定을 無視하고 露國이 東鐵賣却을 한다면 世界의 輿論에 對하야 反對한다. 또 外交委員長 伍朝□도 同□의 意味의 □□를 發表하야 □□에 드려냇다.

116. 中東路路局改組完竣, 申報, 1935.04.09

中東路路局改組完竣

天津 中東路爲日僞買妥後, 頃實行改組告竣。理事會督辦公署稽核局皆取消, 統制機關最高者爲哈爾濱鐵路局, 受滿鐵會社管轄, 公文以日文爲主, 漢文爲輔, 路局原屬十八處, 兩局一所, 悉縮小範圍, 設十二課, 每課置四五系不等, 除工事産業房産三課, 屬僞滿人任正課長外, 餘九課正課皆由日人充, 各系主任, 亦悉委日人, 僞滿人重要職員陸續裁汰, 已發表者四批, 廢鐵路金盧布制幣制, 改以僞國幣爲主幣, 職工薪水無形減縮一倍, 致僞滿人咸叫苦不迭。 (八日專電)

3

철도이권 회수운동과 중동로사건

3. 철도이권 회수운동과 중동로사건 (해제)

중국에서 최초로 부설된 철도는 영국자본 이화양행이 1875년에 착공하여 1876년에 완공한 상해-오송 간의 오송철도(송호철도)로서, 이 구간을 처음으로 운행한 기차가 바로 파이오니어호였다. 그런데 이화양행이 철도의 부설에 착수한 이후 중국의 조야에서는 반대의 목소리가 높았다. 주요한 이유는 중국의 풍수를 해친다거나 조상의 분묘 및 가옥을 이전해야 한다거나, 인명이나 가축에 위해하다는 등의 이유였다. 청조정부의 입장에서도 외적의 방비라는 국방상의 이유에서 철도의 부설을 반기지 않았다.

근대 중국에서 철도의 부설은 중국공업이 발전한 결과로서 상품을 운송하기 위한 목적이 아니라 제국주의 열강의 세력권 분할을 위한 목적에서 본격적으로 부설되기 시작했다는 점에서, 철도의 발전은 제국주의 열강의 침략정책과 불가분의 관계를 가지고 있었다. 철도 부설은 단순히 교통 운수를 넘어 석탄, 목재, 광물 등 주변 자원의 개발권과 자국 거류민의 안전을 위한 치외법권, 철도의 수비를 위한 군대와 경찰의 주둔권, 철도 연선의 사법, 행정, 외교에 대한 일정한 권리 등을 포괄한다. 이와같이 철도 부설권은 단순한 교통 운수를 넘어 그것이 관통하는 지역에 대한 광범위한 배타적 지배를 의미하며, 따라서 철도 부설권의 분포는 바로 각 지역 간 열강의 세력범위와 분포를 그대로 보여주고 있다.

서구문명은 철도 등의 이기로 다가왔으며 중국으로서는 근대화와 자주독립이라는 양대 과제를 달성하기 위해서도 철도가 불가결한 수단이 아닐 수 없었다. 그러나 동시에 철도는 제국주의가 중국을 침략하는 전형적인 방식이기도 하였다. 이와같이 철도는 근대의 이기로서 근대문명의 전파자인 동시에, 국민경제의 형성을 왜곡하고 현지의 주체적 성장을 억압하는 성격을 태생적으로 지니고 있었다. 철도의 도입 과정에서 경제, 군사적 유용성과 함께 열강의 수탈이라는 침략적 성격이 동시에 인식되었기 때문에, 중국에서는 철도의 부설에 대해 자연히 그 필요성과 위험성이 동시에 제기되고 논의될 수밖에 없었던 것이다.

이러한 가운데 1895년 청일전쟁이 종결된 이후 철도 부설권은 제국주의 열강이 중국을 침략하는 보편적인 수단이 되었으며, 중국철도에 대한 지배권도 외국인의 수중에 들어가고 말았다. 1840-1894년까지 중국에 대한 열강의 경제 침략은 상품 수출이 주요한 형식이었다. 그러나 청일전쟁 이후 제국주의가 중국에 투자한 새로운 항목이 바로 철도였는데, 이는 재중국 외국자본의 추세가 고정성의 투자로 향하고 있음과 더불어 식민지화의 성격이 일층 강화되었음을 의미한다. 왜냐하면 철도가 결코 중국공상업이 발전한 결과가 아니라 제국주의가 중국을 분할한 결과로 발전하였기 때문이다. 이는 결과적으로 수천 년 동안 동아시아의 국제정치 질서를 규정해 왔던 중화주의를 근본적으로 동요시켰으며, 순망치한의 선린인 조선에 대한 통제권을 후발자본주의 국가인 일본에 넘겨주지 않을 수 없었다.

러시아는 중동철도 부설권 및 경영권에 관한 조약에 따라 철도 수비권, 철도부속지 수용권, 면세특권, 부속지에서의 행정권, 광산 채굴권 및 삼림 벌채권 등을 함께 획득하였다. 러시아는 철도의 직접 부설뿐만 아니라 차관의 공여라는 방식을 통해 철도에 대한 일체의 권리를 장악하였다. 통상적으로 철도차관은 몇 가지 조건을 전제로 체결되었다. 첫째, 일정 기한 내 철도사업의 경영, 둘째, 철도 부설공사의 인수, 셋째,

기사장, 회계주임의 임용, 넷째, 철도자재의 우선적 공급, 다섯째, 이자, 수수료 및 이익의 배당, 여섯째, 담보로서 철도 사업의 전 재산을 충당하는 등을 들 수 있다. 예를 들면 영국과 일본이 공동으로 투자한 경봉철도의 주요 직원은 영국인과 일본인으로 충원되었으며, 철도업무와 관련된 모든 공문서에는 일문과 영문만을 사용하도록 규정하였다.

철도를 통한 열강의 세력이 확대되자, 중국에서는 이권의 회수운동 차원에서 철도를 자력으로 부설해야 한다는 필요성과 당위성이 적극 제기되었다. 이러한 이유에서 열강으로부터 철도의 부설권과 경영권 등 제반 권리를 회수하여 철도행정에서 대외적으로 중국의 자주적, 독립적 권리를 확립하는 것이야말로 중국의 근대화 과정 속에서 반드시 달성하지 않으면 안되는 과제로 인식되었다.

청일전쟁 이후 열강은 중국에서 철도 부설권을 획득하기 위한 경쟁에 돌입하였다. 러시아는 프랑스, 독일과 함께 삼국간섭을 주도함으로써 요동반도를 일본으로부터 회수하는데 결정적인 역할을 수행하였으며, 이를 통해 만주지역을 관통하는 중동철도의 부설권을 획득하고, 철도의 부설과 경영에 대한 권리를 바탕으로 만주에서 배타적인 세력을 확대해 나갔다. 동청철도는 러시아의 극동전략에서 매우 중요한 의미를 가지고 있었으며, 동시에 만주에서 일본의 세력 확장을 견제하는 의미를 가지고 있었다. 러시아의 중동철도 부설권 획득은 열강이 중국철도를 두고 본격적으로 경쟁에 돌입하는 계기가 되었다.

프랑스는 청프전쟁의 결과로 체결된 1885년 천진조약에서 이미 중국 화남지역에 대한 이권과 철도 부설권을 확보하였으며, 더욱이 1895년에는 운남, 광동, 광서 등 각지에서 광산 채굴권과 안남으로부터 중국 내지에 이르는 철도 부설권을 보장받았다. 이에 근거하여 다음해에는 중국정부와 광서-용주 간의 철도 부설 계약을 체결하였으며, 이후 다시

용주-남녕, 용주-백색, 안남-운남철도 구간의 부설권도 획득하였다.

청일전쟁 이후 삼국간섭에 참여했던 독일은 1897년 산동성 곤주현에서 두 명의 독일선교사가 살해된 사건을 빌미로 교주만을 점령하고 이곳에 조차권을 강요하였다. 이와함께 이 지역의 철도 및 광산에 대한 이권을 획득하여 중국에서의 근거지를 마련하였다. 독일은 〈독청교주만조약〉을 체결하여 교주만으로부터 유현, 청주, 박산, 치천, 추평 등을 거쳐 제남에 이르는 산동철도 부설권을 획득하였으며, 이와함께 석탄의 채굴권과 기업 운영권을 획득하였다. 이어서 1904년에는 청도-제남 간의 노선 및 장점-박산 사이의 철도 지선을 부설하였다.

한편 영국은 독일의 세력 확장을 견제하기 위해 영미신디게이트를 조직하여 청조정부와 550만 원의 차관계약을 체결하여 진포철도를 부설하고, 이를 통해 철도 연선지역에 대한 이권을 독점하고자 하였다. 그러나 독일은 산동에서의 배타적 지배권을 주장하면서 이 노선이 산동을 통과하는 것에 반대하였다. 결국 1899년 영국은 산동에서 독일의 배타적 지위를 인정한 위에서 영국과 독일이 공동으로 차관계약을 체결하도록 조항을 개정하였다. 이러한 결과 천진으로부터 산동, 남경에 이르는 전 노선 가운데 3분의 2를 독일이, 나머지 3분의 1을 영국이 부설하기로 합의하였다.

이밖에도 영국은 천진-진강 노선, 산서-하남 노선, 구룡-광동 노선, 포구-신양 노선, 소주-항주 노선 등 총 다섯 노선의 철도 부설권을 획득하였다. 1899년 철도 부설을 둘러싸고 영국과 러시아 사이에 이해가 충돌하자 상호 협상 결과 만주에서 러시아의 권익 및 장강 유역에서 영국의 권익을 상호 승인하기로 합의하였다.

일본은 러일전쟁 이후 남만주철도 부설권을 획득하였으며, 곧이어 길장철도의 부설권도 획득하였다. 이러한 결과 러시아가 북만주철도를,

일본이 남만주철도를 장악함으로써 만주에서의 세력권을 양분하였다.

미국의 경우 기타 열강에 비해 늦은 1899년 국무장관 존 헤이((John Hay)가 영국, 러시아, 프랑스, 독일, 이탈리아 등에 대해 '기회 균등, 문호 개방'에 관한 선언을 발표하면서 본격적으로 중국철도 부설권을 획득하기 위한 경쟁에 뛰어들었으며, 경한철도와 월한철도의 부설권을 주장하였다. 1898년 미국은 주미 중국공사 오정방과 중국에 대한 투자기관으로서 中美啓興公司를 설립하기로 계약을 체결하였다. 이후 이회사의 주도 하에 월한철도의 부설 계약을 성립시키고, 다음해 철도의 부설을 위한 실측까지 마쳤다.

철도 부설권 이외에도 열강은 차관을 공여하는 방식으로 중국철도에 대한 지배권을 강화해 나갔다. 이미 1902년까지 열강이 중국에 공여한 철도차관은 총 4,800만 달러였고, 1903-1914년에는 무려 2억 500만 달러에 달하였으며, 1915년 이후에는 총 2억 6,600만 달러에 달하였다.

철도를 통한 열강의 세력 확대와 이에 따른 이권의 유출이 심화되자 중국관민들 사이에서는 열강으로부터 철도의 이권을 회수해야 한다는 주장이 비등하였다. 진천화는 〈警世鐘〉(세상을 일깨우는 종소리)이라는 문장을 발표하여 열강에 철도 권익을 매도하는 청조를 맹렬히 비난하였다. 이와같이 중국관민들은 열강으로부터 철도의 부설권과 경영권을 회수함으로써 중국의 자주, 독립을 달성하는 것이야말로 근대화의 요체라고 인식하게 되었다.

이와같은 요구에 부응하여 1895년 청조는 상해에 중국철로총공정사를 설립하고 성선회를 철로대신으로 임명하여 진도철도, 노한철도, 호녕철도, 변락철도, 월한철도 등을 부설하였으며, 1903년에는 경장철도(북경-장가구)를 부설하였다. 이와같이 1895년 이후 철도의 부설은 청조의 핵심적인 사업이 되었다.

일찍이 1903년 청조정부는 〈철로간명장정〉을 제정하고 철도를 차관의 담보로 제공하지 못하도록 규정하였다. 1906-1911년 사이에 각 성의 신사들은 열강의 철도 부설권 획득에 반대하여, 철도차관 계약의 폐기를 주장하며 청조정부에 철도 이권의 회수를 요구하였다. 이에 따라 청조정부도 철도 부설권을 회수하기 위해 적극 나섰다. 예를 들면, 1908년 10월 청조정부는 匯豊銀行과 匯理銀行으로부터 자본을 차입하여 철도차관을 상환함으로써 열강의 철도 부설권 일부를 회수하였다. 뒤이어 호북, 호남, 광동의 3성에서는 철도 부설권의 회수를 주장하는 격렬한 민중운동이 발생하였다. 이에 청조대신들은 미국정부와 교섭하여 6,750,000달러를 지불하고 華美合興公司로부터 월한철도의 부설권 및 경영권을 회수하고, 각 성에서 자체적으로 철도를 부설하기로 결의하였다.

월한철도 부설권을 미국으로부터 회수한 이후 철도이권을 회수하려는 운동이 전국적으로 확산되었으며, 이후 민영철도공사가 우후죽순으로 생겨났다. 이와같은 열기에 힘입어 영국과 독일의 합자회사로 경영되던 진진철도에 대해 직예, 산동, 강소의 3성이 연명으로 민영으로 회수하려는 운동이 전개되었으며, 이를 통해 성공적으로 부설권과 경영권을 회수하였다. 또한 蘇杭甬路는 진진철도와 같은 방식으로 중영공사와의 사이에 계약이 체결되었는데, 강소, 절강 양 성민이 공전의 조약폐지운동을 전개하면서 蘇路, 浙路 양 공사를 설립하고, 주식을 모집하여 철도 부설에 적극 나섰다. 이와함께 중국관민들은 자국의 기술과 자본을 동원하여 철도를 부설함으로써 이권의 유출을 방지하자는 취지에서 철도의 자판운동에 적극 나섰다.

그러나 철도이권 회수운동과 자판운동은 국력과 재정적 여건을 고려하지 않고 열의만을 가지고 추진되었으며, 따라서 곧 난관에 봉착하고 말았다. 수많은 철도회사들은 중앙정부의 배경이나 보증 없이 오로지 그 지역 출신들로만 발기인을 구성하였으며, 이러한 결과 민간자본의 자발적 호응이 쉽지 않아 자본 조달에 큰 어려움을 겪었다. 이렇게 되자, 각 성정부는 각종 잡세를 강제적으로 할당하여 부과하지 않을 수 없었다.

철도 자판운동이 전개되면서 안휘성에서는 안휘철도, 산서성에서는 동포철도, 절강성에서는 절강철도, 광동성에서는 신령철도, 복건성에서는 장하철도, 광서성에서는 계전철도 등 각종 철도 부설계획이 줄을 이었다. 그러나 각 성의 철도공사에 모집된 자금은 수백만 량에 불과하였으며, 수십만 량에 불과한 지역도 허다하였다. 이 시기에 중국의 자본과 기술을 가지고 자체적으로 부설된 철도는 조산철도와 경장철도 두 노선에 지나지 않았다. 뿐만 아니라 철도 관리의 부패, 비용의 남발, 경영의 열악함 등은 오히려 철도의 발전을 저해하였다. 철도이권 회수운동이 성공을 거두지 못한 채 청조가 타도되면서 이와같이 산적한 과제가 그대로 민국시기로 넘어 오고 말았다.

중국 동북지방에서 철도이권 회수운동의 주요한 대상은 바로 중동철도와 남만주철도였다. 이러한 원인은 중동철도의 소유권 및 지배권에 대한 중동철도공사, 즉 소련의 영향력이 정치, 군사적 이권의 반환에도 불구하고 여전히 강고하게 유지되고 있다는 구조적 문제에서 찾을 수 있다. 다시 말해, 카라한선언과 중소협정을 통한 이권의 반환에도 불구하고 소련이 여전히 중동철도에 대한 경영권을 견지하고 이를 통해 동북지역에 대한 세력과 지배권 역시 변함없이 유지하고 있었기 때문이다.

일차대전 종결 직후 1919년 1월 18일에 개최된 파리강화회의에서 중국은 "자국의 주권을 훼손하는 일체 조약의 폐지 및 회수"를 주장하였으며, 이를 위해 "중국에서 모든 외국 세력범위의 폐지, 외국군대 및 경찰의 철수, 영사재판권의 폐지, 조차지의 환수, 외국의 이권 및 조계의 환수, 관세자주권의 확립" 등의 구체적 항목을 명시하였다.

그러나 1922년 1월 19일 개최된 워싱턴회의 중동철도 분과회 제1회 위원회에 참석한 일본, 영국, 미국, 프랑스, 이탈리아, 소련, 네델란드, 포르투갈 등 위원은 "중동철도는 소련정부의 재산으로서, 중국은 1896년의 계약에 따라 종국적인 귀속권을 갖는다"라고 결의하였다. 미국, 영국, 일본 등 열강은 파리강화회의와 워싱턴회의를 통해 중동철도 소유권의 소련 귀속을 재차 확인하였으며, 남만주철도의 소유자인 일본 역시 소련과 공동전선을 형성함으로써 철도이권 회수운동은 소기의 성과를 거둘 수 없었다.

이러한 이유에서 중국 동북지역의 길림, 봉천, 하얼빈 등에서는 조차지의 반환과 불평등조약의 폐지를 주창하는 시위가 연일 계속되었으며, 이러한 열기 속에서 1924년 5월 동삼성교통위원회가 설립되었다. 동북지역에서 철도이권 회수운동의 주요한 목표는 당연히 가장 세력이 컸던 중동철도와 남만주철도에 집중되었으며, 동삼성교통위원회는 양 철도의 세력을 견제하기 위해 철도병행선의 부설에 착수하였다.

중동로사건은 이와같은 철도이권 회수운동의 연장선상에서 중국 내 최대의 철도인 중동철도의 소유권과 경영권을 회수하기 위한 목적에서 발생한 사건이라고 할 수 있다. 중동철도에 대한 소유권과 경영권은 종래 러시아가 소유하고 있었으나, 러시아혁명 이후 신생 소비에트연방이 성립되면서 철도의 소유권과 경영권에 일정한 변화가 발생하였다. 일찍이 소비에트연방은 카라한선언을 통해 종래 제정러시아시대 편무적 강제에 의해 중국에서 획득했던 일체의 불법적 권리에 대한 포기와 중국으로의 무상 양도를 선언하였다. 이러한 측면에서 중동철도에 관한 권리에 대해서도 마찬가지로 동등한 원칙이 적용될 수밖에 없었다.

따라서 중동철도와 관련된 경제외적 권리, 즉 철도 연선지역에 대한 행정, 사법적 권리, 연선지역에 존재하는 광산의 개발 권리, 삼림의 벌채 권리, 철도의 보호 및 수비를 빌미로 유지해 왔던 철도수비대 및 경찰권 등 일체의 권리를 포기하였다. 그러나 유의할 점은 중국의 주권을 침해하는 경제외적 권리에 대한 포기를 의미할 뿐, 철도 본연의 경제, 교통, 유통에서의 권리를 포기한 것은 아니었다. 이러한 점에서 중동철도가 가지고 있던 경제적 측면에서의 소유권과 경영권은 여전히 소련에 의해 견지되고 있었다고 볼 수 있다.

이러한 가운데 소비에트연방과 중국은 1924년 5월 31일 러시아혁명 이래 단절되었던 국교를 회복하기 위한 중소협정을 북경에서 조인하였으며, 협정에는 소련의 카라한(L. M. Karakhan)과 顧維鈞이 참여하였다. 더욱이 동삼성의 경우 이 지역을 실질적으로 지배하고 있던 장작림 정권의 정책적 의지가 중요하였기 때문에 같은해 9월 20일 소련의 쿠즈네쵸프(Kuznetsov)와 鄭謙 등이 소련과 봉천성정부 사이의 봉소협정에 조인하였다.

이 협정은 기본적으로 중동철도의 경제외적, 제국주의적 침략성을 부인할 뿐 경제적 권리에 대해서는 여전히 유효하다는 내용을 포함하고 있었다. 그러나 중국 내에서는 중동철도의 경제적 권리를 포함한 일체의 권리를 중국의 소유로 회수해야 한다는 열망이 매우 강하였으며, 실제로 일차대전 이후 중국 각지에서는 열강 소유의 철도 소유권을 중국으로 회수해야 한다는 철도이권 회수운동과 철도 자판운동이 활발하게 전개되고 있었다. 중동로사건은 바로 이와같은 민족주의적 열망 속에서 발생한 사건이라고 할 수 있다.

1929년 5월 27일 하얼빈의 소련영사관에서 코민테른의 비밀회합이 개최된다는 정보를 입수한 동삼성특별구 경찰은 오후 1시 수십 명의 경찰을 동원하여 영사관을 강제로 수색하였다. 경찰은 다량의 문서를 압수한 이후 참가자 다수를 체포하였다. 이후 7월 7일 북경에서 장개석은 장학량과 회담을 개최하였으며, 9일과 10일 이틀에 걸쳐 장개석, 장학량, 王廷正 외교부장 등 3명은 미국대사 맥뮤레이(MacMurray)와 중동철도 문제와 관련하여 회담을 개최하였다. 이 회담이 중동철도의 실력회수를 위한 중요한 계기가 되었다고 보여진다. 이와같이 중동철도의 실력회수는 동삼성정부의 의지뿐 아니라 중앙정부와 미국의 지지를 바탕으로 단행된 것임을 알 수 있다.

1929년 7월 10일부터 11일에 걸쳐 중국은 돌연 중동철도의 실력 회수를 강행하였다. 중국은 북경 주재 소련영사관을 강제 수색하여 소련 영사 및 요인을 추방하였다. 중국에서는 봉소협정이 사실상 소멸되었으며, 따라서 중동철도를 동삼성교통위원회에 귀속시켜야 한다는 주장이 분분하였다. 즉 첫째, 소련은 적화선전을 금지한 조약에도 불구하고 여전히 북만주에서 이를 반복하고 있으며, 둘째, 중동철도의 회수가 지연될 경우 타국에 양도될 위험성이 있으며, 셋째, 봉소협정은 이미 남북타협에 의해 소멸되었다는 것이다. 중국정부는 중동철도의 관리국장을 파면하고 부관리국장과 상업, 회계, 영업, 운수 등 중요 부국의 소련인 책임자를 경질하고 중국인을 임명하였다. 이것이 바로 중동로사건이다. 중동로사건을 발발한 중국 측의 이유는 1924년 협정에 의해 금지되어 있는 공산주의의 선전 및 파괴활동을 선동했다는 이유였다. 이러한 이유에서 10일 당일 특구행정장관 張景惠는 소련의 원동무역국, 상선국, 노동조합 등의 봉쇄 및 해산을 명령하였다.

이에 소련정부는 7월 13일 밤 모스크바의 중국대사에게 중동철도의 현안을 해결하기 위한 교섭을 즉시 개시할 것, 철도에 대한 중국 측의 불법행위 중지, 구금중인 소련인의 즉각 석방 및 소련 기관에 대한 압박

중지 등의 세 가지 요구사항을 전달하였다. 그러나 이에 대해 중국정부의 구체적인 회답이 이루어지지 않자 마침내 17일 소련외무성은 중소 국교단절을 통고하였다. 구체적으로 첫째, 중국 주재 소련외교관, 영사관, 상무대표의 철수, 둘째 소련이 임명한 중동철도 직원의 철수, 셋째, 중소 간의 모든 철도 연락 중지, 넷째, 소련 주재 중국영사의 퇴거 등을 선언하였다. 이에 19일 중국정부도 대소 국교단절을 선언하였다.

이러한 가운데 1928년 7월 25일 미국의 스팀슨 국무장관은 일, 영, 불, 독, 이탈리아 5개국 대사를 초치하여 중동철도의 분쟁을 해결하기 위한 새로운 방안을 제시하였다. 그 골자는 중소가 자주적으로 조정위원회를 조직하고 사실관계에 따라 분쟁을 해결할 것, 조사가 완료될 때까지 중동철도는 중소 양국 및 이사회에서 승인받은 중립적 제3국인 아래 운영한다는 것이 주요한 내용이었다.

중소의 직접교섭은 7월 30일 만주리에서 메르니코프 총영사와 蔡運升 하얼빈 교섭원 사이의 예비교섭에서 시작되었다. 이후 8월 5일 朱紹陽 핀란드 공사가 중국대표로 만주리에 도착하였다. 동경에서는 일본외상 시데하라 기주로(幣原喜重郎)가 트로야노프스키 소련대사와 만나 중소교섭의 초점인 엠샤노프 관리국장의 복직문제에 관해 회담하였다. 그러나 회담은 원만하게 진행되지 못하였다. 이러한 가운데 8월 6일 소련은 극동특별군을 조직하고 브류체르(V. K. Blucher)를 사령관에 임명하였다. 8월 16일 소련군 약 700명이 만주리 동남지역을 공격하기 시작하였다.

이러한 가운데 독일의 중개로 중소 간에 교섭이 진행되었으나 곧 교착상태에 빠지고 말았다. 이에 11월 중순 소련이 대규모 군사 공격을 개시하여 전세계에 충격을 주었다. 11월 17일 아침 소련군 비행기 약 20기가 만주리와 쟈라이놀을 폭격하였다. 이에 동북군 제17여단이 전

멸하고 제15여단은 일본영사의 중재로 투항하였다. 27일 아침 소련군은 장갑차를 앞세워 진격해 들어왔다. 쟈라이놀에서는 제1여단의 3분의 2에 상당하는 병력을 잃고 만주리방면의 군대는 퇴로를 차단당하고 말았다.

소련의 대규모 공격에 패한 장학량은 사태의 수습에 나서지 않을 수 없었다. 중국 측 교섭원 蔡運升은 12월 1일 니콜리크스에 도착하여 하바로브스크 외무부대표 시마노프스키(A. Simanovskii)와 회담하고 12월 3일 〈중동철도 문제의 분쟁 조정에 관한 의정서〉에 조인하였다. 협정의 골자는 최대의 현안이었던 관리국장의 임명문제에 중국 측이 전면적으로 양보한다는 내용이었다. 장학량은 이 의정서에 동의를 표명하였으며, 중앙정부도 이를 승인하였다. 그러나 완전한 국교 회복과 통상문제 등은 마침내 1930년 1월 25일부터 모스크바에서 개최된 양국간 회의에서 완전한 국교와 통상의 회복을 주요 내용으로 하는 의정서가 조인되었다.

의정서의 주요 내용는 기본적으로 소련이 요구한 7월 10일 이전 상태로의 복귀를 전면적으로 실현시킨 것이라 하겠다. 반면 중국 측이 중동로사건의 주요한 명분으로 내세운 만주에서 공산주의의 선전활동에 대해서는 아무런 언급도 없었던 것은 이 의정서가 소련 측의 요구대로 체결되었다는 것을 보여준다.

특히 중동로사건과 관련하여 일본은 매우 민감하게 반응하지 않을 수 없었다. 왜냐하면 중국, 특히 동북지방에서 전개된 열강 소유의 철도 권리를 회수한다는 철도이권 회수운동의 주요한 대상이 바로 소련의 중동철도와 일본의 남만주철도였기 때문이다. 이러한 입장에서 막 취임한 幣原 외상은 중동로사건의 해결에 많은 노력을 기울였다. 幣原은 중국에 대한 소련의 요구에 대해 중국이 다수의 병력을 동원하여 소련인을 구금, 추방하고 침략적 행동으로 나왔기 때문에 소련의 행위는 권리를 옹호하기 위한 방어전쟁이라는 입장을 표명하였다. 이는 동북지역에서 남만주철도가 동일한 경우에 직면했을 경우 일본의 입장을 대변한 것이라고 할 수 있다.

중동로사건 직후 일본대사 다나타 도키치(田中都吉)은 카라한을 방문하여 소련 측의 적극적인 대응을 촉구하였다. 일본외상 시데하라 기주로는 중국이 남만주철도를 회수하려 시도할 경우 자위 차원에서 군사행동이 불가피함을 강조하였다. 일본 측이 이와 같은 입장을 표명한 것은 중동철도와 함께 철도이권 회수운동의 주요한 대상인 남만주철도에 부정적 영향이 파급될 것을 우려하였기 때문이다. 이러한 분위기 속에서 중동철도의 소련부국장이 대련으로 남만주철도주식회사 총재 야마모토 조타로(山本條太郞)을 비밀리에 방문하여 일본정부와 소련정부는 중국이 남만주철도와 중동철도를 회수하는데 공동으로 반대한다는 내용에 합의하였다.

더욱이 일본은 중동철도가 중소협정과 봉소협정에서 철도에 대한 중소 양국의 권리를 규정하고 있는 것과는 달리 남만주철도가 명확하게 일본의 소유이므로 중동로사건과 같은 유사한 행위가 자국의 남만주철도로 비화되는 것을 차단하기 위한 명확한 입장을 표명한 것이다.

중동로사건에 대한 일본의 정책 기조는 무엇보다도 중국 동북지방에 현상의 급격한 변화를 바라지 않는 데 있었다. 중국 측의 무력에 의한 중동철도의 회수나 소련의 군사적 대응은 모두 일본의 이익에 부합하지 않았다. 일본으로서는 자국의 주요한 세력권인 중국 동북지방에 대한 이익을 유지하기 위해서는 중국정부에 의한 중동철도 소유권의 회수나 혹은 소련의 군사적 개입에 의한 지역 패권의 장악 모두에 찬성할 수 없는 입장이었던 것이다. 따라서 일본으로서는 이 지역에서 현상의 급격한 변화가 아닌 이상 중동철도 소유권에 대한 원상회복이라는 기조에서 소련의 입장을 지지하지 않을 수 없었던 것이다. 더욱이 미국 등 열강이 이 지역에 대한 발언권을 강화하는 일에 반대하는 입장을 마찬가지로 견지하였다.

여기에서는 중국관민의 중동철도의 이권에 대한 회수운동과 그 연장 선상에서 발생한 중동로사건과 관련된 신문기사를 집성하였다. 특히 중국의 신문은 중동철도의 이권 회수가 자주 독립의 주권국가로서 시 급히 달성해야 할 과제로 인식한 반면, 일본신문은 조약상의 권리를 무 시한 불법적 시도로서 평가절하하고 있다. 이러한 인식은 한국에서 발 행한 신문에서도 동일하게 나타나고 있다. 중국의 지방정부인 동북성 의 장작림은 중국 측의 입장에 서서 강력한 대처를 주창하였으나 소련 에서 발행된 신문의 논조는 기본적으로 중국 측의 시도를 부당한 것으 로 규정하고 있다.

중국은 자국의 영토 안에 있는 중동철도의 회수는 근대 이래 자주적 국민국가의 수립을 위한 당연한 조치이며, 중동철도는 제국주의 열강 의 강압에 의해 부설되고 경영되는 철도로 간주하여 사건의 정당성을 강조하고 있다. 제국주의 열강은 기본적으로 중동철도에 대한 소련의 소유권과 경영권을 인정하면서도 이 지역에 대한 세력의 확장에 동참 하기 위해 절치부심하고 있는 입장을 살펴볼 수 있다. 이와같은 상이한 입장은 여기에서 소개하고 있는 중국신문과 일본신문 등 각 논조에서 잘 드러나고 있다.

3. 철도이권 회수운동과 중동로사건

117. 東淸回收策, 滿洲日日新聞, 1917.12.26

東淸回收策

哈爾賓に於ける過激派はその實数二千人を出でざるべく且東淸鐵道
從業員を自黨に引入れんとして失敗せる為め其の勢力は却て衰退に
陷りつつあり之を觀取せる支那軍隊は二十五日を期して過激派の解
散を要求し若し之を承諾せざるに於ては哈爾賓の治安維持の為め臨
機處分を取るべきことを通告し軍隊を各要所に配備して萬一に備へ
たるを以て過激派の勢威殆ど地に墜ち到底之に抵抗すること能はざ
るものの如し又穩健派は過激派と東淸鐵道會社との間に居中調停を
試み平穩に事態の解決を圖るものあり着々進捗しつつあるを以て多
分支那軍隊及び過激派の衝突を見ること無くして平穩に歸すべしと
豫想され居れり支那が今回の如く强硬の態度を以て哈爾賓に臨みた
るは東淸鐵道行政權の回收を目的とすること勿論にして口て東淸鐵
道敷設條約の際哈爾賓には開工場東淸鐵道會社及び宿舍等必要なる
建物を建築するの土地租借を議したる處露國は其の條約に哈爾賓市
を經理すとあるを捉へ經理とは自治の意議なりと解して遂に哈爾賓
を露國の手に收めたる次第なりされど支那は國勢凌夷の際とて所謂
哈爾賓條約に於て之を承諾せり然るに同條約の第一條には哈爾賓の
主權が支那にあることを明にしあり且東淸鐵道總裁は支那人を以て
之に任ずるの條約にて東淸鐵道會社創立以来露人の副總裁一切の權
限を握りて未だ支那人總裁を置きたること無し故に支那はこの際總
裁を任命して東淸線の權限を收め且哈爾賓の主權を回收するの策を
取り李經芳を東淸總裁として哈爾賓に派遣し兵力を擁して露國に當
るの決心なるものの如く其の準備既に成れりと傳へらる.

118. 東清罷業と風説, 滿洲日日新聞, 1918.09.18

東清罷業と風說, 日本に對する猜想米支の行動可監視

哈爾賓方面に於ける米人の運動を支那政府筋の強制命令に依り十四日以来□□列車三回一日六列車運轉を開始したるが東清鐵道の同盟罷業の原因に就ては種々の風説流布され世人に大疑惑を與へつつあるが風説を大別すれば結局左の三種に歸着す.

一、 時局混乱、露國に東清鐵道管理の實力なきを好口とし支那政府が例の利權回收熱に浮され殊更□々の手段を弄して同盟罷業の原因を作れりとなすもの

二、 某國が日本出兵の妨害をなし其の利權獲得の野心表現なりさなすもの

三、 日本が東清鐵道の管理權を獲得する口實の為めに故□に□人從業員を使□して同盟罷業を行はせたりとなすもの

前記支那政府の利權回收熱と米人の野心とは今日に始まりたるにあらず而かも彼等が常に自國の利便若くは野心の為めに徒らに日本の行為を嫉視し日本を以て野心家呼ばはりするは□ゆるも亦其だしといふべく東清鐵督辦郭宗熙の如き東清從業員の同盟罷業が繼續さるるに於ては日本は軍隊輸送を完からしむる口實の下に斷然たる處置に出で自國の手にて東清鐵道を管理するの擧に出づべしとの理窟を弄して北京政府に機關士の派遣を要求し且つ一方に於ては罷業せる露人從来員に對し強制命令を發せりと傳へられ哈爾賓長春方面に滯在する米國鐵道隊員は日々無為にして過すの觀あるも彼等は頻りに日本の軍事行動に對する注意を怠らず絶えず某方面に向つて電報を發しつつあり之等米人の行動は□に監視の要あり若し夫れ日本が東清鐵道管理の野心の為めに同盟罷業を行はせたりとの風説は專ら哈爾賓方面に於ける外人殊に米人間に於て發せらるる處なるが荒唐無稽も茲に至つて極まれりと云ふべく識者聞には一顧だもする者なきも無智の□集之に惑ふ者ありとて國交上憂慮しつつある者あり.

(長春)

119. 交通部欲將中東路收歸部管, 申報, 1920.02.07

交通部欲將中東路收歸部管

北京電：交通部欲將中東路收歸部管，鮑貴卿請籌四種預備，外交措
　　　辭，預備人才，籌畫經費，護路軍隊。　（六日下午四點）

120. 中國亟應收回中東路之外論, 申報, 1920.02.13

中國亟應收回中東路之外論

中美新聞社譯密勒評論報云，中國政府近容納滿洲人民之要求，將決
意收辦中東鐵道，全權管理。此鐵道為一俄國人之公司，而在中國境
內者也。如鐵界內俄國住民一旦表示其明白之態度，無論對於俄國勞
農政府反對或服從、或仇視日本人，中國政府將立時實行其收辦鐵道
之政策。今中國之軍隊，亦已磨厲以待。苟廣義派方面有新舉動，意
將攫取鐵道，則此項軍隊當即起而制止，其他俄人如在中國境內有不
尊重中國之主權者，亦當驅逐出境云。

中東鐵道公司之督辦，為霍爾瓦特將軍，此間近起謠傳，謂霍氏擬向
日本借款，以鐵道為抵押品。此事虛實，方在調查，如系確實，則中
國政府勢將從速收回，以免廣義派內侵。因霍爾瓦特為反對該派者，
如借款事為該派所聞，則難免不疾倦面來，佔領此鐵道也。

至在日本方面，亦極欲得此中東鐵道，俾得與南滿鐵道相銜接。霍爾
瓦特固亦知此意者，一星期前，日本在天津刊行之公報上，曾登有關
於此事之新聞一節，頗可玩味。該報吉林近訊謂，奉天之美國總領
事，日前赴吉，與鮑督軍磋商中東鐵道借款事。聞此款系作修理鐵道
及營業資本之用，而以一部份之鐵道為抵押。此事本由霍爾瓦特向鮑
督軍提議，俾可商之北京政府行之。聞美總領事告鮑督軍，謂此項借
款，可不必懼日本之反對，即反對，彼亦可設法消弭之云云。

以上所記，特表面之談。在日本固亦明知去年協約國提議以二千萬金
圓借款，保全西伯利亞及中東二鐵道，而美國則不表同意。雖其代表

允助中國，實則並一百萬亦不願出，今則且撤退其在西伯利亞之鐵路人員。蓋美國在此一方而，已完全無意矣。然日本與霍爾瓦特即無協商借款之事，或此事暫行延擱。中國政府仍不即收辦此路，或收辦後不即遣散辦事俄人，則在中國仍有危險。此中東並非為廣義派所有，則為日本人攫去。其他鐵道上之俄國工人及辦事人等，亦恐怕有不穩之象。則他日西伯利亞之危亂，或且波及中國境內矣。

霍爾瓦特之與勞農政府，相仇已久，今或將質問霍氏以何權利，乃可管理此路，則霍氏將無辭以對。苟中國當局許以管理，則必招廣義派之疾恨，卒乃以武力來擾。至此，中國軍隊勢必起而與抗。在廣義派人本與中國無所仇怨，今因此鐵道問題，或即起極深之仇怨。一月十六號巴黎最高會議中有議決向俄羅斯通商之說。則中國今日與廣義派交惡，實非不智之甚哉。苟此鐵道而為日本所管理，苟管理不善，或作軍事上之行動，則亦足以為害。況日本為滿洲俄人所疾，如欲得此鐵道，俄人自必竭力反對，即日本得之矣。廣義派亦將起而與之為難，一旦決裂，又在中國境遇內，中國必將因之而大受其苦痛，或亦不免捲入惡戰之漩渦中矣。中國今日固應立即收辦此中東鐵道，以免一切糾紛。

因正月間霍氏之佈告，儼然有據以組織政府之意，試問中國土地上，安可有此等政治行動組織俄羅斯政府。故鮑督軍已提出抗議，謂非國際公法所許，且亦有背當年所訂條約。況中東鐵道果為中國所收管，則廣義派殊無理由侵入中國境內。觀其屢次宣言，亦有不犯中國疆界之說。至於中國方面鐵道中人員，亦大有人在，如西伯利亞中東二鐵道協約國技術部，有中國代表王景春博士，如管理此路，必能勝任愉快。又如鮑督軍之兵力，亦足以盡保護之責，而免意外之變也。俟他日俄國政府正式成立，再行交回，惟今日收辦時，自當照付一切代價。如條約中所載者，奉天督軍張作霖近亦力主收買此路，與北京政府往還電商，促即實行。謂中東既歸吾有，則邊防亦可因以鞏固。此等意見，正與政府相同。按中東鐵道起自滿洲里至綏芬河，過哈爾濱，由哈爾濱而至長春，全路長七百里，其建築在一千八百九十七年，以一千九百〇三年七月間開行火車，其總辦事部在彼得格勒，分部則在哈爾濱。當造鐵路時，中俄曾立有條約，一九一五年後，此路

頗能獲利，據中國派駐西伯利亞之高等委員李家鑒報告，一九一五年間，此路獲利一三,三七〇,〇〇〇盧布，一九一六年間，得一四,〇四一,〇〇〇盧布，一九一七年間，得三一,〇五一,〇〇〇盧布，一九一八年間，得六〇,〇七四,〇〇〇盧布云。

121. 支那側の成功:東支線の政權回收，大阪朝日新聞，1920.03.21

支那側の成功

東支線の政權回收 (哈爾賓特電十七日發)

同盟罷業委員聯合大會の命令によって十三日朝十一時を期して東支鐵道組立工場の汽笛を合口に東支鐵道全線に口りて一齊に決行されし同盟罷工は十七日午前一時を以て罷業終熄し事業開始を告ぐるに至れるが同工場及び哈爾賓全工屬の汽笛を會開に一斎の全線の鐵道電信電話の交通機關開通し新聞学校商店銀行會社は開店復舊するに至れり東支鐵道地帶に於ける一般的命令は鮑貴卿の名によって發せり露國人に對する命令は十七日より沿海州口政府東支鐵道地帶代表者ブンピアンスキーの名によりて發せられつつありホルワツト將軍は未だ退職を聲明せざるも唯今（十七日午後二時）支那側の膝結談判に會ひつつあれば

今明日中に退職を聲明するの已むなきに至らん罷業者側の妥協に成功せる支那は一舉にして東支鐵道の全政權を收むべく否既に該地帶は舉げて支那の手中に歸せるものと見るべし要するに今回の事件は徹頭徹尾支那の乘ずる所となり支那の思ふ口に入りしものにて支那は始めより罷業者と諒解ありしことは罷業者側の秘密會議に支那軍憲が臨席し且つ之れに向つて言明せし言辭によるも明白なり一方支那はホルワツト將軍の窮境に同情を裝ひ同將軍を懷舊す口が如く見せ掛け老獪なるホルワツトを口々と欺き他方に於て盛んに我軍憲に出入して敵意なきを裝ひ一度口の熟するや疾風の如き行動に出て一

擧東支全線を其の手に收め他をして啞然たらしめし手腕は三歎に値
するものあり其れにしても支那が斯の如き內政干涉を恣にするに拘
らず却て內政干涉の本家本元を以て露國人間に口せらるる我國が最
も重大視せざるべからざる今回の事件に對して終始不干涉の態度を
執りしに對しては一般に非常に不可思議の念を以て口察され同時に
我國はホルワット派と共に甘々と支那の術策に乘りしものと見做さ
れつつあり惟ふに東支鐵道の事業は東支鐵道敷設條約に依りて露支
兩國人の共營する所となるべきも政治上の權能は口けて今日を以て
支那に歸せしものと見るべきなり.

▲ 東支鐵道の政治上の權能は舉げて支那に歸し事業上の經營のみは
東支鐵道敷設條約遵守され露支人の手に依りて行はるべしホルワッ
ト將軍は未だ退職を聲明せざるも唯今(十七日午後二時)支那側の
膝詰談判に會ひつつあれば十七、八兩日內には退職の已むなきに至
らん今回の事は徹頭徹尾支那の思ふ口に入りしものにして一般的の
政治上の命令は鮑貴卿に依りて發せられ露人に對する命令は沿海州
口政府東支鐵道代表者ブンピアンスキー氏の名に依りて發せられ居
れり日本は全く關せざるものの如し. (哈爾賓特電十七日發)

▲ 東支鐵道地帶の政權は支那軍憲と同盟罷工側と妥協の上全部之れ
を支那に委ね東支鐵道の事業上の經營のみ露支兩國之れに當ること
に決定し茲に該鐵道の政權は永久に支那に歸し支那は豫期以上の成
功を收めたり. (哈爾賓特電十七日發)

122. 交通部主張根本收回中東路, 申報, 1920.03.23

濱江通信 (鴻)

▲ 霍氏退職後之非難聲

▲ 交通部主張根本收回

中東鐵路俄工人, 以歸化多數黨之決心, 罷工要挾霍氏退職, 詳情已

屢誌前報。茲悉駐哈某國領事, 對於此次護路鮑總司令之勸告霍氏退出政權、及解除俄軍警武裝事, 聞多責難之辭。謂中國此等舉動, 事前並未能知, 跡近輕斷, 且霍氏為受協約國所承認之政府之命, 而掌握中東路全權, 即有即政爭禍發, 亦不應如此辦法。而全路俄軍警, 亦經協約國承認, 而實具有保護全路所有協約國人民生命財產之能力。今強歸中國管理, 果能保全安寧秩序, 不發生意外危險否云云。據聞此種論調, 為與霍氏私人有深厚感情而發, 聞美國依賴, 則認為我國之緊急處分為正常。然此後關於中東路種種解決問題, 恐將倍覺困難矣。

自霍氏退出政權後, 本埠及沿路各站, 幸無危險發生, 護路軍在根據合同處理一切。惟恢復營業問題, 尚無一定把握。以經濟與人材兩者皆空之也。頃據某要人云, 交通部曾有電致鮑總司令, 完全擔任欵項, 主張根本收回。並聞已派出路政有經驗人員俞人鳳等二百餘人, 即行來哈, 為整理該路之備。至外交關係, 將責成顏世清(前長春道尹現鐵路董事) 專辦。

此次俄人罷市罷工, 我國商人工人, 亦多為所牽動, 而加入其政潮漩渦中者, 曾由中東鐵路交涉代辦。於我國外交當局前聲明, 俄人罷市罷工, 純為改革政治問題, 中國工人不應隨同俄人聯盟罷工, 應請設法維持, 以重路政云云。業經督辦公所決議。華工方面, 應派員同剴切曉論照舊任事。故今日南行車(去長春) 仍得開行一次。惟海參崴滿洲里間之交通, 一時尚難恢復。並聞一而坡帽兒山等地, 與本埠工商取同一行動云。

123. 團匪賠償流用, 동아일보, 1920.04.06

團匪賠償流用

三日閣議에 交通部는 露國에 支撥할 團匪事件賠償金으로서 東支鐵道의 維持費로 流用할 事를 提議하야 外交財政의 兩部에 審議케 하기로 決定하였더라. (北京電報)

124. 東支鐵道利權回收問題, 大阪朝日新聞, 1920.10.04

東支鐵道利權回收問題

北京特電二日發

東支鐵道督辦宋小濂氏は二日北京政府に該鐵道の現状に就きて報告電報を寄せ來りたるが同電報に依れば沿線の地方行政及び司法審判口等の事は既に支那道尹が事務を執行し居り且つ鐵道運轉も契約に依り辨理しつつあり只警察事務は暫く變更せず又哈爾賓の露國租借地市政も各國との關係を慮かり口時の儘となし口く由なり尚露國商人が舊露國國旗を掲げ居れるに對して東支鐵道護路司令部と共に中止方に努力し居れるが萬一效なき時は外交部より佛國公使に向つて抗議されたしと.

▲東支鐵道に就ては支那政府は少からず注意を拂ひつつあるが交通部にては今回都市路務研究會なるものを組織せり又司法、外交兩部の委員各一人は司法權回收、露國人保護任務を帯びて近く哈爾賓に向ふこととなり居れり. (北京特電二日發)

125. 張作霖對回收東路, 申報, 1921.11.21

張作霖對回收東路

北京電：張作霖對收回東路, 請政府顧實力, 不高談, 免自己無欵拒虎引狼。 (十九日下午八鐘)

126. 동철 회수 항의, 동아일보, 1923.08.12

東鐵回收抗議는 日領事의 發案說

哈爾賓對滿外交後援會의 一有力者는 晤하야 日中國이 中東鐵道附屬

地의 回收를 計하야 其計劃이 完成코자함에 當하야 突然領事團의 抗議에 接하얏는대 右는 全히 日本의 山內總領事의 發案에 基한 것으로 日本은 南滿鐵道에서 露國과의 利害가 共通하는 點이 有함으로 極力 抗爭하기를 力說한 것이오 他國領事와 如함은 領事會議의 席上에서도 別로히 意見을 陳치아니하얏스며 又贊否도 明白히 하지 아니 하얏는대 遂히 右와 如한 結果를 釀成한 것은 日本이 當히 中國의 內政에 干涉코자하는 것이라 云々.(哈爾濱十日發)

127. 政府應付中東路問題之計畫, 申報, 1923.09.01

政府應付中東路問題之計畫

俄黨擾亂邊境, 張作霖除派兵防守外, 前已迭電中央請示, 茲聞外交交通兩部日昨電覆奉張, 關於中東路問題, 已擬定兩種計畫。 (甲) 路政方面, (一) 由交通部訓令中東路王督辦, 迅謀沿路秩序之安寧。 (二) 商請吉黑當局, 以路權為重, 於沿線各站, 增派防軍嚴剿匪黨。 (三) 令王督辦速招路警一千五百名, 分駐沿線, 警備一切。 (四) 嚴防俄激黨煽惑鐵路工人, 及殺害鐵路俄員。 (五) 往來客車貨車, 一律加派武裝軍隊, 隨車保護, 稽查奸宄。 (乙) 外交方面, 由外部根據中東鐵路合同, 商請俄國准由中國備價購回, 其辦法即以華商所存之盧布, 易回俄人股票, 作為官商合辦, 以免路權不一, 致外人越俎代謀, 並聞外交部已電沈崇動領事, 就近與俄政府磋商一切, 並由劉鏡人致函越飛, 請其將此事轉達俄政府核議見復。

128. 中東鐵道回收案, 王 카 兩氏意見 大略一致, 동아일보, 1924.02.26

中東鐵道回收案, 王 카 兩氏意見 大略一致

中東鐵道에 關하야 「카라한」王正廷兩氏의 意見은 大略一致하얏스니

即右鐵道를 中國主權下에 置할事回收後는 日米佛의 手中에 入치안을 方法을 講究할 事等인데 更히 詳細한 具體案을 雙方에서 提出하기로 하고 二十三日의 閣議에서 顧維均氏로부터 구체안을 維維하얏다한다. 然이나 最히 困難한 것은 回收에 要하는 資金인바 現政府의 狀態으로 는 調達키 困難하리라더라. (北京二十四日發)

129. 露中交涉의 大難關, 中東鐵道의 買收費問題, 동아일보, 1924.03.12

露中交涉의 大難關, 中東鐵道의 買收費問題

目下露中交涉의 最大難關이라는 中東鐵道는 中國側의 買收에 依하야 解決될는지 모르나 이問題의 前途에는
一、華府會議의 決議
二、中東鐵道長官及露亞銀行의 反對
三、中國이 負擔치 못할 巨額의 買收費
四、中東沿線에 對한 勞農政府의 態度
是等幾多의 障碍가 有한 中에 特히 價格에 在하야는 露國側은 同鐵道 의 재산액을 一億二千萬金留弗로 評價하엿슴으로 假令他障碍가 除去 된다하더라도 此一項만은 順調히 結着되지 못하리라고 觀測되더라. (東京電)

130. 政府對法國質問, 申報, 1924.03.16

政府對法國質問

北京電, 政府對法國質問, 決以未推翻法國道勝資本答之, 外傳道勝 以嚴重書函致各閣員, 如贊助中東路協定, 則將諸君存在本行款項止 付等語, 此是童話, 查道勝銀行貝蒂海十二函外部, 內容謂近聞中政 府與加拉罕商議贖回東路, 實際背一八九六年所定合同, 特此抗議。

131. 吉林代表王文典提議收回中東路案, 申報, 1925.05.19

吉林代表王文典提議收回中東路案

吉林代表王文典提議收回中東路案為提議事，竊查中東膠濟，均系由外人投資建築，意在行其侵略主義，幸國人現已覺悟，奔走呼號，一致力爭，膠濟一路，始已由日人之手收回自辦，為此中國人之覺悟，脫離帝國主義侵略主義壓迫的明證。中東一路為我國所投資，其宗旨本在侵略北滿，自俄政變之後，其現政府以反對帝國主義，侵略主義，擁護世界民族道德公理相號召，對於中東路原有宣言，允許條件交還中國，惟附要求中國，須承認其國際地位，現中國對於俄國，早已承認其國際地位，互相換約，恢復邦交，而俄對於中東路則不獨并未交還，且其在該路主張之權利，迨比抱帝國主義，侵略主義，尤駕出其上。試舉一例，如該路最近更換辦事人員270人，因局長為俄人，得自由操縱，新派之辦事員，俄人竟占去269人，華人只占其一。中東路表面稱為中俄合辦，實際上不平等，乃有如此。世界不平之事，莫此為甚。東路大權，均歸俄人壟斷，中國商人，遂受種種壓迫，而無可告訴，故亟應警告政府，警告國民，務使全國一心，值中俄交涉之機會，責成政府，務將中東路，設法收回，以振商業，而維國權，是否有當，伏候公決。　(5月14日)

132. 四條件으로 解決 問題中의 奉露紛爭, 동아일보, 1926.01.27

四條件으로 解決 問題中의 奉露紛爭

中東鐵道事件은 左의 條件으로 當面의 問題가 解決하야 本日부터 中東線의 南行列車를 開通하엿더라.

一、[이와노프]長官을 卽時 釋放함
一、鐵道運行은 卽時現狀에 恢復함
一、軍隊輸送은 從來의 手續에 依하되 該運賃은 中國側配當 利益에

서 差引計算하야 現拂함

一、列車의 開通은 露領事가 責任을 負함

133. 中東路問題尚未完全解決, 申報, 1926.01.28

中東路問題尚未完全解決

▲ 運兵之根本問題與賠償損失問題

東方社二十六日，哈爾濱電云，中東鐵路南部線，豫定本日試行開
車，從明天開始恢復交通，但中俄當事者，仍不融洽，繼續互相反
目，且就於為根本問題的運兵問題，兩方之解釋相去尚遠，未見解
決。故外觀雖暫趨和平，或將再發生爭執，亦未可知。

中東鐵路問題，已告一段落，隨之而起的問題，當然為賠償損失，領
事國的意見，主張有除如南滿鐵路之特殊契約者外，由各個人直接向
中東鐵路管理局交涉，其應起訴者，當然應提起對中國裁判所。

二十七日哈爾濱電云，由哈爾濱往長春之火車，已於二十七日正午開
車，二十六日北京電云，本日閣議決定，中東鐵路問題，先命張作霖
恢復秩序，須用正當和平手段解決，同時將本問題經過報告各省，並
勸以此際宜息內爭，一致對外。

電通社二十六日長春電云，伊萬諾夫語人云，予難以開車為條件而釋
放，然此系總領事與張作霖之妥協，非予所知。伊氏被釋放后，即入
哈爾濱領事館，至中東路實尚未開車。

134. 蘇俄對東路事件之恫嚇, 申報, 1926.02.01

蘇俄對東路事件之恫嚇

▲ 翟趣林來電聲色俱厲

蘇聯外交委員長（即外交總長）翟趣林關於中東路事件，二十二日致
電段及王正廷，要求於三日內使中東路恢復原狀，並謂中國政府如不

能保障於上述之期間內用和平方法解決各問題，則蘇聯政府請中國政府允許蘇聯自行設法保護中東路中俄兩國之互相利益，措辭極為嚴厲，原電業由加拉罕交段王，茲就其原文譯錄如下，『一月二十二日，中國軍事當局在哈爾濱拘捕中東鐵路局長伊萬諾夫，事前甚至未由地方當局試行與蘇聯政府磋商解決，中國軍事當局在事實上阻礙鐵路管理當局履行職責，次第破壞中俄對中東路協定者凡五日，哈爾濱當局旋又有此種前所未聞之行為，鼓勵兵士奪取車輛及破壞鐵路秩序，蘇聯希望中國政府勿避免調查甲方或乙方破壞中東路協定之事件，採取必要辦法，以和平解決此為難題，蘇聯要求在三日內完全恢復中東路秩序，履行協定，並釋放伊萬諾夫，如中國政府不能保證在上述日期內用和平方法解決上列各問題，則蘇聯政府請中國政府允許蘇聯自行設法保護中東路中俄兩國之互相利益，並保證協定之履行，本外交委員長待候答復，翟趣林』

加拉罕二十三日又致張作霖一電，要求釋放伊萬諾夫，回復全路俄員工作，該電係根據俄外長翟趣林致加氏之訓令，原文如此，『奉天張雨亭大師鈞鑒，本月二十日本大使致電閣下，內容述及關於中東路發生之嚴重情形，請設法制止張煥相與軍事當局破壞中俄協定，並指明衝突之故，實因中國當局不願注意既定條約，未悉閣下已根據本大使之電採取若何辦法，但總交涉署長高清和業與總領事加拉柯維斯基進行交涉，並將解決辦法大致議妥，總交涉署長已聲明若為條約所指定中國方面承認運兵應納運費，且準備按舊章應用特別運兵車，張煥相取消其所發命令，中止干預路務，中東路局長同時恢復交通，本大使於接到總領事此項關於交涉情形之報告後，即發電答復，內稱可依上述原則彼此商定，惟須附帶一項，即敝方並不堅持在一定日期交納運費，並已準備允許由依據將來條約所規定之中東路中國方面紅利項下核算，以後總交涉署長與總領事交涉情形如何，本大使尚未得知，但中東路局長因張煥相下令拘捕而被逮，並有鐵路職員數人被捕之事，張煥相復設法佔據全路，且擬恢復奉俄協定成立後被驅白黨之權限，本大使則已知之，關於中東路目前此種情形，本大使甚望閣下及時注意，以免失之過晚，故最後請閣下立刻實行下列各項：（一）釋放局長伊萬諾夫及鐵路職員，（二）立刻制止軍事當局干預鐵路尋常交通狀

況，（三）規定運兵時必須納費，此項運費由將來中東路中國盈利項下核算，又本大使接到敝國外交委員長翟趣林致中國政府電一通，茲亦附上，本大使希望閣下考慮所負重責，勿拒絕敝國和平了結之試驗，且望閣下並不願負此種於兩國國民同一重大之責任，敝國政府囑本大使轉達於閣下，並候閣下答復，順頌日祉，加拉罕廿三日』

國務院方面關於此案，二十三日閣議席上會詳加討論，許世英王正廷等復於當晚十時許，赴吉兆胡同謁段，當在該處開秘密會議，至夜深一時始散，內容甚密，徵聞結果已由政府致長電於張作霖指示機宜，囑其慎重將事，俾此項風潮縮小範圍，不致牽及國交，該電係以執政名義拍發，至加拉罕之抗議，則決由部照覆，俟派員查明真相後，再行答復。

135. 中東車完全恢復原狀，申報，1926.02.02

中東車完全恢復原狀

東方社一日長春電云：中東鐵路火車，雖已從二十八日上午一時起開通，惟開車時刻与次數，皆有參差，從本日起，客車貨車始完全恢復原狀。

一日北京電云，加拉罕氏因中東鐵路問題，必須親自調查後，方可採解決事件上必要之手段，決定于一星期內赴哈爾濱。

136. 中東路潮解決後，蘇俄仍在邊境增兵示威，申報，1926.02.06

▲ 中東路潮解決後
▲ 蘇俄仍在邊境增兵示威
▲ 外部拒絕無理要求
▲ 翟趣林覆王正廷電

京訊，蘇聯於二十六日在哥羅迭可附近集中騎兵二千，步兵一千，更於桑芬可附近增騎兵一千，滿洲里附近增兵二千，蘇聯方面稱此係為

中東路沿線之警備，其實則全屬假詞，本月二十四二十五兩日，俄政府由赤塔向滿洲里開到兵車兩列，計兵士二千餘名，二十六日又由哥羅特苛運達騎兵二千名，步兵一千名，抵三岔口，中東路風潮，現雖告結束，但截止本日（二十九）止，俄國在滿洲里一帶，仍繼續增兵，聞俄國已向中國當局提出警告，要求懲辦張煥相，故藉增兵以示威。

中東鐵路風潮，已告一段落後，我國以中東路局長伊萬諾夫越權違法，釀成事端，電駐俄使館，令向俄政府要求撤換該局長，俄政府不特不允許，反要求懲辦護路司令張煥相，及督辦劉尚清，聞政府已決定拒絕俄方要求，並於前日由外交部致電莫斯科鄭延禧代辦，略謂伊局長釋放後，現已複職，東路通車亦已恢復，俄方要求懲辦張護路司令暨劉督辦事，礙難承認，刻誤會已釋，應向俄政府說明，勿走極端，致礙邦交，又據莫斯科電訊，蘇聯外交部對中國駐俄大使鄭延禧聲稱，中東路風潮係由護路總司令張煥相辦理不善所致，要求中國當局對張予以懲辦，聞鄭延禧因此種要求，殊屬無體，已嚴詞拒絕。

日前外長王正廷曾致電蘇聯外長翟趣林，翟氏得電後，即發電答復，囑蘇聯大使轉交王氏，原電譯文錄左，承賜電，業由鄭延禧君轉到，茲急向貴總長保證，蘇聯政府定必努力增強與大中華民族間彼此之友誼關係，對於經營中東路問題，弊政府祗努力根據既訂協定，為兩國之利益，確立該路之合規的業務，故本國民外交委員長表示希望貴國政府設法使發生之可痛的事件消滅，及使此類事件再發之機會排除，蘇聯國民外交委員長翟趣林。

大陸報四日北京電云，本日消息，加拉罕已接到莫斯科訓令，囑其親往奉天，與張作霖當面交涉中東路事件。

137. 東鐵案俄謝交次赴京協商，申報，1926.05.03

東鐵案俄謝交次赴京協商

哈爾濱東鐵案俄謝交次赴京協商，今日國際報載俄方驟變卦，謝密由天津乘船往海參崴，哈東鐵各俄理事，亦赴崴，晨光報載，俄理事乘復

活節之暇赴崴，或謂蘇俄以在哈奉所商讓步太多，故為此曲折，冀我少讓，但此中消息，兼涉我國時局，與中日俄國際關係，頗堪注目。

138. 奉俄開中東路正式會議，申報，1926.05.30

奉俄開中東路正式會議

奉天通信，數日前奉俄所開之中東路會議，係屬預備會性質，意在交換雙方外交意見，果有接近調協之可能，然後再開正式會議，結果各項議案調協者，已有五分之三，如開正式會議，最低限度可有強半之解決，雙方認為有開正式會議之必要，乃各派正式委員，定期開會，奉天方面，以東路督辦劉尚清為奉俄會議委員長，東三省總交涉署長高清和，交涉署外交處長張國忱，中東路理事呂榮寰，郭福綿為委員，俄國方面，以沙夫拉索夫氏，伊滋馬落夫氏，克拉闊惟次基氏，謝列布良諾夫氏，里羅諾夫斯基氏等七人為委員，均於二十日晚間由哈爾濱抵奉，由駐奉俄總領事館照會奉天交涉署，定於二十一日在俄國總領事關開正式會議，屆時中俄兩方委員長委員全體出席，舉行奉俄會議正式開幕式，嗣則雙方提出議案，解釋義意，終了後，即開談判，先為大體上之討論，雙方意見尚稱接近，其議案如下：（甲）中國方面提出者，（一）中東鐵路局長之權限，及華俄路員之均勢問題，從前東路局長為俄國人專任之，總操東路全權，現擬將此權限分出一半，界於理事會，凡關重要措施，須通過理事會，方准施行，否則歸於無效，從前東路職員俄人占大多數，茲擬中俄人數各半，以期權勢之平均。（二）軍事運費問題，此後遇有東省軍隊運輸，對於車輛有優先使用權，運費記賬，事後補撥。（三）護路軍經費問題，近年來白黨及胡匪時起騷擾，妨害路政，全恃中國軍警保護，所費不貲，擬將護路軍經費略事增加，藉資補助。（四）東路財政改收現大洋問題，從前東路財政，以俄幣為本位，嗣雖對於運費改收現洋，而於俄國方面，尚未一致，茲擬為劃一起見，無論東路出入款項，及俄員薪金，一概改用現大洋，以免分歧。（五）中國資本五百萬兩之利

息問題，在初中國曾出東路資本五百萬兩，按年生息，由入款項下撥出，現已積欠數年之久，應即掃數償清。（六）中國政府墊款之善後問題，於俄國政變前後，東路受政治影響，無法維持，曾由中國政府屢撥墊款，為數甚巨，應以簡便方法償還。（七）保管車路收款問題，從前東路收款，全由鐵路局長保管，弊端發生，既擬改歸理事會保管，款項存儲於中國銀行。（乙）俄國方面提出者，（一）中東路屬地管理權問題，從前東路附近屬地管理權，由俄人管理，嗣收歸中國管理，現為權利平均起見，擬組織華俄公共機關管理，（二）撤廢車路督辦公署問題，現時中俄理事會既經成立，一切大權悉由該會裁決，督辦公署有類駢枝，擬將督辦署撤廢，督辦職取消，（三）俄國火車返還問題，前當俄國革命時，俄國火車混入，被東路扣留者甚多，應全數返還，（四）改善護路軍與路員之間關係問題，從前護路軍與路員之關係，極為不良，不時發生衝突，擬斟酌情形，量為改善，（五）東路附屬學校之教育問題，現時東路附屬學校之教育，奉方認為沾染赤化，擬即設法杜防，（六）東路職業組合權之保障問題，東路各種職業之組合，在中國方面者向少保障，亟應確實規定，（七）中俄鐵路之聯運問題，為中俄鐵路營業上之必要，關於聯運辦法，應妥為規定，企雙方營業之發達，（八）俄國參加哈埠市政問題，僑居哈埠之俄人至多，而市政與鐵路尤有連帶關係，須予俄國以參與權，（九）松花江航權問題，松花江航權，中俄久爭不決，現應為妥協之規定，此外尚有奉俄問題秘密案數項，關防甚嚴，一時未能探悉。（五月二十二日）

139. 中東路問題，申報，1927.04.28

中東路問題

北京今日中東路督辦劉尚清來京，與張作霖商應付中東路問題，聽說內容甚關重要。（二十六日下午八鐘）

140. 哈特區當局欲收回東鐵, 申報, 1927.05.13

哈特區當局欲收回東鐵

特區當局以東鐵在沿線一帶及哈埠經營的電報電話事業, 不屬於鐵路範圍, 決向交涉收回自辦。 (十一日下午九鐘)

141. 中東路不能輕易收回, 申報, 1927.05.22

中東路不能輕易收回

▲ 電通社19日哈爾濱電

吉林督辦張作相, 已去吉林二年, 頃抵該地, 與各方面接衝, 張語某國代表謂, 照今日國際關係, 不能輕輕收回中東鐵路, 因為籠罩北滿洲不安之空氣, 可望一掃, 又張日內將赴北京, 與張作霖會談北滿政策。

142. 중동철도를 빼앗으려, 선봉, 1927.08.17

중동철도를 빼앗으려

북경. 四日. (마쓰)최근 각 신문의 보도는 장작림이 중동텰도를 앗으려고 자못활동하는 모양이다. 대련서 발행하는 만주일일신문에 게재하엿으되 장작림은 비록 중동텰도를 앗으랴고 여러번 왕통하엿으나 이때까지 실행치 못하엿다하며 또 그 신문에 일럿으되 총사령장관상이 최근 북경에가서 이□뎨모장작림과 비범히 회의한 결과 총사령부 부령목별조항을 새로 발표하엿고 「중동텰도디대에서 특별사건이 발생하는 때에는 그부근에 있는 군사령관과 협력하야 무력의 수단으로써 이것을 방지할 것이다」 한 것을 가지고 곳 중동텰도를 뎜령하라는 준비덕조항이라 한다.

143. 蘇俄放棄中東路, 申報, 1927.11.01

蘇俄放棄中東路

▲ 日本勢力深入北滿

北京通信，自中俄成半斷交之狀態以來，中東鐵路，即成一重要問題，蘇俄方面，關於華方收回東路之宣傳日甚，深恐竟成事實，難以應付。而前者華方之提取東路存款數百萬，尤其使俄人感受權利不易把持之痛，因是多方籌畫，結果遂出於讓渡日本之一途，兩周前東鐵俄副局長之赴大連，即為事先與滿鐵會社方面接洽具體條件者也。當時中國當局之注意，尚不如使團方面之甚，外人深知俄日走攏，必有問題發現，故特派干員赴連，偵查一切，茲據某方消息，俄日間果已由東鐵代表與滿鐵代表數度磋商之下，訂定東鐵管理權之讓與辦法草案八條，其讓與之代價，為四千萬日金（表面作為借款），由南滿鐵路會社直接付與蘇俄，茲誌其草約八條如下，（一）日政府得全權令南滿鐵路會社辦理中東鐵路，（二）日俄協議反對中國收回中東鐵路，（三）南滿鐵路會社准蘇俄軍隊保護中東路北段，兵數限五千六百人，（四）中東路與烏蘇裏鐵路，優待日貨運輸，（五）中東路先將松花江南岸讓與日本南滿鐵路會社，定本年內實行，（六）蘇俄協助日本在內蒙及北滿鋪設鐵路，並派俄員幫助日人，（七）西比利亞黑龍江之森林煤礦油等，蘇俄允許日本有開採之權，但日本須允許蘇俄宣傳一切物件，經過日本而達歐美，（八）其他關於外蒙一切利權，日俄兩國應隨時共同協議之。該項草約之簽訂，為本月十三日，將由兩方請示政府後，再訂正式合同，此項消息，某方首先得報，甚為重視，當即通知關係各國，秘密討議如何應付，其結果現尚難知，要之東三省在日俄勢力範圍，日俄之權利授受，殊不容第三者容喙其間，恐縱有干涉之心，亦未必有干涉之力耳，至關係密切身居主人地位之我國，則得信較遲，初亦頗為驚訝，繼經日方前來解釋，謂蘇俄所讓者，為屬於俄方之權利，與中國無關，其屬於中國方面之利權依然存在，絕對不受日俄讓渡之影響等語，故中國表面上至今尚未見何等表示，惟外交要人對此頗以日本勢力深入北滿，殊非中國前途之福，況且東路本支線長四千里，有二十五年之歷史，疊經抗爭，始獲

得今日之一半管理權，今俄日竟放開中國而私相授受，揆之國際慣例，似非公道云云，至實力方面責任當局，對此裏意如何，尚難臆測，其表現於外者，僅東路監事長陳瀚之被免職之一事而已。（十月二十六日）

144. 奉方收回北滿通信權，申報，1928.12.31

奉方收回北滿通信權

▲ 蘇俄外長已經提出抗議

東方社二十九日莫斯科電勞農俄國外交部長為華官收回中東鐵路沿線電話事，托駐莫斯科中國代理大使傳達抗議書於國民政府，聲明此舉違背一八九六年及一九二四年之中俄協定，及最近關於開始長距離電話通信之協定，要求交還該電話，以及將來不再出此等舉動，並陳述勞農俄國當以平等互助之精神，謀解決中俄關係諸問題，以表示俄國對於該問題之主張。

145. 收回中東路之籌備，申報，1929.01.05

收回中東路之籌備

北平外息東三省政府決心收回中東路，已派兵三旅增防該路，但同時日方與俄，忽有接洽，所議不明。（四日下午二鐘）

146. 蘇俄抗議東省收回電話, 申報, 1929.01.09

蘇俄抗議東省收回電話

▲ 機關報指為日本所鼓動

世界社云據莫斯科訊蘇俄外交部因中國收回中東路沿線電話, 於十二月二十八日向駐莫斯科中國代理公使提出抗議書, 請其轉送中國政府, 內容如下：一, 中東鐵路沿線之電話建設以及經營之權利, 本於一八九六年及一九二四年之中俄協定, 依該協定, 中東鐵路除員警以及徵稅事務外, 有辦理鐵路事務及有關於此之一切事務之權利。二, 依據最近關於長距離電話通信開始之協定, 此項權利亦經承認。三, 且現行協定明文規定載明, 關於中東鐵路關係事務發生問題時, 由中俄兩國直接交涉解決之。四, 華官不顧協定, 違反中俄兩國之友誼, 欲破棄現行協定。五, 蘇俄政府要求交還該電話, 與將來不再有同樣事件發生, 六, 蘇俄常謀以平等互換之精神, 解決中俄問題, 蘇俄政府簡報pravda報對此問題發表一長論, 態度激昂, 並謂此系日本鼓動華人"關於中東鐵路為有統系的反俄挑鬥行動"云。

147. 東支鐵權利回收を決議, 東京朝日新聞, 1929.06.18

東支鐵權利回收を決議

東北省最高會議

【奉天特派員十六日發】東北四省最高時局會議は張学良氏の招集の下に十五日午後一時から邊防軍指令長官公署で開催されたが主なる大官は張作相、萬福麟、湯玉麟代理、張景惠、呂栄寰、于学忠氏等五十七名で討議の内容はロシア領事館捜査事件の前後處置並に露支國境警備問題であつた、當日の決議事項は大要左の如くである．

一、對露交涉案件はこれを中央に移して處理す．

二、東支鐵道沿線に支那軍隊を増加し同沿線のロシア人、蒙古人、朝鮮人等の不良分子の嚴重取締を行ふ．

三、東北各地のロシア領事館を取消すか又は支那の法律に服從せしむるかいずれかを選ぶ.

四、支那全體の力をもつて東支鐵道全部の權利を回收し永遠の策を樹立す.

五、赤露人の支那各地遊歴を禁止し赤化宣傳を防止す.

六、支那人のロシア旅行を禁止し留露学生を廢止す.

七、東支鐵道財政收入を監督し全線の警備權、ロシア側職員の人事權および車台配給權を回收す.

尚憑玉祥氏討伐については中央政府の要求があつても對露問題緊急のため露支國境警備に全力を注ぎ關内出兵は過般平漢線石家莊方面に出動せしめた砲兵一旅、砲五十門にとどめこれ以上出兵せざることとしこの旨中央に回答しもし將来出兵の必要の場合は山海關に駐在する于学忠軍の一部を出動せしむることに大體決定した.

148. 東路事件形勢嚴重, 申報, 1929.07.06

東路事件形勢嚴重

▲哈埠空氣緊張

哈爾濱蘇俄政府對中國政府發送最後通牒，已傳至哈爾濱，因之空氣異常緊張，蘇俄在總領事館，中國反面在交涉署，各開重要會議，兩國當局均極度緊張。　（十五日電通社電）

149. 蘇俄正式聲明對我絕交, 申報, 1929.07.09

蘇俄正式聲明對我絕交

東三省俄僑及東路服務員一律召回
聲明保留兩次協定上所規定之權利

▲ 二次通牒業已發出

南京此聞悉, 蘇俄政府, 午後接中國覆牒後, 認為不滿, 當有二次通牒致我國駐俄使館。略謂錄 (十六) 貴國外部牒文, 業已閱悉, 蘇俄政府, 認為所要求各項, 中國答覆, 不得要領, 現已不適用此項和平方法, 敝國已命令在東三省俄僑及中東路服務之俄廷官員, 一律召回本國。敝國政府並鄭重聲明, 保留一九二四年簽訂之解決中俄懸案大綱協定, 及暫行管理中東路協定所規定權利, 並正式聲明對中國絕交云云。本報記者悉蘇俄二次通牒後, 即分訪外交當局。據答外部截至本日下午四時, 尚未接到此項通牒。 (十八日專電)

⊙ 莫斯科勞農政府昨晚接到國民政府之覆牒後, 再發出通牒, 宣言中俄外交關係, 即時完全斷絕。 (十八日東方社電)

東京蘇俄政府於十七日正式宣佈, 對華斷絕國交。其公電已於本日到蘇俄駐日大使館 (十八日電通社電)

⊙ 莫斯科蘇俄接中國覆文後, 現已答覆。謂謀取和平解決之種種方法, 既已用盡, 俄政府不得不召回其在華官場代表, 與中東鐵路之俄員, 停止中俄間鐵路交通, 並飭令在俄中國代表立即出境。蘇俄保留由一九二四年所簽北京與奉天協定書而起之權利, 蘇俄稱中國覆文為不能滿意且偽善。 (十七日路透社電)

⊙ 莫斯科俄覆文前段, 謂中國政府簡直拒絕蘇俄三條溫和提議, 中政府核准京奉協定書之片面取消, 致銷毀尋常關係之可能性, 中政府認沒收中東鐵路為合理, 並核准非法壓迫蘇俄公民機關, 且閃避立即召集會議之問題, 致銷毀和平解決之可能性云。 (十七日路透社電)

▲ 俄牒昨晚已達外部

南京蘇俄二次通牒十八日下午六時半到外部, 系夏維崧轉來該通牒全文之要點。全文僅到一部, 其餘尚在陸續發來。外部接到該電後, 即由電報科送往中山陵園呈蔣核閱。蔣閱後, 即於十時許, 電召樊秘書長, 前往談話。蔣表示甚為堅決, 並云, 吾人對於蘇俄此舉, 早已意料及之, 故我中央政府, 早有充分預備。當囑樊俟牒文全部到後, 從速譯出, 再商應付。言下態度甚為鎮定。 (十八日專電)

南京蘇俄二次通牒, 今晚僅到一部, 正在翻譯, 其餘十九日可到全,

俟譯就即發表。　（十八日專電）

▲ 首都召開緊急會議

南京自俄國發出國交斷絕之通牒後，此間各方面非常緊張。蔣介石本日午後召集各最高幹部，開緊急會議，討論對俄之策。　（十八日東方社電）

南京駐俄代辦朱紹陽，今染微恙，未至外部。　（十八日專電）

▲ 我方表示決不屈從

南京中央對蘇俄態度極鎮定，據某負責要人云，萬一蘇俄對我宣戰，我政府除以全力與之周旋外，並將蘇違反非戰公約及破壞中俄協定等情形，公告世界，以求公斷。　（十八日專電）

▲ 覆文未必即謂開戰

東京外務省發言人稱中俄絕交之說殊與一般人所抱兩國可用和平談判解決爭端之期望相左。蘇俄覆文，未必即開戰之謂。但表示其保持在中俄協定書下所得權利之堅決耳。吾人非謂兩國間絕無開戰之可能，因中東鐵路之喪失，必為海參崴之生死問題也云。　（十八日路透社電）

東京日本參謀省稱，中俄關係之決裂，未必引起兩國間戰爭之發作，惟雙方集兵邊界，彼此相對，以目前激昂情緒，距離甚近，誠恐激成衝突云。　（十八日路透電）

▲ 中俄兩軍有衝突說

哈爾濱據當地來電，謂中東鐵路東部國境方面之中俄兩軍，已在前線大起衝突，目下在交戰中。　（十八日電通社電）

▲ 斷絕交通責任在俄

南京中國此次收回中東路，全因蘇俄違背一九二四之中俄協定，把持中東路，作為宣傳赤化之機關，以前我東省當局，即在哈埠俄領館，抄出赤化之種種真情實據。該項證據，早經報送外埠。現外部定自十

九日起，將各項證據，如檔照片等等，悉數發表，以明蘇俄在中東路宣傳赤化之真相。蘇俄二次通牒稱，已將中蘇交通斷絕，尤為荒謬。蓋中蘇交通，不僅中俄兩國之交通，實系國際間各國有關之交通，現蘇俄不惜破壞之，不啻對國際宣戰。故關於斷絕中蘇交通之責，應由蘇俄擔負。 （十八日專電）

150. 蘇俄軍隊集中邊境，申報，1929.07.09

蘇俄軍隊集中邊境

哈爾濱赤軍集中國境，中國軍隊昨晚來亦開始向國境方向出動，北滿一帶戰云彌漫，此間各方面以國際通路杜絕，而俄代表又中止來哈，故對和平前途，頗為悲觀，哈埠蘇聯總領事館今晨已封閉，正在準備撤退，異常忙碌。 （十七日電通社電）

哈爾濱有赤衛軍二師，集中於薩貝加爾沿線，由西伯利亞鐵路之歐亞聯絡國際列軍，其他一切運輸，從昨天午後二點起，完全中斷，俄國方面聞又下四師之動員令，已準備出發，但中俄軍隊已經陸續向中俄邊境集中。 （十七日電通社電）

151. 蘇俄內部意見分歧，申報，1929.07.09

蘇俄內部意見分歧

莫斯科蘇俄此時正待中國復牒，頗為焦急，官場消息聲稱，深信東路事件可以圓滿解決，惟其當道之間，激烈派和緩和派，既主張不同，而激烈派內，又復意見分歧。現激烈派主張：中國若無滿意答覆，即使不能佔領哈爾濱，至少亦當嚴密封鎖中俄邊境。但緩和派則以有此種方法，將使財政上璨更遭重大損失，以目下國內經濟情況之緊張，武力干涉勢所不能。且此種軍事行動，將來對於國內及國際間之結果，亦屬有損無益。惟兩派皆一致承認，蘇俄在遠東之尊嚴已在危急

存亡之秋。倘再繼續取對華自守政策，將陷於政治自殺，至其外交界方面，則預料中國將正式接受派員協商之議，如是既可免此後發生急劇變化，而俄國亦可以得一保全顏面發洩民氣之機會。惟若中國覆文內容，勢不能為俄國所接受，以作未來會議根據者，則俄政府中各派，亦不難突然聯合一致，主張強硬行動云。（十七日國民社電）

152. 中東路權完全收回，申報，1929.07.13

中東路權完全收回

▲ 張景惠採果斷處置

哈爾濱中東鐵路已於十一日上午九時，完全由中國之手收回，哈埠特區行政長官張景惠，於十一日對小西總領事及墨理尼哥夫之最後通牒，與以反駁，並要求在哈埠特別區及中東鐵路沿線之蘇俄國籍人，全部於十二小時以內退出國境，中國方面此次所以采斷然處置者，系根據蔣張（學良）在北平會議之結果。（十一日電通社電）

153. 露中國交斷絶，露總領事最後通牒 開戰接近說까지喧傳，동아일보，1929.07.13

露中國交斷絶，露總領事最後通牒 開戰接近說까지喧傳

[哈爾賓十二日發] 哈爾賓中國官憲은 十一日 午前九時에 至하야 中東鐵道管理局長[엡샤놈] 及副局長을 强制的으로 罷免한後 監禁하야 完全히 中東鐵道를 回收한바 [메리니콤]總領事로부터 直時最後의 通牒을 發하고 全勞農露人撤歸를 宣布한바 中國側은 이를 拒絶하고 돌이어 旅券을 交付하야 中露關係는 全然斷絶되엇스며 東衡軍出動說까지 傳하고 中露開戰說도 盛行하더라.

154. 東鐵의 中國移管, 露西亞에 致命傷 相當히 强硬態度에 出할 貌樣 目下는 沈默裡調査中, 동아일보, 1929.07.13

東鐵의 中國移管

露西亞에 致命傷 相當히 强硬態度에 出할 貌樣 目下는 沈默裡調査中

[哈爾賓十一日發] 中東鐵道 管理權의 中國側移管은 露西亞에 對하야 는 致命傷임으로 新露西亞가 從來의 委任政策을 持續할지는 疑問視되 며 同事件에 對하야는 相當히 强硬한 態度에 出하리라고 觀測되더라.
[莫斯科十一日發] 勞農露西亞 外務省은 中國側의 中東鐵道回收[엠 샤늅]氏 監禁의 報에 接하고 目下 調査를 開始한바 外務當局은 該事 件에 對하야 批評을 避하고 또 그 取할 手段을 論議하기를 避하더라.

155. 中東鐵道回收는 蔣張의 會議結果, 强硬態度로 直進, 동아 일보, 1929.07.13

中東鐵道回收는 蔣張의 會議結果, 强硬態度로 直進

「哈爾賓十一日發」今回中國側의 中東鐵道回收는 奉露協定에 違反하 는 中國側의 一大英斷인바 右는北平의 張學良 蔣介石 兩氏의 主要會 議의 結果하고 傳한다. 中國側은 繼續하야 露國側의 無抵抗主義에 待 하야 强硬一點으로 進할 模樣이더라.

156. 電促王正廷返京, 申報, 1929.07.16

電促王正廷返京

北京蘇俄為中東路事件, 致我國民政府最後通牒, 十四日上午已由夏 維菘轉電外部, 外部即將該電, 轉呈蔣主席批閱, 蔣曾約胡漢民, 戴 傳賢, 孫科等, 及外部重要司員, 作一度之商議。結果未詳。惟悉十

五日晨已急電王正廷，促其從速回京，前隨外王赴平駐俄代辦朱紹陽，亞洲司長周龍光，情報司幫辦楊光性，十五日均回京，王正廷十四日由濟赴青，約十八或者十九可回京，據官方息，張學良十五日有電到京，報告已派大軍前往保護中東沿路各要隘，以防蘇俄赤軍的侵入。（十五日電）

157. 中東路問題，申報，1929.07.17

中東路問題

此次中國對中東路所以出此斷然之手段者，一因哈埠俄國領事館搜獲宣傳共產之證據。二因俄局長把持路務財政不能平均用人。此二者皆違反中俄協定者也。俄人違反協定之結果，足使我國大局蒙極不利之影響，喪失自主權利，忍無可忍而也此手段，所以維護協定之精神，而非於協定外有所圖謀也。故對俄國亦僅希望其能悔悟而止，而對國更無絲毫關係。可知也乃外電所傳之蘇俄通牒，反謂中國破壞條約，更且野心挑釁，意蓋在一方對我恐嚇，一方對他佃淆亂聞聽，此又俄人之慣技也。

夫國際之間最重條約上之信義，孰為破壞信義，孰非破壞信義，固當依據事實，而不以空言爭者。此次，中國對於中東路之舉動，其事實既已彰鮮明，顯著則為第三者之國家欲保持國際間共同遵守之信義者，決不為俄方強飾之言所惑，又凡素悉中俄情勢之國家，欲防紡世界和平之隱患者，亦決不為俄方片面之言所動然，則彼無論如何張皇其詞以恐嚇人挑撥人，有何益哉。

某外報論俄牒僅謂其不合於道德，實則俄既自違協定，而反責人野心挑釁，所謂法律道德無一而合者也。

158. 接收中東路之經過，申報，1929.07.18

接收中東路之經過

南京張學良電行政院以及鐵道部，報告中東路經過云，哈埠搜查俄領館共黨一案，其善後處置辦法，迭經商承中央籌畫一切，查蘇聯以中東路各機關，為其赤化中心，依奉俄協定之規定，我國于中東路有應收回之權力，而蘇俄延不履行者，欲使我防共之計畫，不能實施，故為防共計畫，不能實施，故為了防共計，應該先收回該路之管理權，而所收回之權，則以中俄奉俄協定為限，我方催促蘇聯至再至三，彼竟絕無如約交還之誠意，終致不得不強為執行，本月十日關於行政方面的執行事項，若解散鐵路職工會，封存路局地畝，實行正副局長會同簽字權，平均中俄用人權，皆實於中東路有直接關係者也。又如查封蘇聯商船，解散蘇聯青年共產團，婦女部童子共產團，雖無關路務，而實則于中東路有間接關係者也。總之中東路與東省特區，關係複雜，非單純之鐵路事件可比。而我於執行者，亦只強迫其履行協定，而非無條件之沒收者也。（十七日專電）

159. 據莫斯科電云，申報，1929.07.18

據莫斯科電云

哈爾濱，據莫斯科電云，俄政府經田中駐俄大使手，致通牒給日政府云，俄國由中東鐵路問題，不得已取最後手段時，望日本嚴守中立云云。（十七日電通社電）

160. 王正廷對中東路事件之表示，申報，1929.07.18

王正廷對中東路事件之表示

▲ 根據俄人破壞協定為理由

▲ 個人觀察不影響其他問題

十四日津訊，外交部長王正廷，十二晚九時於未離平之前，在鐵獅子胡同私邸，召亞洲司長周龍光，幫辦江華本，情報司幫辦楊光性，駐俄代辦朱紹陽，檔案保管處長祁大鵬等會談，對於東北外交，研究至四小時之久，大致決定者，一面由王正廷電呈中央，報告驅逐俄人出境經過真相，一面派朱紹陽赴哈爾濱，辦理中俄外交事件。昨十三晨時八點二十五分，王即偕周楊等乘專車來津。十一時許抵津新站，下午二時半，陳果夫朱紹陽續由平到津，晚六時五分，王等遂乘車南下。陳朱二人直回南京，王周楊等則取道濟南青島，然後乘輪南下。但王在北寧車上，對新聞界發表談話，與中東鐵路問題有關。茲紀之如次：『此次哈爾濱驅逐俄人事，余尚未接到濱江交涉員較近的報告，今但就過去情形言之。查中俄協定中，有兩締約國在彼此境內不得作共產之宣傳，而蘇俄宣傳共產，於搜查哈埠領事署，已得有確鑿證據。是蘇俄已公然破壞中俄協定，我國為自衛計，不得不采適當之手段，至此次驅逐蘇俄人民之經過，亦根據俄人破壞協定為理由，進行步驟：①接收中東路電信機關。②驅逐宣傳共產之俄人出境。③解散蘇俄設立之機關。現在驅逐俄人出境，據余個人觀察，當不致影響於其他問題，至中俄邦交，如俄國暫停宣傳共產，則邦交立可恢復。現蘇俄人民已有兩批遣送出境，俄國方面，對於此次動作，似有相當之省悟，余已將經過詳情，呈報國府，此次赴津，本擬與張司令長官在津會面，刻接報告，張已回遼寧，日使芳澤已定十五日回國，歸任日期未定，余到津後，稍有耽擱，下午五時與周司令長同乘平浦快車赴濟，軒往青島，搭輪南旋，至國人對於來平之感想，非如人言之凋敝情形，倘能積極經營，必能維持舊日之繁榮也。』

161. 孫科談中俄形勢, 申報, 1929.07.20

孫科談中俄形勢

南京本報記者十九晚唔孫科, 詢對中俄問題意見, 及中央應付方針, 孫答, 中俄形勢, 並不十分嚴重, 俄召回在華使領問題, 十九日國會已議決, 亦即將我國在俄之使領, 一律召回, 一面並令東三省及河北等地方政府, 於俄僑出境時, 妥為護送, 至於我國在俄僑民之利益, 已請由德國保護, 現在中俄已無國交可言, 前年國府宣佈對俄絕交時, 因中國尚未完全統一, 長江以南, 雖無俄國使領, 然而長江以北, 尚未完全撤去, 此次蘇俄舉動, 全是乘機報復, 我國現在已經著手將此事真相, 及在哈所搜獲之陰謀文件, 公諸世界, 至此種文件, 本可早日公佈, 但政府為求和平計, 故無法宣佈。現在情勢既變, 當然公諸世界, 同時並發佈宣言, 已由外部起草, 現中央對蘇俄視察, 以為蘇俄除宣告與我絕交, 或請美國調停外, 別無他法。(十九日專電)

162. 中東路問題之昨今, 申報, 1929.07.22

中東路問題之昨今

中東路問題據昨今兩日之消息觀察, 已不若前日之緊張。蘇俄似未繼續其挑釁之行動, 而美國所發起之四國調和說, 英已表同意。是以中俄間之形勢表面上遂稍見和緩, 但俄既對我絕交, 此後對我究具何決心, 對國際間究將用何手段, 殊未可料。四國調和之說雖見端倪, 然此後各國間洽商究至何程度, 對中俄之勸告將收何結果, 亦未可知。故中東路問題之形勢, 目前似若和緩, 而將來之變化, 有誰能料其所至耶。吾民惟有靜我心定我力, 以待變化而已。

自來國際間問題, 每由單純而演至繁復, 由微細而漸至巨大, 既至繁複巨大, 勢非一時所能解決, 於是流言空氣, 隨機變幻, 時而緊張則人心張皇, 時而和緩則人心弛懈。此為國民性最弱之一點。蓋所謂緊張者, 非真緊張, 所謂和緩者, 非真和緩。苟國民隨此一時之事態而

遷移易其心理，詎足以當艱危之重任，故沉毅勇敢之國民，對於當前之大事決不為一時形勢之變動而稍易其定見也。

163. 蘇俄否認拒絕調停，申報，1929.07.22

蘇俄否認拒絕調停

對法使勸告不日將有答覆

莫斯科柯夫諾所傳蘇俄政府決議拒絕國際聯盟調處東路爭執，認為應由中俄兩國解決，不容第三國干涉之說，此聞視此為反對蘇俄之白俄所捏造，以圖挑撥離間中傷者，並謂俄政府苟亟欲一戰，早可出兵侵入華境，佔據滿洲里矣，至法大使代表友邦所致之勸告，俄政府一二日內俟對於全案之聲明文件脫稿後，即有切實答覆，但聞俄當道雖接受調停，仍能堅持持第二次致中政府牒文內之要求云。（二十日國民社電）

柏林據莫斯科消息，蘇俄運輸委員聲稱，蘇俄政府現不欲遣派一兵越入滿洲進境，日前取採行之計畫，不過因為有白俄人等準備攻俄之消息，俄政府為主義計，不對中國宣戰云。（二十日路透社電）

164. 東鐵交涉之真相，申報，1929.07.30

東鐵交涉之真相

▲ 世界當有公論評判

二十四日哈爾濱特訊，東省鐵路，自本月十日發生大變動後，外間多未明真相。茲略述如下：原中國與蘇俄締交，關於中東路，本有中俄奉俄兩協定，載明此後東路，兩國合辦，惟用人行政，必須平均分配。一九一六年舊俄政府所訂之管理局臨時章程，亦應修改，由協定成立之日起，中俄兩方，即組東鐵理事會，理事十人，華俄各半，平均分配問題，及臨時章程修改問題。即由理事會於六個月內解決之。

不意蘇俄政府，藐視華方權利，自恃理事會系合議制，督辦不能單獨發號施令，必須得俄副理事長之同意，方能發生效力。至於理事會開會，又須理事半數以上出席通過，議案既能成立。管理局則正局長為俄人，依一九一六年之臨時章程，局長及有無上威權，副局長不過有輔佐局長之名義。蘇俄正局長，恁藉此臨時章程，大權獨攬，專擅妄行，雖有華副局長及各處華副處長，形同虛設，凡理事開會開會，關於我方有利之事，彼俄理事非存心搗亂，即全體規避，管理局所用文字，盡屬俄文。華俄人員，至今年為止，無非十與二之比。俄局長關於購置材料支用路款，可以任意而行。我方蓄憤已久，不平之氣，已上衝霄漢，徒因內亂遷延之故，無暇對外，今則北伐告成，全國統一，俄方對於遷延五年之平均分配問題，仍無誠意解決，視東鐵如其私產，且變本加歷，一面藉口路局經濟困難，大裁入籍俄人。思盡量補入紅黨。一面在路局舞弊營私，即如一哈埠商務事務所，已舞弊至百萬金盧布以上。且在哈埠俄館，大開第三國際會議，特警所搜得檔，意義重大，多牽涉路局俄員，將來危險，何堪設想。此遼寧當局所以大下決心，秉承中央，命呂榮寰督辦，實行中俄奉俄兩協定，非達到目的不止。十日晨，由電政會辦沈家禎，派人將路局之電信機關，強制收回。先是原任華副局長郭君崇熙以腿疾未愈，不勝繁劇，提出告退。呂督辦允予短假兩月，暫調理事范其光充任華副局長。當日下午，由呂督辦下令驅逐路局赤色各高級人同共五十九名，請特區長官遣放回俄。次日免車務商務機務會計電務各俄處長職，而補以華員。復撤免俄正副局長葉穆善諾夫艾斯門特，以范副局長代理局長職務。次日即將該局長驅之歸俄，繼續裁撤蘇俄之赤色職工千餘名。蘇俄為此發出最後通牒，形勢自然緊張。中俄邊界，如綏芬河三岔口滿洲里等雙方各秣馬厲兵，調遣軍隊。哈埠謠言百出，市而已現恐慌氣象。惟蘇俄內幕空虛，遠東饑荒甚烈，反動至多，當不敢出以積極之軍事行動，僅虛張聲勢，以冀引起第三者之調解，亦未可知。聞赤塔方面，肉食已絕兩月，紅軍皆不願戰，而白黨之潛入俄境希圖大舉者，人數有七八萬之眾。東鐵之雙城子，常起內哄，此皆其不能用武之鐵證，但自三江口之華輪海城宜與兩船，為俄監扣留後，客貨皆不知下落，東鐵之東西兩出口截斷，亞歐大交通斷絕，將來之變化，尚

不能預測耳。

165. 解決東路案之三途, 申報, 1929.08.01

解決東路案之三途

北平孫科今日招待報界, 談云東路將來解決, 不出三途。一、該路所有權及管理權, 由中國收回。二、所有權歸中俄兩國, 管理權則全歸華。三、所有權管理權, 由兩國平分。總之, 該路為中俄兩國之問題, 若由第三者出而調停, 恐啟各國染指之漸, 予此來並無外交任務, 現全國鐵路債務共六萬萬等語。 (三十一日專電)

北平孫定一日早與朱紹陽等離平。 (三十一日)

166. 中東路問題之關鍵, 申報, 1929.08.03

中東路問題之關鍵

在談判前絕不承認任何條件

北京外交界某要人談, 中東路問題最重要關鍵, 即系蘇俄以該路宣傳赤化, 圖謀顛覆中國政府, 我方為自衛, 故有此斷然處置, 此種辦法, 在國際間亦皆認可。因中俄協定第五條規定, 雙方不能有顛覆任何一國政府之舉動, 今蘇俄有此舉, 同時該路重要職員, 均參加宣傳此種赤化會議, 且有證據可憑, 是其已違反中俄協定, 至為明顯, 又該路財產權, 管理權, 均系中俄各得一半, 對於管理方面, 名義上雖雙方各半, 實則完全為蘇俄所佔據, 該路正局長為俄人, 副局長為華俄人各一, 全路有十五處, 按協定中俄應各得其半, 但結果中國方面只有三人任處長, 其中尚有一人, 只有名義, 至於全路最重要機關, 如車工機會計四處, 完全為蘇俄所把持, 此種待遇, 極不公允, 現在中國方面對該路財權, 絲毫未加侵害, 惟管理權非力爭收回不可, 至

於在未正式開會以前，我方尤不承認有若何條件，假設不如此，則蘇俄可藉口以該路以前職員，宣傳赤化，現在可另派俄人充任，如我承認此條件，則將來仍宣傳赤化時，豈不益茲糾紛，故中央國府對於此點，極為注意，決不承認有何條件，現各國對我所持態度已逐漸明瞭，且能表同情於我，希望國民方面對於此點，務必明瞭，同時對管理權，勿予放鬆，萬一將來蘇俄不能就範時，我方亦可將蘇俄在該路財權，設法贖回。　（二日專電）

167. 兩路黨部舉行擁護收回中東路權宣傳週，申報， 1929.08.03

兩路黨部舉行擁護收回中東路權宣傳週

滬寧滬杭甬鐵路特別黨部，自從中東路事件發生以後，即積極籌備擴大宣傳，以喚起兩路員司。聞已議決於八月五日起至十日止，在滬蘇常鎮甬各站，依次舉行宣傳大會，茲將該部前日各科聯席會議及第一區籌備會議決案錄後，主席王仁行禮如儀，一報告（略），二，討論：（甲）本宣傳週應如何分配舉行案，議決，就本黨部六個區黨部依次舉行，五日上海區黨部，六日蘇州二區黨部，七日常州三區黨部，八日鎮江四區黨部，九日杭州五區黨部，十日寧波六區黨部，（乙）擬定各項宣傳品負責擬稿人員案，議決，告兩路同志同胞書，由宣傳科負責，告兩路同人書，由組織科負責，宣言由訓練科負責，限七月卅一日上午十二時交卷，印刷事務及標語，由宣傳科辦理，（丙）派員赴各區準備指導案，議決，二區王家祥，三區四區魏事樓，五區周濂澤，六區孫家良，（丁）參加各區宣傳週案，議決，每科指派一人，惟為節約經費起見，第六區由宣傳科派員參加，（戊）訂定宣傳週儀式案，議決，先行擬就儀式，再呈執委會審核，（己）各區黨部，舉行宣傳不再津貼用費案，議決，通過，（庚）籌備第二區舉行宣傳案，議決，由本會各科推派一人，及路局工監會第一區黨部，第一六小學校各推派一人，於本星期四上午九時半開籌備會，籌備進行，議畢散會。

168. 駐日俄使訪日外相, 對中俄交涉要求諒解, 申報, 1929.08.10

駐日俄使訪日外相

南京駐日俄國大使, 昨日午後赴外相官邸訪幣原外相, 詳細說明中俄紛爭之經過, 並謂俄國並未拋棄以友好的態度, 與中國直接交涉, 解決紛爭之方針, 惟中國當局不改變其武斷的行動, 繼續壓迫中東路俄員, 於此現狀之下, 到底不能開始和平交涉, 中國不恢復中東路之原狀, 為此次紛爭遷延之唯一原因, 故其責任, 當完全由中國方面負責之云, 語畢, 要求日本對此, 加以諒解, 旋中國駐日使館參贊黃境潔 (譯音), 亦訪亞細亞局之谷課長, 說明原委, 請日本諒解。 (九日電通社電)

169. 東鐵原狀回復に支那側同意か, 大阪朝日新聞, 1929.08.13

東鐵原狀回復に支那側同意か

朱氏に最後的の回訓
露支交涉再開の機動く

【ハルビン特電十二日發】十二日マンヂユリーから支那側に達した情報によれば朱紹陽氏は南京政府の最後的回訓にもとづきロシヤ側に電話をもつて
一、東支鐵道を一切現行露奉協定の範圍内に原狀回復をすること
二、正式會議召集までに純技術家たる管理局長および副管理局長をロシヤ側において任命することに同意する旨通告した結果ロシヤ側の態度變化し、平和的解決の曙光を發見したと、なほロシヤ側の交涉員は何人か不明なるも會議地はハルビンに内定した旨傳へらる.

【長春特電十二日發】十日朝吉林に赴いた南京政府劉代表および奉天政府の胡代表兩氏は張作相氏とも懇談の結果、平和解決に意見の一致を見、十二日朝長春に引返し同夜午前一時三十九分發ハルビンに赴き張行政長官と面談の上マンヂユリーに直行、朱紹陽、蔡運升代表と面會の上露支交涉再開をなすとのことであるが、再開の上は根本的に交涉内容は立直されるものの如く兩氏のハルビン行きは頗る重大視せられている.

170. 中俄交涉之途徑, 申報, 1929.09.04

中俄交涉之途徑

解決中俄交涉之途徑, 惟有按照中俄協定第二三條。兩方各派代表組織一替代該約簽字後, 六個月内未組成之會議以解決一切懸案及中東路問題。而兩方會議之主旨, 應一依該協定第四, 第九及第十等條, 以後不再訂有損中國主權條約, 及抛棄所得一切特權特許等之公平主張爲原則, 以從長商決各事此爲最合法之辦法也。

依此辦法則今日中東路交涉中之局長問題, 非特談不到俄局長以何種形式發表, 并談不到局長是否爲俄國人。蓋協定既聲明尊重中國主權, 則中東路爲尊重中國主權, 計在此絕對領域統治界限以内, 決不能以俄籍人爲局長, 混亂全國路政之統一。我國人之所以始終反對俄局長制, 意義在是俄如誠心尊重協定原則, 亦必不否認此項主張也。

今俄仍主繼續俄局長制, 且欲以通過理事會之形式出之在俄人。不過藉以掩飾其手續之不合法, 然其實此種理事會僅足供雙方相互牽制之用, 而不能解決一事。蓋以中俄各五人合組之理事會, 必六人同意而始通過。無論何種問題苟對方有一人不同意者, 此問題即不能通過。今如欲諉其責於此種巧妙之機關, 非但局長問題不能決, 即其他任何問題, 亦不能決, 徒滋延宕爭執之糾紛。故必雙方另組會議以解決之也。是故俄果有解決交涉之眞心者, 第一須先同意於此種會議之組織而一切問題。

3. 철도이권 회수운동과 중동로사건

177

171. 中俄交涉之趨勢, 申報, 1929.09.21

中俄交涉之趨勢

某當局談片

南京 有人以中俄交涉焦點, 是否在局長問題。現在蘇俄對我態度倔強, 我國有無對付新途徑, 以及中東路路政, 因交涉不能解決, 有無影響等事。詢諸某當局, 據答中東路大宗運輸爲雜糧豆等, 出路一爲了海參崴一爲大連。在交涉未發生前, 海參崴約占六成, 大連約占四成, 交涉發生後, 則以大連爲惟一出口。海參崴方面, 雖有阻碍, 但該路並不吃虧, 同時亦不致一蹶不振。故以現在情勢論, 交涉不解決, 當然略有損失, 不過以利害比較, 實利多而害少耳。至交涉途徑, 不外兩點, 一即戰一即和, 決無不戰不和之理。故現時雖在籌劃交涉新途徑, 但在雙方未商量前, 尚不能發表。至於現在交涉爭點, 當然爲局長問題。我方意見以爲過去俄局長因權力太大之故, 致該路變爲宣傳赤化機關。現在爲免除以後此種事件計, 故不得不力爭此點。目前我方目的, 即在收回該路管理權。如蘇俄允許維持該路現狀, 我方當然贊成。又中國方面對於該路財產權, 決不侵害。在此期中, 如有盈餘當與蘇俄對拆。若蘇俄仍以恢復以前原狀相要挾, 並任俄人爲局長, 是不啻將該路變爲赤化機關, 我國對此決難承認。希望國民一致主張, 力爭該路管理權, 不達目的不止。 (二十日專電)

172. 蘇俄大捕華僑, 申報, 1929.09.28

蘇俄大捕華僑

後貝加爾缺乏糧食

瀋陽 東北邊防軍司令長官公署, 接護路軍二十四日電稱, 俄境逃回華僑六十餘人, 據稱俄方在一月前, 將華僑房主及商號執事, 選擇

拘禁，中秋節前，仍大事羅捕，除苦工及無業者外，多數被捕
去，並有流徒至極北邊荒各地者云云。（二十七日專電）

哈爾濱 俄後貝加爾缺乏食料，人民極恐慌。俄軍在後貝加爾一帶者，
約八個旅團，共六萬餘人。（二十六日）

173. 東支鐵道原狀回復を支那側で承認か，大阪朝日新聞， 1929.11.29

東支鐵道原狀回復を支那側で承認か

豫備交渉の督促通牒をロシヤ外務省で發表す

【聯合モスクワ二十七日發】勞農政府外務人民委員會次長リトヴィ
ノフ氏より二十七日張学良氏に宛て發せられた露奉交渉に關する回
答電報の正文は左の如きものである

一、ハルビン交渉員蔡運升氏を通じ去る十一月二十二日文書をもつ
て通告したる勞農政府の交渉豫備條件を完全に受諾すべきこと
を宣明せる十一月二十六日附貴電止に接受せり、該豫備條件の
内容は左の如し（イ）一九二四年露支、露奉兩協定に準據し東
支鐵道を紛爭前の原狀に恢復することを支那側が公式同意する
こと（ロ）一九二四年露支、露奉兩協定に基き勞農側の推薦す
る東支鐵道正副管理局長を即時復任せしめること（ハ）今次の
紛爭に關聯し逮捕されたる全勞農國籍者を即時釋放すること

一、右第二項に基き勞農政府は東支鐵道管理局長にエムシヤノフ氏
（前管理局長）、副管理局長にエイスモント氏（前副管理局
長）を復任せしむべきことを推薦し、この點につき貴下の即時
公式確認を期待す．

一、貴下の同じく受諾されたる第一、第三の兩項に關しては勞農政
府は第二項の履行され次第直に貴下が正式信任狀を携帯する代
表をハバロフスクに派遣されん事を提議し勞農側においては勞
農外務人民委員會ハバロフスク代表シマノウスキーを任命し以
上諸項の實行に屬する技術的問題の討議並に露支會議の日時及

び場所に關する諸問題の解決に當らしむ.

174. 中露交涉再開, 三委員會組織, 동아일보, 1930.12.07

中露交涉再開, 三委員會組織

「莫斯科四日發電通」中東鐵道은 四日부터 「카라한」莫德惠 兩代表團에 再開되어 于先交涉內

問題를 中心으로하는 露中交涉代表間에 再開되어 于先交涉內容을 分割研究하기로 되어 一、鐵道 二、通商 三、外交의 三委員會가 組織되어 專門的 討議를 開始하얏다.

175. 中俄和平接洽, 申報, 1930.12.10

中俄和平接洽

▲ 蔡運升與俄非正式談商
▲ 各國領亦謂有和平可能
▲ 蔡運升李紹庚赴四站

十一月三十日哈爾濱通訊。蔡運升借東鐵理事李紹庚, 於今早九時五十五分乘東鐵第二百四十號專車, 前往綏芬河。外間對於蔡李此行, 多所臆測。日本電通社且謂遼寧方面對蘇俄最近所提出三項條件, 已完全承認。特派蔡運升李紹庚與俄方負責折衝, 惟據可靠消息, 此次蔡李赴綏之動機, 係因俄方提案先經東京, 轉電遼寧, 證求議和意見。遼方爲維持遠東和平遂未反對, 幷得中央許可, 乃派蔡李前往。蔡李先到綏芬河, 然後再往四站 (俄境地名之一), 將以長途電話通知俄方先行非正式交換意見。如雙方意見相同, 即擇伯力或海參崴開始談判。蔡李啟程前, 曾拍一電囑伯力·海參崴·東鐵商務代辦所轉告俄方, 以便接洽。

▲ 哈外領對中俄事意見，二日哈爾濱通訊，此間俄報記者，本日訪駐哈英德意美日丹諸領事，詢以對中俄問題意見，各領均有意見發表，大致相同。據云，東鐵問題未發生以前，經營東鐵，雖有奉俄協定，但因協定過於簡單，而蘇俄在東鐵之權利，較華方爲多，故雙方糾紛叢生，致造成此次之重大問題。自此問題發生以還，東鐵乃暫歸中國管理。經當事之努力，及一部份白俄人之助，東鐵原狀，迄未變更，秩序亦無紊亂。現雙方將開會議和，預料必能根據中俄協定，實行和平解決。縱或交涉困難，拖延時日，但決不至破裂。至必和平之原因，蓋即中國對俄，始終未準備作戰，力守不先開戰之戒條。又中國內地有事，不能全力對俄，東省以環境關係，故解決似爲一般人所屬望。至俄國國內，亦甚紊亂。每次在邊境之攻擊，乃爲其居意破壞之騷擾。各簽訂非戰公約國，對蘇俄之軍事行動，皆甚注意。如此次俄軍侵入札滿後，各國一時驚慌，開會討論對策，決不許俄軍到哈爾濱。故俄軍即戰亦無益，不戰不和，長此拖延，則損失之數，亦屬可虞。至此事將來之解決，俄方固希望歸還其應得之一半權利。中國方面，亦當然希望將以前不平均之點，予以改正。雙方并重新規定協定，以免將來之糾紛云云。至此間外領前此擬共同派員調查札滿戰跡，及俄軍屠殺狀況，以日領堅主緩辦，故未實行。

176. 東路問題，申報，1929.12.15

東路問題

東路問題事態至此而言，所謂中俄會議則固人人皆知其必無好果矣。簽字以前姑且勿論，即得簽字後，俄人種種之行動，已足證明其無談判之誠意。如聲言華方若提損害賠償，俄亦將提對案也。要求俄路員照原狀復職也。海滿赤間俄車可開行，而我方之車則以飛機投彈阻行也。海拉爾以下，俄蒙佔領各地，至今無交還中國意也。近又陸續召集大兵，分佈於中俄邊界，以脅迫議會也。凡此種種消息，雖未敢必其盡符事實，然在國際間皆已深知此種情勢。故各國人士之預測東路

問題之結果者，均謂俄將以魯案解決先例，爲其撤兵議和方法。則其會議前途之爲難，已可不待煩言。而喻嗚呼國際間先例之不可開如是，今日甲國以乙國之往事爲先例，則他日乙國又將以今日甲國之事爲先例，則外交前途之足令人寒心者，尤不僅在此次之中俄會議而已矣。今日國人皆知東三省問題之困難，又皆知東三省問題有互相牽連之關係，而不易着手。中俄間之中東路問題，東三省之一部分問題也，此一部分辦理而善，或可不至影響於他部分。若此一部分辦理不善而依違遷就，即可招致他部分之藉口。蓋今之耽耽伺於旁者，正思乘隙而入，待機而動。則當東北交涉之衝者，精細敏捷勇敢果斷之外交家，猶恐不濟而可稍涉干預也哉。

177. 中東路俄新局長談話，申報，1930.12.30

中東路俄新局長談話

哈爾濱 新任東鐵俄局長語記者，予此來使命，爲整頓東鐵本身營業，使其較前益發展，以外非予所知。就任後，第一步決恢復全路交通，總期最短時間，恢復七月以前狀態。關於外交，有總領事負責，予不問云。（二十九日專電）

178. 中東路俄員紛紛復職，申報，1930.01.08

中東路俄員紛紛復職

瀋陽 哈訊東鐵當局現決定，查東鐵兩線開行客車每次附加兩輛，專爲運送俄籌恢復原職人員。（七日專電）

瀋陽 哈訊，東鐵副理事長向未發表，據俄方傳稱，謂已內定爲工程師郭保箭夫充任，現已自莫斯科啟程來哈。（六日專電）

瀋陽 哈訊，東鐵昨日一日間復職俄員達二百零七名之多，其在七月十一日以後被截行員，一次借予薪金兩個月。（七日專電）

瀋陽　哈爾濱無線電，東鐵西行大票車，現已開至博克圖。(七日專電)

瀋陽　哈訊，東鐵西線博克圖以下各地商民，已開始回返，重理舊業，因此日來自哈開往之客車，每日甚形擁擠。六日

179. 東鐵電權問題, 申報, 1930.02.05

東鐵電權問題

俄允即令路局派員開會

哈爾濱　東鐵電權問題，來哈之李宣傳處長與俄方會談兩次，俄允即令路局派員開會，惟須一壁談判，一壁接收。李已電交委會請示，電政會議提案，我方規定爲長途電問題，過線問題，自動電話問題。　(四日專電)

哈爾濱　伯力會議俄代表西馬諾夫四日回國。　(四日專電)

瀋陽　哈訊，交通委員會宣傳處副處長李德言爲接洽東鐵電政權事奉令赴哈，一日會見東鐵副理事長依氏，俄方對開會解決電權事同意，日內即命路局，派員召集會議，今日下午，李氏仍與依氏理事長續談。又訊，滿哈電信，現祇通行車電報，其餘可于四十日內修復。又訊，滿站電局，俄方派人把持，拒絕我方人員入內辦事。　(四日專電)

180. 外部發表對俄宣言, 申報, 1930.02.09

外部發表對俄宣言

－補救伯力紀錄之過失－
認蔡運升逾越政府訓令之範圍
此次會議專討論東路善後問題

南京　伯力會議，蔡運升逾越範圍，國府方面迭次慎重會議。結果決定於今日由外交部發表正式宣言，茲錄如下，國民政府前令派蔡運

升，與蘇聯代表司曼諾夫斯基，爲初步商議解決因中東鐵路發生
之糾紛問題，並討論嗣後舉行正式會議之手續。中國蘇聯兩國代
表於一九二九年十二月二十二日，在伯力簽立記錄，作爲解決中
東鐵路之糾紛。茲查該項記錄，除規定解決中東鐵路糾紛之辦法
外，尚載有數種事項，屬於兩國間之一般關係，顯係超越國民政
府訓令之範圍，而爲中國代表無權討論者。中國代表實屬超越權
限。且按之國際慣例，兩國協定，由雙方代表訂立後，須經各該
國政府核准或批准。伯力記錄中關於解決中東鐵路糾紛之辦法，
業已實行，依照該項辦法，兩國拘留之人民，已由雙方釋放，該
路新正副局長，亦經任命，該路交通，已恢復原狀。國民政府茲
爲謀中東鐵路問題之最後解決起見，準備遴派代表，前往莫斯科
出席正式會議，專爲討論中東鐵路善後問題。至該路以外，關於
兩國通商及其他一般問題，蘇聯政府如認爲有商議之必要，另派
代表來華時，國民政府亦願與之商議。（八日專電）

181. 東鐵電權問題，申報，1930.02.09

東鐵電權問題

瀋陽 交通委員會宣傳處副處長李德豐七日回瀋，請示對於將來東鐵電
政會議提案大綱，會議期於本月十七日左右，在哈召集，俄方表
示已允交還東鐵商電營業，惟長途電話電報，不得檢查云。

182. 東鐵電權接收問題，申報，1930.02.11

東鐵電權接收問題

▲ 遼派李德言到哈接洽
▲ 先決事項爲交還電權

四日哈爾濱通信，中俄東鐵電權糾紛，自東北交通委員會郵傳處副處

長李德言來哈後，雙方擬由會議解決意見，已日趨接近。李德言經東鐵理事李紹庚之介紹，曾於本月一日，及本月四日，與代理俄理事長伊茲馬亦洛夫，會談兩次。結果歸納俄方之意見，對於開會討論辦法及不牽入中俄會議，由東鐵與東北交委會直接商決一點，頗具同意。惟相差者仍屬先還電權後開談判，與我方之主張先談判後議權利一點不同。俄理事長對李曾表示，如果華方交還電權，則理事會即命令路局派員與議，其他各節，均屬好說，俄方決必讓步。此事與交委會之意旨少違，李德言不敢作主，故於本日電遼請示，設覆電許可，則會議當可於下星期內在哈開成。聞近日交委會曾有電指示李氏，大概係規定提案範圍，約可別爲 (甲) 解決中國電報經由東鐵電局轉送之過現費每字付費數目，因東鐵沿線純粹中國設之電報局無幾，向來商電由鐵路報房代收，每字付給華方若干主權費，其餘東鐵收取，名爲國線費。若果仍准東鐵收發商電非只主權費須另規定，過線費亦須低減，此事將按照國有各鐵路與地方報局聯線付費方法辦理。 (乙) 解決自動電話資財部份問題，應按照自動電話原來之按裝費，及現在之折舊費與歷來東鐵侵佔時間之純益金，各別核算，加以消滅，公平估值，華方付以代價。 (丙) 解決哈滿綏及過線通至崴海之長途電話營業收費及線路管理諸端，俄方之提案，大致相同，不過其主張或有不同耳。

在此電權交涉進行之中，滿洲里電局，忽爲人把持，不准華員入內辦事。緣滿站報房機器，當俄軍退却時，均爲搜索運去，交通恢復後，東鐵電務處派俄員携快機一部，逕往恢復電信，并將舊機未被掠去者裝置運用，除拍發行車電報外，兼收商電。此事顯違電政條例，侵佔中國主權，中國電局主任，遂與交涉，并擬携員入內收發商電，俄員竟不之許，并糾集赤黨多人，意擬眾毆。東北交委會接待該主任報告，飭令商同軍警協助辦理。梁忠甲司令，以所部猶未改編完竣，強敵在境，相去不遠，恐一旦貿然武力接收，又復牽起戰爭，故囑該主任赴遼詳細請命再定。今日該主任低哈，報告於李德言，李除轉請交委會外，囑該主任在哈暫候，俟電權會議告成，提出交涉，惟滿洲里海拉爾間祇通行車電報，電話亦祇通至海拉爾，軍用電話電報專線，爲俄軍破壞後，東鐵迄今延不修理。此一根線，本爲東鐵協定規定爲

護路軍專線，我方兼用以收發商電，茲既未得修復，商電衹有任俄方收發，軍事消息，暫由郵遞。

183. 東支鐵問題の原則協定漸く成立, 中外商業新報, 1930.09.22

東支鐵問題の原則協定漸く成立

愈よ来月正式會議

【ハルビン二十日電通發電】在モスコウ露支會議支那全權莫徳恵氏より本日東支鐵道督辨公署に達した電報によれば、五日以来迂餘曲折を経た露支非公式交渉の結果、露全權カラハン氏と莫全權間の意見一致し、諸問題の原則的取極完全に成り、十月十一日いよいよ正式會議を開催するに決定した、かくて昨年露支間の紛争を惹起しかつ兩國間の永久的癌とされて居た東鐵問題もいよいよ近く根本的に解決され、莫全權一行の露都引上は十一月末頃となるであらうと．

184. 南京에 露大使館, 中東鐵道問題가 解決한 다음 露西亞에서 開設意向, 동아일보, 1930.10.21

南京에 露大使館

中東鐵道問題가 解決한 다음 露西亞에서 開設意向

[哈爾賓十二日發電通] 露國은 交의 回復을 圖하야 南京에 大中東鐵道問題 解決하는 대로 中露國使館을 開設할 意向이다.

185. 東鐵電權交涉, 申報, 1930.12.10

東鐵電權交涉

哈爾濱 東鐵電權交涉, 電話部份, 俄方移往莫斯科中俄會議解決, 我方仍擬在哈解決。現在交涉中, 電報部份在整理記錄中。 (九日專電)

4

중동철도와 소련 (러시아)

4. 중동철도와 소련(러시아) (해제)

러시아는 삼국간섭을 통해 일본의 여순, 대련의 조차 시도를 저지하였으며, 이를 통해 중동철도 부설권을 획득할 수 있었다. 따라서 중동철도는 부설과 경영의 과정에서 이미 일본과 러시아(이후의 소련) 양국 관계에서 매우 민감하고 중요한 변수로 자리매김하였다. 청러밀약의 협상 과정에서 러시아대표 카시니(Cassini)는 중국대표 이홍장에게 중동철도 부설권의 공여가 실현되지 못할 경우 중국에 대한 원조가 불가능하며, 나아가 일본과 연계하여 다른 방법을 강구할 수밖에 없다고 위협하였다. 이렇게 된다면 청일전쟁에서 막 벗어난 중국에게 치명적인 일이 아닐 수 없었다.

일본외무성은 러시아가 중동철도 부설권을 획득한 사실을 매우 우려하고 있었다. 일본의 총리대신 이토 히로부미(伊藤博文)는 중동철도의 부설과 관련하여 러시아가 장차 중국을 병탄해 나가지 않을까 우려하였다. 일본군부 역시 중동철도 부설의 정치, 군사적 의도에 주의를 기울였다. 일본참모본부의 마쓰가와 도시타네(松川敏胤) 대좌는 중동철도를 통해 유럽령 러시아의 군대를 극동으로 수송하려 한다고 지적하며, 이러한 연장선상에서 러시아는 우수리 철도대대를 여단으로 확대하고 나아가 극동의 병력을 증가시키려 한다고 주의를 환기하였다.

이러한 가운데 1927년 7월 10일 중국 측이 무력행사를 통해 중동철도를 회수하고자 하는 중동로사건이 발발하였다. 중국은 북경주재 소련영사관을 강제 수색하여 소련영사 및 요인을 추방하였다. 이에 대해 주소련 일본대사 다나카 도키치(田中都吉)는 카라한을 방문하여 소련 측의 적극적인 대응을 촉구하였으며, 실제로 소련은 7월 17일 중소단교를 선언하였다. 더욱이 일본외상 시데하라 기주로(幣原喜重郎)는 중국이 남만주철도를 회수하려 시도할 경우 자위차원에서 군사행동이 불가피함을 강조하였다. 일본 측이 이와 같은 입장을 표명한 것은 중동철도와 함께 철도이권 회수운동의 주요한 대상인 남만주철도에 부정적 영향이 파급될 것을 우려했기 때문이다. 이와같은 분위기 속에서 중동철도의 소련부국장이 대련의 남만주철도주식회사 총재 야마모토 조타로(山本條太郎)를 비밀리에 방문하여, 일본정부와 소련정부는 중국이 남만주철도와 중동철도를 회수하는데 공동으로 반대한다는 내용에 합의하였다.

소련 역시 1930년대 내내 일본과의 긴장 완화를 통해 양국 간의 정치, 군사적 대결을 회피하기 위한 구체적인 방안들을 적극 모색하였다. 만주사변 직전 중국 동북지역에 대한 일본의 침략정책이 노골적으로 전개되면서 양국 간의 긴장이 고조되자, 소련은 충돌을 방지하기 위한 조치로서 대일화해의 외교정책을 적극 구사하였다. 1931년 9월 초 소련외교부는 주하얼빈 일본총영사 오하시 쥬이치(大橋忠一)를 비밀리에 블라디보스톡으로 초치하여 양국 간 긴장을 완화하기 위한 방안에 관해 논의하였다. 이 회담에서 양국은 일본이 만주에 군사를 파병할 경우 소련에 이 사실을 미리 알리고 양해를 구하도록 하는데 합의를 도출하였다.

1931년 12월 일본관동군은 치치하얼 점령에 앞서 무엇보다도 소련과의 관계에 주의를 기울였다. 치치하얼의 점령은 중동철도를 넘는 것으로서, 소련과의 충돌 가능성을 배제할 수 없었기 때문이다. 이러한 이유에서 치치하얼 점령 다음날 주소련 일본대사는 소련 인민외교위원장 리트비노프를 방문하여 일본군은 중동철도에 대한 소련의 권리를 존중할 것이라는 의사를 전달하였다. 이렇게 볼 때, 소련은 적어도 만주사변 발발 직전에 일본의 군사작전을 사전에 인지했을 가능성애 매우 크며, 따라서 사변 발발 직후 소련정부는 연일 성명을 통해 중일 간에 엄정한 불간섭정책을 발표하였던 것이다. 더욱이 같은해 12월 주프랑스 일본대사 요시자와 겐기치(芳澤謙吉)가 외상으로 임명되어 귀국길에 모스크바에 기착했을 당시, 소련외교부는 그에게 일소중립조약의 체결을 제안하였다. 일본의 입장에서는 이 조약이 종래 견지해 온 반공국책과 모순되는 측면이 있음을 고려하여 받아들이지 않았다. 그러나 소련은 다시 1932년 11월과 1933년 1월 등 여러 차례 일본에 일소중립조약을 체결하자는 의사를 전달하였으며, 이후 양국 외교부는 이 문제를 주요한 논제로 삼아 논의를 지속하였다.

바로 이와같은 논의과정에서 소련은 중동철도의 매각문제를 협상의 지렛대로 적극 활용하고자 하였던 것이다. 일본과 소련은 만주에 대한 배타적 지배권을 두고 상호 대치해 왔으며, 이러한 과정에서 소련의 중동철도와 일본의 남만주철도는 중국 동북지역의 물류 유통과 세력권의 형성을 위한 상징으로서 상호 경쟁적인 입장에 있었다. 소련이 중동철도 매각문제를 들고 나온 것은 바로 양국 간의 정치, 군사적 긴장을 완화하려는 측면도 분명히 있었다고 보여진다.

이미 주하얼빈 일본총영사 모리시마 모리도(森島守人)는 일소중립조약을 체결해야 하는 필요성을 언급하면서도 조약 체결의 걸림돌로서 중동철도 문제를 제기하였다. 그는 중동철도의 매각 협상이 이루어지고 있는 이상 일본과 소련 양국 사이에 불가침이 실현되고 있으며, 따라서 중동철도의 매각 협상이 나아가 일소중립조약의 체결로 진전되기를 기대한다는 의사를 표명하였다. 이러한 분위기 속에서 소련은 중국 동북지역에서 양국 간의 이해가 첨예하게 대립되어 온 중동철도를 일본에 매각함으로써 양국 간의 긴장을 완화하고 이를 통해 양국의 화해와 중립조약의 체결을 모색하였다고 볼 수 있다.

이러한 목적을 가지고 교섭에 임하였기 때문에 소련으로서는 매각 가격을 두고 전개된 협상에서 경제외적 문제를 고려하지 않을 수 없었던 것이다. 물론 일본으로서도 소련이 소유권을 가지고 있는 중동철도가 만주에 존재하는 이상 정치, 군사적 긴장 완화 및 충돌의 회피를 고려하지 않을 수 없었다. 비록 형식상 소련과 만주국 사이의 협약이었지만, 당시 대다수 언론은 소련과 일본 사이의 협약으로 명확히 인식하고 있었다. 중동철도의 소유권을 일본에 매각한 결정은 이 철도에 대한 중국의 영향력과 권리를 전혀 인정하지 않은 독단적 처사였으며, 매각과 관련해서는 협약 체결 당사국에 한정한다는 중동철도에 관한 협약을 위반한 것이었다.

소련이 중동철도를 중국정부에 매각하려는 움직임이 출현하고 실제로 중소 간에 협상회담이 진행되었지만, 일본으로서는 이와같은 협상에 현실성이 결여되어 있다고 판단하였다. 즉 일본은 소련이 타국의 자본을 차관형식으로 도입하거나 중국에 매각하려는 움직임은 현실성이 없으며, 단지 만주국을 위협하기 위한 수단에 불과하다고 판단하였다. 결국 이와같은 소련의 움직임은 사실상 중동철도 매각문제에 대해 일본의 호응을 촉구하기 위한 것으로 판단하고 있었다.

그러나 한편으로 일본으로서는 중동철도와 관련하여 중소협정이나 봉소협정에서 규정한 중동철도의 소유권 문제와 관련된 협상은 당사국 간, 즉 중국과 소련 간의 협상으로 제한하여 제3국의 간여를 허용하지 않는 조약에 주의를 기울였다. 이와같은 일본 측의 우려를 잘 인식하고 있던 소련으로서는 조약의 구속력이 없음을 애써 강조함으로써 일본의 호응을 촉구하였다. 1929년 8월 31일 소련의 카라한은 주소련 일본대사에게 봉소협정에서 중동철도를 매각할 경우 반드시 중국자본으로 한다는 규정은 논의의 여지가 있으며 협상 당시 숙고하지 못한 결과로서, 소련의 입장에서 현재까지 구체적으로 결정된 사항이 없다는 사실을 전달하였다. 같은해 9월 남만주철도주식회사 총재는 기자들에게 중동철도의 매각은 당연히 소련의 희망에 따라야 하며, 매수자가 있다면 조건에 근거하여 매각을 고려하는 것이 당연한 일이라는 의사를 피력하였다. 이는 소련 측에 요구에 화답한 것으로 볼 수 있다. 이와같이 중동철도의 매각 문제는 일소관계의 안정과 세력균형에서 매우 중요한 역할을 수행했음을 알 수 있다.

중동철도의 매각문제가 본격적으로 여론에 등장하게 된 것은 1929년 초부터였으며, 바로 중국에서 철도이권 회수에 대한 열망과 운동이 고양된 시기와 일치한다. 1929년 1월 초 소련은 중국의 강경한 정책을 예상하고 중동철도의 장래가 불투명하다고 생각하여 먼저 프랑스와 중동철도의 양도문제를 교섭하기 시작하였다. 이러한 사실은 소련이 철도이권 회수운동의 대상이었던 중동철도의 소유권이 강제로 회수될 가능성을 우려하고 있었음을 보여주는 것이라 할 수 있다.

이와같이 소련은 중동철도의 매각문제를 중국정부에 타진하는 동시에 이를 일본에 의도적으로 흘리고 있음을 알 수 있다. 이러한 이유는 바로 중국의 재정적 여력을 의심한 데서 비롯된 것으로 보인다. 소련의 입장에서 봉소협정에 구속되지 않겠다는 의도를 일본에 전한 이유는 중국이 아닌 제3국, 즉 매입의 여력이 있는 일본에 매각할 수 있다는 의사를 전달한 것으로 해석할 수 있다.

여기에서는 러시아혁명 이후 중동철도와 관련하여 소비에트연방의 대응과 이후 중소 간의 교섭을 중심으로 각국의 신문기사를 선별하여 집성하였다. 국가권력의 변화 속에서 중국은 중동철도에 대한 소유권과 경영권을 회수하기 위해 노력하였다. 반면 소련은 이와같은 권리는 제국주의적 침략성과 무관한 정당한 것으로 간주하여 계속성을 주장하였다. 이러한 측면에서 중소 간에 이 문제를 둘러싸고 교섭이 진행되었으며, 신문기사는 양국 간 협상의 과정과 진행상황을 생생하게 전하고 있다.

4. 중동철도와 소련(러시아)

186. 東淸線激派驅逐, 동아일보, 1920.04.07

東淸線激派驅逐

吉林督軍鮑貫卿氏로부터 過激派는 東淸鐵道重役曾議에 加入코자 要求함에 對하야 充分한 理由로써 拒絶함에 滿足치아니하고 海參威로부터 人을 派하야 홀와르 將軍의 義務를 引繼하려할뿐아니라 勞動者를 煽動하야 騷亂을 起케하랴는 形跡이 有한즉 激烈分子를 驅逐하고 中心人을 代用할터이라고 報告하얏더라. (北京電報)

187. 中東路近訊, 申報, 1920.04.29

中東路近訊

▲ 對日之抗議

▲ 行政權之收回

日俄衝突事件發生以來, 日本在中東路沿線各站, 遍佈軍隊, 侵我主權。當局連日迭開會議, 聞已決定由外部及吉黑兩省大吏, 分向駐京日使及日司令部, 嚴重抗議。一而責成沿線防軍, 對於該路, 實行保護, 以免外人有所藉口。政府既有此決議, 然據二十五日齊齊哈爾電稱, 黑龍江督軍孫烈臣, 頃向該地日本領事提出抗議: (一) 日本軍隨意逮捕處罰鐵路從業員, 深恐因此惹起同盟罷工風潮, 請從速停止。 (二) 日本軍隊在中東路屬地內隨意行使員警權, 實有損中國之主權, 亦請速予停止。日本細野司令對於上項, 已有一極無理由之答覆, 則將來政府提出抗議後, 其結果如何, 亦可知矣。細野答覆之内容, 謂鐵路從業員每因不合己意, 即群起同盟罷工。此不過平常之一種手段, 日本軍自在海拉爾逮捕處罰鐵路從業員之過激涉嫌疑者後,

於是一般從業員皆異常安靜，逮捕從業員之過激派，深信於防止同盟不軌之行動，有特大之效力。又鐵路附屬地內之員警權，中國已由俄國自由取得，然自是以後，中國方面之行使員警權，頗為不完全，甚至日本軍隊為保護列車之運行，及專用電線之安全，出以必要之行動時，而中國軍隊反加以妨礙，刻日本已向後貝加爾州出兵。茲為與後方聯絡實行，保護中東鐵路及電線之安全，有絕對之必要。然中國之行使警察權，既有前記之情形，故日本軍隊為自衛計，並補中國軍隊之不足，始有是舉。實非侵害中國主權云云。

關於中東路行使權問題，中俄兩方交涉甚久，迄未完全解決。聞吉督鮑貴卿昨日由奉來電報告。謂此事已經解決。政權由我國完全收回，路警各權，由中東路董事會決定施行，坐辦由董事塞棉諾夫擔任，王景春代表等，則為幫辦，以後共策進行，路事可望整頓。惟日本鐵路鮑氏又有一電，系報告中東路沿線俄警自經遣散之後，全路警權，業由我國完全管轄，現將全路劃為五大警區，每區設區長一員，除原有警察之外，各區均添募一百五十名，分任守護，特呈準政府，將前定護路警察局之名稱，改為東省鐵路路警處，以符名實。

188. 中東鐵路之危急與挽救，申報，1920.08.18

中東鐵路之危急與挽救

外交團近得哈爾濱電稱，由西比利亞退出之日軍，日政府訓令其駐於北滿及中東路一帶，查赤塔附近日軍共有三萬人，若盡數移駐北滿，其兵力超過於中國地主之軍隊，日軍藉口中東路界內激黨未靖，駐紮重兵，實則意在攫取東路。現在中國之奉天軍，注意北京之武器，而淡於自身利害，故出關非常遲緩，致令東路胡匪，得以攻城掠地，實為不幸，惟盼中政府注意邊政，則歐美人方可為輿論之助，若中國自甘暴棄，則外人亦無可如何等語。按此電所云，尚未知東海有催奉軍出關之舉，故立論如此。今二十八師業已回奉，則東路匪焰，或可稍紓。聞宋小濂督辦，亦有始終維持該路之意，現宋氏業已組成偵探部，專事偵查日俄在該路之行動。最近日俄破壞該路計畫，既為該偵

探部偵悉，迭電中央，請示辦法，聞政府前日又接到滿洲里諜報，稱東路俄員沿站招兵日眾，扣留我軍槍械日多等語。而東三省當局，目下均在京中，政府已責成鮑吉督速籌挽救辦法，近鮑督已與霍爾瓦特討論一切，並令其設法，勿令俄國舊黨，肆行無忌。又聞鮑督與孫督以中東路情形，日益緊急，擬再勾留兩日即行離京歸任。惟另有一說，則謂宋小濂因外交上應付困難，早懷去志，近自新閣員發表，某部新總長即前此同在奉省競爭東路督辦之某氏，茲既一躍而居於監督地位，難保不記憶前嫌，而予以種種不利，宋因此益不自安，決計辭職，其繼任人物，以李家鑒呼聲為最高云云，兩說未知孰是。

189. 關於關東路軍事運輸，申報，1921.01.08

關於關東路軍事運輸

北京電：吉鮑電，據哈報准日軍交通部抄送崴電，稱軍事運輸部開會議決，關於東路軍事運輸，應先交該部審查認可，始能實行，同時又接邵領事王代表函前因，並有軍事運輸用車一輛以上，即須取該部同意等語，查此案似專為限制我軍在東路行動，關係甚大。除飭哈部隨時力爭外，請迅飭邵王，據理拒絕，俾挽路權。 （七日下午四時）

190. 政府向遠東政府聲明，申報，1921.08.11

政府向遠東政府聲明

北京電：政府因新與赤塔將議商約，將向遠東政府聲明，今後遠東與他國締約，如有關係中東路條款，須先得我同意。 （十日上午十二鐘）

191. 日本主張中東路, 申報, 1921.11.24

日本主張中東路

北京電：日本主張中東路，歸於公管，美國亦表同情者，此時華會尚未討論及此，外部與代表團，往返電商，結果大致中東路由中俄兩國資本造，原屬中俄兩國之事，不勞他人代謀，若必欲提出討論，則應與其他各國管理之路。一併提出，不得單提中東路。

192. 美報日本與中東路, 申報, 1922.03.09

美報日本與中東路

大陸報社論云，從前帝國主義之俄羅斯反對中東鐵路成為國際性質，今則反對之者一變而為日本，惟日本不但反對其成為國際性質，並反對俄國中國與該路有關係，易言之，日本志在囊括該路，據為己有，蓋因彼欲擴展其勢力於大陸，而中東鐵路於彼此之計畫，有重大價值也，最近之哈埠華官搜械案，實即日本陰謀所釀成，沿烏蘇里鐵路（此路即中東路之展長線），之格洛台柯伏，向為日人憑此兩路而繼續侵入中俄兩國腹地，今則似又選定哈爾濱為其活動場，以期擴展其勢力於中東路，莫斯科與赤塔現皆力圖與其巨鄰中國聯絡，日本於此，當然惟此兩大結合為一，致彼之侵略政策，無可復施，故亟謀有以破壞之，中俄兩國之地位，實有「合則存，不合則亡」之勢，今已漸漸覺悟，日本乃百計破壞，哈埠搜械事即其一端，事發後，日領向領事團提議，施行「緊急方法」以護外僑，其用心尤可概見，又有一端可疑者，即搜械之舉，只限於向持民治主義之個人住宅及此等人之辦公處與團體機關，日領欲施行「緊急方法」，其意味「緊急方法」欲輸入日本憲兵於此，中俄中立鐵路區域，然後藉口鬍匪猖獗，兵力不足防禦，可再繼續輸入其憲兵，其實鬍匪亦日人資以金錢供以軍械也。

當日人欲接管自海參崴至泡格拉尼乞納耶之鐵路時，亦用此項方法為先導，彼時欲取得聯合國之正式准許，故特使該路一帶非常不安，行旅大有戒心，覺有外國旅客不敢乘護鐵路而改乘公共汽車者，沿路時有暴徒攔劫之事，不但美國軍艦司曾被劫，某某國之領事亦被劫，彼乃藉口危險，倡「緊急方法」之議，然有數國洞燭其奸，卒拒絕之，但日本之志，尚不僅在佔領中東路，彼知欲達此目的，決無正路可循，故又別尋邪徑，當歐戰初起，日本即設法期在中國獲得政治上經濟上之優越權，彼時東京陸軍省特別注意於滿洲，迨歐戰告終，俄國革命發生，日本更得乘機侵略滿洲，至於今日，滿洲之商務，幾一半握於日本人之手，在中東路區域內，日本設置官員甚多，凡此種種，均表示滿洲已為一日本殖民地，非復中國之一省，日本勢力，遍佈該地，此其故半由於日本之政策，亦半因他國自顧不暇，不能兼顧此遠東一隅之問題，職是之故，惹本乃益得施其種種狡猾。今之哈埠搜械，亦其一端，日本之惟一目的，在於中東路得一軍事地盤，為欲達此目的，乃使鐵路時時停開，使路上旅客時時被劫下車，紅鬍子向客車放槍，肆行無忌，甚至將車推翻於軌道之外。凡此皆所以表示該路未得相當之保護，使華盛頓倫敦巴黎接受日本保護該路之計畫，於是日本立可在該區域增加駐軍，而彼之勢力亦於是乎大擴張矣。

193. 日政府對中東路之方針，申報，1922.08.15

日政府對中東路之方針

日本方面對於中東鐵路管理問題，想來注意，最近因決定撤兵，遂急急決定態度，照大阪朝日新聞東京電話云，關於中東鐵路之中俄間之關係，還在俄國帝政政府傾覆以前，當時中東鐵路之全權，及沿線之守備權，均握於俄國之手，及帝政政府顛覆乃遂漸歸於中國政府之手，去年俄國解除武裝以來，中國遂以該鐵路為己有，自下由代理督辦王景春氏握其實權，而代霍爾瓦特氏而為鐵路長官之阿斯特羅夫氏，則殆無可措手足焉，至於協約國方面之關係，則向西伯利亞出兵以來，由英美法意日及中國各派委員一名，在海參崴設有中東鐵路聯

合委員會，在戰役前內，日美兩國且曾各投資一千萬元，經營該路，為經營及施設起見，於是設技術部與運輸部，技術部長為美人史蒂芬氏，運輸部長為日人星野中將，其後各國撤兵，而鐵路之關係，則依然繼續，卒至提出於華盛頓會議焉，該會議討論議決之要領如次，(一)中國繼承俄國握有中東鐵路之主權，雖不能完全承認，然迄俄國恢復原狀止，捨維持現狀外，亦無他法，(二)關於中東鐵路之問題，將來有列國以外交手段解決，華府會議既決定以外交手段解決中東問題，則該問題當為中俄間及協約各國間之紛糾問題可知，查美國對於此問題之意響，最初即以最鮮明之態度，主張投資於該路，即將該路移歸列國共同管理，但此事第一為中俄兩國所不願，謂固希望投資，惟不承認共同管理法國乃華俄道勝銀行之大股東。而中東鐵路公司又為華俄道勝銀行之資本所造成，其關係雖最深，然於管理問題，則無論由中國管理，或由俄國管理，抑歸共同管理，均無妨礙。只要有利益，則百事不問，他如美國，意國因利害關係較少，對於該問題，亦持冷靜態度，惟日本之態度，實於中東鐵路之運命上有莫大影響，其是否與美國主張取同一態度，抑援助中俄兩國之主張，此際均堪注目，據聞最近閣議所決定者，對於共同管理，故當反對，但若一如真難過過方面之主張，惟漫然投資，亦有不要，既投以資本，則會計、技術、營業等主要部，有採用外國顧問之必要云。

194. 中東路之管理權問題，申報，1922.10.14

中東路之管理權問題

日本小幡公使昨日（十日）於顧外長歡宴外交團席上，特聲明日本政府對於中東路之意見，略謂中東鐵路之日軍殘部，日本政府會已訓令，於本月二十日以前，全部撤退，關於沿綫之防禦，即交還中國接防，至中東鐵路技術部，以條約之關係，日本政府刻正與關係各國磋商，擬於二十五日以前撤退，日本政府於技術部取消後，一切急應善後措施，決定尊重中俄兩國之主權，由中俄兩國自行辦理，將中東路之經營管理權全部移交中俄兩國，對於經營管理上，日本決無干涉之

野心，以期符合門戶開放之主旨，不希望獨占利益和特權，至因技術上及轉運上必需經濟援助之時，日本政府頗願與關係各國共同投資，但須經中俄兩國之共同請求，日本政府實已得英美兩國之諒解贊同，現在有人謂日本對於中東路有陰謀者，望勿輕信云云，但又一消息，中東路管理問題，日本政府前會召集各部關係人物研究此事，未得結果。本月六日又開第二次會議，陸軍省代表強硬反對將該路管理權交還中國，因之仍不能決定，唯關於清算該路用欵方法，已決定大體方針，不久將派渡邊技師往哈爾濱，與有關係國委員，清算一切。

195. 俄人對中東路之欲望，申報，1922.11.15

俄人對中東路之欲望

▲ 假面具將揭穿

中俄發生問題以後，中國政府對俄方針，向取審慎態度，堅持先決外蒙，原亦為自國利益之計，而俄國代表巧為宣傳，謂為中國政府受東交民巷資本主義之影響最近政府略與讓步，但外蒙問題，雖不爭之於開會之先，亦必力持於開會之後，大約將來開會以後，我國提出者，先為外蒙問題，而俄國主張者必為中東路問題，現開會日期，仍屬有待，蓋待越飛之病癒耳，惟越飛之病，究非真病，試觀俄國代表團迭致華之重要公文，皆係越飛親自署名，安有重病在床摒不見客，而能指揮運籌如此重要之案件者。故說者稱之為外交的病態，良非虛語，俄國對華外交方針，早已改變，現彼唯一注意者，即為中東路問題，該路雖依照前次宣言，讓於中國，而路上職員等，因有專門技術之關係，中國一時未能與以撤換，故皆仍為舊黨之人，迄今俄國既存後悔，遂藉口肅清中東路為名，一再要求驅逐舊黨，其實在中東路之舊黨，皆為純良居民，非武裝作亂者比，中國在未正式承認勞農以前，對於新舊俄民，當然無所偏庇，而俄國內部已有實行兵力佔據之準備，俟籌備妥貼，即在中俄會議提出，一有決裂，勞農兵隊必滿佈中東路矣，今日越飛之外交的病態，猶因內部佈置未竣之故，是可見俄

國對我之方針也。

又據日人方面消息，中俄會議有不日開會之說，據聞俄國方面之提案，其重要者，（一）遠東共和國將駐紮庫恰一代赤軍，撤出蒙境，（二）遠東共和國對於蒙古內政，概不干涉，其所以為此二種提案之內幕，則似欲以撤兵為交換條件，將中東鐵路之特權，使其復活，至與帝政時代同一程度，故於上述二條提案外，更擬提出下列數項，（一）中東鐵路守備責任，由遠東共和國當之，（二）但為備萬一起見，得以中國軍隊為預備隊，常駐紮中東路沿綫，（三）中東鐵路巡警及行政官吏由遠東共和國委派之，（四）現在中東鐵路之中国官吏，得作爲輔佐官，仍留該路辦事，按此種提案，未免過於輕視中國，但俄國久欲取得中東路實權，其所以說議華俄道勝銀行無該路股東權者，即為此項計劃之第一步，蓋先欲以和平手段取得中東路也，惟中國近來方熱心於收回利權，俄國此等主張，斷不易容納，逆料俄會議，亦未必有多大效果，故俄國方面，又有令烏蘇裏鐵路拒絕中東路貨物之宣傳，據近日外交方面之觀察，中國固未能允俄國之要求，但俄國如不能達到目的，勢必在中東鐵路沿綫及中國領土內，為不利益之宣傳，甚或一部分訴諸武力，使中東鐵路發生一種騷擾，亦未可知也。

196. 中東路形勢危急，申報，1922.12.21

中東路形勢危急

東鐵督辦王景春昨曾有電致京，其文如下，准海參崴范総領事函開，查赤塔政府，現經國民會議，取銷歸併勞農，另組遠東革命委員會，行使政權，據報載該會本月五日在赤塔宣言七縣，其第一條，內稱遠東革命委員會，會照民意，由遠東共和國國民議會承受政權，茲特宣告此權應施於所有前遠東共和國領土之上，其東海濱省，薩哈連島北半部霍特斯克，及沿海等處，以暨東省鐵路，均在其內云云，查東省路綫所經，乃係我國領土，且按照民國九年十月二日續訂合同，所有俄國對於該路各職權暨特權，暫由中國代行，現在俄會議制聯邦社

會共和國勞農政府，尚未經我國承認，關於東省鐵路，亦未另有商定，乃該遠東革命委員會，覺自行宣告其政權，施及於東省鐵路，殊屬蔑視我國主權，事關國防路權，極爲重要，宜如何籌防應付之處，敬乞即查核辦理云云。

自東西俄聯合後，西伯利亞之鐵路，已經通車，惟赤塔至滿洲里間之中俄交通，仍依舊阻隔，俄勞農代表曾向我國外交部當局，表示可否中俄先行通車，外部對此曾爲一度之集議，以爲勞農政府未經我國正式承認以前，中俄通車，殊多不便，故赤滿間之通車問題，只得暫從緩議云。

197. 赤俄沒收東路財產之叵測，申報，1923.01.04

赤俄沒收東路財產之叵測

上海泰晤士報北京通訊云，海參崴中東路端之碼頭倉庫等，名愛裘希爾特者，在過去二十五年中，素爲該路產業，該路曾耗大宗倉錢，一再擴充，以有今日。乃海省赤軍當局竟於遠東共和國合併之際，即將該地及所儲貨物，收爲國有，使同屬於莫斯科蘇維埃政府新經濟政策支配之下，勢將以海參崴原有之貿易，不驅至大連灣不止。今北京勞農代表迭次宣言承認工商投機事業之財產私有權，而政府所爲，不僅不認此項權利，反將各商托運之貨物全行沒收，矛盾若此。記者竊考其故，蓋有二大原因，一則希圖減少中東路運貨，破壞鐵路營業，此乃俄人攘奪鐵路管理權大陰謀之一部份。務使其在現今管理情形下營業所入，不足以自給。一則爲其貪心所驅，近年來該地在中東路管理之下，崴埠進出口貨爲之增加不少。凡昔在大戰中喪失之商務業已逐漸恢復常觀。雖以沿海省近五年之內亂不息，執政常更，而猶有若是之成績，試觀該地裝卸貨物之統計，一九二〇年僅五一二〇〇噸，一九二一年躍爲三八七一〇〇噸，一九二二年又增至五六四五〇〇噸，足見近兩年中崴埠出口貿易已十倍於兩年之前。是以紅黨覬覦路局在該地之巨大收入，而驟行沒收。此種舉動，實乃他日沒收全路之先聲。按該路今日吸收客貨情形，不難與大連灣競爭。惟既入紅黨掌

握，倘不復歲糜鉅款，以供擴充之用。今後商務必將如一九二〇年完全為大連所奪。蓋試觀一九二一年中東路報告，該地收入共一五一五〇〇金盧布，而擴充之費，且至一九八一〇〇金盧布也。該地雖同為烏蘇里鐵路終點，然此路收入極微，每歲養路所需，且須東路之津貼。今紅黨此舉，不但減少兩路收入，即崴埠商務，亦必致一落千丈也。至東路在該地之設施，純取積成政策。如於碼頭上建有儲油棧房，中置熱氣機關，並於油車內亦設熱氣管，以便薑批裝運。此外於糧食亦特備起卸機器，務使崴埠得為貨物起卸之良港。今紅黨收為國為後，恐將喪失崴埠商港上之價值。悉驅北滿出口貨至大連，而不啻與中東路中外投資家以莫大之打擊也。

198. 東俄當局對中東路之聲明，申報，1923.01.09

東俄當局對中東路之聲明

華俄通訊社消息云，蘇俄遠東革命委員會近以俄國對於中東路之措施，頗引起各方面人士之誤會。特發表正式聲明如次：遠東革命委員會一九二二年十一月十五日宣言，及同年十二月十一日對移交依智爾吏爾特（Egersheld）之決議，頗引起滿洲方面人士誤解，以為有損中國主權之嫌。查該宣言絕對保持已往之事實，並未侵犯中東路地帶中國應有之主權。此雖略知中俄中東路條約，及曾讀一九一九年蘇俄宣言與駐京俄代表迭次之解釋者，亦可明瞭。但該宣言中之解釋，已不為不詳，如謂以中東路作為由俄資建築之工藝企業，遠東革命委員會對該路之權限，一若該路之俄國人員未經改入華籍而仍享有權限無異。本委員會當發表該宣言時，同時亦照會赤塔中國代表王鴻年君，王君允將是項宣言轉達中國政府，在王君未赴北京以前，十二月二十三日，王君復允許再往轉詢中國政府。此次聲明，向世人再行表白真像，以免反對蘇維埃政府者，對於中東路問題仍發誤會之言論。且再保證本委員會十一月十五日之宣言，並不涉及或侵犯中東路地帶之中國主權，但同時復表示中東路系俄資建築，顯為俄國人民應享有主權之財產，故蘇維埃政府及本革命委員會代表俄國人民，取得俄國遠東

之主權。（十一月十五日宣言曾聲明）並保護屬於俄人之中東路企業
之主權。遠東革命委員會委員簽字。

199. 中東路形勢急, 申報, 1923.01.20

中東路形勢急

北京電, 中東路形勢急, 紅黨在該路兩頭約三十萬, 列國希望該路國
際投資, 改良運輸。謂欲保持中國主權虛名, 不肯引渡於紅黨, 聞當
局不贊成外資, 但亦未許紅黨。

200. 蘇俄佔據中東路之企圖, 申報, 1923.01.20

蘇俄佔據中東路之企圖

字林報云, 英人安倫氏久居西伯利亞, 熟悉俄情。昨語本報記者云,
蘇俄政府大約將於六月後方進占中東鐵路。其不即佔據之理由, 蓋因
東路目下大豆運輸異常旺盛, 是皆運往海參崴, 俄政府藉此所收捐稅
甚鉅。倘其於日內進兵佔據, 則此項大豆勢將改由滿路裝運, 經大連
灣出口, 而俄政府行將損失鉅額收入云。

201. 一國이 不應하면 實力으로 收拾 注目되는 日本態度, 동아 일보, 1923.01.26

一國이 不應하면 實力으로 收拾 注目되는 日本態度

中東鐵道를 중심으로한 露中兩國의 紛爭에 對하야 日本政府는 事態進
展의 如何에 依하야 總停幹旋을 할 □□인바 調停을 하는 以上 露中
兩國 或은 一國이 此에 應치 아니할時는 日本政府는 實力으로써 此를

收拾할 決心이나 露農政府가 차에 응할 여부는 頗히 疑問이다. 同地一代는 白色系의 勞力이 强하고 赤白兩勞力의 抗爭 及 第三國의 抗戰活躍等이 생겨 事態는 益益紛糾되어 일본으로 하여금 위기에 陷케할 憂慮가 잇슴으로 愼重한 態度를 持하라는 □가 擡頭하는 中이라더라. (東京廿四日發)

202. 中東鐵道의 恐慌, 동아일보, 1923.04.08

中東鐵道의 恐慌

勞農政府外務次官[카라한]氏의 內賓할 것은 確實한 事實인바 此는 中露會議의 □에 當케하기 爲함인대 中東鐵道側은 旣히 恐慌을 惹起하는 中이니 此는 中露會議의 結果 勞農政府側이 中東鐵道內에 蔓延하야 右黨派의 勢力이 一掃될 憂慮가 有함에 因함인대 右의 [카라한]氏가 莫斯科로부터 來한 風說에 對하야 勞農政府代表次席[□쨘]氏는 否認하더라. (哈爾賓六日發)

203. 東支鐵二十五年式に物産展覽會を開く, 滿洲日日新聞, 1923.05.11

東支鐵二十五年式に物産展覽會を開く

日本製品の出品方を勸誘

滿洲硏究會が来る六月十二日の東支鐵道廳開廳二十五年式當日を期して物産展覽會を開催する事に決定したが同展覽會には單に滿洲産物のみではなく哈爾賓地方へ輸入せられる外國製品をも擴く蒐集展覽する豫定て其旨日本總領事館へ通知を發すると共に出品の盡力方を依賴して来たが本邦商品を紹介する上に於て絶好の機會であるから此の際務めて出品して貰いたいと尚同展覽會に出品のものは爾後滿洲硏究品附屬物産陳列館に存置して永く一般の觀覽に供する筈で

ある因に出品物には左の商標を附する事になつて居る.

（一）出品品名　（二）マーク　（三）製産地　（四）製産年月日　（五）製産工場名　（六）満洲に於ける一ケ年の販賣数量　（七）満洲に於ける販賣市場　（八）原産地に於ける出品物の販買建値　（九）満洲市場に於ける出品物の販買建値

204. 加拉罕對中東鐵路的立場, 申報, 1923.09.17

加拉罕對中東鐵路的立場

北京電十五夜, 京報邵飄萍招待加拉罕, 京外記者陪席。邵致歡迎詞, 並請加履行一九一九及一九二零年蘇維埃政府宣言。加答無論有無宣言, 蘇俄必依此主義進行。第一步先辦中俄親交, 漸及其他, 至中東路資産, 俄人占多數, 前俄政府在該路權力超越經濟的範圍, 是為侵略。今後該路仍應中俄兩國接洽, 不容第三國參加。此次地畝處問題, 中國官府求功過亟, 招致列國無理干涉, 此實中俄兩方之不幸。將來全路問題, 應以此為鑒。加氏腦甚活潑, 善詞令, 語氣含譏誚, 似損及誠意。發表中東路意見時, 若日中國即收回, 亦不能保持, 勢將演成列國共管, 其答蒙古問題, 謂此事若他人問我, 則我不快, 在中國問我, 我極原諒。因中國有不明蒙古情形者, 須知蒙古現為貴國五族共和之一族, 蒙古並未脱離中國版圖。蒙古紅軍現僅百餘人, 完全為防止白黨, 並無久據意。且盼早撤。但中國至今不派員與蒙古政府接洽, 其咎豈俄人負之。中國應速派一介之使, 與蒙古地方政府商量善後辦法才是, 且蘇俄兩次通知中政府會同派兵掃除蒙俄邊境舊黨, 中國竟因忙於國内政爭, 無暇允可, 卻怨誰來等語。加語雖峭, 但態度極明, 比優林越飛之杜落斯基一派鐵腕外交, 稍為澈底。加為加爾米尼夫一派, 應說為文治派之外交, 故吾人對加多恕詞。
（十六日下午一時）

205. 道勝銀行反對中俄處分東路，申報，1924.02.18

道勝銀行反對中俄處分東路

中東鐵路為俄國在我國東省境內所築之鐵路，俄國革命後，一時無力東顧，此路遂落於白黨手內，近蘇俄國基已固，白黨勢力日見微弱，乃與各國勾結，盤據該路。近因我國人士主張承認蘇俄，中俄會議或即有開成希望，但會議中最主要之問題，即為中東路如何解決，在法美等國固不願蘇俄管理，亦不欲歸還我國，其惟一希望，即在利用白黨之含混管理，以達其間接操縱之目的，故對於中俄兩國解決此問題之舉，反對甚力。據日人方面消息，近因中俄會議有開會消息，華俄道勝銀行方面而已開始某種運動，彼以中俄會議必當討論中東鐵路問題，而該路督辦王景春又復來京活動，有參加會議之說。對於中俄解決中東路之計畫，自必極力阻止。故中俄會議縱能開會，此問題亦當不易解決。現在道勝銀行已聲言反對蘇俄有處分鐵路之權，其理由有七，為誌如次：（一）蘇俄政府乘法人在遠東勢力之微弱，常有侮覬之意，其舉動亦頗輕視法人。（二）蘇俄政府常極力壓迫遠東華俄銀行，赤塔及海參崴兩地分行，即因此而停閉。（三）華俄銀行曾於一九二一年向蘇俄政府交涉，為謀中東鐵路相互利益計，擬薦有力的鐵路議員二名（同屬俄人，一為前中東鐵路副督辦文哲里氏，一為帝制時代加簽鐵路長官博里索夫氏）任命為中東鐵路董事，因其非共產黨員，竟被拒絕。（四）華俄銀行代表，前年曾與蘇聯代表克拉華氏交涉蘇聯對華俄銀行之妥協方法，終歸無效。（五）去歲中國方面要求移管中東鐵路地畝時，遠東赤白兩派俄人及列國領事等皆極力反對中國之主張，當時之蘇聯代表德夫金氏亦抱同一意見，其後蘇聯突然變更態度，由加拉罕氏聲明地畝問題，應由中俄兩國自行解決，排斥列國之干涉。（六）加拉罕氏前年既聲明無條件交還中東鐵路與中國，距今日乃完全出以反對之態度。（七）蘇聯政府之一言一動，均如上述毫無誠意，對外政策並不統一。因有以上各項理由，故華俄銀行毫無與蘇聯政府妥協之意，現在似已決定依據華府會議之精神，冀列國予以援助，藉以擁護彼等自己之權利，故該銀行對於中東鐵路竭力謀維持現狀，不願有所更張，並希望中俄會議並不能開，即能開亦希望其決

裂, 而於中東鐵路如何解決問題, 則主張日後在巴黎開會研究。總
之, 華俄道勝銀行方面, 因不欲失去現在把持之權利, 故於中俄會議
必設法破壞, 對於蘇俄, 則極力反對, 逆料中俄會議幸而開會, 一遇
中東鐵路問題, 亦必起意外紛糾, 此則中國方面不可不預加防範也。

206. 露政府의 武力威脅, 中東鐵道를 奪取코자, 동아일보, 1924.04.30

露政府의 武力威脅, 中東鐵道를 奪取코자

奉天中國官憲에 達한 情報에 依하면 勞農當局은 北京의 露中交涉이
停頓 된지가 旣久하되 中國當局은 毫末도 讓步의 氣色이 無함으로 武
力으로써 中東鐵道를 奪取할 豫定計劃을 實行코자하는 中이라함으로
右에 關하야 旣히 緊急命令이 頒布되야 □多駐屯軍中으로 五千의 精
銳를 選拔하야 露中國境에 向하야 出動케하는 中이며 且智多로부터 海
蔘威까지의 沿線에 各各多數한 兵卒을 駐屯케하야 東鐵을 包圍하는
中이오又 一方으로는[사마라]縣으로부터 亦軍二個師團을 派遣하야 海
拉爾滿洲里及黑河의 三地點으로부터 各各 進擊할 準備를 行하는 中이
라고 傳하더라. (奉天電)

207. 東支鐵道奪回運動, 東京朝日新聞, 1924.05.27

東支鐵道奪回運動に奉天支那紙氣を揉む

【奉天特派員二十五日發】勞農側の東支鐵道奪回運動なるものに對
し近来奉天支那新聞は頗る過敏に之を報道して居るが二十五日の東
三省民報は支那軍憲に達した情報として大要左の如く傳へて居る.
本月十二日機關銃野砲などを満戰した赤軍裝甲車並に歩兵八百餘り
外馬匹などを口載せる一列車はチタより満洲里に来り附近各驛に駐
屯し盛んに演習などをして居るのでために鐵道貨物の運輸を禁止し

て居る又本月十一日アムール鐵道から赤軍騎兵一千餘歩兵千五百と
は機關銃十数亞、野砲二十門を携へ浦潮に来り一箇月間滞在の上烏
蘇里線に駐屯するといふのでポクラニチナヤの支那軍隊は嚴重に監
視して居る又ゼイヤ河沿岸には多数の赤軍駐屯し目下頻りに堡口口
口など築いて居る、是等は有事の際黒河を攻め進んで東鐵の側面を
討たんとする計畫で赤軍は是等の軍事行動は皆な白軍と匪賊とを防
禦するのであるといふも確かに勞農側の東鐵政策は武力解決を企て
居るものに相違ない、併し勞農政府も今は對内問題で困つて居る時
だから當分は迎口極東迄手出しは出来ない.

返還賠償金の使途に苦情

【上海東方廿五日發】米國の團匪賠償金を清華学校及び米國留学生
の經費に專用する事に關聯し商報は同校は風景の雅、校舍内容の
美、学生服食起居の寶を以て北京学生羨慕の的になるのみにて貴族
的一特殊学校に過ぎず且その董事會は教育部よりも寧ろ交通部と密
接な關係を保ち学生入学の機會に對し一種の制限を設け狹隘な系統
を作り支那一般の教育社會に公開せず又同校校長が学校の計畫につ
き支那教育界の意見を口せざるが如き同校が單に米國の学校を支那
に移せるに過ぎざるものなるを知るべし吾人は同校の行政組織を改
め完全なる支那の教育機關となす為め口く本國教育會を參與せしめ
む事を望むと口じている.

208. 日本請保留中東路權利, 申報, 1924.06.13

日本請保留中東路權利

中俄協定成立之後，關於中東鐵路之處分，華餓銀行首先提出抗議，
美法兩國，亦繼續提出抗議，茲據日人方面消息，駐京日本公使芳澤
謙吉氏，對於中俄協定之中東路暫行協定，已於六日，用正式公文，
提出抗議於外交部，及蘇聯駐京代表團，其内容如下，關於中東鐵路
之日本所有利權，不能因中俄協定之成立而受何等影響，仍照從前狀

態，保留日本合法之權利，未知政府將如何答復也。

209. 東支鐵道に對する日本の權利留保，大阪時事新報，1924.06.13

東支鐵道に對する日本の權利留保の意義
芳澤公使の説明

【北京特電一日發】カラハン氏は本日（十一日）午前十時芳澤公使を訪問し此程芳澤公使が支那外交總長顧維鈞氏及露國極東代表カラハン氏に宛提出せる東支鐵道に關する日本の權利及利益の留保に就き懇談的に日本の真意を聴取したしとて口頭を以て照會した之に對し芳澤公使は日本政府の今回の露支兩國に對する照會は露支協約に反對するとか乃至東支鐵道に關する當事國及び債權國の共同委員會を招集したいとか云ふ樣な口極的の通牒ではなく單に露支協定そのものの結果同鐵道に關する日本の既得權及び利益が損傷されざるやう留保せるに過ぎぬと云ふ意味の説明をした尚は本日の芳澤、カラハン交渉は日露基本協定に關する問題に亘らず同交渉は日本の政變の結果数日間休會の外になからんと云ふ.

210. 日本為中東路牒文，申報，1924.06.24

日本爲中東路牒文

二十三日北京電日本復為中東鐵路事於六月二十一日致牒外交部，謂外交部六月十六日覆文中所引述之保留，乃當然之事，日本無庸有特別宣言，惟日本覺須請中政府注意此事之狀態，以免日後發生無謂之糾紛云。

211. 東支鐵問題で支那に再通牒，大阪朝日新聞，1924.06.24

東支鐵問題で支那に再通牒

場合によっては列國共同で抗議

口に露支交渉成立せる當時帝國政府は芳澤公使を通じて支那政府に通牒を送り東支鐵道に對する日本の利益及び權利は露支協定に依つて何等影響を受くべきものでないとの宣言を發した處支那側においては露支兩全權の名を以て華府會議の取極は露支協定成立せる以上は東支鐵道に對し何等拘束力を有するものでないと全く見當違ひの回答を寄せて來たので帝國政府は重ねて日本の立場を明かにする必要上最近前回と同様の通牒を支那政府に發送する所があつた、而して東支鐵道に對し利害關係を有する米、佛も各單獨に支那政府に向ひ抗議を為したが支那政府の態度今日の如くなれば關係國は共同して支那政府に當らうとの議も北京外交界にはあるとのことで日本としては今後列國と共同して當るか單獨でやるかは主として其通牒の内容に依つて決する方針であると．(東京電話)

212. 東支鐵道に關する帝國の權利保留，時事新報，1924.06.25

東支鐵道に關する帝國の權利保留

外務當局談

本年五月三十一日北京に於て露支兩國代表者間に露支協約調印せられたる旨公表せられたるを以て帝國政府は在支芳澤公使に訓令し六月七日附を以て支那共和國外交總長在北京勞農政府代表に對し
『過般支那共和國政府とソヴィエト社會主義共和聯合國政府との間に締結せられたる協約中東支鐵道に關する條項並右協約に基き同鐵道に關し今後兩政府間に行はるべき協定事項に依り帝國政府及臣民が同鐵道に關聯して保有する權利並利益は何等の影響を受くるもの

に非ざることを政府の訓令に基き明に保留することを聲明する旨』
夫々通告せしめたり右に對し支那外交總長は芳澤公使宛六月十六日
附公文を以て

東支鐵道は元来露支兩國間の關係に係り露支協定締結以前口ありて
は華府會議宣言の通り代管に伴ふべきも露支國交既に成立せる今日
に於ては頗る事態を異にせり、露支兩國の處理せむとする所唯兩國
に關係を有する東支鐵道問題のみ口して即ち兩國の當然有すべき權
利なり、今次締結せられたる該鐵道暫行辨法の如きも亦口國口權利
に妨礙あるものにあらず、從て日本の保留聲明は遺憾ながら承認し
難しこの趣旨を口復し来れり仍つて帝國政府は今回更に在支太田代
理公使に訓令し選に六月七日附を以て申入れたる東支鐵道に關聯し
帝國政府及臣民の有する權利及利益の留保は特に說明を俟つまでも
な口當然かつ自明の事口なるも将来無用の國際紛議を防止する為支
那政府の注意を喚起せる次第に外ならざる旨六月二十一日重ねて支
那政府に通告せしめたり.

213. 日使對中東路兩次照會, 申報, 1924.06.30

日使對中東路兩次照會

▲ 日政府已將內容發表

關於中東路之中俄協定, 日本公使會兩次提出保留利權及權利之通
告, 據日人方面所得東京消息, 日本外務省前日已將關於中東路權利
保留之對華通告, 正式發表, 原文如下, 『本年五月三十一日, 北京
之中俄兩國代表間, 業將中俄協定簽字, 並有公表, 以是帝國政府訓
令駐華芳澤公使, 於六月七日對中華民國外交總長及駐北京之蘇聯政
府代表, 發出通告, 聲明日前中華民國與蘇維亞社會主義聯邦共和國
政府間締結之協定, 關於中東鐵路之條項, 並根據該協定關於該鐵路
今後兩國政府所行之協定事項, 帝國政府及臣民之與該路關聯保有之
權利並利益, 不因此而受何等限制, 現奉本國政府訓令, 明白予以保
留, 為此中國外交總長於六月十六日以公文答復芳澤公使, 謂中東鐵

路，由中俄兩國間之關係，在中俄協定締結以前，因順照華府會議之決議，負代管之一切責任，然於中俄邦交恢復已成立協定之今日，其狀態已頗異於前，自應由中俄兩國依外交方法而處理之，蓋中東鐵路問題，只有中俄兩國間之關係，乃我國（指中國）當然應有之權利也，即如此次締結之該鐵路條項，亦不妨害各國之權利，是以日本之聲明，礙難承認等語，將上述主旨，反復說明前來，因此帝國政府此次更訓電駐華太田代辦公使，飭再向中國政府通告，謂六月七日提出之與中東鐵路關聯之帝國政府及臣民所有權利利益之保留，乃不必特行聲明之當然之事，惟為紡織將來無謂之國際紛擾起見，乃喚起中國政府之注意而已，『現已六月二十一日重行通告中國政府矣。』

214. 中東鐵道의 權利는 赤露에, 동아일보, 1924.09.28

中東鐵道의 權利는 赤露에

奉天露國間交涉이 成立된 結果 只今까지 百葉의 勢力範圍이든 中東鐵道는 自然赤軍의 勢力에 옴기게되야 該鐵道幹部는 近頃 全部가 更迭될 모양이더라.

215. 東鐵終に赤化, 大阪朝日新聞, 1924.10.04

東鐵終に赤化 (長春特電三日發)

クーデター的に重役更迭
露奉協約實行さる

本三日支那要路への来電によれば張作霖氏は東支那鐵道本社に對し昨二日急電を寄せ奉露協定に基き同社舊重役は直に新重役に凡ての事務の引繼ぎ準備を命じた之が為め鐵道驛は色めき渡り一面奉天よりは今三日朝支那側新重役袁金鎧氏以下四名哈尔賓に来着し疾風迅雷的に事務引継ぎを行ふこととなつた、露國側新重役はモスクワ交

通次長セレブリヤコフ、北京派遣商務官クルイシコフ、元東支重役ダニレフスキー哈尔賓總領事ラキーチンの四氏でこれ等兩國新重役は三日初會議を開口善後協議を遂げた、鐵道長官にはイワノフ確定任命され前長官オストロモフ氏は逐はれ東支鐵道は遂に赤色派の掌中口口した。

216. 赤化計劃 中東鐵道從業員이, 시대일보, 1925.05.17

赤化計劃 中東鐵道從業員이

「某所着電」「이와노프」長官의 命令에 依하야 中東鐵道 各課는 入籍名簿를 作成하야 來五月十五日以內에 此를 中東鐵道管理局에 提出할 豫定인데 目下 □□은 職業同盟□에서 勞農露國에 國籍을 有□□鐵道從業員(現在失業者)를 登記하야 近近雇傭시킨者와 交代케 할 터이라 한다.

217. 加拉罕對中東路要求, 申報, 1925.05.27

加拉罕對中東路要求

北京電：加拉罕對中東路要求，一、飭令鮑貴卿嚴守中俄協定，立行取消破壞路務通告。二、令華董事通過開除非中俄國際人員。三、嚴禁中國官員庇護舊黨。四、鮑貴卿被任9個月，尚未就職，而薪水跟督辦公署開銷，達到20萬之巨。務派實際供職者，為該路董事長等。外部與交部接洽駁複辦法，昨天電奉天徵意見，俟得覆，即提閣議，近日奉俄間為該路感情極壞，呂榮寰與依瓦諾夫無法調停，洮齊路交涉，駐日俄使郭樣向日抗議，日政府答此為中國志願，與我何干，郭答路款出自日本，日不能擺脫責任，仍須中俄日三國協商，所有中俄會議暫緩進行，遠東長官戈別克，近日迭由伯力電加與郭，即此主張，戈氏並向遠東軌行會報告，洮齊鐵路沒有停止之保證，遠東蘇維埃任

何犧牲，絕不顧惜，望人民後盾，彼此重視該路如此。（26日下午2點）

218. 中東路中俄意見日隔，申報，1925.06.01

中東路中俄意見日隔

北京電：中東路中俄的意見日隔，依瓦諾夫電調紅軍以為萬一之備，加拉罕將所有華員去俄護照，一律拒絕簽字。外部所派恰克圖委員申作霖，加不允簽護照，加連日有三個抗議致外部，詰問容留舊黨，措詞益難堪。（三十一日下午一鐘）

219. 蘇俄改組東鐵之紀念熱，申報，1925.10.09

蘇俄改組東鐵之紀念熱

哈爾濱特約通訊，東省鐵路局本月三日，突行週年紀念，其名義為中俄合辦東省鐵路之週年紀念，蓋視中俄之合辦事業，已如從前種種之昨年死也，當鮑貴卿氏督辦時代，與蘇俄不甚合作，此次劉尚清氏來督辦東路，似有欲行攜手之意，故紀念之籌備，推有呂榮寰在內，但今日開會所可注意者，為中國軍政屆方面長官于沖漢氏赴奉，護路軍總司令張作相氏駐吉，參謀長兼濱江鎮守使張煥相氏，濱江道尹兼哈爾濱交涉員蔡連升氏，均於日前赴吉，市政局長褚鎮氏亦早赴奉，因此哈埠大員，往者不及半數，雖非避而不到，然對此紀念，並未表示熱心，亦可想見，又地方商民到者，如鳳毛麟角，俄人方面，白黨當然不願參與，此外則萬國攢擁於木柵之外，俄領兼副理事長格蘭德之談，則謂中俄兩國，小有衝突，無非枝葉，所重要者為華官重用白黨，為東鐵此後之不祥問題云云，並表示其成績，謂該路延長為以前六百十八俄裡，內西部線為哈爾濱滿洲里間八百七十六俄裡四，東部線哈爾濱綏芬間五百十四俄裡一九，南部線哈爾濱長春間二百二十三俄裡五三，哈爾濱管內四俄裡，此一年間為蘇俄經營，技術上極力改

進, 貨物運送, 總數為二億三百四十萬一千三百布特, （每布特約合華秤三十斤, 比去年同期增加四千六十四萬八千布特, 其全期間之營業成績, 收四三.三三五.二四五盧布, 支出二一.八五七.七八七盧布）另一消息, 昨日為東鐵改組一週年紀念日, 事前由呂榮寰理事格蘭德副理事長籌備, 在香坊（舊哈爾濱車站）舉行紀念, 站上遍插中俄合組之鐵路旗, 並紮以松枝, 站臺門首, 備有音樂, 東鐵劉督辦, 黑龍江交涉局馬總辦, 特警處金處長, 路警處張處長, 以及中俄要人, 前往道賀者不少, 各有賀詞, 不外表示慶祝之意, 並希望共圖鐵路事業之發展, 而謀中俄邦交之親善, 復於頭二等候車室備有茶點果品香檳酒, 以欸來賓, 是日東鐵職工, 放假一日, 以資慶祝, 蘇聯僑民, 皆以今日為赤黨得勢之惟一紀念, 故男女老幼, 集於車臺內外者近萬人, 我國人對此則甚冷淡, 赴會者更是寥寥, 東鐵特備專車運送赴會之人, 一站二十五分專車, 始由香坊開至哈爾濱站, 該站則僅懸中俄國旗而已, 別無其他點綴也。

220. 俄出兵中東路, 申報, 1926.01.20

俄出兵中東路

北京晚報載俄出兵中東路, 已電西比利調兵到滿洲里, 張作霖令長春奉軍千二百名赴哈。 （十九日八鐘）

221. 中東鐵道罷業은 카라한氏命令, 시대일보, 1926.01.20

中東鐵道罷業은 카라한氏命令

「哈爾賓十九日發」中東鐵道의 南部線輸送停止는 「카라한」大使가 奉天北滿部□輸送을 防碍하고자 必要手段을 取하랴고 中東鐵道長官及理事會에 命令한 까닭이며 또 此와 同時에 奉天露西亞領事館에 對하야 中東鐵道沿線에 戰爭이 일어나면 滿鐵沿線 팔지산을 活動시키어 鐵道

를 破壞하라고 命令하얏다한다.

222. 「放置」하면 重大結果惹起, 동아일보, 1926.01.22

「放置」하면 重大結果惹起, 카大使의 抗議

「카라한」 大使는 中東鐵道問題로 十九日附 王正廷氏에게 嚴重한 抗
議書를 提出하였는데 右公交에는 只今까지의 經過를 詳述하고 中國官
憲의 行動을 露中協定 違反으로 또 兩國의 利益을 掌할것임으로 速히
其不法을 中止하도록 訓令하기를 要求한 後 이를 放置하면 重大한 結
果를 惹起할 虞慮가 잇슴으로 特別한 手段을 取할 必要가 잇슴을 認함
더욱 露國政府는 此事件으로 蒙한 損害는 中國政府에 要求權利를 保
留한다고 하엿더라.
(北京二十日發)

223. 俄駐日大使將抗議文送外務省, 申報, 1926.01.27

俄駐日大使將抗議文送外務省

北京, 北京電, 俄駐日大使, 將張作霖抗議文送外務省次宮閣, 並有
張作霖仗何方勢力語, 外務次官曰, 滿洲日兵已經撤, 張作霖對貴國
強硬, 背後並沒有日本, 日政府已經電駐華公使, 對於東路取不干涉
主義。

224. 東鐵問題之俄方態度, 申報, 1926.01.29

東鐵問題之俄方態度

大陸報載合衆通訊社二十七日北京電云, 京中華字報紙對於蘇俄有嚴

屬之議評。謂蘇俄對於中東路之政策已表明其一味持強，仍抱有帝政時代的帝國主義，據莫斯科消息，俄外部暫止核准關於中東路的草約，俟得關於各工團狀況之詳細報告，以及支付運兵費後，再行定奪。俄京外交界意見，以為最危險時期已過，但認東三省境內有無數白俄黨人及該地日武官近日所持之挑釁態度，是為異日發生衝突之源，又據官場消息，俄照會中之哀的美頓書性質，以中國業經釋放伊萬諾夫，當然消失云。

225. 奉露會議 停頓, 동아일보, 1926.05.16

奉露會議 停頓

中東鐵道副理事 『사크라소프』 氏와 勞農露國駐奉領事 及 中國側委員과 去六日부터 交通銀行에서 中東鐵道 其他에 對하야 奉露會議의 準備協義를 하는바 奉天側에서는 中東鐵道問題와 其他에 對하야 『카라한』 大使의 更迭後가 아니면 交涉에 不應하겟다고 一蹴하엿슴으로 交涉으로 停頓되엿더라. (奉天電)

226. 北滿鐵道政策 日奉兩側의 失敗, 强硬한 露國의 外交, 동아일보, 1926.07.09

北滿鐵道政策 日奉兩側의 失敗

强硬한 露國의 外交

北滿에서의 日露中 三國間 多年의 懸案이며 日露鐵道政策衝突의 發端으로 想像되는 齊齊哈爾洮南間의 洮齊鐵道는 그 一線인 洮昂線의 鐵道敷設의 完了에 依하야 全線의 開通을 見하게 된바 最後에 中東鐵道西線과의 交叉點인 昂昂溪의 貫通工事問題에 關聯하야 意外의 難題에 逢着하야 그 結果 越卽부터 洮齊線의 設計額에 依하야 露國側을

壓迫할 地位에 잇든 日中兩國의 北滿鐵道外交는 最後의 分岐點에 잇서 露國에게 도리혀 逢變하게된 窮境에 陷하고 잇다. 卽洮齊鐵道는 元來齊齊哈爾以北의 北滿一帶의 農産物을 吸收하야 滿鐵線의 培養線으로 되야 中東鐵道와의 競爭에 對抗하려 하는 關係上 엇더케든지 昻昻溪를 交叉點으로 하야 中東西線을 貫通치안으면 안될 絶對的 必要가 잇다. 그래서 奉天當局은 滿鐵과 協調後 鐵路敷設工事를 進行하는 一便 露國當局에 對하야 昻昻溪에서[렌케스]作用應用의 引入線又는 十字型橫斷에 依하야 中東西線을 貫通할事及 그 에 要하는 同鐵道沿線 附屬地의 借地하기를 申請함에 露國側의 意嚮은 洮濟線의 敷設을 水泡에 歸케하야 日本의 對 滿鐵道政策을 打擊하든지 적어도 洮齊中東 兩線의 運賃協定에 局面을 展開식히려 하는 것이다. 目下日中兩國은 對策을 考究中인바 다시금 積極手段을 取하지도 못하고 일측은[카라한][콥] 兩大使의 抗議를 一□하고 得意하든 日中兩國外交도 方今最後의 一瞬間에서 그 醜態를 暴露하고 잇스며 近近本問題는 日露中 三國間의 激烈한 外交戰의 焦點으로 될듯하더라. (東京電)

227. 北滿鐵道問題 益益重大化, 매일신보, 1926.08.20

北滿鐵道問題 益益重大化

北滿地方의 日露支間의 鐵道問題는 今也에 益益重大問題化 하랴하는대 卽露西亞政府는 最近日本側에 對하야 北滿의 鐵道敷設에 就하야 日露間에 勢力範圍協定을 遂하랴는 議를 申出하얏스나 右問題는 先般 勞農政府交通次長[세레뿌리야콥]氏와 幣原外相이 會見하얏슬 際 [세]氏로부터 秘密히 此를 提議하얏스나 幣原外相은 北滿의 鐵道敷設은 支那의 自由意志에 任할 것이오 日本은 何等干涉할 것이 아니라고 露西亞側의 提議를 拒絶하얏다. 然한대 露西亞側은 政治的으로던지 經濟的으로던지 北滿의 勢力이 驅逐되랴는 昨今愈愈利權獲得에 熱中하야 猛烈한 運動을 試하는 中인대 日本當局도 前記露西亞側의 提議에는 頗히 愼重한 態度를 取하는 中이더라. (東京電)

228. 東鐵華俄理事前晚宴俄使, 申報, 1926.11.10

東鐵華俄理事前晚宴俄使

吉林東鐵華俄理事前晚歡宴俄使, 于沖漠有懇切演說, 雙方已預備開談東鐵各懸案。 (八日下午五鐘)

229. 蘇聯在東路沿線設教堂, 申報, 1928.04.05

蘇聯在東路沿線設教堂

北京蘇聯在東路沿線設教堂, 期利用宗教約束諸白俄人, 而緩和其反赤運動, 現華方以主權關係, 將予取締。 (四日下午一鐘)

230. 蘇俄之遠東鐵路政策, 申報, 1928.10.05

蘇俄之遠東鐵路政策

▲ 整理烏蘇里路修築海參崴港

世界新聞社哈埠特訓云, 蘇俄實現其遠東政策之重要機關, 向為中東鐵路和烏蘇里鐵路, 近來中東路受奉方牽制, 迨不能自由運用, 乃建立整理烏蘇里路計畫, 並擬修築海參崴港, 以資掌握北滿方面運輸交通上及產業上之權利, 烏蘇里鐵路當局已經向莫斯科政府要求募集新公債三千萬盧布, 以充此項經費, 聞中央執行委員會已議決承受其要求, 據烏蘇里鐵路局公佈, 今後烏蘇里鐵路之運輸費, 應以新公債及外國貨幣照繳, 查其原因, 向來蘇俄鐵路當局對於兌換準備, 甚不完全, 致影響於市價之低落, 故擬發行新公債, 增高市價, 以資牽制日本方面之滿鐵, 同時積極改良海參崴港, 為遠東一大貿易港, 力圖南北滿各地及西比利亞一帶所產物品之集中, 此項計畫書實現之後, 東三省方面生產事業及商務, 勢必大為擴張, 而日俄兩國之衝突, 亦必

因而趨於猛烈無疑也。

231. 蘇俄突然增兵邊境，申報，1929.06.19

蘇俄突然增兵邊境

哈爾濱通信護路軍總司令部前日得到哈滿護路司令梁忠甲來電報告，謂"俄境大烏裡，近數日聞到蘇俄炮兵騎兵萬余，大烏裡上那拉基裡等處，亦各開到騎炮兵五千餘，赤塔附近之莫斯缶乍力鐵路，兵車絡繹，目下猶在運送之中"。護路部據報後，急以電話報告遼寧，旋得覆電，令飭邊卡戒嚴，對俄人出入境施行檢查，并轉飭各軍加意防範，無論俄方如何挑釁，不准輕易啟釁。另電飭十八旅二十六旅抽編兩團軍隊，于二十五日前，刻期開往綏遠虎林，濱江鎮守使丁超昨已向東北航務局索船，日內即將開撥。至被捕之三十九名俄國官員，遼寧來電，令解送往瀋陽審訊。前日審核黨案辦公處得被捕之俄人口供。據云蘇俄組織之第三國際共產黨東北工作首領，計遼寧華人二十六名，俄人八名，黑龍江華人十二名，俄人六名，吉林華人十名，俄人六名，哈爾濱華人十一名，俄人四名，平津等處亦有若干人。審核處得供後，當即電告遼寧，經瀋陽公安局竭力偵查，聞已探得重要華共黨二名，在某大機關任職，其餘猶未得征兆，當全案人犯未悉數跡明前，恐走漏消息，故尚未逮捕，吉黑兩當局則在昨天接得遼電，亦已從事訪緝，張學良對於此事，以關係國家交往，亟須審慎辦理，已經決定召集三省重要官吏會議，討論辦法，現萬福麟，張景惠均已在瀋，張作相亦也致電邀約，俟作相到後，即將開議。又學良意，擬在瀋組織特別法庭，審理此案，俟張作相到遼後即可商定。東北交通委員會因為俄案發生，東鐵緊急，已定十五日開會，並邀請東鐵督辦呂榮寰出席，商量維護交通國權方案，昨天東鐵俄理事伊茲馬亦洛夫赴崴，據聞系崴埠俄國黨局召去，有所諮詢，大約亦與黨案有關也。

（十二日）

232. 中俄交涉中之日人態度，申報，1929.07.30

中俄交涉中之日人態度

二十三日哈爾濱通信，自中俄關係緊張以來，東鐵沿線各國僑民，並未現何種驚騷狀態，獨日本僑民，大驚小怪，一如大難之將臨，紛紛來哈避難，真可謂為庸人自擾矣，因之日人日來，亦藉口保護僑民，於長春增兵一聯隊（合我國一團）於哈爾濱增兵一聯隊以上，調長春者，為旅順駐紮之第九聯隊，調哈爾濱者，為柳樹屯之第二十聯隊。

昨日本埠總站路警劉某，正在執勤之際，突然見有一人類似工人，慌忙奔走於軌道上，該路警以該人頗為可疑，當即將其截住，瞥見該人身上背有步槍一支，遂將其抓獲，盤詰槍支之由來，該人當即供稱名李自江，素以竊取火車上糧石為生，適才正在竊取一糧車中之糧，乃於麻袋內發見有槍支，故竊取一支云云，該路警得悉此項情形後，當即報告總段，由總段長處同車站人員將小竊所指車中之糧石，逐一檢查，乃知每車均夾有槍械子彈數袋，此項貨鐵，共計四十瓦罐車，系本埠某區日商所裝運赴綏芬河者，因連日以來，東島交通斷絕，故未能起運，不想竟被破獲，所檢查之糧車僅三輛，每輛均有夾帶，至於其他是否皆有，則不得而知，業均加封扣押矣，又據由綏芬河逃回哈埠之華僑談云，於三日前，日人曾有大隊商船抵威，下椗後，即行卸貨，所卸之物，均為糧石，覺有四十萬噸之多。

連日以來，中俄關係，頗予日人以造謠之機會，除大連奉天長春哈爾濱等處之日文報，努力鼓吹中俄間之惡感外，一般漢字洋報，亦乘機大事活動，所載新聞，毫無根據，妄造黑白，以期聳人聽聞，大連之滿洲泰東等報，奉天之盛京時報，連日揭載俄人擊沉我軍艦及俄人佔滿洲里等消息，即其造謠之鐵證也。　（中華社）

233. 遠東俄軍之配置, 申報, 1929.08.22

遠東俄軍之配置

南京 外交界接哈爾濱電云, 蘇俄配置北滿便將軍隊概況, 一, 大烏裡境駐第三十六師全部步兵七千人, 二, 烏鱧雅蘇台, 距滿洲里百餘裡, 現駐第三十五師全部步兵七千人, 三, 貝加爾湖, 該處地界華俄蒙古間, 距滿洲里八百餘華裡, 現駐在里雋特蒙人騎兵一千二百人, 四, 博克圖, 地界蒙餓間, 現駐匈牙利騎兵一隊, 及拉達善聯合自衛軍一隊, 共一千六百人, 有陸炮四, 戰甲車二, 五, 阿爾事河沿海, 地近滿洲里, 為俄境前方大部隊屯駐之地, 計步兵第三十一師, 三十二師, 騎兵兩團, 工兵一隊, 現正改調他族軍隊, 與本系軍隊, 前後換防。 (二十一日專電)

南京 開蘇聯政府任命布裡耶玉為特別遠東軍總軍團長, 指揮分駐赤塔, 大烏裡, 滿洲里俄境, 綏芬俄境, 黑河伯力海參崴依爾庫次克等處, 約及四師之軍隊, 總指揮部設於赤塔 (二十一日專電)

234. 日人所謂嚴正中立, 申報, 1929.08.23

日人所謂嚴正中立

▲ 努力自衛已得權利　▲ 拒絕南滿鐵路運兵

北平外息, 日本在歐美及莫斯科宣稱, 中俄問題, 日執嚴正中立態度, 以努力自衛滿洲之既得權利為立場, 凡中俄軍隊軍火軍需品之在南滿路運輸通過, 均應拒絕云。 (二十二日專電)

235. 日政府表示守中立, 申報, 1929.08.25

日政府表示守中立

外部再電汪榮寶

南京 汪榮寶電京，謂日政府重視中俄交涉，聲言增兵南滿路，係保護日僑，並無他意。外部據此，二十四電覆汪氏，贊同日政府當局表示，惟聞日本對中俄問題，表示決守中立，我方願其如此。由王榮寶再向日外務大臣幣原接洽，關於南滿路日軍之增加，深望不妨碍東北各軍之行動。　（二十四日專電）

236. 中俄邦交問題, 申報, 1931.02.15

中俄邦交問題

俄密使到京說未證實

北平 英方謂日人所傳，俄密使達爾空夫斯基到京一節，從多方面打聽，未證實。惟認中俄國交，日就接近，英方又得報告，贛湘共黨系強盜藉蘇維埃名義，其中絕少俄化分子，苟華於防止俄化宣傳下，訂立國交，使湘贛匪衆，知華當局明瞭俄國真相，則假蘇維埃國亂者，自覺無可朦混，力量必減少云。　（十四日專電）

237. 白系露人を一掃し東支鐵を獨占の姿, 東京朝日新聞, 1931.11.04

白系露人を一掃し東支鐵を獨占の姿

勞農露國の策動著し

【ハルビン特派員二日發】東支鐵道は張学良政權の崩壊で支那側の

勢力全く失墜し目下ロシア側の手で自由に切回しているがソヴエト
の政策遂行上邪魔になる白系ロシア人をほとんど全部整理した外邊
近では東支鐵道から經費の補助を受けつつある教育關係の各機關及
び鐵路警署にまで手を延ばさんとしてその第一歩としてハルビン唯
一の工科大学副校長ウストロゴフ氏を始め優秀な白系ロシア人教授
六十名を追出し奉天にあるプレビアンスキー氏を後任に登用せんと
し更に一般白系ロシア人の行動にも注目し支那側警察をして帝政時
代に將軍たりし者や、將校連中四十名をブラック・リストに載せ行
動の自由を奪っている、これ等ロシア側の策動は支那援助の交換條
件としてモスコーにある莫德惠氏とソヴエト側と秘密協定の上行つ
ているものとはいわれているが時局に乘じて北満におけるソヴエト
勢力の回復に腐心し邪魔物の排除に努るロシアの策動は注目されて
いる.

238. 蘇俄向日抗議侵害東路利權, 申報, 1932.01.31

蘇俄向日抗議侵害東路利權

莫斯科 蘇俄外交副委加拉罕今日通告日本駐俄大使廣田稱, 日本利用
中東鐵路運兵一事, 倘操有半主權之中國不加反對, 則俄國亦
可同意, 但此以不損及該路之利益爲限, 加氏並表示被已將此
旨通知哈爾濱中東路局蘇俄人員, 但加氏復對於日軍之自由攘
取中東路車輛向北開行, 事出後十二小時始向路局要求同意,
特提出抗議, 日使廣田則稱, 哈埠中國亂兵危害該地日本居
民, 故不得不採取緊急行爲, 惟此事並不損及路局利益云, 加
拉罕廣田二氏今日會見之後, 即發表宣言, 其用意不外解釋外
間日俄形勢緊張之諸言, 而避免不測事件云。 (三十日專電)

東京 據最近報紙消息, 俄日兩國間因俄國拒絕日本由中東路運兵之結
果, 形勢漸見緊張, 陸軍省今日在報紙發一宣言, 謂蘇俄之態
度, 實非中立, 蓋蘇俄前曾許馬占山之軍用該路也, 據哈爾濱消
息, 中東路三千職工已備武裝, 且以武裝供結丁超之軍, 又一消

息，謂丁超現請中東路總□魯第請俄政府派兵援助，丁超并以無
線電告張學良，謂□決計與蘇俄合作以拒日軍之進攻，據報載長
春消息，日軍決計暫時管理中東路之南段，因中俄職工皆不肯工
作故也，因此已由南滿路調來職工四百名。 （二十九日路透電）

239. 中東路雇員決定全體罷工，申報，1932.04.20

中東路雇員決定全體罷工

哈爾濱 中東鐵路雇員因日軍當局為四月十二日日兵車失事案拘捕該路
職員四十人，現定明日全體罷工，故全路車務均將停頓，多門
之師圖定明晨由哈爾濱南發者，因以亦不能開拔。 （十九日路
透社電）

240. 東支のゼネスト，時事新報，1932.04.21

東支のゼネスト

計畫決定の情報に滿洲國官憲嚴戒す

（奉天特電廿日發）鐵橋爆破未遂事件及び列車顛覆事件に關係して
多數の被疑者が拘禁されたるにつき東支鐵道從業員はその釋放方を
申出て居たが官憲の態度強硬にして容れられなかつたその機に乘じ
赤系の魔手は東支鐵從業員に延ばされたものの如く東支全線のスト
ライキが計畫され不穩の空氣が漲つて居る、この情勢を知つた日本
官憲は東支管理局長ルーデイ氏に抗議したがこれに對しルーデイ氏
は從業員が左樣な行動に出ることは萬なかるべしと信ずるも支那側
が彼等を煽動する模樣ある故これを警戒することが必要である、若
し罷業が行はれるとしても露國側の從業員には監督を嚴重にして絶
對に參加せしめないと言明して居るが形勢不穩なるため日滿兩官憲
共に極度に緊張して居る.

241. 中東路東線形勢嚴重, 申報, 1932.04.23

中東路東線形勢嚴重, 一面坡附近又有激戰

日大批援車馳往戰地

北平 外訊, 一面坡之自衛軍, 將華沙河方面路軌破壞, 割斷一面坡與
綏芬及哈埠間電報電話, 中東第四次通車, 阻於一面坡, 東部線
形勢嚴重。 (二十二日專電)

哈爾濱 今日此間接訊, 一面坡站長俄人格里斯夫斯柯基已爲日軍所
拘, 據謂日軍曾得確證, 戈氏與反滿洲國之軍隊暗相勾結,
蘇俄當局已向日軍要求釋放, 談判刻正在進行中。 (二十二
日路透社電)

哈爾濱 舊吉軍在一面坡附近拆晰路軌, 故中東路東段之車務, 完全停
頓, 聞昨日舊吉軍與滿洲駐軍在一面坡附近激戰, 舊吉軍死百
餘名, 傷多名, 日當局已派大批援軍馳往一面坡。 (二十二日
路透社電)

242. 중동철도국장 루드니동무의 성명, 선봉, 1932.05.04

중동철도국장 루드니동무의 성명

북평통신에 의하면 중 통철도국 국장 루드니동무는 영국 신문긔자로 더부
러 담파같은 성명을 하엿다 한다. "중동철도 사무원들이 일하지 않으려고
하며 동맹파업하려 한다고 백파들의 신문과 일본신문들이 전파한 이것은
확실한 선동사업이다. 지금까지 중동철도사무원들이 자긔의 의무를 실현
하지 아니한 경우는 한번도 없엇다. 더욱히 군사적 동작이 진행되는 중동
철도 동쪽선에서도 사무원들은 그냥 사업을 계속 하엿다. 중동철도 동쪽
선에서 화차가 만도된 것과 또는 다니지못하게 되엇든 것은 동쪽구역에서
일본군대의 군사적 동작이 있엇기 때문이다."

243. 北滿の風雲また緊迫す, 大阪時事新報, 1932.10.09

北滿の風雲また緊迫す

東支鐵道管理局で全線の運行中止計畫
皇軍の行動妨害のためか
成行重大視さる

【奉天聯合八日發】奉天某所に達した確報によれば、東支鐵道管理局は財政問題に名を藉り日本軍の行動を妨害するため全線にわたつて列車運行を中止すべく立案中なること判明した、北満の事情急迫の折柄管理局のこの輸送遮斷計畫が事實とせば重大問題として我が當局に非常なショックを與へている.

244. 東支鐵も條件次第で日本に委せやう, 東京朝日新聞, 1932.10.16

東支鐵も條件次第で日本に委せやう

對露外交に功績を舉げて
廣田大使歸朝す

【敦賀電話】敦浦連絡船大草丸は歸朝の途にある廣田駐露大使を始めカムサッカで出漁中であつた日本人漁夫百五十名その他合計百七十八名の船客を乘せて十四日午前五時半敦賀に入港廣田大使一行は九時三十分敦賀港發國際列車で東上したが應訪の記者を迎えて語る僕は今度病氣歸朝を命ぜられたのだから病氣の結果如何で再びロシアに歸るかどうか分らない、併しモスコーでカラハン氏が是非醫師に見てもらえといふので診察してもらつた結果僕の身體には赤血球が少し多過ぎるといふことに診斷された、意味深重だね僕はロシアにひいきするんじゃないが實際諸君も御承知の樣に過去數年間にわ

たつて日露の間には何一つとして悲觀材料はないじやないか、現に
日露漁業協定も微力ながら僕の手でやつたし、松方さんの石油買入
契約も出来たその上にこの程北樺太石油會社との間にも多量の原油
契約が成立し、ロシヤ國内の對日感情も大變なめらかで日露戰爭な
どは思いもよらぬことだ、滿洲國承認問題だつて現にウラジオ、ハ
バロフスク等五ケ所に滿洲國領事の設置を認めモスコーにも希望あ
れば認めやうといつている位だからもちろん、日本の滿洲國承認問
題についても日本と同樣の見解をもつている、東支鐵道だつて條件
によつては日本に委せ度い希望もあるのだからロシアの對日感情は
僕が理屈をいう迄もないじやないか、だからロシアの不可侵條約を
認むべきだとは僕の口から斷言しないがその邊は考へたら判る事
だ、とにかく歐米からロシアに来た資本家が一齊にロシアの經濟的
發展に驚異の眼を向けているに反しいわゆる共産主義者達はロシア
を見て皆落胆して歸る現狀だ、ロシアは今や立派なマテリヤリスト
だよ、だから日本は今迄のやうにロシア即ち共産主義の宣傳者のや
うに考へていてはいかぬ、尚當時日本でやかましく論ぜられた國境
の赤衛軍集結だつてロシアとしては自衛手段で決して日本に對して
どうのこうといふのではない、最後にこの度松方さんが契約したの
は主としてガソリンだが今度北樺太石油が買いれたのは全部原油だ.

245. 東支鐵東部線我軍使用差支なし，大阪毎日新聞，
1933.01.07

東支鐵東部線，我軍使用差支なし
露大使から正式通告
駐ロシア大使トロヤノフスキ氏は六日午後五時外務省に有田次官を
訪問し、匪賊討伐のため東支鐵道東部線を日本軍隊の運輸に使用す
る件に關し同日モスクワ政府から正式承諾の通知が達した旨をつげ
會談時餘にして辭去した、因にトロヤノフスキ氏は二月十七日いよ
いよ歸國の途につくこととなつたが、同日の會見においてはこれが

後任候補に關しても種々懇談がとげられた.

246. 中東路問題俄日關係惡化, 申報, 1933.04.01

中東路問題俄日關係惡化

蘇俄扣車四千餘輛, 日唆僞滿要求三項

東京 據外交界息, 日外部因中東路問題, 對俄極力取□□策略, 其理
由有二, 一·為日人自數年前即秘密計劃掠奪中東路, 因時機未
到未得實現, 但大□僞外次主張乃烈, 故今次遂有乘起事。其
二·為外交上之牽制政策, 日外部以為希特勒上臺以來, 極力取
反俄政策, 英國又因英技師被捕案, 英俄感情益趨惡化, 日乃乘
機為難俄國, 以遂其數年來寤寐不忘之目的也。 (三十一日聯華
電)

哈爾濱 蘇俄自滿洲事變勃發以來, 主張國際運輸, 將中東路所有車頭
貨車等四千五百輛, 運往國內, 雖經「滿洲國」再三交涉, 不
肖發調, 至於最欲皆將中東路機車貨車等行運去, 「滿洲國」
於二十九日阻止由滿洲里及波拉尾齊拉耶之東西國境, 運中東
路列車於蘇俄國內, 俄滿關係, 以此運輸問題為中心, 漸趨險
惡, 極堪重視。 (三十一日電通社電)

東京 此間接長春消息, 「滿洲國」現願以溫和狀態與蘇俄解決中華鐵路
貨車問題, 據謂駛入西比利亞鐵路之貨車, 共有四千輛, 此外尚
有客車若干輛, 「滿洲國」當局提出下列要求, (一) 中東鐵路之
機車與車輛, 嗣後不得駛入西比利亞鐵路, (二) 運輸糧食之貨
車, 須遵照尋常稅章, (三) 中東鐵路收入之分配, 須加修正,
俾蘇俄與「滿洲國」處於同等地位, 聞以上為至低之要求, 「滿
洲國」當局現表示和好之精神, 但同時又表示所提出之要求應予
尊重之決心云, 又據長春消息, 中東鐵路滿洲里俄員曾於三月二
十八日將機車四輛駛入西比利亞鐵路, 而為當地「滿洲國」官員
所阻。(卅一日路透電)

247. 東支鐵を餌に露國米を釣る，大阪時事新報，1933.04.09

東支鐵を餌に露國米を釣る株式の國際化を唱道して日本牽制を畫策

【新京聯合八日發】北満における運輸系統は新線の完成と共に一大變化を来すべく従来獨占的役割を演じて来た東鐵は僅かにウスリーザバイカル兩鐵道の連絡系統以外のものでなくなる情勢下にあり且つ東支鐵道内部における人事並に經營に關しても幾多の不合理不調和が存在し東鐵は何處に行くかの問題が各方面に話題を提供して居る折柄最近アメリカ資本家が来哈し東支鐵道に關する調査殊にその財産状態に關する調査を進めつつありこの事實に關聯して往時喧傳された東支鐵道の國際株化説が又もや擡頭し白系ザリヤ紙の如き東支鐵道を繞り一月来暗々裡に米ソ間に提携なり、ソビエツト政府はアメリカの東鐵に對する慾望を利用しこれに依つて自國の權益を確保し更に日本側を牽制以て一石二鳥の効果を納めんと画策中なりと報じて居る.

248. 日關東軍準備武力侵佔中東路，申報，1933.04.13

秘密調兵分駐各要點

令偽交部提最後抗議
蘇俄繼續開去貨列車
日俄關係愈趨惡化

哈爾濱 日關東軍決以武力侵占中東路，廣潮師團長率武藤司令官命令，十日深夜秘□□□部，分遣各各軍事要點駐守僞護率命調往各地，尋機以武力驅除蘇聯鐵道服務員，侵佔中東路，歸於滿鐵公司經營。 （十二日華聯社電）

長春 關東軍司令官今日令偽交通部向蘇聯政府提出最後之抗議，要求蘇聯在一個月之内，將所有扣留之機關車八十三輛，客車一百九

十輛, 貨車三千二百輛, 共計三千四百七十三輛, 如數交還, 否
則訴諸以必要時之武力行動, 滿鐵公司已在哈埠新設鐵道部分
署, 其用意在計劃以武力接收中東路爲己有, 由此日俄間之關係
愈趨險惡之境地。 (十二日華聯社電)

長春 據此間日□報稱, 十日晨在滿洲里蘇聯政府再扣留貨車二百十七
輛, 堤防日方用於運搬軍火, 日方因之愈憤蘇聯, 中東路華理事
長今晨訪僞交通部, 要求僞組織勿爲日人利用, 擾亂國際交通。
(十二日華聯社電)

哈爾濱 日人□關哈爾濱時報今日社論關於蘇俄悄然備戰, 謂蘇俄苟非
備戰, 則其政策之謂奇, 實屬費解, 蘇俄奪去之機車貨車等,
皆爲中東路之物。中東路所有車輛之過半數, 已被奪入俄境,
而移取方法, 等於有系統之擾取, 蘇俄所稱機車係克倫斯基政
府所購置, 故屬諸蘇俄政府之說, 實無根據, 若其說果確, 則
俄政府何以不于若干年前, 將此機車移入俄境乎, 蘇俄所行說
明, 實證明蘇俄之無理由, 及俄當道之公然說謊耳, 種種契
約, 切實證明移入俄境之車輛, 乃中東路所有者, 中東路係蘇
俄與「滿洲國」合辦之事業, 是以任何決定, 凡與此鐵路有關
者, 必須獲有「滿洲國」之同意, 蘇俄於此應表示不告而取之
熱忱, 而不提出車輛所有權之問題, 乃蘇俄計不出此, 猶欲偷
取車輛, 而粉飾其行爲, 推測其用心, 欲□爲非有意對日備
戰, 而陰謀增進西比利亞鐵路現已絕對破壞之運輸交通, 其可
得乎, 「滿洲國」屢次抗議反對中東路車輛之被移去, 並停駛
通車, 但日「滿」致力於對俄和平, 而蘇俄則始終備戰, 故
「滿洲國」所有抗議, 悉無效果, 日「滿」不得已唯有採行與
蘇俄同樣之擧動耳。(十二日路透電)

哈爾濱 中東路蘇俄代表克斯勒資夫, 十日午後, 對哈爾濱 (僞) 滿洲
國代表, 謂 (僞) 滿洲國方面, 在滿洲里封鎖鐵道爲不法, 提
出如下之抗議, 其抗議文, 大意謂 (僞) 滿洲國官憲, 封鎖察
貝加爾中東兩鐵道之聯接點, 此乃阻害國際交通之不法行爲,
請速解除封鎖, 再謀和平解決, (僞) 滿洲國對此逆襲之抗
議, 特發出如下之回答, 大意謂 (僞) 滿洲國以實力封鎖兩鐵

4. 중동철도와 소련(러시아)

道之聯絡，係抑制蘇俄方面之不法行爲，確立中東路本來使命
之俄滿其同經營之實，並促蘇俄之反省，至阻害此交通運輸之
原因，由於蘇俄之不法行爲，責在蘇俄，蓋（僞）滿洲國解決
非好事者，苟蘇俄覺悟其非，返還扣留車輛，表示反省之實，
則可成立和平解決。（十二日電通）

哈爾濱 （僞）滿洲國官憲雖極力防止蘇俄方面由中東兩線携去貨車，
但蘇俄乘□境封鎖之不備，於八九兩日更關去貨車七十輛，故
滿洲國於十日埋積枕木於聯接點之鐵路上，斷行嚴重之封鎖。
（十一日電通電）

東京 中東路（僞）滿洲國代表李紹庚，今日致書蘇俄方面代表古玆耐
索夫，發出附有期限之最後通告如下，運往蘇俄境內，中東路自
有之機車八十三輛，客車十九輛，與貨車三千二百輛，必於一個
月內返還。（十二日電通電）

249. 東支鐵督辦より列車返還要求，大阪時事新報，
1933.04.13

東支鐵督辦より列車返還要求
機關車、客車、貨車を合せて三千四百七十餘輛

【ハルビン聯合十二日發】東支督辨李紹庚氏は本日訓理事長クズネ
ツオフ氏に對し書翰を以て現在ソビエツト領內に牽引されてゐる機
關車、客車、貨車の一切を書翰到着の日より一箇月以内に返還すべ
きことを要求した、右に對しソビエツト連邦側の態度如何に依つて
本問題の歸趨が決定せらるべくクズネツオフ氏が如何なる回答を發
するかは頗る重要視されてゐる、ちなみに督辨の書翰中に記載せる
數字は次の如し
機關車八三、客車一九四、貨車およそ三、二〇〇
共同管理で權力の均衡を期す森交通部第五課長語る

【新京聯合十二日發】中央よりの書翰により十二日午後三時半急遽歸京した森交通部第五課長は記者に對して左の如く語つた.

ソビエツト連邦側の不法トランジツトを實力で阻止した交通部の措置は極めて當然の事でクズネツオフ氏の我方に提出した抗議は全く當らない、ソビエツト側がその不法行爲を繰返さざることを保障し且つ不法行爲により東支鐵道に與へたる損害を補償せざる限りいかなる形式による抗議も無力だ、交通部としては更に積極的に斯の如き不法を敢てする執行機關に於ける權力の不均衡を根本的に匡正すべき確乎たる決意を有する、之は共同管理の徹精神を底し真の満蘇親善を計る唯一の途である.

250. 蘇日僞之鐵路糾紛, 申報, 1933.04.14

蘇日僞之鐵路糾紛

中東鐵路問題

日本發動九一八事變之後, 即進而謀占北滿, 其侵略北滿之陰謀, 第一步使與我滿洲絕, 第二步延長日本軍權之行使, 第三步奪取吉黑之行政權, 最后乃擅取中東鐵路爲已有, 使海參崴成爲死港, 日本帝國主義遂將在東北闊步。

蘇聯於此, 早已認定日本之陰謀, 必將逐步實現, 而又正當五年計劃推行之際, 殊不願對外有激烈之行動, 以故哈爾濱長春間, 瀕傳軍事不祥之□耗, 惟莫斯科與東京間, 仍交歡如故也, 然而蘇聯之遠東軍事當局主戰者, 中東路赤俄人員。□冒忠於其祖國, 故難一圖保持和平, 應付日本軍閥, 他一面則力謀所以自全, 於是中東路車輛之扣往西比利亞者, 計有機車八十三輛, 貨車三千二百輛, 客車一百九十輛, 中東路遂陷於周轉不靈, 運用失次之狀態, 日本所立之傀儡, 乃奉武藤吊義 (日本關東軍司令) 之命, 向蘇聯扰□交通車輛, 同時封鎖滿洲里, 因是蘇聯直接遂與傀儡產生衝突, 間接亦與日本加深裂痕。

中東路竣工於一九〇二年十二月，正式開始營業於一九〇三年七月一日，自俄國大革命後，經一九二四年「中俄協定」及「奉俄協定」，該鐵路遂轉然成爲中蘇兩國合辦之商業□□，其營業路線，計一千七百二十一公里，──哈爾濱到長春二百四十公里，哈爾濱至滿洲里九百三十五公里，哈爾濱至綏芬河五百四十六公里，軌道闊五英尺，其有機車五百輛，客車六百〇八輛，貨車九千一百四十九輛，投資總額約計四億二千萬金盧布，中蘇之間，□使認維持良好之友誼關係，則此一路線，足以有助於黑河流域之開發，使關內移民多得便利，而洮昂路亦足疏轉其間，勾地三省，接連關內，正大有作爲，惜乎東北當局，措量乖方，九一八事變發生，應與無論，達致三省坐失，中東路利益，亦歸烏有，前者蘇聯與日本之對立，雖不免日趨尖銳，然尚有□介乎其間以爲□□，尚可減少東三省火藥庫之爆炸性。

251. 蘇俄未雨綢繆赤軍出動邊境，申報，1933.04.14

蘇俄未雨綢繆赤軍出動邊境

僞國向俄索車未接正式答覆
俄方有僅願放還被扣貨車說
日俄衝突勢難避免

哈爾濱　今日此間接蘇俄方面消息，滿洲里附近蘇俄境內，現有軍隊行動之象，白俄各報推測，此乃蘇俄「滿」俄間之鐵路爭端或有意外變化，故爲未雨綢繆之計，中東鐵路督辦李紹庚致蘇俄當局之函，要求交還機車客車貨車，迄今尚未接正式復文。聞蘇俄願僅交還貨車，但機車則不肯交還，中東鐵路之現狀，仍未復原，火車常受匪攻擊，頃悉太平嶺附近之路軌，爲匪拆毀，致有西進之客車一列，在該處脫軌，匪乃向車開槍射擊，死三人，傷多人。（十三日路透電）

長春　（僞）滿國截斷中東路後，蘇俄當局非但不停止扣車行爲，反要求滿洲國撤銷封鎖，同時在東部國境每日扣留的數貨車，經過伯

力運入烏蘇里鐵路上，變其車色，中東路因此缺少多數車輛，不便運輸貨物，僞滿國交通部決定對烏蘇里鐵路局提出嚴重抗議，要求表示誠意，否則實行有效手段。（十三日日聯電）

哈爾濱 東鐵理事長柯茲耐索夫對於（僞）滿國昨日之最後通牒，今日口頭答復滿洲國代表李紹庚，爲如下之非正式答復，已於滿洲里及樸克拉尼溪那放還貨車六百輛，今復尚須漸次放還，惟機車係蘇俄聯邦之所有，故難應返還之要求云。（十三日電通社電）

長春 （僞）滿交通部因蘇俄方面，將中東路各車運向蘇俄國境，乃斷然在滿洲里以實力封鎖車輛之聯絡，中東路理事長柯茲奈索夫，十日對（僞）滿交通部發出如下之抗議：「滿洲國交通部於滿洲里封鎖中東路，致烏蘇里與外貝加爾兩鐵道斷絕聯絡，運輸不能，此事顯違反千八百九十六年中東路建設經營規定第十條，且於俄奉協定第一條，對此舊規定亦經確認，故由此觀之，滿洲國交通部之行動，顯係違背條約，故望速解除封鎖鐵道云」。（十三日電通社電）

哈爾濱 東鐵理事長柯茲耐索夫，昨夜密往美領事館與佩孫美領事會見，密議機車問題。（十三日電通社電）

倫敦 每日電聞報外交編輯以爲遠東時局，頗感困難，蘇俄將中東鐵路一部份車輛撤入俄境一舉，足在日俄兩國之間，引起嚴重之衝突云。（十二日哈瓦斯電）

252. 東支問題と我應酬方針，大阪毎日新聞，1933.04.19

東支問題と我應酬方針

抗議は筋違ひ滿露直接交涉すべし

原因は全く露國の獨占的非合法行爲にあり

十六日附露國政府の東支鐵道の權益保全の要求に關する通牒全文は十八日午後大田駐露大使より外務當局に報告があつたが眞意不明の

點二、三ケ所を發見したので内田外相は同日大田大使にあて照電を發した、從つて日本政府のこれに對する回答發送は多少遲延する見込であるが外務當局としては大要次のごとき態度をもつて應酬するはずである.

一、日本政府は満洲における東支鐵道はじめ露國の權益擁護の誓約を與へたことの事實はこれを認むるも右は露國側が一九二九年の露支協定および奉露協定の規定を遵守し東支鐵道の露支共同經營すなわち満洲國獨立後は露満共同經營を現實に履行すべきことを前提とせるものである、しかるに露國側においては奉露協定に反し終始獨占的地位に立つて東支鐵道を運行し来つた、東支鐵道を中心とする露満紛争は實に露國側の非合法的行動の繼續に緣由するものなることを指摘せざるを得ない.

一、かつ東支鐵保護の誓約中には當然日満兩國民乃至は軍隊輸送を圓滑に履行すべしとする交換條件が包含されていた、しかるに露國側はその車輛を抑留し誓約違反を平然として侵し来つた.

一、本来本件は露満兩國の間において解決處理さるべき問題なるにも拘らず露國側が抗議がましき態度をもつて日本政府にこの種通牒を寄せられたるは明かに國際慣行を無視せる失當行為と斷ぜざるを得ない.

一、また露國は口上書の内容において日系満洲國官吏の行動について日本政府の注意を促しているが元来日系満洲國官吏は日本人にして日本人にあらず純然たる満洲國の官吏と同様視すべき身柄にあり、從つてこれら官吏の行動に關しても日本政府は全然關知せざる立場にあるをもつて本件に關しても直接満洲國政府と商議しもつて圓満なる解決協定に到達せらるべきことを希望するのみである.

253. 東鐵問題打開に我政府解決策暗示か, 大阪朝日新聞, 1933.05.12

東鐵問題打開に我政府解決策暗示か

近く發する對露回答で何らかの示唆を提供

東支鐵道を中心とせる滿露兩國の係爭に關し四月十七日付サウエート政府より帝國政府に提起せる注意喚起通牒に對して政府は問題の實情を精細に調査したる上にて回答を發することとなり、さきに在滿大使館に訓令を發し調査報告方を命じてあつたところ、このほど大體所要の資料が集つたので外務省において回答文案を作成し政府の正式決定をまつて近く回答を發することとなつた、東支鐵道問題を中心とする滿、露の紛爭は最近にいたりますます險惡を加へつつあり、四月十二日付滿洲國代表李紹庚氏よりサウエート代表クブネツオフ氏に手交せる一ケ月期限付の車輛返還要求通牒に對しサウエート側はついに滿足なる回答を行はざるためサウエート當局が近い機會において誠意ある處置をとらざる限り兩國の關係はますます惡化を加へんとする情勢に陷つているので外務省は事態の圓滿なる解決に寄與すべく萬全の考慮を進めている、もつとも滿洲國政府の外交方針に對しては何ら干涉を行ふべき筋合のものでないから滿洲國の自主的政策の遂行に影響を與うるが如き處置に出ないことは當然だが、目下日、露、滿三國の間には共同國境委員會設置問題の重大案件が橫はつており、一方日、露間には東支鐵道賣却問題があり、外交上の重大懸案が山積している現狀にかんがみ政府は現在の紛爭をあたう限り速やかに合理的解決に導かんとする方針をもつて對處しており、從つて對露回答において政府は單に論駁的叙述をもつて應酬するに止まらず、進んで局面の政治的解決に效果ある何等かの示唆を提供することとなるであらう.

254. 日本政策, 申報, 1933.05.14

日本政策

東京 買收中東路問題，先由軍部決定方針然後交外務省照辦。陸軍參
謀本部關於買收之具體辦法已作成，現俟眞崎次長回東京後開
會，決定之後交陸軍省，聞參謀本部對於買收該鐵路之意見如
下：據李特維諾夫聲明及蘇俄當局之說明，蘇俄出賣中東路之目
的在於除去因該路而發生之日滿俄間紛爭根源，故日政府可以諒
解俄方誠意，買收之價値軍部及滿鐵雖有調查，然應就現收決定
買價。「滿洲國」鐵路政策完成之日中東路之價値必然減少，故
買收時期應考慮此點後始可決定，買主爲滿鐵或「滿洲國」尚未
決定，然視將來之關係，使「滿洲國」買收則有利。（十三日日
聯電）

東京 日俄滿共同委員會，日軍部有依蘇俄之希望在東京開會之意，故
一二日內決定態度後，再與外務省折衝，方決定日本之根本方針
云。（十三日電通電）

255. 出賣中東路能避免日蘇衝突乎, 申報, 1933.05.14

出賣中東路能避免日蘇衝突乎

蘇聯出售中東路，已由李維諾夫之談話正式證明，其所持理由，僅爲
我國十八個月以來不能在東北三省境內，行使其政治的權力。殊不知
中日衝突，迄今并未了結，中國人民尤未承認日本帝國主義之強占，
且正竭其全力以從事於反日工作，雖爲當前環境所限，未克奏與日爭
鬩之功，固亦未嘗肯自甘屈服也。
吾人猶憶中蘇第一次復交時，蘇聯駐華大使爲現任外交人民委員會副
委員長加拉罕，彼時我國即有人責問蘇聯，何以不肯退還中東路，似
此不免留有侵略我國之嫌，在中蘇親善上遺不潔之跡。加拉罕當時之
答詞，大意爲：「中國政府（指北京臨時政府）不足以代表人民，更

無力控制帝國主義。設使中東路而還付中國者，則不免爲地方軍閥所削制，而轉入帝國主義者之手，此於中國革命不利，於蘇聯尤有損，故不如由蘇聯執掌，反較穩妥……」以此立論爲蘇聯解說，圓滿周到，於中國革命前途，亦似有助力，不謂時至今日，蘇聯爲日本帝國主義所迫，欲維持其傳統的和平外交，即不惜專就片面之利害而出售中東路，吾人不知今日之日本帝國主義，異於一九二五年之日本乎，其對中國與蘇聯行動之橫暴，進攻之急激，不更甚於以前乎。

假使蘇聯爲日本武力所屈，或中東路兩端均爲日本軍國主義之暴力所封鎖，蘇聯爲尋求所以自保，不得已而讓渡中東路，猶可說也，各弱小民族及被壓迫者或猶可同情也，今蘇聯乃自動提議出售，致遺日本以口實，謂蘇聯經濟困難，欲以出賣中東路所得資金，借資國際收支之平衡，而奠第二五年計劃之根基。此種風傳，匪特有損蘇聯社會主義新國家之國際威信，且其策劃甚愚，所得亦有限也。

第一、出售中東路不能緩和日蘇衝突，更不能因此即謂足以換取和平，吾人回憶日本承認蘇聯恢復蘇日國交之際，蘇聯曾以北庫頁半島爲和平代價，用博日本之歡，曾幾何時，遂次及於中東路矣，況日本之侵略我國，刮括中東路，以折斷張多與外蒙交通者，畏中蘇兩國眞正成立諒解，聯合制日，共維公義也，今蘇聯忽急於近利，欲得出售中東路些微利益，而失去中國民族之好感，又復換取和平不得，徒喪蘇聯之令譽，竊爲蘇聯不取者一也。

第二、李維諾夫氏謂我國不能在東北實際行使權力，在變相的戰爭時期，亦屬常事，遠之如阿爾薩斯洛連終於歸回原主，近之如一九二〇年日本出兵西比利亞扶助謝米洛夫，以反擊蘇俄，皆爲明證。現在我東北雖爲日本帝國主義所刮制，爲暴力所蹂躪，但終必有最後清算，物歸原主之一日，則蘇聯有何必急急於此時，強自單獨爲不合法之處置，致中蘇親善之國交，種一絕大惡因，竊爲蘇聯不取者二也。

第三、蘇聯固常兢兢自守，防備資本主義各國之進攻，并力圖維護其既得勝利，苟能維持中東路，使日本有所顧忌，則資本主義各國亦精神分離，愈陷矛盾，若中東路一旦售諸日本，則日本侵華政策，收最大功效，封鎖蘇聯，更著成績，於是乎所謂大陸政策得以完成，西比利亞亦與我國北部同受威脅，是有損於蘇聯本身亦甚大，竊爲蘇聯不

取者三也，第四、日本在國際外交，自前年十三票對一票，與夫本年二月四十二票對一票之國際裁決後，其外交已陷於孤立，蘇聯且成爲左右世界之絕大偉力矣。今一旦蔽於日本威嚇之詞，竟自行提議出售中東路，於是日本最初進攻我國時所揚言防止「赤化」之謊言□□，英日且重新諒解，英美亦暫時協力，對蘇戰線乃愈緊密，封鎖蘇聯，亦愈易實現，是則日本雖孤立而不孤，蘇聯縱多友而寡友，竊爲蘇聯不取者四也，有此四端，利害得失，明如觀火，且爲中蘇兩國國交將來之障碍，是以深望蘇聯切實體認，勿惑於當前短時期之利得，而忘將來無窮之後患也。

256. 中東路蘇傀談判與遠東和平，申報，1933.07.25

中東路蘇傀談判與遠東和平

日本自退出國聯而後，在軍事上固已取得侵略之便利，實現其數十年來制霸東亞大陸之野心，但外交上則陷於孤立狀態，英國原爲日本之同盟國在遠東政治上之利害關係，與日本極接近，對蘇聯主張，亦稱一致，然而□清聯盟運轉既與日本欲把持遠東，先倡所謂「日滿聯盟」，幾則聲示與歐美對立之意思，故英日之間，早有裂痕，頃自世界經濟會議失敗，國際合作與國家經濟的閉關主義，矛盾益顯，主要各國，皆致力於鎖國自衛，日本對外政策，至此乃亦根本轉變，雖不能直接對英衝突，惟於南洋印度之市場，已與英國成於敵對地位，而在北滿與蘇聯，勢尤急激，現在世人皆知蘇聯與日本傀儡之間，正在東京進行中東路出售問題，蘇聯在表面上固仍續持其和平主張，有以相當價格出售之表示，而在日本及其其傀儡，則正欲擴張其軍事實力於東北，又從經濟的立場侵斂中東路，使受日軍及滿鐵之二重挾制，冀以賤價刦取中東路也。

其所以積極刦取中東路，不待吉會路延吉三姓路拉賓路之完成者，蓋以現世各國，莫不努力於自己國內之建設，對於國際，則多傾心于自給自足，而力圖充實其軍備也。日本在此時期中，見積極侵略政策，已有效果，乃欲實行其更進一步之侵略，從前之所謂軍事，尚借口於

防備赤化，維持遠東和平，今則謂從前在東北三省之軍事狀態臨時處理之時期，已成過去，此後在東北將永久駐兵，設置常備師團其數目幾何，司令部設於何地，疑未確定，而欲常駐重兵於東北，在我東三省及熱河境內，構築陣地，爲將來國際戰爭之準備，則斷無可疑，此爲日本積極備戰之一也。再者日本今年預算，陸軍軍費支出總計，不過四億四千八百萬日金，海軍不過三億七千五百萬日金，而明年度之軍費預算，其數字雖未確定，陸軍方面之需求，將不下於五億五千萬，海軍有新規建設計劃，其費用恐將超過六億，即以陸海兩軍，非特□戰時預算而已，且進而至於戰時預算，此日本積極備戰之二也。現在日本之向海外□□東北可稱爲得手，但仍不能濟彼之急而印度南洋等有望□□，又皆受英帝國內經濟聯盟之制限，故仍注意於我國本部，一面爲經濟勢力之擴張，一面爲政治上之挑釁。悉□我與國聯使停止技術上之合作，彼乃得而乘機獨占，此日本積極備戰之三也。吾人固深知日本爲海國，強大之陸軍，不在對蘇聯，即在對我國，今則以中東路問題作轉機，西鎖滿洲里，東封綏芬河，何且爲種種對蘇宣傳，謂蘇聯赤軍在東部西比利亞積極備防，即可借口向東北四省大舉增兵，此日本積極備戰之四也。

有茲四者，中日關係因華北協定而暫趨緩和，然日本對華政策，並未變更，則所謂和平者，不過爲外交上騙人之名詞而已。

257. 일본헌병대는 중동철도에 대하여, 선봉, 1933.07.27

일본헌병대는 중동철도에 대하여 「보고자」의 역할로 하바롭쓰크, 7월 19일 (토쓰따)통신

7월 4일에 쁘그라니츠나야정거장에서 일본군대의 나참니크를 회장으로 정한 일본-만주회사의 협의회가 소집 되엇다. 중동철도에 대한 보고는 헌병대 나참니크 이누에가 하엿다.

보고에 의하여 결정서를 접수하엿는데 그에 쓰기를 만약 중동철도에 대한 동경에서의 협약이 파탄□□때 □ 회사는 반듯이 중동철도 □정간섭으로

해□하기를 □□□□ □의할 것이라고 하였다.

258. 日本方面忽起對俄和緩運動, 申報, 1933.10.06

▲ 產業界有力份子所發起

確立經濟謀根本接近

惟中東路糾紛愈惡化

東京 中東路交涉停頓時, 因發生美國促進承認蘇俄等說, 致日俄關係惡化, 而使憂慮。緣最近無使日俄關係密切, 而兩國提携之機會, 乃發生如是結果, 故此際建立對俄經濟國策, 以謀根本接近之意見, 漸見有力, 主動者爲前駐俄大使田中部吉與日俄協會幹事倉知鐵吉兩氏, 且俄領水產組合長樺山資英·北樺太煤油社長中里重次·朝鮮銀行總裁加藤敬三郎等, 對俄有關係者, 最近常會集討論, 結果關於煤油漁業金融之對俄經濟策, 已略見成立, 并乘對俄關係甚有理解之廣田外相就任之機會, 應一舉而將問題解決, 故於十二·三兩日集於工業俱樂部或星崗茶寮, 匯集最後案後, 向政府進言云。 (五日電通電)

259. 日外務省非正式否認, 申報, 1933.10.10

日外務省非正式否認

東京 蘇俄政府謂獲有菱刈關東軍司令官計劃占領中東路報告日本政府之證據云云, 在莫斯科發表許多文件。日外務當局今日非正式發表聲明如下, 闡明其事實之無稽。據外電, 莫斯科政府發表菱刈關東軍司令報告政府占領北滿鐵道之計劃, 日本政府對如是報告, 完全不知, 顯係捏造, 外務省當立即急電駐俄大使館及長春大使館命令調查真相, 或將向蘇俄政府提出嚴重抗議。 (九日電通電)

260. 俄日果將開戰乎, 申報, 1933.12.17

俄日果將開戰乎

▲ 日人已奪中東路管理權倫敦所傳俄軍集中邊境

倫敦　俄日邦交之益見惡化，已引起一般人士之惶慮，莫斯科當局因「滿洲國」擅派中東路局長，居於俄局長魯迪地位之上，並干涉俄人鐵路管理權，故甚為憤怒，同時中東路出售之談判已完全停頓，而雙方又各設法阻塞鐵路上彼此之貿易，蘇俄現已發出重要命令，以特惠給予阿穆爾省及濱海諸省之農民，並增加遠東陸軍之月餉，且公然說明此事為增固防務起見。倫敦方面確信俄國有兵二十五萬人駐於阿穆爾邊界，並有飛機四百五十架，在海參崴與雙城子，其中有重炸彈機四十架，說者謂俄國與波蘭訂定互不侵犯條約及與法力謀親善，皆足使其在遠東放手行事也。（十六日路透電）

261. 中東路問題日俄關係緊張, 申報, 1934.02.07

中東路問題日俄關係緊張

俄責日軍不償債務並非法捕禁俄工人

黑河偽警開槍傷人

偽向蘇俄領署道歉

莫斯科　日俄間風雲近來頗為緊張，今日俄外交部發出兩報告，一則責備日本不允償還以前用中東鐵路在滿洲運兵所欠經費二千萬羅布，一則指日本干涉中東鐵路，並監禁大批俄籍工人，均係不合法紀，去年，日本曾付俄國四十三萬五千羅布作為清償國際間負債之用，日本管理中東路尚稱順手，然最近有德國等歐洲諸國由西比利亞鐵路運來貨物均遭延擱，其原因實因受日本限制載貨車輛所致云。（五日國民電）

⊙伯力 綏芬河車站之日滿稅關及警察當局正一味破壞中東路與烏蘇里
路間之貨運，彼等擅自限定每日出口貨運，限於五十輛，目的
在故意將運輸減至此種數量。同時規定每次載貨車輛不得超過
三輛，彼等對此種辦法之解釋，均諉謂職員人手不夠，警士鑒
於外國出口商運赴海參崴之貨物絡繹不絕，遂禁止車輛接上烏
蘇里鐵道，並逮捕車上職員及採取其他厭制辦法，最近有路員
二十四人來自烏蘇里鐵路，當遭逮捕，並經搜查三小時後即予
開釋，日滿當局之此等非法步驟，無非欲公開摧殘中東路之輸
出貨運云。 （六日塔斯電）

⊙伯力 據海蘭泡黑龍江對岸中國城市黑河來訊，當地有警官一人忽放
射其連響手槍，傷其他警士三人，遂捕逃。有警察一隊向之開
排槍，黑河蘇聯領事館之汽車適於是時經過，領事館職員烏索
夫坐車內，肩部受傷，當地滿洲當局即表示遺憾，並向蘇聯領
事館道歉云。 （六日塔斯電）

262. 日俄風雲緊急，申報，1934.08.03

日俄風雲緊急

▲ 飛機偵察移動界石偽提抗議遭俄拒絕

▲ 日兵續捕俄員破壞東路行政

哈爾濱 蘇聯方面故意將綏芬河東寧間之俄「滿」國境第十七第十八兩
標識，移入滿洲領內。並由蘇聯秘密警察命駐於第十七標識附
近之滿洲人，立即退出。「滿洲國」外交部哈爾濱交涉員施
履，本根據政府之訓令，要求斯拉資其蘇聯總領事從速中止侵
略行為，同時通告保留被移動之國境標識，復歸原位之權利。
（二日電通電）

哈爾濱 蘇聯總領事斯拉資基，卅一日訪問偽外交部哈爾濱交涉員施履
本，拒絕「滿洲國」之抗議，謂伯力方面之蘇聯飛機越境問

題，及滿洲里國境方面之蘇聯兵越境事件，均爲事實無根。
（二日電通電）

長春 蘇聯方面拒絕「滿洲國」之抗議，謂爲事實無根，「滿洲國」外
交部對此昨日發表聲明如下，蘇聯方面否認飛機越境事件之「滿
洲國」抗議，蓋係愚弄「滿洲國」，若因此不誠意之態度，而使
事件發生糾紛，其責任全由蘇聯負之，而其結果「滿洲國」勢不
得不採自衛手段云。（二日電通電）

⊙ **伯力** 此間接得報告，日本憲兵近在波格蘭尼希那亞及其他車站拘捕
中東鐵路俄員二十餘人，原因未明，據可靠消息，東路俄籍職
員工人之大批拘捕，正在準備之中，此間咸信此次拘捕俄員，
爲破壞中東鐵路東段工作之整個計劃之一部份，該項計劃近由
日人及白衛隊熱忱執行，如阻止貨運·毀車·匪刧·及無理拘捕
等，近來洪水泛濫，日人在滿新築鐵路全已停駛，一部貨物不
顧地方政府千方阻止，轉由中東鐵路運送，因此該項含有挑撥
性之破壞行動愈益緊張云。（一日哈瓦斯電）

長春 據僞外交部接電，在黑河之俄滿一水路會議，前月卅日以設置蘇
「滿」共同技術委員會爲中心議題，討論之結果，雙方非常接近，
再爲一次之準備接洽，定三日起開正式會議。（二日電通電）

263. 中東路交涉俄拒絕日提案，申報，1934.08.11

中東路交涉俄拒絕日提案

▲ 堅持原來主張

東京 蘇聯駐日大使優列涅夫氏於十日午後三時半訪晤廣田外相，略
謂，曾於前月三十日承閣下提出東路買賣交涉之最後折衷方
案，請再加考慮，乃向本國政府請訓，本日接到回訓，內稱，

蘇聯政府曾於前月三十日提出之方案，仍覺極其妥當，應請外相轉達「滿洲國」，再次讓步，務使接近蘇聯方面之主張，尚乞繼續斡旋云云，蓋對於外相最後之調停案，毫未觸及，外相則謂，倘不容納余之調停，則余當辭去媒介人之立場，請與「滿洲國」直接交涉，早有斷言在先，而蘇聯方面仍望外相出而調停，於是廣田外相乃正色答復謂，貴國政府既對於余之最後妥協方案，不肯容納，復提新案，余則絕對不能贊同，但此時仍希望爲日滿蘇三國關係轉佳上與以讓步，今日倘仍將此事傳達於「滿洲國」，余則依舊主張該項調停案在媒介人之立場，自始至終仍當極力主張最後提案所表示之宗旨，若不加以承認，則除直接交涉以外，恐無他途也。

此外又談及各種情形，由是以觀，該東路之買賣交涉直至最後尚屬一進一退之形勢，倘蘇聯長此抱其強硬態度，則該項談判或竟至破裂，亦未可知，其前途頗形暗淡云。（十日日聯電）

264. 日謀奪中東路，申報，1934.09.06

日謀奪中東路

莫斯科 哈爾濱來訊稱，日滿方面正在利用最近中東路南段覆車事件，爆發狂放之反蘇聯運動，同時準對蘇聯人民作破壞之宣傳，哈埠各報已公開宣傳軍事佔領中東鐵路，日軍部非官式俄文機關報『哈爾濱時報』聲稱："如日軍出動衛護中東鐵路全線，則能得打開局面之捷徑。因現已證明蘇聯人民確與匪徒勾結"云。日本《哈爾濱新聞》亦有一文云："吾人須將中東鐵路佔奪，而用日軍保衛之。"關於此點，吾人如將國通社長春來電所稱"襲車匪徒武裝甚為完備"云云。與同社哈爾濱報告稱匪類持有日本三十八號來福槍之說，兩兩比較，殊饒興趣。哈埠外人方面對於此次捕匪及釋放被綁旅客（內多數為日人）之神速，極為注意，因日滿當局平日對於匪類似無能為力者。哈埠各屆將此等事實與日人宣傳佔奪中東鐵路之舉相提並論時，以

為此等攻擊均為巨大之挑釁云。 （五日塔斯電）

⊙ **伯力** 哈埠來電，哈報近稱若干日滿人士有意改組中東路，日本電通
社長春電稱：“滿洲當局決設法大規模改組中東路”各報顯然指
明，此為日滿方面討論如何攻擊中東路蘇員之新辦法，同時，
如何反對北京奉天協定所予蘇聯之權利，出席東京售路會議之
滿洲代表團中有日人代表名杉原者，方自長春抵哈，彼謂報屆
云：“中東路現狀需徹底改變，因迄今保持之路方行政實與帝
國（杉原顯然指滿洲國）之地位不稱”云。 （五日塔斯電）

265. 中東路讓渡以後之日俄局勢, 申報, 1935.01.27

中東路讓渡以後之日俄局勢

據前日路透東京電，日偽在東京談判達一年有七閱月之中東路讓渡問
題，經四十次之長期折衝而後，卒於本月二十二日晨間，獲得雙方原
則上之最後妥協，正式解決之期，在指顧問則其成功，已爲確定之事
實，吾人在今日回憶此項賣買談判之經過，雙方交涉，時張時弛，極
盡撲朔迷離之能事，誠令人莫測其手段之高下，勝利之誰屬，顧由茲
獲得同意之條欵以觀，則日偽亦未能視爲絕對勝利，蓋偽方雖須付出
一萬四千萬日元之代價，而俄方所得現欵，不逾五千萬元，表面上俄
國似不合算，然而中東路在今日，已不如昔日富有經濟上之價值，亦
爲彰明較著之事，是則吾人欲論斷此項談判之所以卒告妥協，不能僅
就中東路本身之利益言，而當於國際外交舞台上所生之影響求之矣。
夫中東路自俄與我國共同經營以來，其間雖迭起糾紛，然論中俄間過
去對於該路之關係，本屬彼此共有，今俄與日偽突然成此交易，爲我
國立場計，自不能同意於此種賣買，而亟當鄭重表示，以維「不承
認」一貫之方針，然而東北四省之土地，且強佔以去，則此區區中東
路之路權旁落，又何暇問，空言爭論，奚補實際，故吾人對此問題，
今日所當明白認識者，即是項交涉之成立，與遠東和平大局之意義何
如耳。

間嘗論之，日俄在東北，本爲兩國勢力接觸之地，自九一八事變既作，日本在經濟上之勢力，日形膨脹，俄自不能不放棄其中東路之權益，但俄國於其他軍事上之計劃，亦肯隨以退讓乎，日本於中東路經濟利益以外，不有其他進一步之希望乎，此實爲最要之問題，昨俄眞理報論日政府努力謀解決日俄間縣案事，謂「日外相竟以爲蘇俄擬鬆懈其遠東邊防，則殊使人驚異，如以俄政府在遠東之計劃，爲在進攻而非防守，可謂荒謬」。可知兩方於其他軍事上、政治上種種猜忌之心，尚未稍見消釋，況據最近電訊，黑省僞軍忽又與外蒙俄軍發生衝突，華聯社電，外蒙俄軍佔領貝爾湖附近漁場，又佔據該池北方三河合流之三角地帶，遂與日僞軍發生衝突，僞軍死傷甚衆，現日僞援軍已到，正在激戰中，而俄方如何解說，則尚未明白，惟據路透社揣測，此事將否嚴重發展，尚屬疑問，倘如外蒙派兵援助，日軍勢必出而干涉，則範圍難保不擴大云云，則此次日僞與俄軍之衝突，前途如何，甚難逆料，夫日僞與俄中東路讓渡之成交，□三數日耳，一般人咸以爲日俄感情，可從此漸向好轉，乃不旋踵而即有漁池衝突之事，雖或僅爲邊疆偶然之細故，未必爲雙方當局願意擴大，然亦可見日俄之間，隨處可以發生糾紛，隨處可以釀成戰事之導火線，故若僅據中東路妥協一事，以論遠東，謂爲有裨於和平大局者，恐尚非深識遠東時局之言也。

266. 中東路成交後日貨傾銷北滿，申報，1935.02.08

中東路成交後日貨傾銷北滿

大連 中東鐵路轉讓與「滿洲國」後，其許多發展之一，將爲日本以其製造品在北滿作大規模之推銷，日人組織之滿洲入口商協會，現正籌備在北滿、哈爾濱等商業中心點舉行展覽會。 （七日路透電）

5

중동철도와 중국

5. 중동철도와 중국 (해제)

1929년 초 중국에서는 철도이권 회수운동이 본격화되었으며, 이에 따라 중동철도 매각문제도 본격적으로 여론에 등장하였다. 1929년 1월 초 소련은 중국의 강경한 정책을 예상하고 같은 달 12일 중동철도공사 관계자가 중국정부를 방문하여 중동철도 매수문제를 논의하였다. 이러한 움직임으로부터 볼 때, 소련은 한편으로 중동철도를 중국에 매각할 가능성을 타진하고 있었던 것으로 보인다. 그런데 일본외무성의 비밀문서를 살펴보면 중국이 중동철도의 매수에 나선 이유는 일본이 중동철도를 매수할지도 모른다는 풍문이 있기 때문이라고 기록되어 있다. 이러한 기록은 중국정부가 소련이 중동철도를 일본에 매각할 가능성을 우려하고 있었음을 보여준다.

이러한 사실은 중국언론에서도 확인할 수 있다. 1929년 주독일 소련대사는 주독일 중국공사에게 중동철도 문제의 영구한 해결을 위해 기한 만료가 도래하기 이전에 중국 측에 중동철도의 매각을 희망한다는 의향을 전하였다. 이에 대해 중국의 언론은 최근 소련이 장차 중동철도를 일본에 양도하려 한다는 소식이 전해지고 있다고 보도하며, 소련은 중동철도를 중국에 양도할 의사가 없기 때문에 철도이권 회수운동을 빌미로 철도의 소유권을 일본에 양도할 가능성이 매우 높다고 보도하였다. 이러한 보도에 따르면 중국 측이 중동철도공사와 접촉하고 있는 주요한 이유는 철도의 매각문제를 협의하기 위한 것이며, 소련 측이 중국 이외의 제3국에 매각하려는 움직임을 차단하기 위한 것으로 볼 수 있다.

1929년 5월 뉴욕타임즈 기자 할렛(Hallet)은 일본과 소련 양국이 중동철도 문제를 둘러싸고 교섭을 진행하고 있다는 사실을 보도하면서, 소련이 중동철도 문제를 일본과 협상하는 이유는 이미 중동철도의 부설 및 운영에 8억 루블이나 투자하였는데, 중국의 철도이권 회수운동으로 말미암아 무상으로 중국에 양도하게 될 우려가 있기 때문이라고 보도하였다. 중국정부와 봉천성정부는 이러한 사실에 비추어 일본과 소련 양국이 중동철도와 관련하여 밀약을 체결하지 않았을까 우려하고 있다고 보도하였다.

중동철도 문제를 논의하기 위해 중소 양국은 1930년 1월 25일 회담을 개최하기로 합의하였으나, 예기치 않은 사정으로 수차례 연기되는 가운데 마침내 10월에 이르러서야 소련대표 카라한, 중국대표 막덕혜가 회담을 개최하기에 이르렀다. 회담의 핵심적인 의제는 바로 중동철도의 경영권이었으며, 이 가운데에서도 특히 양국 간 분쟁의 핵심이 되었던 관리국장의 권한문제 및 이사회문제가 초점이 되었다.

소련은 중국 측에 중동철도의 매각 의향을 전달하며, 봉소협정에 근거하여 중동철도 부설비용에 과거 25년 간의 이자를 더할 경우 총 13억 루블이라면 매각할 의향이 있음을 전달하였다. 그러나 소련이 제시한 13억 루블은 실로 엄청난 금액으로서 당시 중국정부의 재정적 여력에 비추어 부담하기 어려울 정도의 거액이었다. 소련이 이와같이 막대한 액수를 철도 매각 비용으로 중국에 요구한 것은 재정적자에 허덕이던 중국정부의 입장에서 현실성을 결여하고 있다고 할 수 있다. 따라서 소련의 의도는 철도이권 회수운동의 고양 속에서 무상으로 철도가 접수될 것을 우려하여 매각이라는 합법적 수단을 통해 이를 사전에 차단하려는 의도가 있었던 것으로 보여진다.

이와함께 중소협정, 봉소협정의 조항에서 이미 명확하게 규정하고 있듯이, 중동철도와 관련된 문제는 중국과 소련 당사국 이외에 제3국이 관여할 수 없도록 되어 있었다. 이러한 이유에서 소련은 먼저 중동철도 매각협상을 중국과 진행함으로써 자본 부족으로 중국이 매입할 수 없는 형편으로 말미암아 불가피하게 일본 등 제3국에 매각할 수밖에 없다는 명분을 마련하기 위한 조치로 해석할 수 있다. 소련은 누차 중국정부에 중동철도의 매각 의사를 전달하였으나 중국의 재정 적자와 막대한 소요비용에 비추어 실현이 어려운 상황이었다. 결국 소련의 조치는 일본에 매각하기 위한 명분을 마련하는 과정에 불과하였다.

이러한 가운데 1931년 모스크바에서 중국 측의 중동철도 매수 제안에 대해 소련이 기본적으로 동의하였다는 보도가 흘러 나왔다. 이와 관련하여 일본언론은 중국이 현재 중동철도를 매수할 여력이 없기 때문에 그 배후에 제3국이 있을 것이라 추측하고, 만일 이것이 사실일 경우 동아시아 정세에 바람직하지 않다고 보도하였다. 실제로 중국 철도부장 손과는 중동철도를 매수하기 위한 자금을 마련하기 위해 다방면으로 나서고 있었다. 1929년 8월 31일 손과는 미국의 제이피 모건(J. P. Morgan)회사를 통해 중동철도를 매수하기 위해 외채의 모집이 가능한지 의향을 미국차관단과 미국정부에 타진해 주도록 요청하였다. 이와 함께 손과는 차관이 성립될 경우 중동철도의 경영 및 수입에 대한 중국정부의 보증이 가능하며, 더욱이 철도에 대한 외국의 감독도 허용할 의사를 표명하였다.

경위는 분명치 않으나 미국을 통한 차관의 도입은 결국 실현되지 못하고 말았다. 이러한 이유는 무엇보다도 차관의 당사자인 미국의 금융업계가 중동철도를 통한 이윤의 실현에 부정적이었으며, 차관의 담보가 불확실하다는 경제적 문제가 주요한 원인이었던 것으로 보인다. 일본은 중국정부가 차관을 도입하려는 움직임에 대해 중국은 현재 자력으로 중동철도를 매수할 재정적 여력이 없으며, 담보가 부족하여 어떠한 국가도 이에 응하기 어렵다고 판단하였다. 이렇게 본다면 소련이 중국에 중동철도의 매수를 제안한 것은 사실상 일본 측의 매입을 촉구하기 위한 수단에 불과했다고 할 수 있다.

리트비노프와 주소련 일본대사가 중동철도 매각에 합의했다는 소식을 접한 중국외교부는 모스크바에 있던 안혜경 대사를 통해 중국의 동의 없이 중동철도를 매각할 수 없다는 뜻을 소련정부에 정식으로 전달하였다. 외교부장 나문간 역시 소련대사를 초치하여 항의의 뜻을 거듭 전달하였다. 5월 7일 중국 철도부장 손과는 담화를 통해 중동철도는 소련과 중국 양국의 공동소유이며, 이러한 사실은 이미 중소협정, 봉소협정에서 명확하게 규정한 바가 있다고 상기하였다. 따라서 중국정부와 아무런 상의도 없이 중동철도를 일방적으로 매각하는 행위에 대해 중국은 결단코 동의할 수 없으며, 만일 소련이 이를 강행한다면 중국으로서는 결연히 세계의 여론에 반대를 호소할 것이라고 엄중 항의하였다.

일찍이 1924년 5월 31일 중국외교총장 고유균과 소련대표 카라한 사이에 체결된 중소협정의 제9조는 "중동철도의 처리에 대해서는 조약 체결 당사국인 중국과 소련 양국만이 관여할 수 있으며, 제3국의 간섭을 용인하지 않는다"고 규정한 바 있다. 이러한 이유에서 1933년 5월 9일 중국은 중동철도 매각에 대한 성명을 발표하고 중동철도에 대한 권리와 이해관계를 가진 나라는 중화민국과 소련 양국뿐이며, 따라서 중국의 철도 권리가 타국에 의해 훼손되거나 침해되는 사실을 결코 용인할 수 없다고 천명하였다. 1924년 중소협정은 오직 소련과 중국 양국에 의해 중동철도 관련 협상이 진행되고 결정되어야 한다는 점을 명시하고 있다. 중국의 동의 없이 이루어지는 일체의 협정은 바로 1924년 중소협정을 위반한 것이며 따라서 무효로 간주되며, 중국정부로서는 결코 이를 승인할 수 없다는 입장을 내외에 선포하였다. 여기에서는 중동철도의 소유권 및 매각문제와 관련하여 중국 중앙정부 및 동북정권의 대응을 중심으로 각국의 신문기사를 집성하였다.

5. 중동철도와 중국

267. 東清鐵と支那, 大阪新報, 1918.03.09

東清鐵と支那

附属地不法課税

▲ 東清鐵道附属地の一廓に對し支那政府は自國税率を適用して課税し始めたりとの説ありて其税種、課税範圍及課税命令官廳等一切不明なりしが最近哈爾賓方面より確かなる情報によれば同鐵道東部線中吉林管内に属する牡丹江、海林穆陵附近の附属地内に居住する支那人に對し種々の租税を課すべき旨吉林財政廳より示達せりといふ元来東清鐵道附属地（鐵道線路に沿ふて左右に二三哩位の間）は我南満鐵道附属地と同じく東清鐵道が附属地住民に對し露人と支那人と将た又他の外國人とを問はず一様に相當課税をなし道路、教育、衛生等公共的施設費に充てつつありて附属地内居住の支那人は為に全く支那官廳にしては

▲ 厘毫も納税の義務 を負はざりしものなるが從つて附属地居住の支那人は從来東清と南満とを問はず一般に支那官憲より白眼視されたる傾きあり然るに今回突然支那側の課税命令に接したるを以て彼等支那人は東清側に哀訴して是等不法課税の廢止方交渉ありたしと懇願し来りたる由なれど往日の東清ならばかかる場合には直に支那税吏を引致して哈爾賓交渉局に引渡すを例とせしも勢威全く地に墜ちし今日東清鐵道としては其不當を申立てて支那側に交渉するも有利なる解決は到底覺束なるかべしと観測さる唯該課税に對するホルワット長官が北京出發前訪問客に漏したる意見は何等據る所なき不法課税は絶對に之を拒否すべじと言明せりと謂う．（大連特派員報）

268. 東支鐵道暫行協定，大阪朝日新聞，1920.10.06

東支鐵道暫行協定

交通部露銀行の協定
支那側優越なる條件 (北京特電四日發)

交通總長葉恭綽氏と露亞銀行代表者との間に十月一日附を以て東支
鐵道に關する暫行協約を締結せり該協約は露國の統一政府が正式に
成立する迄東支鐵道に對して現狀維持主義を採ると云ふ諒解の下に
規定されたるものにして其要領左の如し

一、露亞銀行は一八九六年の露支間の協定に依り露國の國籍に屬し
　　純然たる國策上の機關にして政治的關係を有せず.

二、東支鐵道の軍事 (理事) を十名とし露支各五名宛とし董事長を
　　支那側より出し七票を以て多數決と定む.

三、運輸部、技術部、商務部等の各部長には露支人各一名を置く.

四、十月中に北京に株主總會を開く.

五、東支鐵道の管理權は支那側にて保持し統一せる露國の政府成立
　　するを待ち舊條約を改訂す.

而して從來支那側より要求せる五百萬兩に就いては東支鐵道契約第
十二條の規定に照らして交附することを承認せり.

269. 東支鐵道改訂條約，大阪朝日新聞，1920.11.02

東支鐵道改訂條約

十月二日交通部代表と露亞銀行代表エジエルスキー。ランドル兩氏
との間に締結されたる東支鐵道管理に關する契約及び條件左の如し
一支那政府は

一、庫平銀五百萬兩を出資し光緒二十二年七月二十五日露國道勝銀
　　行と協同出資の下に東支鐵道の建設經營を爲すの契約をなせり.

二、東支鐵道會社の支那政府に對して有せる債務は五百萬兩の元利

及び鐵道の為支那政府が種々援助せる債權關係を含む.

三、露國は政治動亂に由て鐵道管理及び秩序維持の能力を失へり.

四、支那政府は領土主權の關係に依り鐵道管理の區域内に於ける治安維持及び世界公共の交通の為に該鐵道の財産及び一切の秩序を整頓する責任あり.

以上の理由と責任とに依り支那政府は特に民國九年十月二日正式に道勝銀行(露亞銀行)に通知し支那政府は暫らく露國政府の執行せし鐵道契約及び現行章程上の凡ての職權並に光緒二十二年の鐵道契約及び現在の章程に依て有する露國の職權を代行する事、代行期間は支那政府が正式に露國政府を承認して改めて辨法を協定する迄とする事、協定の口合は本契約に準據する事を聲明せり茲に民國九年十月二日支那政府代表と露亞銀行代表と改訂せる契約本文左の如し

第一條:東支鐵道會社は本契約調印後直ちに支那政府に對して有せる負債と同額の鐵道債券を支那政府に交付すべし公債の性質は別に規定す.(一)原契約第十二條に照らし會社は鐵道開通の際支那政府に庫平銀五百萬兩を支拂ふべきものなり(二)前項の五百萬兩に對し毎年支拂ふべき利息は鐵道開通の日より起算し會社の章程第十六條に照らし年六分の複利を以て計算すべく一九二九年を以て期限とす以上の債務は一九二一年より前一二兩項の原利總額を年利五分の割合を以て半年毎に支拂ふべし此項の鐵道債券は支那が鐵道を回收する際露國より償還するか乃至は支那の回收費より控除するものとす、以上の債務に對して發行する鐵道債券は鐵道の動産及不動産を以て擔保とす.

第二條:董事(重役)九人の中支那政府は督辨以外に四名を任命する事とす右資格は株主たると否とを問はず、露國董事は露國人より自由に選舉す、投票同數の場合は督辨は固有の投票以外更に決定權を有す.

第三條:董事會の決定數を七名とす凡ゆる決議は七名の同意を得て效力を生ず.

第四條:支那政府は稽査(監査)局員五名中支那より二名を出す總稽査は五名中より選舉す、但し總稽査は支那人に限る.

第五條:鐵道從業員は兩國人を公平に分配し同等の待遇を為す.

第六條:會社今後の一切の權利及び職務は商業上の範圍に限り政治的關係を禁止し支那政府より隨時嚴重に取締る.

第七條:光緒二十二年締結せる露支合辦の東支鐵道會社の契約及び會社の章程と今回の改訂契約と牴觸せざるものは全部有效とす.(以下電文未着)

株主總會延期

東支鐵道の株主總會は三十一日も流會となれり来週の日曜(十一月七日)に開會の豫定なるが露國側重役の選擧は露支の妥協困難にして支那側の主張を入るるか明年迄總會を延期するか何れにしても露國側の不利なる形勢にあり.(北京特電卅一日發)

270. 外交部力爭中東路主權, 申報, 1922.05.09

外交部力爭中東路主權

▲ 照覆英美兩使文

外交部對於英美兩使請求擴充中東路技術部之事, 日昨已備文照復, 其文如下, 為照會事, 案准貴公使照中東鐵路辦理不善, 應由中國召集有關係各國會商改良, 並列舉辦法三項, 照請照辦等因, 准此當經合飭查明具復去後, 頃准該路督辦復稱, 維持全路治安一事, 自經收管之後, 麼費千萬, 常駐五旅以上之兵力保護路線, 維持交通, 自駐護沿線以來, 驅逐鬍匪, 遏抑過激派, 不遺餘力, 謝米諾夫在滿洲境外里與激軍相持兩年, 屢戰受挫, 激軍舊黨屢次衛入東路, 皆賴我軍守護, 始得安全, 霍爾瓦特因辦理不善, 激起鐵路工人兩次全體罷工, 而新舊兩黨復以東路為政爭焦點, 若非護路軍竭力鎮撬, 一面彈壓工人, 一而設法防範, 無論何黨不准在鐵路界內有政爭暴動, 則東路情形, 早經麋爛, 何能使英美捷克各友邦軍隊, 及德奧俘虜安全通過。且民國七八年間, 因協約國共同出兵之關係, 設監管會於海參崴, 曾由捷克軍任護西伯利亞鐵路, 日本軍任護烏蘇裏鐵路, 而西伯

利亞一路, 屢經斷絕交通, 烏蘇裏一路僅能自達通車, 並時有破壞橋樑搶劫車輛之事, 至於中東鐵路, 隧道橋樑, 牢固無悉, 營業交通, 兩無妨礙, 彼此相較, 殆亦可共見, 沿線俄民自遭黨亂, 流離堪悲, 亦經設法收容, 格外優待, 並無苛虐待遇之虞, 往事昭昭, 應請切實聲明等因。據此, 查中東鐵路自經據約收管之後, 護路軍隊, 恪盡其職, 所以行旅稱便, 未遭阻礙, 待遇俄僑, 亦無苛虐, 貴公使照會各節, 實屬誤會, 茲特慎重聲明, 中東鐵路為中俄兩國所共有, 俄國股東既願改歸中國代管, 各國似無干涉之權, 護路一切, 中國政府自技術部之設立, 始起於列國共同出兵西伯利亞, 維持軍事運輸, 案照技術部創立護案第五條, 載有以上之一切組織, 以協約各國退兵時失其效力之語, 條文具在, 今各國駐軍已經撤退, 技術部照約當然消滅, 貴公使反請求擴充, 實與條文抵觸, 中國政府與貴國戚情素篤, 深信貴公使不致有違約侵權之舉動, 務請即將技術部照約取消, 以保全中國之主權, 而增進兩國之友誼, 以上各節, 相應照復貴公使查照可也, 須知照復者。

271. 東支鐵道幹涉絕對反對, 大阪每日新聞, 1922.10.06

東支鐵道干涉絕對反對

支那政府の聲明書

【奉天特電三日發】北京よりの消息によれば東支鐵道技術部廢止と共に列國間に今後の同鐵道管理方に就き種々の內議あるので支那政府はこれに對する自國の立場及び利權を明確ならしむるため近く五箇條より成る聲明を發する筈でその內容は

一、該鐵道は支那政府の管理に歸した以來每日定時發車し嘗て一日も休止せず且チエツク軍管理當時一部の腐敗せる情況を漸次改良した.

二、支那の該鐵道に對する放資額頗る巨大なれば當然之が管理權を拋棄する能はず.

三、露貨低落の結果全く支那貨幣に依りて維持され支那と該鐵道との金融關係は最も密接である.

四、鐵道沿線には盜匪猖獗を極め支那は該鐵道に對し大兵を駐屯並に多數の口官を派する等支那は沿線防備に關して口に努力している.

五、露支兩國は種々の條約の關係上絶對に第三國が加入干渉し兩國の條約を破壞し兩國の主權に違反するを承認せぬ.

272. 奉當局之對外聲明, 申報, 1922.12.06

奉當局之對外聲明

某外報消息, 奉天交涉員佟兆玄氏, 歷訪英、義、法、德、日五国駐奉領事, 曾為下述之聲明, (一) 東三省對於中東鐵路, 不問中俄會議之如何進行, 及北京政府之取何種態度, 絶對反對將中東鐵路引渡與俄國, (二) 最近各方, 對於東三省有與過激派政府握手之傳說, 此實為有所為者之一種宣傳, 蓋東三省之對於過激派, 雖未必與之為仇敵, 然過激派苟欲於東三省內為赤化之宣傳, 而擾亂東三省之治安, 則不問北京政府作何種態度, 東三省則絶對排斥過激派之行動云云。

273. 中東路之危狀與防禦, 申報, 1922.12.12

中東路之危狀與防禦

▲ 東三省通信

俄赤黨藉搜索白軍為名, 集大軍於滿洲里綏芬一帶, 謀佔中東路, 護路總司令朱慶瀾東路督辦王景春迭向各方告急, 設法防護, 茲覓得王氏請赤塔王領向俄政府抗議, 及希望奉直修好一致對外兩電, 原文如次, (一) 奉天張總司令鈞鑒, 奉天王省長吉林孫督軍魁省長卜奎吳督軍于省長鑒, 迭據報告, 赤黨謀奪東路一事, 茲經電請赤塔王領事

提出抗議, 原電照錄如下, 赤塔王領事鑒, 公密, 連日迭據中外報載, 及各方報告, 均謂赤塔黨謀奪東路, 將以武力解決等語, 查中俄兩國素主親善, 對於俄國黨爭, 始終抱定中立主義, 如有携械入境者, 不論何黨, 均須解除武裝, 分別收容遣送, 此皆合乎國際原則, 歷經照辦有案, 至東路問題, 本係兩國合辦之營業, 並無政治關係, 有合同足資佐證, 且經華會議決, 中國應負責任, 惟按諸報載, 十一月四日索夫民之議決, 及十一月十七日赤政府之宣言, 似於東路情形, 尚未明瞭, 設使常此誤會, 實與我國親善睦鄰之本旨深爲觖望, 擬請提向該政府切實抗議, 請其明白宣佈, 以釋衆疑, 並盼示覆等語, 謹聞, 王景春儉印, (二)北京國務院外交部交通部鈞鑒, 奉天張總司令鈞鑒, 奉天省長公署長春督軍署吉林省長公署黑龍江督軍省長公署鈞鑒。頃准護路軍朱總司令代電開, 准東三省議會聯合會篠電開, 奉直以政見不同, 誤會失和, 數月以來, 未能正式解決, 兹經京津諸大老及在野名流, 咸以政見上之誤會, 並無私仇, 公推鮑前總長廷九出爲雙方接洽, 曹張兩使意見旋融, 仍舊和好, 永釋誤會, 務希轉遠各機關佈告周知等因, 轉達查照, 即希通飭所屬一體周知爲盼等因, 接誦之下, 極深欣忭, 藕以兄弟鬩牆, 外禦其辱, 奉直誼屬同袍, 雖内部偶有誤會, 彼此不難諒解, 現在東路形勢危急, 甚望從此永久和平, 庶可協力同心, 一致對外, 曷勝盼禱, 王景春叩印。

又據軍界消息, 張作霖迭接朱慶瀾王景春告急電, 正擬酌派軍隊前往防護, 又接北京政府電開, 據王督辦急電報告, 東路兵力單薄, 不敷分布, 赤軍集結滿洲里綏芬等處, 存心叵測, 危機潛伏, 懇即設法預防等語, 希由尊處迅派得力軍隊, 嚴軍戒備, 以維現狀云云。蓋東路純在張作霖勢力範圍之内, 中央無派遣軍隊之可能, 不得不商之奉方也, 張氏當即電商吉黑孫吳兩氏, 決定奉出兩混成旅, 吉黑各出一混成旅, 迅速開赴東路, 概歸朱總司令節制調遣, 其駐防地點, 亦由朱氏指定, 並聞奉省已派定第四、第六兩混成旅爲遣防東路軍隊, 日内即可開拔前往, 觀此東路形勢日亟, 可概見已。

274. 張作霖召集三省會議討論中東路問題，申報，1923.01.14

吉林通訊

▲ 張作霖召集三省會議　▲ 討論中東路問題

張作霖於月初急電吉黑省議會，速推代表尅日來奉，會議三省要政。吉談會當即舉定副議長劉樹春等八人，代表赴奉與會。茲接代表張其軍來函報告云，代表等於三號晚起程南下，四日早十時抵奉。下榻於西關茂林賓館。當即電話達孫督行轅，旋奉電話，請代表等會見於陸軍統監處。代表等稍拂塵埃即往謁。當經孫督接見，寒暄數語。孫云，我於長春接總司令電報，（邀議員電係由孫轉）我以為不知何事，有無來奉之必要，均地問題中，遂來奉面謁總司令請示。總司令云，新年伊邇，我欲邀他們歡宴，並有幾句話說云云。我遂電請大家來此，總司令邀請之意，恐大家不甚明白麼。（代表云不知道）蓋總司令以為現在白黨東竄，赤黨野心勃勃，久欲攘奪中東路，若以中國全國之力保中東路，又何難事。因中國雖弱，猶不若俄之殘破也。惟中央現在不暇及此，若坐令失之，殊為可惜。況此路與東三省有密切關係，所以不能不與大家研究的。其餘如錢法盜賊，皆總司令所最疾首痛心者，至於奉直和議問題，本係自己家事，無論認占誰的，終不離於中國。所可怕者，對外問題。現在大家來甚好了，黑龍江代表今日亦可到，大家先到總司令處。今日如能見更好，如不能可先掛號。語畢與辭，即赴總司令處掛號。奉諭五日下午三時接見，及期謁見張總司令，在座者有奉天省議會工商會各首領，及黑龍江代表三人。總司令謂赤俄謀占中東路，迭派代表來奉交涉，均被我嚴詞拒絕。我以其國家尚未經列國承認，及該國盧布已喪失信用為辭，雖抵赤黨之侵擾，果東三省人心不死，尚不足為慮。所可怕者，第三者藉收漁人之利耳。而中東路又適當吉江兩省要衝，人民若不急謀補救，錢法之壞，固非朝夕所能奏效。但亦應速從根本設法，勿待至破產之日不可救藥。奉天錢法，以先非好於吉林，而克有今日者，無非實地設法，言之即行而已。究竟吉林錢法之壞，仍禍吉林，與奉何與焉。大家急應設法挽救。盜賊蹂躪地方事，真令我焦灼萬分，推原其故，由於戶

口不清，人不能自食其力者固半，而由飢寒所迫者實居多數。即剿捕之士卒，每月不過數元廉薪，比較家中女僕之不若，而欲其用命及不擾民，蓋亦難矣。總而言之，錢法盜賊，猶不難治，惟外交實係最重要問題，如中東路、吉長路、天圖路等，我本未加幹預，乃一般人對我嘖有煩言，報紙評刺，直令人灰心。我以孺子而竊大權，早虞覆餗，謬承大家推戴，更覺愧對，此次無論如何，我決不再幹了，請大家另推賢者可也。我徒擔虛名，而受實禍，即如奉軍之赴吉剿匪，而奉之擔負，實非少數。究竟知者何人云云。當經各代表婉言懇留，具言總司令一人之去留甚小，關於三省之治安者甚大。無論如何，務希於福國利民方面，勉為其難。至於錢法，盜賊救治之法，代表等祇負建言之責，嗣後當與執行者力謀進行。總司令復謂錢法一項，東三省將來恐有第二魯布，大家務要注意，並謂我以先待兵太寬，此次受小挫折，塞翁失馬，未必非福，嗣後自當嚴屬待人，本人材主義，擬由三省各選送二十名學子來奉，我就其性之所近，加以培養，以期得用。現在時已不早了（下午五時），請大家回去，對於以上各項，加意研究，擬有具體辦法，再行討論云。（八日下午二時）

275. 中東路護路軍之組織，申報，1923.02.26

中東路護路軍之組織

中東路護路總司令部成立以來，尚無專管軍隊，僅由吉黑兩省抽撥而成，現張作霖以俄黨野心勃勃，非有固定常用駐軍，不足以固邊圍，特於前日開軍事會議，議定以江屬張明九一旅、吉屬張煥相一旅、奉屬張宗昌一旅，及吉屬山林遊擊隊等各部隊，歸護路軍總司令直接管轄，並規定權限如次：（一）將張明九旅、張煥相旅、張宗昌旅及山林遊擊隊約共五旅，完全劃歸護路軍總司令部管轄；（二）三省如有調用護路軍時，事前須商明護路軍總司令，方可施行；（三）護路軍之升遷調補教育訓練，均歸總司令行之，但教育、訓練兩項，均按三省陸軍整理處規定施行，（四）護路軍之餉項，每月由護路軍總司令得照各本省軍隊應領之數，向本省領取發放，（五）特別區內駐有各

省軍隊（非護路軍）護路總司令亦均有指揮節制之權，　（六）萬旅及李旅靳高兩營歸護路軍總指揮調遣，其餉項及升遷調補教育訓練，仍歸該省處理，　（七）哈滿長綏司令兩處經費仍照舊，哈滿歸江省支付，長綏歸吉省支付。

276. 吉黑兩省防範東路計畫，申報，1923.03.19

吉黑兩省防範東路計畫

近來北滿風云，非常吃緊，俄軍進攻滿站貝勒山，雖經我軍擊退，然尚積極籌備，希圖大舉。據某方面消息，俄軍近於俄境毛口威地方收容大批中韓匪黨，預備進犯，便芝阿地方又有俄黨加立里果夫聚眾千餘人，圖擾中東路，吳俊陞除飭萬旅長福麟嚴加防堵外，並因中東沿線，時有俄黨潛伏，暗殺鐵路職員，及販運軍械，接濟鬍匪，騷亂治安情事，特於對清山安達昂昂溪三處添設檢查所，檢查車站附近居住及往來之俄人，現已查獲無照俄人千餘人，陸續遣送回境，並搜獲步槍八百餘支，野砲四尊，機關槍六架，均交由張宗昌運往奉天貯存，又聞政府方面因俄人藉口中東鐵路匪風甚熾，為保護俄人財產起見，有擬派兵分駐沿線之議，前曾電孫烈臣飭令妥為防範，設法肅清，免貽俄人口實，日昨已接孫氏復電，原文如下：陽電敬悉，並已分別轉電查照去訖，至關於護路軍隊整頓辦法，頃據哈總部佳日代電稱，遵查前奉庚電，指示整頓東路辦法各節，詳譯外部陽電所指關於護路軍事項，重在剿匪護林保路諸端，謹將實行整頓各辦法，略為陳之，查東路全線匪患，向以哈綏為甚，自改編長綏部，力謀局部統一，期於指揮策應便利，編成遊擊兵車四列，每列附機關車及客車各一輛，兵車二十輛，外有裝甲車兩列，在長綏線遊擊策應，而哈滿線另編有裝甲列車，時出梭巡，以防沿線發生大股鬍匪，復恐各站時有三五小幫匪徒出沒，擾害路員及行旅，當令各駐軍撥派官兵，分班輪流查道，每班十名，各站銜接，互相聯絡，並規定查道官兵乘車執照及規則，俾有遵守，實行以來，尚有成效，此防剿沿線鬍匪之情形也，林場多匪，原因由於煙賭為媒，暨民戶工棚戶口未加清查之故，茲經規定嚴

禁山裏煙賭特別辦法，公佈施行，凡在林場住戶工人，均由駐軍發給執照，實行十家連保連坐罰法，而場内民戶工人購用食糧，均需由護軍領有糧票，注明運往地點，食糧人數日數，以防供給匪食，其外來入場人等，由駐軍設卡盤查，使匪人不得混入，護林遊擊隊均經改編為營，俾明管轄而專責成，重要林場並派有十九軍軍旅駐護，自各場駐軍以來，尚未發生焚燒木料情事，此護林清匪之情形也，至保護軍務一節，在使護路軍各盡職責，與俄路員感情融洽，曾由部編發白話訓言，俾駐軍曉然於護路主旨，及權責之所在，每次列車均掛有軍用乘車一輛，以便乘坐軍人，編訂押車稽查員規則，各路每次行車，均派有專員隨車稽查，凡無票乘車軍人，一律嚴行取締，而各站軍隊用車，均規一定手續，造表報部，以便稽核，更隨時告誡軍隊，對俄務須和平，遇事以理解釋，免生枝節，並時由司令親赴路線巡查路警駐軍。復與俄軍長官聯絡接洽，以免誤會，惟俄人每以細故故意挑剔，在俄人亦明知事出誤會，本不足論，而必欲藉此詆我護路不力，要求由俄軍會同護路，在我惟有與駐俄哈各國領事，時相接洽，將俄人圍占中東鐵路陰謀，詳加披露，俾各曉然真相所在，俄人自無所施其伎倆。一面通飭各軍嚴加防範，以免俄軍伺隙進攻。此保護路務之情形也。以上各端，均已積極整頓，實力進行，以免外人藉口。俄黨伺隙進犯，除將與各機關會議情形，另電呈報外，謹將關於護路等應整頓改良各辦法，先行電呈，伏乞鑒核等情，特電詳陳，統乞鑒核。孫烈臣叩真印。

277. 중러협정, 시대일보, 1924.06.17

中露協定東支鐵協定其他文書

批准公文發表

[北京十五日發表] 中露協定東支鐵道暫定協定及附帶文書는 十四日 曹大總統에게서 批准되어 十五日 大總統令으로 正文이 發表되엇다.

278. 중동철도에 대한 일미뎨의를 거절 중국외무총장의 강경, 선봉, 1924.07.01

중동철도에 대한 일미뎨의를 거절 중국외무총장의 강경

중국외무총장은 미국공사에게 공문으로써 회답ᄒ되 와싱돈회의에서 중동철도에 관ᄒ야 중국의 주의를 저촉ᄒ며 또는 동철도의 ᄎ관에 대한 권리보관에 관한 긔억을 요구 한다는 통지를 바닷으나 동철도에 대ᄒ야는 로중량국만 관게잇고 로중의 협약이 엇던 타국의 권리를 침해치안이한 것이며 또는 이에 관ᄒ야 미국정부는 근심홀리유가 업다고ᄒ얏으며 일본副驛長의에 대ᄒ여는 중동철도는 로중의 공동ᄉ업으로서 동철도에 대ᄒ 법률상의 권리는 로중량국에 속ᄒ것으로써 일본의 예의는 거절ᄒ다는 것으로 회답ᄒ엿더라. (북경연보)

279. 東支鐵道の編成替か, 大阪毎日新聞, 1924.07.20

東支鐵道の編成替か

歐露から鐵道關係者續々来る

【哈爾賓特電十八日發】奉天における張作霖氏とサウエート代表との豫備的交渉は既に終了したもののやうである、該交渉において決定さるべき諸懸案中に東支鐵道の運命に關する條項のある事は明かで哈爾賓方面ではその結果が待たれているがたまたま歐露より鐵道關係の技師專門家等が續々哈爾賓に到口するので莫斯科政府は愈々東支鐵道の編成替に着手するものと信ぜられている右に關し某有力者は往訪の記者に左の如く語つた.

東支鐵道問題に關する張作霖氏の態度がどう口つたかは未だ判明しないが露支協定の結果結局現在の上級下級從業員に對する根本的大更迭あるべきは疑なき所で此頃サウエート露國の哈爾賓にある鐵道專門家等が編成替後の東支鐵道の事務に携るのではないかと思はれ

る、東支鐵道沿線在住の露國人三十萬餘の内同鐵道從業員は目下一萬七千人でその大更迭は從業員自身にとつて大問題であるのみならず同鐵道の運轉及び營業上にも關はる結果を商らすだらう、編成替せられる同鐵道に如何なる人が幹部となるか、事情に通ずるものの觀測では鐵道長官の後任はイワノフ氏が任命せらるべく露國側の理事に交通、大藏、外務の各委員會及び鐵道專門家より夫々代表を送つて東支鐵道を以て特別の政權を受理するであらう、哈爾賓の代表ラキチン氏の理事任命説は或は實現されるかもしれない.

記者は右の情報を口らして現東支鐵道長官オストロ一モフ氏を訪問したがオ氏は左の如く語る.

余は何時如何なる形式により鐵道の編成が變更さるべきかについて何事もいふ事は出来ない、然し露支協定の結果として余が鐵道を引渡さねばならない場合には直ちに引渡し得るやう準備している、鐵道從業員の更迭がありとすれば余としてはその更迭が一部分に止まらん事を希望するものである、余は東支鐵道長官に就任以来日露親善に努力した、今日では東支、南満兩鐵道の間にはその相互の經濟的利益が明らかに示す處に從ひ何等の口りもなく萬事極めて圓滿になつている事は余の最も愉快とする所である.

280. 張作霖氏と露代表の東支鐵道協定調印, 大阪毎日新聞, 1924.09.24

張作霖氏と露代表の東支鐵道協定調印

哈爾賓の露國側には報道なし

【北京廿三日發國際】北京に達した確報に依れば豫て奉天で交渉中であつた東支鐵道に關する協定は二十一日張作霖氏とカラハン氏の代表との間に調印を了した.

【哈尔賓特電廿三日發】二十二日午後當地支那道尹公署並に東支鐵

道に入電があつたとて露字新聞カペイカ祇は「斎道、尹李外交課長が值に勞農公館にタキーチン氏を訪問し東支鐵道に關する張作霖氏との間の協約成立に關し祝時を述べた」との號外を發行したが此號外は支那官口に依つて没收された、哈尔賓勞農側にはまだ何等の報道がなく真偽の程は不明であるが右の兩氏勞農公館を訪問したのは事實であると斷言した、但し二十三日朝の新聞は種々なる聽説を掲載して居るがその後支那側にも露國側その他にも何等の報道がない最も有利な條件で解決.

得意な張作霖氏

【奉天廿三日發國際】露國との協約に就いて張作霖氏は得意となつて人に語つて曰く

北京に於ける露支交渉をそのまま承認したのではない、それよりは最も有利な條件で東支鐵道問題を解決したのであつて不日發表する考へである、口のは露支交渉であるならば之は露奉交渉である.

北京政府で承認するか

【北京特電二十三日發】張作霖氏と露國との東支鐵道に關する協約は二十二日調印され右文書は二十三日北京に到口する筈であるが逆賊と名づけた張作霖氏の調印した條約を北京政府は果して承認するかどうか内外の興味を引いて居る.

281. 카라한씨는 슬며시 장작림씨와 악수, 시대일보, 1924.09.25

카라한氏는 슬며시 張作霖氏와 握手

東支鐵道協定調印

[奉天二十三日聯電] 露國代表 카라한氏는 요지음 그 代表로 하야금 奉天에서 張作霖氏와 間에 交涉을 進行하야 有利하게 解結하얏는데

此는 東支鐵道에 關한 協定으로서 二十二月 完全히 調印되엇다.

張作霖氏 得意 露奉協定에 關하야 [奉天二十三日發電] 露國과 協約한 張作霖氏는 得意하야말하되 北京에서 行하는 露中交涉을 그대로 承認한 것이 아니다. 그것보다도 곳처 조흔 條件으로 東支鐵道□□를 解決한 것으로 不日發表하랴한다. 그런데 北京에서 行하는 交涉을 露中交涉이라할지□ 이번 우리것은 露奉交涉이라할개지─하고 가장 自己立場에 意味잇는 語□를 吐하얏다.

政府措置如何 [北京二十三日發電] 張作霖氏와 露國間에 調印된 東支鐵道에 對한 協約文書는 二十三日 北京에 到着할 것이니 中國政府는 逆賊되는 張作霖이가 調印하야 노흔條約을 그대로 承認하야버릴것이냐? 이것은 實로 中外의 興味를 惹한다.

成否는 頗疑問 [北京二十三日發電] 東支鐵道에 關한 露奉協約이 成文되엇다함은 當地에 傳搖되엇는데 方今政府가 張作霖을 討伐하는 中에 그러한 協定이 締結되엇은가하야 疑問에 □하는 터이다.

282. 東路停車事件之起因, 申報, 1926.01.25

東路停車事件之起因

十八日長春快信, 自奉郭戰爭後, 中東路局俄人對於我方著著緊逼, 其最要者, 如裁撤督辦公所, 核減路警經費, 不信任哈大洋各案, 尤以軍隊乘車須繳現費一案, 為制我軍事行動之計, 各案均經我方嚴重抗議, 而伊局長堅執如故, 且有再接再厲之概。本月十六日, 二十六旅軍隊, 由李旅長率領全部回長, 該旅原系駐護東路各站, 當局為重視路防計, 故即令開回原防, 並先有護路司令部與路局接洽, 擬由長分批乘車, 俾各回原駐地點, 以資護衛, 而伊氏堅謂非繳價不可, 是日下午, 在長者已派一連持免票上車, 乃伊氏因此非但不載軍隊, 并電令哈長來回票車, 一概停開, 破壞交通, 以為要脅, 總令部為護路關係重大, 不得以於十七日下午四時, 迫令長車開行, 其哈車亦於是晚勒令照常南行, 哈長間交通, 由是暫行恢復, 先是格蘭德因上述各案赴奉, 刻因此事, 已於十八日回哈, 究竟在奉天蹉議, 有何眉目,

尚未探悉。

283. 奉方對中東路潮之堅決，申報，1926.02.06

奉方對中東路潮之堅決

▲ 張作霖電複段合肥

▲ 各將領一致主張不退讓

京訊，張作霖因中東路局長伊萬諾夫，此次對於中東路風潮，有不遵命令之處，且平時把持路政，種種不法行為，不一而足，已電駐俄京代辦鄭延禧，絕對拒絕懲辦張煥相，更以責任屬于俄方，要求懲戒局長伊萬諾夫，張學良亦自錦州電請堅持，不可讓步，吳俊陞張作相均同一態度，現一面定于明日（二十九日），在督署召集外交會議，一面鑒于俄方態度將不可測，電令關內撤退軍隊，除留一部分扼守榆關，並嚴防熱河方面馮軍外，先行移防止赤軍進入。

近頃以來，外間迭傳張作霖對段馬電，業已答覆，但昨據某方消息，張之複電系二十七日晚間到府，原電似系梁鴻志手筆，探誌其大意如次，『北京段執政鈞鑒密，迭電誦悉，中東路局長一職，照中俄奉俄協定，由理事會所推薦，護路司令當然有指揮之權責，乃伊萬諾夫就職以來，違反協定，遇事專橫，欺辱華人之處，指不勝舉。日前竟不經理事會議決，擅將護路軍隊，停止開駛，致令商民守候車站，等待開車者約數千人，似此兇蠻顯系別有作用，作霖為維護地方安寧及我國主權計，特于上月二十二日電飭戒嚴司令部，將該局長暫行拘留，并函知理事會將該局長免職，另委華俄兩副局長共同負責代理，現南路交通恢復，所有客貨各車照常運行，中外稱快，與中俄邦交毫無牽涉，誠恐遠道傳聞失實，特為鈞座陳明。至向榆進兵一事，亦系迫不得已，並非有意與人尋釁，鈞座公正為懷，區區下情，當能鑒諒，作霖亦不願曉曉申辯，惟迭次來電，措辭實與鈞座平日公正為懷之旨不符，定系受赤党走狗之包圍，意志不能自由所致，以後恕不奉複，張作霖有。』

284. 東鐵副總裁ラ氏支那官憲に監禁さる, 神戸新聞, 1928.08.20

東鐵副總裁ラ氏支那官憲に監禁さる

外蒙軍の蜂起に關し

(ハルビン十九日發電通) 外蒙軍の蜂起に關しロシア最高幹部東支鐵道副總裁ラシエウイツチ氏は支那官憲に監禁されたロシアの策動確實計畫的に行はる. (ハルビン十八日發電通) 外蒙今回の内蒙侵略はロシアの策動によるがきいよいよ確實となつた、即ちモスクワ政府より内蒙の外蒙併合に關する重大な使命に接していた東支鐵道副總裁ラシエウイツチ氏はトロクキー氏一派より分離しスターリン氏一派に降伏して以来現幹部派に對する誠實と信望を得ることに焦慮していたが右政府の命により好機致れりとして従来再三避暑に名を藉り北満の有力な幹部数名と東支鐵道沿線及び内蒙の温泉場に會合し極秘里に計畫を進め先般内外蒙古境界の某川で外蒙の首腦者と最後の重大なる會見をなした結果ダリーバンク (極東銀行) ハルビン支店長ボリスキン氏は二百萬ルーブルを攜帶しこれを軍資金として外蒙側に渡しその機會を狙ひつつあつたが東三省の政情、不安定を好機逸すべからずとなし外蒙軍をして今回の舉に出でしめたものである、このロシアの策動を支那側が感知するやラシエウイツチ氏は十五日浦鹽に高飛せんとして支那側に阻止され表面病氣と稱して自宅に引開つてをる、他方張煥相氏はラシエウイツチ氏に對し二十日までに外蒙軍を撤退せしめぬ時は責下を監察し適當にして有なる措置を執るべしとの最後通牒を叩き付けると共に警官を派してラ氏を嚴重に監視せしめてをる.

285. 東支鐵道問題で支那側強硬, 大阪朝日新聞, 1929.05.20

東支鐵道問題で支那側強硬

ロシヤも持てあます

【ハルビン特電十九日發】絶えず紛糾を重ねている東支鐵道問題を中心とせる露支間の交渉は、最近奉天において決定せる支那側の漸進回收政策に本づき、呂栄寰氏とチルキン領事の間に露奉協定細目會議が開かれているが、交渉の中心點は

一、管理局長の權限の制限

二、支那人副管理局長の權限擴張

三、東支鐵道人事、行政、財政にわたる支那側の管理設定

四、東支鐵道從業員および高級役員の露支折半實施

五、東支鐵道に支那緒採用の提案

で露支代表間に猛烈な論議行はれ支那側の態度ややもすれば露奉協定を無視し支那の主權を主張するため勞農側も持て餘し目下モスクワに請訓中である、なほ東北電政長はハルビンに出馬し呂栄寰氏らと協議の結果いよいよ二十日より殘されている南支鐵道沿線の電話電線を強制的に回收統一することに決定した.

286. 中東鐵道問題로 中國側要求貫徹, 동아일보, 1929.06.06

中東鐵道問題로 中國側要求貫徹

共産黨釋放條件으로 노국에서 讓步管理實權을 事實上掌握하게될形勢,
滿鐵에도 重大影響

[哈爾賓四日發]中東鐵道問題에 就하야 確聞한바에 依하면 露西亞측은 目下監禁中인 共産黨員 三十九名의 釋放을 交換條件으로 中東鐵道管理局長이 權限縮小에 關한 中國側의 要求에 應하는 意向을 넌즛

이 보이고 잇다고한다. 그리고 中國側은 이에 成功하면 事實上 中東鐵道의 管理實權을 掌握하게되어 東三省의 對外態度도 自然硬化하야 □大한 影向을 滿鐵에 及할 憂慮가 잇다하야 그推移가 注目되더라.

交涉地는 上海, 日中通商改約

[上海四日發]日中通商條約改訂交涉은 月末芳澤公使가 北平으로부터 來滬하기를 待하야 再開繼續할 터인바 中國側 一部는 酷熱한 季節에 如斯한 重要交涉을 行함에는 南京上海外의 避暑地를 擇할 것이라는 □論도 닐어낫스나 近接地에 適當한 土地가 업슴으로 亦是交涉은 上海해서 行하기로 되엇스며 公使館出張所를 新設하자는 說도 잇스나 이것은 誤報이고 館事務는 當地總領事館에서 執行하기로 되어 目下 總領事館은 公使室 其他를 設하기 爲하야 修理中이더라.

287. 東北將開邊防會議, 申報, 1929.06.20

東北將開邊防會議

▲ 張作相已赴瀋陽列席

十三日吉林通信, 自哈爾濱蘇聯領館黨案發覺後, 中俄關係頓然緊張, 吉黑昆連俄疆, 首當其衝, 兩省實力, 黑比吉略遜, 而以情勢論, 則黑省尤爲吃緊, 比經遼吉黑三省當局電商結果, 吉省除增防本省國境外, 並指定十八旅丁超部二十六旅邢占清部, 各抽調壯士一團, 開赴江省瑷琿協助國防, 業已乘輪出發, 並由萬福麟抽調黑軍, 增駐滿海一帶, 以資警備, 日來邊境形勢仍極嚴重, 張學良爲策萬全起見, 特電邀吉哈黑各當局至瀋陽會議, 現黑省萬福麟哈埠張景惠呂榮寰, 均已到瀋, 張作相迭接遼方來電催促, 不容再緩, 遂於十三日八時, 取道吉海轉而前往, 預計十四日晨可抵達瀋陽, 事前曾派交涉署長鐘毓赴哈, 調查俄案真相, 已攜同證據抄件歸來, 並製成腹案, 呈由張作相氏帶遼備提, 大約將由遼軍防馮, 吉黑備俄, 而對俄當秉中央意旨, 採取強硬態度, 其實施計畫, 經此次會議後, 當有具體辦

法，聞吉林方面，日前已由公安局捕得共黨十餘名，已轉送軍署，刻正在軍法課秘密審訊，似與俄案有關，惟關防嚴密，未悉其詳。

288. 中央政治會議，申報，1930.02.13

中央政治會議

▲ 第二百十六次

中央政治會議今日（十二日）上午九時在中央黨部舉行第二百十六次會議，出席者，吳敬恒、胡漢民、譚延闓、蔣中正、王寵惠、邵力子、孫科、陳果夫、葉楚傖、何應欽，列席者劉紀文、王伯華、邵元沖、周啓剛、焦易堂、陳肇英、王正廷朱培德、劉蘆隱，主席蔣中正。決議案如下，（一）財政經濟兩組報告，財政部所擬編製十九年度預算章程草案歲入歲出科目細則，及重行詮釋之劃分國家地方收支標準一案之審查意見，決議改稱十九年度試辦預算章程，條文及其附件通過。（二）法律組政治報告組報告，市組織法原則草案審查意見，決議照審查意見修正通過。（三）決議特派莫德惠爲中俄會議全權代表，解決中東鐵路善後問題。（四）決議江西省政府委員劉士毅撤職。（五）委員兼行政院院長譚延闓副院長宋子文提案，據河南省政府主席韓復榘與電稱，河南財政廳廳長楊問離汴，財政重要，不能虛位，已暫令前代財政廳廳長現任屬府委員王向榮接充，擬請俯賜任命等情，特提請核議照准，決議照準。

289. 首都兩團體對俄交涉意見，申報，1930.02.17

首都兩團體對俄交涉意見

南京首都各界對俄會及廢約會，昨招待莫德惠，提出對俄交涉意見，以供參考。（一）伯力會議協定，不生效力。（二）中俄會議地點，應在哈爾濱或其他中俄邊界，應嚴拒在莫斯科舉行。（三）蘇俄應負

此次開幕責任，賠償我國一切損失。（四）發還沒收華僑財產。（五）前中東路俄局長，不得復用。（六）凡前在東路有宣傳赤化證據被拘之俄犯，不得釋放。（七）蘇俄應申明，以後不再藉東路宣傳赤化。（八）取締赤化之條文，應嚴密規定。（九）俄方須立即釋放被捕華僑。（十）路局用人，華俄須平均。（十一）東路重要職員，應以華人爲正，俄人爲副。（十二）俄正局長權限應縮減，華副局長權限應提高。（十三）理事名額，中國應增加一人。（十四）中東路所用文字，應改爲中俄並用。（十五）俄軍不得駐紮滿洲里。（十六）蘇俄應立即停止煽動蒙古青年在海拉爾搗亂。（十七）新約中應訂定，蘇俄不得引誘外蒙脫離中國。（十八）新約中應訂定，俄方不得以中東路之權利轉售第三國。（十九）收回之年限，應再行縮短。（二十）東省鐵路公司章程，係帝俄時代之制，應修改。（二十一）鐵路之組織，應與我國國有鐵路局組織相同。（二十二）鐵路附屬事業，如農林礦產圖書館天文臺學校等，應由中國官廳收回自辦。（十六日專電）

290. 中政會定期討論對俄問題，申報，1931.02.06

中政會定期討論對俄問題

南京 中政會外交組，定下星二召集會議，討論對俄問題。於鐵路通商復交各方面，將有具體討論。同時對法權收回租借地等，亦有磋商。聞莫德惠屆時將出席，報告在俄交涉經過。（五日專電）

291. 莫德惠與王龍惠晤談關於中俄問題，申報，1931.02.07

莫德惠與王龍惠晤談關於中俄問題

南京 莫德惠六日晨應王龍惠面邀，赴司法院晤王，暢談二小時。談話內容，係關中俄通商復交等事。晚八時，赴外王宴會，席散後，對應

付蘇俄方案，曾加以討論。聞莫擬在京再勾留一星期，俟整個方案決定後，即離京赴哈。聞莫以中俄情形，異常隔膜，擬向中央提議，請派重要人員，赴俄實地視察，以供將來交涉之參考。（六日專電）

292. 莫德惠對俄交涉之具體意見，申報，1931.02.13

莫德惠對俄交涉之具體意見

▲ 關於東路復交通商三事

莫德惠頃在京中央飯店，對記者談述對俄交涉具體意見，略謂來京已一周，與黨國當局商議應付對俄交涉方針，其原則待中政會決定，其辦法已由外部擬成，緊要關鍵，在東路·復交·通商三事，應否分議或合議，此有關於外交秘密，中央猶在慎重研究，此時碍難明言。惟據個人觀察，日與蘇聯復交已六年，英與蘇聯復交亦爾載，均由復交而進於通商，實際英日與蘇俄除略有漁業協約而外，並未成立正式通商條約，義大利土耳其兩國與蘇聯携手結交，當有國際之背景，爲歐洲縱橫捭闔之場合。土耳其在五年以前，曾受英產之蹂躪，何以今與蘇聯友好，而蘇聯並不思赤化之此中關健，在利權當前，主義則不妨放松一步，蘇俄商貨，得在土耳其暢銷，其經濟上收穫極大，蘇聯當可拋卻主義之宣傳，以免影響其工商業之市場。返顧蘇聯對於新疆，亦復如是，余極勸中央派大員赴俄調查，并獎勵各界人民前往視察，更英美對於中俄聯好與否，有深切之認識，東路問題，余在俄對贖回中東路與加拉罕已具體接洽，蘇俄對我國要求贖回東路之原則，已行接受，允予考量。中國贖回東路，有兩種目標，一以利益爲前提，即照奉俄協定第二條該路六十年期滿時，所有該路及一切附屬產業，均行無條件收回。二以主權爲前提，即由中國即日備價贖回，據中東路理事會統計，合辦到今，估價爲四萬萬七千萬元，中國得以半數贖回之。但據蘇俄計算，當另一算盤。東路現狀，處處不平均，俄籍職員佔三分之二，華籍職員佔三分之一，俄正局長職權極大，二百元以下之職員，可全權委派，二千萬以下之支出，可全權處理，至理事會理

事，中俄各五人，而不利蘇聯之案卷，俄籍理事則不調署，即不發生效力，以前管理東路協定，實多缺憾，現在注重在贖路，其程序與方法，我國固待研求，并待與蘇聯洽商，復交問題，此事萬不能草草辦理，總看我國與蘇聯能否携手，彼方倡言世界上最能以平等待中國者爲蘇聯，又當第一次中蘇會議開會，係去年十月十一日，正值將由前方督戰凱旋回京之前一日，第二次中蘇會議開會，係張長官晉京之日，蘇俄前五月與後三月之態度，完全不同，余在俄京斷定馮必敗，東北決擁護中央，果爾，國內統一可見中國內政情形與外交上關係之密切，又可見中俄復交，有可能性，祇在蘇聯能否實際拋棄主義上之宣傳，由不相擾進於相互助，豈亦難哉，惟茲事體大，或非短期間可決，至一切表面上之協定等等，雖規定不相侵擾，實無大用，所謂保證不在華宣傳共產，豈尚可恃節三國來保證耶。通商問題，中俄邊疆接壤，關係甚切，哈爾濱俄國商品，事實上已源源而來，蘇聯重視利益，至主義猶在其次，我國應否與蘇俄完全恢復通商關係，總看需要如何爲惟一之標準，將來若認爲有恢復通商之需要，當須訂立絕對平等之通商條約，此尚待政府決定大計，尤須以科學之方法，對需要品應有整個之統計，否則如蘇聯對新疆，有予取予求之權，似亦未妥云云。

293. 莫德惠訪俄政府要人，申報，1931.04.02

莫德惠訪俄政府要人，正式會議由八日開成望

哈爾濱 莫斯科三十電，二十九午莫德惠訪俄政府要人並外長李維諾夫，三十午訪駐俄各國大使，三十莫德惠與加拉罕在人民外委會談商正式會議前手續，擬一日再談，正式會議有八日開成望，莫德惠電京，催許建屛‧錢泰‧速往俄。（一日專電）

294. 北滿鐵道紛糾とロシヤ，大阪朝日新聞，1933.06.02

北滿鐵道紛糾とロシヤ

ボグラ驛封鎖で我國に仲裁を求む

訪問の露大使に重光次官「反省せよ」と應答

駐日サウエート大使ユレネフ氏は一日午前十一日外務省に重光次官を訪問し、満洲國官憲が五月三十一日ボグラニーチナヤにおいて北満鐵道（東支鐵道は今一日から北満鐵道と改稱）の直通連絡を閉鎖したることは露、満トランジット協定に違反する行為なるをもつて、右係争の圓満解決をはかるため日本政府において適當なる斡旋の勞をとられんことを希望する旨を述べ、日本政府の好意的仲裁方を要求した、右に對し重光次官は本問題は元来満、露兩國間の地方的問題にしても第三者たる日本政府の立入るべき性質のものではないが、日本としては極東における事態の速かなる解決を期せんとする見地より兩國の和議達成に出来るだけの好意的處置をはかることに異存はない、ただ本事件發生の根本的原因がサウエート側の北満鐵道機關車引揚げにより惹起された事實より見て、日本政府としては右に對しサウエート側において十分に考慮されることが必要だと認める旨を答えた、ついでユレネフ氏より北満鐵道紛争に關する五月二十六日付のわが反駁回答に對するサウエート政府の再通告に關し本國政府の訓令を傳達したる後、兩者の間に同鐵道賣卻交渉問題、日、露、満三國共同委員會問題などに關し種々意見を交換し會談一時間半にして午後零時半辞去した.

295. 北鐵協定の否認覺書，時事新報，1935.01.24

北鐵協定の否認覺書，支那近く發送

（上海電通廿三日發）北鐵譲渡交渉成立は支那側に非常な衝動を與

へ北鐵の主權は支那にありとし非合法の協定は認め得ないとの建前
から國民政府外交部は近く日露兩國にこの主旨の覺書を送りまた正
式調印後その不承認聲明を發する筈で廿三日の支那新聞紙は左の如
き論評を下している.

時事新報　東支鐵道の主權は支那とロシヤにあり、日露非合法交渉を
否認するとともに列國にこの公平な裁判を求むべし.

晨報　日露對立の緩和を意味するが同時に東北の完全に日本化するこ
とを明示している.

296. 中東路事件我向國際聲明, 申報, 1935.03.17

中東路事件我向國際聲明

南京　關於中東路非法買賣事, 我外部十六日下午有節略及聲明書, 分
　　　致英・美・日・法・意・和・葡・比諸國政府, 聲明我國對此種
　　　不合法行爲, 不予承認, 並保留我在中東路之一切權利, 該項聲
　　　明書, 全文定十八日下午發表。(十六日中央社電)

南京　外部以日俄非法簽訂中東路買賣合同, 將於二十三日正式簽字,
　　　爲聲明吾國對該路一切權益計, 十六日下午特備具該路節略及聲
　　　明書, 分致英美日法意和葡諸國政府, 否認此項非法買賣, 聲明
　　　我國所有之一切權益, 絕不因此受何拘束, 節略及聲明書全文,
　　　定十八日下午發表。(十六日專電)

東京　外務省本日發表, 謂中東路讓渡協定已經樞府審查委員会之審
　　　查, 將於二十日交樞府全體會議, 經日皇裁可後, 二十三日正
　　　午在外相官邸舉行正式簽字式, 各國代表名單如下：日本廣田
　　　外相、重光次官、東鄉歐亞局長、栗山條約局長、天羽情報部
　　　長及小林西、佐藤、宮川、各課長等, 蘇俄駐日大使優烈尼
　　　夫、遠東部長柯資羅夫司基、中東路副理事克資尼作夫,「滿洲
　　　國」駐日公使丁士源、外交次長大橋忠一、中東路督辦公署參
　　　贊烏澤聲, 其順次先由廣田外相、優烈尼夫俄使、丁士源公使
　　　致賀詞後, 俄全權代表優烈尼夫、柯資羅夫司基、克資尼作

5. 중동철도의 중국

283

夫，與「滿洲國」全權代表丁士源，大橋，烏澤聲簽字於讓渡基本協定公文，其次簽字議定書交換公文，日本方面廣田外相簽字，全體代表簽字完畢後，廣田外相以第一次付款二千三百萬元票據手交俄使，簽字式完結。即時各國代表舉杯祝福三國和平，並開午餐會，外務省同時向中外公表協定全文及一切附屬書內容。（十六日日聯電）

哈爾濱 中東鐵路東段近稍安靖，今日復有匪一隊，拆毀貓兒山（譯音）附近橋上之路軌，埋伏橋側，俾西行之火車一列脫軌時，即出肆刣，但為一行路人所見，急舉號令車停進，其計遂敗。（十五日路透電）

297. 我國否認中東路非法讓渡，申報，1935.03.19

我國否認中東路非法讓渡

▲ 向國際聲明書昨日公佈

▲ 根據協定申述我國立場對於一切權利完全保留

南京 中東鐵路非法讓渡事，我國曾分別疊向蘇日兩方提出抗議。售路草約，最近於本月十一日在東京簽字，我國當局再提抗議，同時並擬就聲明書，分致有關係各國，一本我國屢次抗議之主旨，根據民十三之中俄協定，重行申述我國之立場，且鄭重聲明，該路全線在中國境內，又因中國之特許，而後有現存之地位，蘇聯政府無論以任何方式，將該路讓渡，中國方面均認為係不合法之行為，且認為係國際間之□舉，中國政府對此完全保留其權利。此項節略聲明書，已於十六日下午發出，該聲明書全文如下：茲採誌該聲明書全文如下：查中東鐵路全線，敷設於中國國域以內，為中華民國政府與蘇維埃聯邦政府共同經營之企業，此路既為東省必不可少之交通工具，其地位之重要，不僅關係中國之經濟，且關係亞歐兩洲之陸路交通，該路係由中國政府供給一部份資本，特許敷設，其現有之地位，經明白規定於民國十三年中蘇兩

國所簽協定之中，中國既爲地主國家，對於該路除根據條約上之權益外，且享有固有之主權，按民國十三年五月之中俄協定第九條第五節明白規定。中東路之前途，只能由中蘇兩國取決，不許第三者干涉，依據該協定，蘇政府允諾中國政府，得隨時贖回蘇方在該路之利益，又雙方約定經過一定時期以後，蘇聯政府須將中東路完全移交中國管理，不豈惟是，中蘇兩國在上述協定第四條第二節中，互相約定締約國之任何一方，不得自立有損害對方締約國主權或利益之條約或協定，蘇聯政府與日本政府□號稱代表中國東北現有非法組織之人員，進行出售中東鐵路之談判，實屬違背上述條文，且不顧中國政府之疊次抗議，現在此項談判，據報業已完成，該路似不久即將移轉，蘇聯政府不得中國之同意，即欲如此處分中東鐵路，顯然全係越權之行爲，中國政府自應認爲對不合法而無效，蘇聯政府容或認爲讓渡其在該路之利益與第三者爲得計，姑無論該第三者果有其人，抑或毫無身分，中國決不能承認任何方面爲該路任何權益之繼承人，任何人或任何機關，非中國明白同意，不得在中國領土內經營鐵路，蘇聯現在之措施，實屬直接侵害中國條約及主權上之權利毫無疑義，中國政府爲不歸責於中國之事態所阻，不能執行其中東鐵路之管理權，此等痛心事實，對於民國十三年協定條欵之效力，暨中東路之地位，並無絲毫影響，蘇聯政府在現狀之下，不能處分中東鐵路，猶如中國當局與蘇聯當局實際共管該路時，蘇聯政府不能予以任何處分也。中國在該路所有條約暨主權上之利益，一如昔日，並未有絲毫之變遷，中國政府茲特鄭重聲明，中東鐵路全線敷設於中國境內，又因中國之特許而得有現存之地位，蘇聯政府無論以出售或其他方式，將該路讓渡，中國政府及人民，只有認此舉爲不合法之行爲，無絲毫拘束力，且認爲國際間之謬舉，中國政府對此完全保留其權利。（十八日中央社電）

298. 中東路事件我向國際聲明, 申報, 1935.04.20

中東路事件我向國際聲明

南京 關於中東路非法買賣事, 我外部十六日下午有節略及聲明書, 分致英、美、日、法、意、和、葡、比諸國政府, 聲明我國對此種不合法行為, 不予承認, 並保留我在中東路之一切權利, 該項聲明書, 全文定十八日下午發表。 (十六日中央社電)

南京 外部以日俄非法簽訂中東路買賣合同, 將於二十三日正式簽字, 為聲明吾國對該路一切權益計, 十六日下午特備具該路節略及聲明書, 分致英美日法和葡諸國政府, 否認此項非法買賣, 聲明我國所有之一切權益, 絕不因此受何拘束, 節略及聲明書全文, 定十八日下午發表。 (十六日專電)

東京 外務省本日發表, 謂中東路讓渡協定已經樞府審查委員会之審查, 將於二十日交樞府全體會議, 經日皇裁可後, 二十三日正午在外相官邸舉行正式簽字式, 各國代表名單如下: 日本廣田外相、重光次官、東鄉歐亞局長、栗山條約局長、天羽情報部長、及小林西、佐藤、宮川各課長等, 蘇俄駐日大使優烈尼夫、遠東部長柯資羅夫司基、中東路副理事克資尼作夫、「滿洲國」駐日公使丁士源、外交次長大橋忠一、中東路督辦公署參贊烏澤聲, 其順次先由廣田外相、優烈尼夫俄使、丁士源公使致賀詞後, 俄全權代表優烈尼夫、柯資羅夫司基、克資尼作夫與「滿洲國」全權代表丁士源、大橋、烏澤聲簽字於讓渡基本協定公文, 其次簽字議定書交換公文, 日本方面廣田外相簽字, 全權代表簽字完後, 廣田外相以第一次付款二千三百萬元票據手交俄使, 簽字式完結。 即時各國代表舉杯祝福三國和平, 並開午餐會, 外務省同時向中外公表協定全文及一切附屬書内容。 (十六日日聯電)

哈爾濱 中東鐵路東段近稍安靖, 今日復有匪一隊, 拆毀貓兒山 (譯音) 附近橋上之路軌, 埋伏橋側, 俾西行之火車一列脫軌時, 即出肆刦, 但為一行路人所見, 急舉號令車停進, 其計遂敗。 (十五日路透電)

6

만주국과 중동철도

6. 만주국과 중동철도 (해제)

 중국 동북지역은 남만주철도로 상징되는 일본의 세력과 중동철도로 상징되는 소련의 세력이 충돌하는 지역이었다. 따라서 중동철도의 매각 과정에서 일본과 소련 양국은 경제적, 경제외적으로 다양한 문제뿐만 아니라 정치, 군사, 외교적 문제까지도 고려하지 않으면 안되었다. 일본은 중동철도의 매각을 위해 소련과 협상하는 과정에서 소련의 협상 대상국으로 만주국을 내세우는 전략을 구사하였다. 비록 형식상 소련과 만주국 사이에 중동철도 매각을 둘러싼 협상이 진행되기는 하였지만, 당시 대다수의 언론은 소련과 일본 사이의 협상으로 명확히 인식하고 있었다.

 협상의 과정에서 만주국을 내세우는 전략은 특별한 의미를 가지고 있었다. 중동철도의 매각 형식과 협상의 과정에서 일본 내에서는 두 가지 주장이 대립하고 있었다. 첫째는 직접매수론으로서, 소련정부의 매각 제안을 즉시 수용하여 양도교섭에 임하는 것이 대국적 견지에서 유리하다는 주장이었다. 둘째는 만주국을 협상의 주체로 내세우자는 주장으로서, 중동철도에 관한 일체의 권리를 승계한 만주국이 건국 이래 소련과 공동경영자로서 중동철도의 공동관리를 담당하고 있기 때문에 만주국이 매수하는 것이 합리적이라는 것이다. 따라서 일본정부는 만주국과 소련 사이에 서서 양국 간의 교섭을 조장하고 원활한 타협에 기여하는 것이 타당하다는 주장인 것이다.

 만주국 수립 이후 국제연맹은 이를 정식국가로 승인하지 않기로 방침을 정하였다. 국제연맹은 만주국의 수립과 관련된 리튼조사단의 보고를 기초로 1933년 2월 15일 〈국제연맹규약 제15조 제4항에 따른 국제연맹총회보고서), 즉 최종보고서를 일본대표에 넘겨주었다. 보고서는 만주국의 불승인과 일본군대의 즉시 철수 요구를 주요한 내용으로 담고 있었다. 2월 24일 국제연맹총회는 19인위원회가 제출한 보고서를 찬성 42, 반대 1(일본), 기권 1(태국)로 채택하였다. 이는 국제연맹과 열강이 만주국을 부정하였음을 의미하는 것이다. 결국 일본은 3월 27일 국제연맹의 탈퇴를 선언하였다.

만주국이 열강으로부터 승인받지 못한 상태에서 소련의 동향은 일본에게 매우 중요한 의미를 가지고 있었다. 일본외무성은 1932년 8월 24일 〈국제관계로부터 본 시국처리 방침〉을 작성하고 소련과의 관계 정립이 매우 중요함을 역설하였다. 여기서 일본외무성은 "북만주 방면의 형세에 관해 일소관계는 위험한 상태에 처해 있으며, 작금의 국제관계에 비추어 소련과 충돌을 피하는 일이 긴요하다"라고 강조하였다.

일본외무성은 만주국의 승인문제와 관련하여 소련의 동향을 매우 중요한 변수로 간주하였다. 즉 소련이 만주국을 정식으로 승인하기만 한다면 동북지방에서 최대의 이해가 걸려있는 일본과 소련이 만주국의 존재를 인정하는 셈이 되는 것이다. 이렇게 된다면 만주국에 직접적인 이해가 없는 국가들의 주장은 공론으로 그치게 될 공산이 컸다. 이에 1935년 5월 13일 주일 소련대사는 일본외무성을 방문하여 극동에서 분쟁을 근본적으로 해결하기 위한 취지에서 중동철도의 매각을 제안한 소련정부의 방침 및 태도를 상세히 설명하였다. 이와함께 중동철도의 매각 조건을 다음과 같이 제안하였다.

첫째, 소련정부는 중동철도를 만주국 혹은 일본에 매각하기를 희망하고 있으며, 매각이 불가능하다면 일본 혹은 만주국으로부터 자금 차입이라는 형식을 취해도 무방하다.

둘째, 철도 매각비용의 지불방법에 대해서 전액을 일시불로 지급할 필요는 없으며, 연차적으로 혹은 철도 수익금으로 지불하는 방법도 가능하다.

셋째, 소비에트정부는 군사적 혹은 정치적 가치에 대해 과다하게 주장하지 않을 것이며, 따라서 순수한 상업적 가치에 기초하여 자산가치를 평가할 의향이다.

넷째, 만주국을 매각 교섭의 상대로 할 경우 장래 만주국의 승인문제가 발생할 것이다. 소련정부는 국제연맹의 참가국이 아니므로 연맹의 결의에 전혀 구속될 이유가 없으며, 자주적으로 결정할 의향이 있다.

이처럼 소련은 중동철도 매각을 의도적으로 만주국 승인의 문제로 연결시키고 있으며, 이 문제가 바로 일본외교에서 가장 핵심적인 문제라는 사실도 잘 알고 있었다. 일본의 입장에서도 이러한 점을 잘 인식하고 있었다. 일본으로서는 소련정부가 중동철도의 매각을 통해 이 철도로 말미암아 야기되는 일소분쟁의 근원을 제거할 수 있다고 간주하였다. 일본정부는 매수 조건에 대해서 군부와 남만주철도주식회사가 객관적으로 평가액을 결정하도록 하였다. 이와함께 만일 만주국의 철도정책이 완성된다면 중동철도의 경제적 가치가 더욱 하락할 것임에 틀림없으며, 따라서 매수의 시기 결정 역시 이러한 점을 고려해야 한다고 간주하였다. 이와같은 결과 중동철도의 매수에 일본정부가 직접 나서기 보다는 만주국을 내세우는 편이 바람직하다고 판단하게 된 것이다.

일본외무성과 군부는 만주국이 소련과의 철도 매수 협상에 나서도록 하는 것이 바람직하다는 데에 의견의 일치를 보았다. 이는 만주국의 국제법적 지위 및 정당성과 불가분의 관계를 가지고 있었다. 중소협정에서 중동철도와 관련된 일체의 사항은 소련이 중국과 합의하도록 되어 있기 때문에 만주국이 중국을 계승하는 셈이 되는 것이다. 이러한 이유에서 1931년 10월 28일 일본외상은 소련을 통해 만주국을 승인하는 방법이 만주국의 조속한 정국 안정을 위해서도 매우 긴요하다는 입장을 표명하였다.

중동철도의 매각 과정에서 리튼보고서와 국제연맹은 중국과 일본의 직접교섭을 권고하였으나 중국으로서는 만주에 대한 중국의 주권을 인정하는 기초 위에서 비로소 협상에 임할 수 있음을 강조하였다. 국제연맹의 수많은 소국들도 중국의 입장을 지지하였다. 그러나 만주와 관련된 최대의 이해당사국인 일본과 소련이 만주국을 승인하게 된다면 만주와 관련성이 적은 소국들의 주장은 상대적으로 큰 영향력을 발휘할 수 없게 될 것이다. 이러한 인식에 따라 소련의 만주국 승인은 정국의 안정을 위해 불가결하였을 뿐만 아니라, 일본의 국제연맹 탈퇴 이후 국제적 대응을 위해서도 매우 필요한 일이었던 것이다.

중동철도의 매각이 소련의 동방정책에서 중요하였듯이 매수자 입장인 만주국과 일본에게도 매우 중요한 의미를 가지고 있었다. 일본의 입장에서는 국제연맹 등 열강이 만주국을 정식으로 승인하지 않은 상태에서 국경을 접한 당사자인 소련이 만주국과 협상의 파트너로서 중동철도의 매각 교섭에 임하게 된다면, 이는 만주국의 승인문제를 둘러싸고 매우 중요한 의미를 갖게 되는 것이다. 만주지역에서 일소관계의 핵심적인 문제였던 중동철도를 매수하게 된다면 결국 철도로 말미암아 야기되는 분쟁의 근원을 제거할 수 있다는 판단 역시 매우 중요했다고 보여진다.

6. 만주국과 중동철도

299. 中東路受重大損失, 申報, 1932.10.22

哈爾濱 據今日俄報載稱, 反滿軍在距哈爾濱東約二百六十哩處拆毀路
軌一段, 猛轟經過之火車一列, 車中載有汽油火油二十一桶,
中彈爆炸, 火焰甚烈, 攻軍乃被迫退走, 附近之大森林亦爲起
火, 計死乘客四人, 傷六人, 毁車三十四節, 估計中東鐵路將
因此損失日金五十萬元, 機車與貨車七輛未受損, 汽油與火油
乃蘇俄油公司之物。 (二十一日路透電)

300. 今後 中東鐵道는 滿洲交通部가 當衝, 滿洲國十日附 通告, 동아일보, 1932.11.13

[哈爾賓十一日發聯合] 中東鐵道 理事會는 滿洲國交通部에서 十日附
로써, 今後中東鐵道는 交通部가 其衝에 當한다는 申告를 受한바 그 理
由는 管理局職制의 改善, 管理事務의 簡易化, 其他를 爲함이다.

301. 東鐵問題で滿露緊張す, 大阪每日新聞, 1933.03.27

東鐵問題で滿露緊張す極東へ多量の軍需品, 露國の不法輸送暴露
きょう正午迄に打切らねば滿洲國で實力中斷
ハルビン本社特電【二十八日發】
東支鐵道露國側幹部の專斷的行爲によつて行はれていたウスリーよ
り東支鐵道を經てザバイカルへの西行、ザバイカルより東支鐵道を
經てウスリーへの東行通過輸送はこれを實行する如何なる協定もな
く、東支鐵道の營業を全く露國側で壟斷しておつたものでありかつ

通過輸送のため滿洲國境外に出た貨車、機關車を滿洲國に返還せ
ず、さらに東行通過輸送貨物の中には歐露から極東へ送る多量の軍
需品も含まれていたことが暴露した、これに對し去る十八日滿洲國
交通部は露國側に嚴重これが中止通告を發するとともに交通部鐵道
司長森田成之氏をハルビンに派し交渉を重ねたが露國側には輸送中
止の色見えず、二十八日森田氏と東支鐵道副理事長クズネツオフ氏
との最後的會見の結果、森田氏は滿洲國政府に對し最後の請訓を仰
ぐと同時に民政部警務司は國境警備隊に命じザバイカル鐵道に向つ
た車輛の差押へ手配を完了した、しかして滿洲國側の態度は絶對強
硬であり、新京からの政府の回訓がハルビンに到着する二十九日正
午までに露國側が自發的に通過列車打切りを行はないかぎり當然滿
洲里驛で實力中斷が行はれるべく、これをきつかけに從來東支鐵道
露國側幹部が表面的、裏面的に行つていた專斷行為に對し大彈壓が
加へられるものと豫想される、右の西行通過輸送は昭和五年の冬か
ら初まり現在までの判明數三千七百貨車におよんでいるが、理事會
もこれを承認しておらず東行は昨年十二月アムール鐵道の運轉不良
を理由にザバイカル鐵道より東支鐵道へ交渉し穀類、食料等四千貨
車をザバイカルからウラジオへ通過輸送すべく願い出たものである
が、滿洲國交通部の命令でこれを拒否したにかかわらず露國側の獨
斷で全く不法にこれを繼續していたもので露國がこれを國内政策に
も利用しておつたことは明らかであり通過輸送の中斷通告で露國側
の狼狽は一通りでない.

302. 東支鐵貨車差押へ，大阪毎日新聞，1933.03.30

東支鐵貨車差押へ滿洲國ついに決行す．きのう滿洲里國境にお
いて問題は紛糾惡化せん

ハルビン本社特電【二十九日發】

東支鐵道露國幹部の專斷行為たる貨車不法輸送問題について滿洲國

側はついに既定の行動に出で廿九日午後満洲里國境において護路軍および國境警備隊はシベリア方面に輸送途上の四個列車を實力をもつて差押へるとともにザバイカル線より入滿した輸送貨車も同樣これが積替えを決行した、これに對し露國側は今のところ何らの意思表示をしないが問題は俄然紛糾、悪化を豫想さるるに至つた.

合辨の東支鐵に專断を振う黙視出来ぬ露國の暴擧

東支鐵道は露支兩國の共同經營として出来たもので（満洲國建國後は露滿兩國の共同經營）この鐵道會社は管理局と理事會から成り管理局長は露國人、理事長（これを督辨ともいう）は支那人が任命される規定になつている、理事會員は六人で露支人折半、管理局員も從つて露支人折半といふことになつている、しかし元来この鐵道は殆ど露國の經營であるかのやうに、その實權はずつと露國人の手に握られ督辨はじめ支那人の勢力は見る影もなく露國人管理局長の意のままに營業され、やがてはこの營利會社も政治的に大いに利用されていた、満洲國建國までに起つた北滿を中心とする.

露支の抗争は必ず東支鐵道問題がその原因であつた、露國がこの鐵道を建設した目標の重なるものは歐露の製品を不便な北部迂回のアムール鐵道によらずこの北滿横断の近距離の鐵道によつて沿海州およびウラジオ港へ運輸せんとすること、自國品の全滿への販路をこの鐵道によつて開拓すること、この鐵道を政治的、軍事的に利用し東洋赤化の根幹とすること等においていたため支那が無力であるのに乗じてぐんぐんその實權を扶植していた、満洲事變で日本軍が北上した時露國側が狼狽して種種陰謀をめぐらしたといわれたのも結局露國にとつてこの重要な根幹に日本の勢力が入り込んで来るのを極度におそれたからであつた、従来かくのごとく露國がこの鐵道に覇を唱へていたので満洲國が建國され露滿兩國の合辨となつても相變らず、露國側は満洲國の意に背いた獨断行動に出で、かつて日本軍北上當時その北上妨害のためか露支兩國の財産である三千車に上る貨物車を露領に持ち去つたまま返還せず、その上當然理事會の承認を経ねばならぬ歐露からの通過貨物を露支合辨當時と同じ專横さ

をもつて局長の専断でこの鐵道により沿海州方面に運送し、しかも
その中へ多量の軍需品をまぎれ込ましていたのであつた、滿洲國と
してはこの露國側の態度を黙視出来ず、ついに今回のごとくもし露
國側が滿洲國側の要求を容れて斷然この不法行爲を改めぬときは實
力行爲に出ることを覚悟したのである、或はこの問題の進展は露滿
兩國にとつて紛糾の癌である東支鐵道の根本的改革にまで至るかも
知れないと思はれる．

303. 中東路扣車僞組織與蘇俄衝突尖銳化, 申報, 1933.03.31

中東路扣車僞組織與蘇俄衝突尖銳化, 蘇俄運大批軍火至海參崴貨車三千輛開入西比利亞

僞政府竟亦提出嚴厲照會

東京 據長春消息, 「滿洲國政府」今日以措词嚴厲之照會交由中東路
督辦李紹庚致蘇俄副督辦, 請中東路立即停止將貨車駛入俄境,
謂蘇俄當局曾將中東鐵路之貨車三千輛駛入西比利亞鐵路, 迄未
交還, 「滿洲國」當局並嚴詞反對中東鐵路與西比利亞鐵路之聯
運, 往日東三省政府亦反對此舉云。 (三十日路透電)

東京 據日日新聞哈爾濱消息, 滿洲里之「滿洲國」邊防軍昨日扣留開
往西比利亞之火車四列, 及將由俄國東下入滿之火車一列所載物
品卸下, 按「滿洲國」與中東鐵路公司齟齬已久, 「滿洲國」當
局責蘇俄擅用由滿洲里越滿洲達五站之中東鐵路, 並責蘇俄大批
軍火經過滿洲而至海參崴, 更將中東路之貨車駛入俄境, 堅不交
還, 今次行動, 實爲雙方衝突尖銳化云。 (三十日路透電)

哈爾濱 蘇俄方面對於中東路有經由滿洲里建築鐵路之計劃, 森田爲交
通司長數日前道哈爾濱, 指摘蘇俄此舉之非合法性, 請其中
止, 蘇俄並未表示何等誠意, 僞滿國方面決定蘇俄今後如繼續
此項行爲, 當採適當之手段, 乃二十八日蘇俄方面從業員在滿
洲里乘夜陰之際, 欲將中東路所有車頭運入俄境, 被僞滿國發

中東鐵道新聞資料集成

296

見，當即阻止，故俄滿關係以鐵路問題爲中心，有漸次惡化之虞。(三十日電通社電)

304. 東支鐵問題益々紛糾, 大阪每日新聞, 1933.03.31

東支鐵問題益々紛糾

露國の抗議を滿洲國即座に一蹴す
更に貨車、機關車を持去らば東支、ウスリ協定破毀
ハルビン本社特電【卅日發】

満洲里の路警署および國境警備隊が新京政府よりの指令により二十九日満洲里國境において東支、ザバイカル兩鐵道接續軌道のポイントに鍵をかけ出入通過貨物輸送の實力遮断を決行した事件について露國側はこれを頗る重大視しハルビンにある東支鐵道管理局長ルデー氏は卅日午前路警署長に對し嚴重なる抗議を提出して来たが同署長はこれを一蹴した、今日までの露國側のいい分は國際交通政策論上から通過輸送の必要を力説するのみで過去三年間にわたって行はれた自己の不法行為については言を左右にしているが満洲國としては露國側が不法通過輸送をあえてした上に、これを利用して東支鐵道財産を一方的解釈により露國國内に持去つたことはあくまで追窮、處分すべきであるとし第二、第三の對策を構えている、現在までに東支鐵道財産中よりザバイカル、ウスリ兩鐵道によって露領に持去られたものは貨車四千五百十四輌、客車廿輌、機關車九十七輌であり、なほ露國側では東支ウスリ間通過協定あるを幸いとし、このどさくさまぎれにボグラニチナヤより東支の貨車、機關車を持去らんとする形勢があるので、満洲國側では事實露國がかかる行為に出た場合は即座に東支、ウスリ協定を破毀し、ボグラニチナヤにおいても通過と連絡を中断すべく嚴重な監視をつづけている.

305. 東支鐵問題で滿洲國の決意，大阪時事新報，1933.04.01

東支鐵問題で滿洲國の決意

平和的交渉を肯かね場合は斷乎たる手段に訴う

【新京聯合卅一日發】滿洲國交通部は東支鐵道問題に關する限りソビエット連邦側との友好關係を尊重し平和的態度に出ずるべきもソビエット連邦側にして懸案たる.

一、東支鐵道機關車の露領への無斷引入れ

一、穀類貨物の無關稅通過

一、東支鐵道收入金の不公正極る處分

以上の點を飽く迄固執するにおいては正當なる主權の命ずるところに從ひ斷乎たる手段に訴うる決意を有している、ソビエット側の態度如何によつては紛爭は不可避の模様である、尚この機會において現實問題につき傳統的專橫の態度をつづけつつあるソビエット連邦側の勢力をソ滿双方の并行點に迄引戻す様交渉する模様である.

306. 東支鐵道問題露滿の妥協不能，大阪毎日新聞，1933.04.08

東支鐵道問題露滿の妥協不能

國境外運行貨車阻止の直接行動隊待機中

新京本社支局特電【七日發】

東支鐵道問題は依然險惡な情勢下に推移し、露國側は滿洲國交通部の抗議に拘らずその後も續々と貨車を國境外に運び出しつつありハルビンにおける露滿交渉は全く妥協不能狀態に陷つた、滿洲國は兩三日來關係首腦會議を開いた結果同鐵道の世界交通幹線としての重要性にかんがみ歐亞連絡列車のみを通し貨車の直通遮斷、ウスリー協定の廢棄を決行するとともに今回の事件を發生せしめた東支鐵道

における露國側の専断を防止し東支鐵道内部組織の正當化を計るべく管理局内部の肅正を断行するに決したと確聞する、滿洲國の抗議にも拘らず露國側が奇怪な態度を改めないのはウスリー鐵道の車輌が古くて使用不能のもの多数あるのでこれが補充のため▲軍事上の見地から東支鐵道の輸送能力を減殺するため

▲東支鐵道の營業が漸次不振となり利益減の折柄露國本國では鐵道が續々と新設され車輌不足を来しているので東支鐵道の車輌を奪取するための三目的からと見られるが滿洲國當局はますます態度強硬となり滿洲里には國境外運行の貨車を阻止せんとする直接行動隊が待機中であり、今後の形勢によつては東支鐵道本来の使命を改變し内部の根本的改革にまで乗出すべく見られている.

307. 滿洲建國以來最初の交通會議, 大阪毎日新聞, 1933.04.09

滿洲建國以來最初の交通會議

全滿鐵道會議十五日から

奉天本社支局特電【八日發】滿鐵が滿洲國鐵道經營の委任を受けて四月一日設立した鐵路總局は自来全滿諸鐵道の統制その他交通上の重要問題につき鋭意研究を進めていたがすでに具體方針が確立するに至つたので来る十五日全滿鐵道會議を開くことに決定しすでに各鐵路局長に来奉を命じた、同會議は滿洲國建國以来最初の交通會議で産業開發に資する交通網計畫連絡輸送をはじめ東支鐵道問題などにつき實質的に討論すべくその結果全滿交通上に重大變革が加へられるものとして注目されている.

308. 東鐵の主權は滿洲國に在リ, 大阪毎日新聞, 1933.04.29

東鐵の主權は滿洲國に在り

近く理事會を招集

重大決意で露國側に臨む

ハルビン本社特電【二十八日發】滿洲國側が東支問題でこれまで以上の實力行使に出ないものとたかをくくつた露國側は依然滿洲國側の主張に順應する模様なく、うやむやのうちに日を費そうとしているので滿洲國側は東支鐵道理事長李紹庚氏の名で一兩日中に緊急理事會を招集し重大決意をもつてこれに臨むことになつた、この會議では真向から車輛返還問題が持出さるべくこれをきつかけとして「東支鐵道の主權は滿洲國にあり」といふ根本主張を押立てて露國側に肉薄するはずである.

309. ポグラを封鎖? 東支問題の解決策, 大阪毎日新聞, 1933.05.25

ポグラを封鎖? 東支問題の解決策

森田鐵道司長ハルビン乘込み

ハルビン本社特電【二十四日發】去る十二日の車輛返還期限經過以來停滯状態に陷つていた東支鐵道問題はこれが打開策について滿洲國政府と熟議中であつた森田鐵道司長が兩三日中に第二段の對策を携へてハルビンに来ることとなりこれを機としてさらに紛爭を激化しここに新しい展開が豫想される即ち森田司長が携へて来る案は東支内部組織の根本的改革の提議▲引續き搬出される東支財産の實質的防止にして第一は管理局長、副局長の權限を均等とするに先づ主眼を置きその前提として今次の事件の誘因たるルデー管理局長の專斷を堂堂糾弾せんとするにあるがこの問題のつながりが相當廣範圍

に亘るだけ勢い彼我の持論は激烈な討論が行はれるものとして注目
される第二の問題の解決方針とし選ばれているのは東部線ボグラの
封鎖断行である、東部國境よりの貨車搬出は國境警察隊の嚴重なる
監視に拘らず、東支、ウスリ協定を唯一の抜け道として五月一日よ
り二十三日までの搬出八百四十五車輌に比し返還は五百七輌に過ぎ
ずしかも露領にある東支貨車はいまなほ三千二百数十輌におよびこ
れが全然返還されない以上一刻も早くボグラを封鎖し、さしあたり
現有東支財産を保護するが急務である、との意見に一致を見たので
森田鐵道司長のハルビン入りとともに佐藤事務官はこれが任務を帶
び現場に急行すべく手配を完了した.

310. 中東路狀況益趨惡劣, 申報, 1933.05.28

中東路狀況益趨惡劣

▲ 匪隊與僞警結伙肆刼 僞要求限制俄員權限

莫斯科 據此間最近所得伯力消息，中東路車段之狀況益趨惡劣，匪隊
常與滿洲之路警結伙，共行刼掠，甚至無日無之，因全無保
護，烏特西米站及他處之居民均已恐慌逃避，在五月二十日橫
道河子站之衛隊有一部分發生叛變，且與匪類聯合，在蘇欽寨
站（譯音）附近肆行刼掠，次日匪隊又向帽爾山車站開槍，且
以綁架車站所有僱員爲威脅，該站路警亦叛變，遁入山中。同
日匪隊又攻擊太平嶺車站，飽掠而去。五月二十二日希多尼寨
（譯音）站之一轉轍夫蘇聯籍者又於司職時被匪架去。另有大
綁匪徒約七百人，發現於西林至小綏芬站之間，翌日有一貨車
被刼遺於道上云。 （二十七日塔斯社電）

哈爾濱 僞滿國交通部代表日人森氏今日抵此，蘇俄官員已告知森氏，
彼等在原則上贊成「滿洲國」對中東路擬施之改革，如限制蘇
俄人員之行政權與俄「滿」職員相等之類。但應擧行會議，甄
處關於中東路之各項爭端云。 （二十七日路透電）

哈爾濱 李督辦根據「僞」交通部之訓令，今日對中東路當局促開理事
會，提議決定如下之人事： (一) 管理局長與副局長之權限
同； (二) 職工之人數與地位俄「滿」人各半； (三) 廢除金
盧布制，改爲「滿」幣制。 (二十七日電通社電)

311. 東支鐵ポグラ驛遂に實力で封鎖，大阪朝日新聞， 1933.06.01

東支鐵ポグラ驛遂に實力で封鎖

國境警備隊と協力してけさ最後の手段

【ハルビン特電三十日發】滿洲國交通部では東支サ連側が機關車お
よび貨車返還に對し依然として誠意なきのみならず、なほ貨車を不
法にも引き込みをなす情勢にあるにかんがみ、いよいよ既定方針に
もとづき東支鐵道を正常に還元する立場からサ連側の反省を促すた
め三十一日をもつて東部國境ポグラニーチナヤ驛貨車直通輸送を阻
止 (閉鎖) することに決し、これが手配はすでに完了した、右に關
し三十一日東支鐵理事長李紹庚の名をもつて聲明書を發表するはず
である、その大要左の如し過般來滿洲國側が要求している機關車返
還に對しサ連側は何らの誠意を示さず、却つてなほ引きつづき不法
にも貨車を引き込みつつあり、更にウスリー鐵道と東支鐵道間のト
ランシット協定は從來サ連の一方的獨斷專行に委ねられているので
ここに滿洲國交通部ではサ連側の猛省を促すため斷然ポグラ驛貨車
直通運送を阻止するにいたつた、但し今後サ連側にして滿洲國側の
滿足する誠意を示すにおいては正當なる直通協定にもとづく正常態
に復する肚を有す.

【電通ハルビン三十一日發】ポグラニーチナヤに特派中の交通部佐
藤事務官は交通部の命により三十一日午前六時ポグラ驛長リジロフ
氏に對し理由を說明しウスリー鐵道との貨物直通阻止のためポグラ

驛構内鐵路の封鎖を命じたが肯ぜざるをもつて直ちに國境警備隊の協力を得て實力をもつて封鎖を斷行した、なほ右封鎖は事實上開閉可能となつているので國際列車運行には差支えはない.

312. 「北滿鐵道」解決に委員會新設, 大阪朝日新聞, 1933.06.02

「北滿鐵道」解決に委員會新設

露國、滿洲國に提議

【ハルビン特電一日發】ポグラニーチナヤにおける貨車直通閉鎖に對して一日北満鐵道サウエート側副理事長クズネツオフ氏は満洲側理事長李紹庚氏に口頭をもつて詰問的質問をなし閉鎖の解除方を要求し北満鐵道に關する満、サ兩國間の一切の問題解決のため委員會を設立すべきことを提案した、これに對し李紹庚氏は貨車直通閉鎖の理由は三十一日發せる聲明書に盡きている、委員會設立については委員會の北満鐵道機構改造を目的とするものにして機關車返還問題およびポグラニーチナヤ閉鎖問題はこの委員會より切り離すならばその成立に異議なきことを返答した北満鐵道の内部調査交通部で着手

【電通ハルビン一日發】北満鐵道サ連側の一方的不法行為阻止のため斷行したポグラニーチナヤの閉鎖を契機に交通部ではいよいよ北満鐵路内部の廓清に着手し金銭物品の使途、財産の真価を徹底的に調査しサ連側の一方的不法行為を摘發し責任を追求することとなつた.

313. 惡化中之中東路問題，申報，1933.10.05

惡化中之中東路問題

▲ 僞督辦將取斷然行動

哈爾濱 中東路首腦部之代理問題漸形惡化，蘇俄方面遂以實力開始妨礙「滿洲國」之三代理處長，與機車棧長之事業，蓋盧迭局長於三日剪斷田代理機務處長室之電話線，并於中途沒收該代理處長致各站長之電報命令，因此李督辦近將採取斷然之措施。（四日電通電）

314. 重大陰謀暴露し北鐵某課長逮捕さる，大阪毎日新聞，1933.10.15

重大陰謀暴露し北鐵某課長逮捕さる

局面意外の方面に發展か

ハルビン本社特電【十四日發】滿洲國警察特務課はハルビンで口口口口的大々的陰謀が計畫されてをることを聞き込み注意中のところ北滿鐵道某課長滿洲國人口口口が口口口口口口口口を犯してゐる證據を得たので、警視廳の指揮を受けて十三日夜同人を逮捕するとともに管理局内某課および犯人の私宅その他關係筋に手を入れて家宅捜索を行つた、その結果事件は意外の方面へ展開するもののごとく警察當局はこの際徹底的に檢舉の步を進めるはずである．

315. 僞當局續捕蘇俄路員，申報，1933.11.29

▲ 僞當局續捕蘇俄路員

哈爾濱 最近復有中東路俄職員十四人被當局逮捕，被捕之原因及詳情未悉，但知案情頗爲嚴重云。（二十八日路透電）

316. 日僞積極破壞中東路, 申報, 1933.12.11

日僞積極破壞中東路

▲ 西段業務呈停頓局面路員橫遭毆辱俄向僞提抗議

伯力 此間接哈埠訊, 中東路滿洲代表一味進行其破壞鐵路業務之非法行動, 該路車務處滿方副處長田錫甫 (譯音) 自稱車務處長最近擅自出發, 沿該路四段作視察之行, 田氏與滿國日顧問佐藤狼狽爲非, 以種種非法行動與命令, 造成西段鐵路業務立瀕停歇之局面, 因此蘇聯駐哈總領斯拉夫茨基訪晤滿國駐哈交涉員施履本, 幷對蘇聯公民二人在博克圖車站之移調與逮捕, 提出强硬之正式抗議。此二人中一爲該段副段長契萊夫可, 其二爲會計員馬爾可夫司基, 馬氏且被佐藤痛打, 斯總領堅决要求立刻釋放此等非法被捕之人員, 幷立將佐藤召回哈埠, 調査其行爲及其毆打蘇聯人民之情節, 斯氏在提出上述要求時, 立稱用華人非法替代蘇人之行動, 實爲繼續攫取鐵路之政策云。

(九日塔斯電)

317. 중동철도의 권리를 명시하려는 만주국 교통부, 선봉, 1993.12.29

중동철도의 권리를 멸시하려는 만주국 교통부 일본 고문의 시험

하바롬쓰크, 24일, (로쓰따)12월 19일에 중동철도 관리국 부국장 반두로는 만주국 교통부의 일본 고문 사또가 중동철도에 대한 계약을 멸시하고 중동철도에 대한 감독권을 비법적으로 소유하려는 시험과 련쇄하여 철도 관리국 국장- 리산민에게 편지를 보내엇는데 그 편지에는: 「당신이 아는 바와 같이 중동철도는 국제적 조약과 또는 자국의 특별한 장정으로 지도를 삼는것인바 이 조약과 장정은 중동철도의 분석적 사업을 아모 교통부 직원이나 또는 일반적으로 다른 교통부 대표들이 감독하거나 이에 참가할 권리를 주지 않는 것이다. … 때문에 만주국 교통부는, 쎄쎄쎄르의 소유이

며 국제적 조약에 긔초하여 존재한 중동철도의 사업에 간섭할수 없을 것
이다」 라고 지적하엿다.

318. 互爭中東路管理權俄傷糾紛益甚, 申報, 1934.01.05

互爭中東路管理權俄傷糾紛益甚

▲ 煤塊缺乏勢將停車

擅撤路員業務停頓

俄員俱樂部被封閉

哈爾濱 據中東路督辦李紹庚所發表之宣言觀之, 中東路因煤塊缺乏,
勢將用木料以代之, 現時木料亦僅足維持兩個月, 設俄煤不能
接濟, 則勢將停止開車, 全局情勢益復可駭。蓋糾紛之調解,
雖數月於茲, 然關於共同管理之重要爭案, 迄未有一解決也,
觀察者深信設一旦中鐵交通完全停止, 則「滿洲國」或蘇俄必
將採取毅然之手段, 攫取較大之管理權。自李紹庚與代理俄局
長班杜拉關於中東路人數平等問題之往來函件發表後, 使中東
路交通勢將停止之緊張空氣更形增大, 本地報紙商會及其他著
名商人刻正考慮修正鐵路運貨問題, 「滿」方人員對此頗爲贊
同, 彼等唯一之目的, 在取消金盧布爲運費之單位, 並將貨物
運費減少百分之六十, 俄方人員對此問題取斷然態度, 毫未表
示彼等願討論此項建議, 數年前商人以中東路之運費過昂, 曾
謀反對未果, 目前之情勢, 對於商人極爲有利, 因拉□哈爾濱
間之鐵路業已造成, 以後商人可用該路轉運貨物而代替中東路
也, 各界咸信如此則中東路運費勢將被逼而加以修正云。 (四
日路透電)

哈爾濱 聞阿什河中東路俱樂部之經理俄人澳斯托夫斯基, 因其行動有
危及治安之嫌疑, 將被放逐回國, 查該俱樂部最近以宣傳赤化
被當局封閉云。 (四日路透)

319. 北鐵管理局長の不法行爲發覺す, 東京朝日新聞, 1934.01.09

北鐵管理局長の不法行爲發覺す

愈々近く捕縛取調か

【新京特派員七日發】北満鐵道ソ連側の機關車不法ら去事件の取調べは一時停頓の形を取つていたが目下拘禁中の北鐵機務處長カリーナ、汽車科長ラヴロフ鐵道科長アヴロフ等の自白により急速に事件が進展を見、新京より長尾警務司長等ハルビンに赴き右機關車ら去の命令系統を追究の結果各種の不法行為の確證をつかみ遂に管理局長ルーデイ氏を捕縛取調べ得べき司法的根據を得るにいたつたので満洲國司法部内にあつてはこの際満洲國司法權の權威のためルーデイ局長を追究すべきであるとの聲が相當強硬なので成行を注目されている.

320. 俄使訪廣田要求釋放路員, 申報, 1934.01.10

俄使訪廣田要求釋放路員

▲ 爲重開售路交涉前提

東京　昨日蘇俄大使，訪問廣田外相之結果，東鐵讓渡交涉已有再開之望，蘇俄以釋放被捕之蘇俄從業員爲前提，滿洲國亦擬將被捕俄人，從速審理，採寬大之處分，故交涉可望意外早開，據俄大使向外相之說明，俄政府擬再提議讓渡價格，似將放棄換算率問題，而提議新讓渡價格，交涉再開後之前途，頗爲有望。　（九日電通電）

321. 北鐵會商再開で露大使、外相と會見，大阪朝日新聞，
1934.02.11

北鐵會商再開で露大使、外相と會見

逮捕問題を蒸返し

駐日ロシヤ大使ユレニエフ氏は十日午前十時外務省に廣田外相を訪
問し、大臣室において廣田外相と會見、東郷歐米局長も加つて午後
一時半まで三時間半にわたり北鐵會商再開に關し重要會談をなした
先づユレニエフ大使よりロシヤ側は北鐵ロシヤ側從業員六名の逮捕
問題はこれを政治的問題を見做し、右六名の釈放ならびにその後任
の任命をロシヤ側においてなすべきことを條件として北鐵東京會商
を再開したき旨を述べた、これに對し廣田外相は日本側としてはロ
シヤ側從業員逮捕問題は滿洲國の司法問題にして北鐵會商とは何ら
の關係なきをもつて東京會商の再開を希望し逮捕問題については既
に滿洲國側も取調べが一段落を終えたので近く釈放する方針であり
ただその後任問題についてはロシヤ側と見解の相違ある點を述べ
た、しかして廣田外相は後任問題の決定は北滿鐵道に關する一九二
四年の北京、奉天兩協定ならびに從來の慣行によって決すべきもの
であるから北鐵會商の斡旋者たる日本側としては現地において滿露
兩當事者間において決定すべきで東京會商は既に滿洲國側が釈放方
針を決定しているから現實においてこれを釈放した場合において東
京會商を再開されたき旨を述べ、ロシヤ側の同意を求めた、これに
對しユ大使は後任問題の決定と東京會商の再開とを相關聯せしめる
主張を繰返したが、最後に日本側の斡旋ならびに後任問題に關する
滿洲國側の方針についてはこれをモスクワ政府に報告し改めてその
訓令を仰ぎ数日中に何分の回答をなすべき旨を述べ當日の重要會見
を終つた.

322. 東路糾紛多端, 申報, 1934.03.30

東路糾紛多端

▲ **伯力** 滿洲警察襲擊中東路學校俱樂部及圖書館之消息紛至沓來, 據路局局長盧迪向鐵路行政部之報告, 中東路之中央圖書館已爲警察對閉, 並常有服務於偵緝隊之白俄官員蹤門察看, 故此種特字與文化寶藏之統一于安謐, 遂備受威脅, 警察仍沿路攻擊各地鐵路俱樂部, 孰知舉凡此種文化機關之成立, 均以與鐵路方面訂結之協定爲根基, 此等協定保證蘇聯路員有充分利用其學校俱樂部及圖書館之可能, 故上述滿警行爲顯屬非法, 今日復接哈埠來訊, 蘇聯駐哈總領斯拉夫茲基又諗滿交涉員施履本, 堅請調查前爲路警拘捕并予扣留之蘇聯公民之實況, 代理交涉員島村通知蘇聯副領特列平斯基云。被捕之蘇聯路員十人已經驅逐出境, 特氏對此驅逐行動堅決抗議, 指爲滿當局無理行動, 並堅決要求將其餘被捕人員立即釋放。 (二十八日塔斯電)

323. 日僞積極準備對俄軍事, 申報, 1934.06.14

日僞積極準備對俄軍事

▲ **趕築鐵路實行徵兵僞商輪被俄兵砲擊海蘭泡到大批俄機**

北平 近兩月來僞國商輪開往虎林及黑河者, 時被俄兵砲擊, 漠河等處亦有砲擊商輪情事。日軍在江省各地積極作軍事準備, 齊齊哈爾通往黑河之鐵路, 限令今秋完成。北安鎮至札蘭屯之鐵路土基, 亦積極修築中。日方今擬在興安分省修築南北行鐵路三條, 不日亦將動工。日方現通令僞國各地, 凡二十歲以上三十五歲以下男子, 均須加入所謂青年團, 受軍事訓練, 直轄僞軍政部。 (十三日專電)

天津 僞本天省實行徵兵，每十房出壯丁二，五房出壯丁一，限十八歲以上四十歲以下者，瀋陽縣城南楊千房屯日前徵去八十名，男婦逼道哭號，如同死別，聞日僞徵兵，係爲對俄。（十三日專電）

天津 海蘭泡七日到蘇聯飛機十八架，均重爆炸水陸兩用機，八日並有六架結隊飛至黑河上空，盤旋二十分鐘始去。（十三日專電）

天津 僞國各機關七月一日起，一律改組，加入日人職員，如奉天水利局改爲水利合作社，由日人充理事長。（十三日專電）

324. 越境糾紛迭出, 申報, 1934.08.15

越境糾紛迭出

▲ 僞提抗議俄置不理

哈爾濱 日僞方屢稱俄兵越境，雖經屢次抗議，俄方稱並無越境事實，並謂僞方所指爲越境之地點，實係俄境，僞方對此亦無如之何。據稱地圖上與實際上之國境界線不一致，故惹起俄僞之糾紛，此後將有大論爭云。（十四日華聯電）

哈爾濱 據日方稱，七月以來，俄赤衛軍已兩次越滿洲里國境，雖均經抗議，但竟無效，十一日又有俄兵五名，越滿洲里西方之國境經僞國境警備隊發見後，始逃逸云。今日僞外部辦事處又向俄總領館提出抗議書，請傳達莫斯科。（十四日華聯電）

325. 中東路交涉僵持中日喉傀儡捕俄員, 申報, 1934.08.16

中東路交涉僵持中日喉傀儡捕俄員

▲ 站長及職員二十人謂已搜獲陰謀證據廣田示意仍願斡旋

哈爾濱 最近中東路東段鐵路之火車迭次發生襲擊顛覆等事件，「滿洲國政府」疑其必有黑幕，逮捕嫌疑犯人，嚴重究辦之結果，已得反「滿洲國」陰謀之確證。即於十三日深夜逮捕一而坡站長比

亞齊夫及其他蘇聯職員二十人，同時搜查各職員住宅發見炸彈
甚多及秘密書類，彼等非但企圖顛覆列車，實為進行大規模反
「滿洲國」運動之團體，被捕職員中有無證技師數人，均負聯
絡各團體進行陰謀之重大任務，滿洲當局定十七日一併解往哈
爾濱，開始正式傳訊。（十五日日聯電）

東京 今日有人以蘇俄人謀劃殺大批日「滿」官員，因以被捕者達三十
餘人一事詢諸外務省發言人，據答，外務省不知此事，此類事
件，與外務部無關，惟謂逮捕俄人，當爲破壞中東鐵路東段之結
果，蓋日軍用火車與護衛火車者於此受創甚巨也云，逮捕俄人消
息，日本報無一載者。（十五日路透電）

哈爾濱 今日又有團眾「在距橫道河子西二十哩拆毀路軌，狙伏以待，
俟火車脫軌，「團」即開槍猛擊，幸未擊中一人，機車一輛火
車十二輛完全覆毀，「團」搜刮諸車後，並擄車中人員去，現
哈爾濱與出車地點聞之交通暫告停頓。（十五日路透電）」

哈爾濱 自虎林□□之滿國輪船營口號，昨夜八時經過哈埠下游七基羅
之滴打嘴子時，突有喬裝旅客之土匪三十名，忽執槍開始搶
掠，脅迫船員停輪，在附近守候之土匪，亦乘小輪至營口號，
因欲殺倫內日人，致輪內非當混亂，虎林警備指揮官坂口氏奮
力以戰，槍殺三土匪後，因彈竭被害。虎林參事官岩永靜堆亦
槍殺數名後，游水而逃，現尚不明行踪，此外乘客之日本官吏
武勇氏，亦殺死土匪二名，身負重傷，尚有日人二名，現不知
下落，至輪內之日滿婦女，悉遭掠奪暴行，其被槍殺者滿人船
員二名，美人一名，被綁去乘客三十名，該關於□□一時離
輪，其餘船員始於今晨十時駛抵哈埠，輪內死屍累累，鮮血橫
溢，慘不忍觀。（十日五電通電）

東京 中東路賣買交涉，以「滿洲國」代表大橋之回國，俄然□□□
□，非由俄方表示讓步態度，交涉不能脫離停頓狀態，但廣田
外相因俄方尚未提出最後提案，以爲交涉尚有成立希望，如俄
滿再請外相斡旋，則不能再為政治的交涉。（十五日日聯電）

326. 日僞報紙鼓吹對俄戰爭，申報，1934.09.04

日僞報紙鼓吹對俄戰爭

莫斯科　莫斯科報界對日「滿」報紙之反蘇聯戰爭公開宣傳，極爲重視，各報均載哈埠日本報紙「哈爾濱新聞」所刊署名田村氏所作論文之精粹，作者於該文內力主對蘇進攻，並挑撥日本國民反對蘇聯，該文題名「吾人須愛好戰爭」，內稱，「吾內地人民（指在滿日人）十九皆曰，戰爭如能於目下爆發，則甚合適」，作者復謂，「如蘇聯之野獸進而威脅滿洲之庭園，則吾人必不能忍受之，盡力趕快將此等野獸消滅，並維持和平局面之願望，值得贊同，吾人必將此種思想傳遍全國，因於狩獵此等野獸之際，必須舉國奮起，故此種需要如僅由吾在哈日人覺察，決不充分也」，該報復發起加緊募捐，以準備作戰，「即小學兒童亦須節其學用品與早餐」，作者復云，「即三歲小孩於作打仗之戲時，亦須鄭重教以如何放槍，如何砍刀，同時須貫注此種思想，即戰爭係快樂之舉，且須加以愛好」云。（三日塔斯電）

327. 俄僞又一爭執，申報，1934.09.18

俄僞又一爭執

▲ 東路匪劫及其他損失俄要求賠償僞則堅拒

天津哈埠訊，中東路此次匪劫及其他事故所受損失之賠償問題，又成爲俄僞間一大爭執，聞俄方以僞國負有維持地方秩序，及保障該路安全之責，堅持一切損失須由僞方賠補，而僞方則指各處匪患，多與俄籍員工有關，堅決拒絕此項要求云。（十七日中央社電）

7

열강과 중동철도 공동관리

7. 열강과 중동철도 공동관리 (해제)

　러시아가 청조로부터 중동철도 부설권을 획득한 것은 비단 교통에서의 권리뿐만 아니라, 러시아와 일본, 혹은 러시아와 영국 등 열강 간의 세력관계 속에서 중요한 의미를 가지고 있다. 러시아가 중국 동북지역에서 중동철도 부설권을 획득한 것은 이 지역에 대한 배타적 권리와 세력권을 형성하였음을 의미하는 것으로서, 중국에 대한 열강의 이해 다툼 속에서 해당 지역에 대한 러시아 세력의 부상을 의미하는 것이다. 중동철도는 시베리아철도의 만주 횡단노선으로서, 러시아가 시베리아 횡단철도를 부설한 목적은 전통적인 가상적국인 영국과의 대결뿐만 아니라 프랑스, 독일, 미국 등 구미제국과의 관계, 나아가 일본의 팽창과 조선문제 등의 총체적 구조 속에서 이해되어야 한다.

　중동철도의 부설은 이후 러시아의 요동반도 조차 및 러일전쟁의 발발로 이어지는 중요한 결절점이 되었다. 더욱이 요동반도를 조차한 이후 러시아는 본격적으로 중국영토의 분할에 나서면서 제국주의적 침략성을 유감없이 보여주었다. 이와같이 중동철도는 중국을 중심으로 한 동아시아에서의 열강 간 세력관계를 보여주는 주요한 지표라고 할 수 있다.

　이미 1857년 시베리아총독 로바노프(Robanov)가 시베리아철도의 부설을 짜르에게 건의한 이후 열강은 중국에 시베리아철도가 가지고 있는 침략성을 수시로 환기하였다. 예를 들면 영국인 리차드(Timorthy Richard)나 미국인 알렌(Young John Allen) 등은 시베리아철도의 부설을 철도 침략으로 규정하고, 시급히 러시아의 음모에 대비해야 한다는 사실을 중국 측에 알리고 경계심을 고취하였다.

러시아는 일본이 청일전쟁에서의 승리에 대한 대가로 여순과 대련을 조차하려는 시도를 만주를 두고 중국과 국경을 마주하고 있던 자국에 대한 심각한 위협으로 간주하였다. 이러한 인식에서 러시아는 프랑스, 독일과 함께 일본에 요동반도의 조차를 포기하도록 압력을 행사하였다. 영국은 전통적인 러시아의 남진 저지정책의 일환으로 만주 등 동방에서 러시아와 이해가 상충되는 일본을 동방의 맹방으로 부식하기로 결정하였다. 태평양에서 일본의 해군 역량이 강화되는 것이 러시아에 위협이 될 것이라고 간주했던 것이다. 이러한 이유에서 영국은 삼국간섭에 참여하지 않았을 뿐 아니라, 러시아 등의 삼국간섭 동향에 대해 고의적으로 사전에 일본 측에 정보를 흘리기도 하였다.

그러나 중동철도 부설로 상징되는 중국 동북지역에 대한 러시아세력의 확대는 결과적으로 이 지역에서 중국관민들의 격렬한 저항을 불러일으켰으며, 러일 간의 대립 구도를 격화시키면서 동아시아 국제질서를 급격히 재편하게 되었다. 러시아가 삼국간섭을 통해 일본으로부터 환수한 여순, 대련을 탈취한 사건은 일본으로 하여금 전쟁의 길로 나아가도록 재촉하였다. 삼국간섭 이후 일본은 러시아를 명확히 가상적국으로 설정하였으며, 일본천황은 10년의 와신상담을 통해 국력을 충실히 하여 러시아를 제압하도록 전 국민에게 지시하였다. 그리고 이러한 지시는 10년 후 러일전쟁에서 그대로 실현되었다.

러일전쟁에서 승리한 일본은 1905년 포츠머스강화조약에서 러시아로부터 각종 특권을 양도받았으며, 같은해 12월 22일 〈회의동삼성사의 정약 및 부약〉에서 청조의 확인을 통해 정식으로 일본의 권리로 귀속되었다. 여기서 일본은 여순, 대련 및 부근 영토의 조차권과 장춘-여순 간의 철도 부설권 및 경영권을 획득하였다. 이 철도가 바로 남만주철도로서, 이전 중동철도의 남부지선에 해당되는 구간이었다.

신해혁명 이후 중국정부는 낙후된 철도를 전반적으로 발전시키기 위해 철도에 대한 국가권력의 통제를 강화하는 철도 국유화정책을 시행하지 않을 수 없었다. 이러한 과정에서 국내 상공업이 충분히 발전되지 못한 상태에서 철도의 부설을 위한 자금원으로 외국의 자본과 외채에 주목하지 않을 수 없었다. 이러한 조건 하에서 일차대전시기에 일본은 중국에 막대한 철도차관을 제공함으로써 중국철도에 대한 지배권을 강화해 나갔다.

한편 미국도 만주지역에서 철도 부설권을 확보하기 위해 다대한 노력을 경주하였으며, 이를 통해 이 지역에서 이미 세력을 구축하고 있던 일본을 적극 견제하고자 하였다. 이러한 가운데 1909년 10월 미국 국무장관 녹스(Knox)의 주도 하에 만주철도 중립화계획이 추진되었다. 그러나 영국은 동맹관계에 있던 일본의 이권을 침해하기 어려웠으며, 중립화에 반대하던 러시아 역시 미국의 계획을 일본에 내밀히 전달하였다. 영국과 일본, 러시아가 일치하여 만주철도 중립화계획에 반대의사를 표명함으로써 계획은 실현될 수 없었다. 그러나 일차대전시기 중국철도에 대한 일본의 세력이 확대되면서 영국과 미국을 중심으로 일본에 대한 견제가 필요하다는 점에 공감대가 형성되었다. 1918년 겨울, 미국과 영국 등 열강은 일차대전의 화의에 관해 논의하면서 철도의 통일이라는 명목으로 중국철도의 관리에 대해 논의하기 시작하였다. 이러한 과정에서 열강이 중국의 철도를 공동으로 관리해야 한다는 '중국철도 공동관리안'이 분분히 제기되기 시작하였다.

일차대전 직후 북경정부 교통부 고문인 미국인 베이커(John Baker)는 5개국 대표로 만국철도단을 조직하고, 중국에 있는 모든 철도를 만국철도단으로 하여금 관리하도록 하려는 방안을 제출하였다. 비슷한 시기에 중영공사 대표 메이어(Mayers)도 중국정부에 철도 공동관리안을 제출하였다. 주요한 내용은 교통총장을 위원장으로, 영국, 미국, 일본, 프랑스 4개국 대표를 위원으로 만국통리철로위원회를 조직하고 위원회를 통해 1억 파운드의 자금을 모집하여 철도차관을 상환하여 외국소유의 철도를 회수하고 철도의 통일을 실현한다는 방안이었다.

이와같이 영국과 미국에 의해 제기된 중국철도의 공동관리안은 기존 중국에 대한 특정 국가의 세력권을 타파하고 나아가 정치, 군사적 특권을 회수함으로써 중국의 독립을 회복한다는 목적이 있었다. 여기에는 일차대전기간 중국철도에 대한 일본의 세력 확장을 견제하려는 영미의 의도가 바탕에 깔려있었다. 만일 이러한 방안이 실현된다면 기존 중국 동북지역에서 남만주철도 및 중동철도의 부설권 및 경영권을 바탕으로 세력권을 형성하고 있었던 일본과 소련에게 적지 않은 타격이 아닐 수 없었다. 일본군부와 외무성은 남만주철도가 전쟁의 결과로 획득된 것으로서 명백한 일본의 권리인데, 이것이 국제공관으로 전환된다면 일본의 국방을 위협할 것이라며 반대의 뜻을 표명하였다.

1922년 4월에 제1차 봉직전쟁이 발생한 이후 중국에서는 군벌 간의 전쟁이 끊이지 않았으며, 1925년이 되면 군벌전쟁은 마치 전국시대를 방불케 하였다. 군벌전쟁의 시기는 바로 중국철도의 수난기라고도 할 수 있는데, 특히 제2차 봉직전쟁의 특징은 전투가 철도 선로를 따라 발생하였다는 사실이다. 이러한 이유는 무엇보다도 철도가 신속한 군사행동을 가능하게 해 주었을 뿐만 아니라, 그 재원을 마련하기 위해서도 철도는 주요한 공급원이 되었기 때문이다. 중국에서 군비의 조달에서 큰 역할을 수행한 부서는 다름 아닌 교통부와 재정부였으며, 특히 교통부는 매년 거액의 군사비를 부담해 왔다.

이러한 가운데 1925년 발생한 임성사건은 중국철도의 전근대성을 단적으로 보여주었다. 임성사건이란 진포철도의 임성-사구 구간에서 중국의 토비가 열차를 습격하여 중국인 승객과 외국인 승객을 납치한 사건으로서, 이 사건은 당시 중국의 전역뿐만 아니라 세기의 대사건으로 전 세계인의 이목을 집중시켰다. 주목할 것은 열강이 이 사건을 계기로 중국철도의 낙후성을 지적하고 안전성을 담보하기 위해 중국철도를 열강이 공동으로 관리해야 한다는 중국철도 공동관리안을 적극적으로 제기하였다는 사실이다.

임성사건은 중국철도의 전근대성을 단적으로 보여주었으며, 중국철도의 관리가 얼마나 통일성을 결여하고 봉건세력인 지방군벌의 지배하에 놓여 있었는지를 잘 말해주었다. 민국 초에는 군벌이 할거하고 내란이 끊이지 않았으며, 각 철도의 관리권은 군벌의 지반에 따라 이리저리 이전하였으며, 따라서 중앙정부가 통일적으로 통제하기 어려웠다. 각 철도의 수입은 대부분 현지에서 사용되었고 철도를 부설하기 위해 발행한 채권을 상환하거나 철도의 증설이나 보수를 위해서는 거의 사용되지 못하여 철도의 발전을 기대하기 어려웠다.

제2차 봉직전쟁에서 직예파가 철도당국으로부터 운수권을 탈취하여 군사 운송을 실행한 이래 군벌의 철도에 대한 전횡은 더욱 극심해졌다. 이들은 스스로 철도의 경영에 뛰어들어 운임의 인상을 단행하는 등 철도를 거리낌없이 사유화하였다. 한 철도에 두 개 혹은 수 개의 관리국이 출현하여 경영권을 다투는 일도 드문 현상이 아니었으며, 교통부는 완전히 유명무실한 존재로 전락하였다. 군벌들은 철도 수입을 군비로 유용하였으며, 부가세를 징수하여 군비로 충당하였다.

이러한 와중에서 임성사건은 중국철도의 신용을 국제적으로 크게 실추시켰으며, 중국철도의 전근대성을 그대로 보여준 사건이었다. 열차가 토비의 습격을 받아 35명의 외국인 승객 가운데 한 명이 사살되고

26명은 부근 토비의 소굴로 납치되는 공전의 사건이 발생하였다. 열강 외교단은 이를 중시하여 중국정부에 책임을 묻는 동시에 조사원을 현지에 파견하여 구조업무를 독촉하고 감독한 결과 수 명의 부녀승객은 곧 석방되었으나 기타 인질은 6월 20일에 이르러서야 구조될 수 있었다. 이 사건에 대해 중국정부가 유감을 표명하고 배상금을 지불하는 것으로 일단락되기는 하였지만, 이를 계기로 재중 외국인 사이에서는 중국철도 국제공동관리안이 대두되고, 영국은 구체적으로 공동경비국안을 제기하였다. 이 방안은 교통총장 하에 중국인을 국장으로 두고 외국인을 부국장으로 하는 철도경비국을 설치하여 외국장교의 지도, 감독, 감찰 하에 충분한 병력을 상비시킴으로써 여객의 안전을 도모하여 철도 재산을 보호하고 철도 행정을 원조한다는 내용이었다. 중국철도 공동경비국안은 군벌에 대한 불신임안으로 해석할 수 있다.

이와같은 반식민지적, 반봉건적 철도행정을 일신하고 발전시키기 위해서는 무엇보다도 첫째, 내외채를 정리하여 불평등조약의 무효를 선포하고 외채를 상환하며, 둘째, 철도 주권을 통일하고 열강이 중국에서 경영하는 철도의 권리를 회수하며, 셋째, 철도행정을 독립시켜 군벌의 간섭을 허용하지 않으며, 넷째, 인재를 선발하여 철도행정을 담당하도록 하는 일이 급선무가 아닐 수 없었다.

임성사건 이후 영국은 중국철도를 공동으로 관리하기 위한 강경한 방안을 제출하였는데, 주요한 내용은 중국교통부 내에 호로행정총국을 설치하여 경비총장으로 외국인과 중국인을 각각 한 명씩 두어 양자가 동등한 권력을 가지고 6천 명의 호로상비대를 지휘하도록 하며, 동시에 경비원을 초빙하여 경비대의 훈련을 책임지도록 제안하였다. 조직과 지출을 위해 각 철도에 외국인 회계감독을 두며, 경험있는 외국직원을 고용하여 철도검사원과 순시원에 충당하도록 하였다. 이밖에 경비국의 경비는 외국의 비준을 거쳐 매년 약 160만 달러로 하며, 호로경비를 염출하기 위해 각 철도의 회계장과 노무총관으로 외국인을 임명한다는 내용이었다.

영국의 제안은 겉으로 보기에 각국의 공동대응이지만 실상 중국철도에 대한 영국의 지배권을 확대하기 위한 목적이 강했다. 당시 영국은 중국철도에 가장 많은 투자를 한 국가였으며, 이 제안이 실현될 경우 중국해관의 경우와 같이 철도 역시 영국의 통제를 벗어나기 힘들 것으로 예상되었다. 이러한 사실은 영국이 철도 공동관리안을 추진한 목적이 어디에 있는지를 잘 보여주고 있다.

일본은 영국에 의해 제기된 철도 공동관리안에 반대하였다. 일본은 영국이 주창하는 철도 공동관리안은 일본의 권리를 탈취하여 스스로 장악하고자 하는 함정이 숨어있다고 인식하였다. 특히 일본육군은 만일 영국의 제안이 실현된다면 중국의 교통망이 영국에 의해 장악될 것이라고 적극 반대의 뜻을 표명하였다. 미국국무장관 휴스(Hughes) 역시 일본의 의견에 동의를 표시하였다. 즉 중국인으로 하여금 스스로 자구할 수 있는 기회를 부여해야 하며, 영국의 제안은 소기의 성과를 거두기 어렵다는 의사를 표명하였다.

이러한 가운데 교통부 및 각 철도당국은 군벌의 질곡으로부터 벗어나 철도 본래의 면목을 갖추기 위해 진력하였으나, 총검의 위협 앞에서 개선안을 실행하기는 쉽지 않았다. 1921년 9월 21일 워싱턴회의에 북경정부는 중국철도의 공동관리안을 거부하는 내용의 의안을 정식으로 제출하였다. 이에 근거하여 1922년 1월 18일 개최된 워싱턴회의 태평양위원회는 제20차 회의에서 중국은 스스로 철도행정을 통일할 수 있는 제도를 통해 철도의 발전을 모색해야 한다. 열강은 필요한 경우 제도의 정착을 위해 경제적으로나 혹은 전문 기술을 제공하여 이를 보조

할 수 있다 라고 의결하였다. 이와같이 워싱턴회의는 열강의 주도 하에 중국철도를 관리하려는 철도 공동관리안을 정식으로 부결시켰으며, 반면 중국 스스로의 독자성과 자주성을 부여하였다고 할 수 있다. 마침내 1927년 남경국민정부가 수립된 이후 북벌을 개시하면서 중앙집권적 통일국가의 수립이 가능하게 되고, 이에 따라 자연히 국유철도 역시 국민정부 교통부의 통일적 지배 및 관리 하로 들어가게 되었다.

일본과 소련은 이미 중국 동북지역에서 남만주철도와 중동철도를 기반으로 철도의 부설권과 경영권을 바탕으로 강고한 세력권을 형성하고 있었다. 일본과 소련의 배타적인 세력을 견제하기 위해 영국과 미국은 중국철도의 국제공동관리안을 적극 추진하게 된 것이다. 이 방안은 영국과 미국의 주도로 영미유학생 출신의 중국교통부 관료들의 호응으로 여론화되었다. 따라서 만주에서 일본과 소련의 세력을 견제하려는 영국과 미국 등 열강의 이해와 서구의 역량을 끌어들여 일본의 세력 확대를 억제하려는 중국의 전통적인 이이제이 정책이 상호 부합되었다고 할 수 있다.

그러나 중동철도와 남만주철도의 부설권과 경영권은 조약상의 보장된 권리로서 상대국의 동의 없이는 회수가 불가능하였던 것이다. 결국 공동관리안은 중동철도 등의 이권은 회수하지 못한채 여타 중국철도마저 외국의 통제 하에 귀속시키는 결과를 초래할 수밖에 없었다. 이러한 이유에서 중국 행정권에 대한 간섭이라는 국내의 여론이 비등하였으며, 결국 철도의 공동관리안은 실현될 수 없었다.

중동철도의 매각을 위한 협상의 과정에서 소련은 왜 굳이 중국이 아니라 일본에 매각하려 하였을까. 이 문제 역시 중동철도를 둘러싼 열강 간 세력관계 속에서 이해하지 않으면 안된다. 소련은 중국의 중동철도 회수 음모의 배후에 바로 소련의 적화에 대항하고자 하는 영국이 있다고 간주하였다. 이러한 근거는 당시 재정적자에 허덕이던 중국 측이 중동철도를 매수하려는 움직임 뒤에는 소련의 적화에 대항하고자 하는 영국의 음모가 있다고 간주하였기 때문이라고 한 신문보도가 이를 뒷받침하고 있다. 신문보도는 중국 주재 소련 고위관료의 전언에 따르면 영국정부가 중국정부의 대소정책을 예의 주시하고 있으며, 중국 중앙정부와 봉천성정부가 적극적인 배소정책을 고취하기 위해 전력을 경주하고 있다고 보도하였다.

실제로 영국은 중동철도가 만주국에 매각될 경우 자국의 동아시아정책에 적지 않은 부정적 영향이 있을 것으로 예측하였다. 중동철도가 일본의 수중에 들어가게 된다면 만주는 완전히 일본에 의해 좌지우지될 것이다. 영국이 주의를 기울이고 있는 극동에서 이를 계기로 일본과 소련이 접근하게 된다면 소련과 통상관계를 단절한 영국에게 매우 민감한 문제가 될 것이라고 신문은 보도하였다. 영국영사는 중국 측의 중동철도 회수정책을 지원하는 동시에, 만일 중국이 중동철도 회수를 지연시킬 경우 소련으로서는 자국의 투자권리를 타국에 양도할 의향이 있다고 전언하였다. 이와같이 중동철도는 중국 동북지역에서 열강 간 세력관계의 핵심적인 문제였음을 알 수 있다. 여기에서 선별하여 집성한 각국의 신문기사들은 중동철도를 둘러싼 열강 간의 상이한 이해관계를 적나라하게 보여주고 있다.

7. 열강과 중동철도 공동관리

328. 東淸鐵道讓渡問題, 東京日日新聞, 1917.08.09

東淸鐵道讓渡問題, 古き歷史を有する米國の大理想

露國政府が米國に對し東淸鐵道長春滿洲里間の線路を讓り渡す可し
とは我社長春特電の報じ來たりたる所なるが元來米國が世界貫通鐵
道敷設の大理想より露國政府に對して東淸及西比利亞兩鐵道の讓渡
交涉を爲したるは過去の事實之を說明する所にして卽ち明治卅八年
八月中旬日露兩國全權使節が米國ポーツマウスに於て講和條約締結
の交涉中米國鐵道王故ハリマン氏は本邦に來遊し專ら我朝野の有力
者を遊說してポーツマウス條約の結果我領有に歸すべき當時の東淸
鐵道(現滿鐵)の經營を日米協同の資本に於て行はんとするの提議を
爲し而してハリマン氏の意見は日本は日露戰役の結果約廿億の負債
を爲しつつあるにも拘らず露國より何等の償金を受くる能はざる次
第なれば米國の資金を仰ぎて滿鐵の經營に當るを得策とすべく又近
き將來に於ける露國の復讐は到底之を口くべからざるものあるを以
て此場合に於ても亦米國の介在を利益とすべしとの意に基くものに
して當時政府部內及元老間の意嚮は大體ハリマン氏の勸說を理由あ
るものとなし遂に同氏と我政府間に滿鐵協同經營の內約成立するに
至りしがポーツマウス會議より小村全權に先だちて歸朝せる故山座
圓次郎氏は該內約の成立を聽きて大に驚き一方反對運動を起すと共
に他方小村全權に其間の消息を打電し又政府部內其他にも反對說を
唱ふる者生じ來りたる爲遂に小村全權の歸朝
と共に之を取消すに至れりハリマン氏が此種の提議を試みたるは卽
ち氏が抱懷せる口育を起點として太平洋を橫斷し滿洲より西比利亞
を經由して歐洲を貫通しベーリング海峽より口育に至るべき世界貫
通鐵道敷設の大計畫に出でたるものにして氏は右の如き事情に基き
滿鐵協同經營內約取消さるるに至るも屈する所なく更に明治四十一

年支那政府と錦愛鐵道敷設を交渉し之に依りて西比利亞線と聯絡すべき計畫を為したるも日露兩國政府の抗議に遭ひて是亦成立するに至らざりしが氏は晩年更に露國政府と浦鹽、西比利亞の二線讓渡交渉を開始し不幸交渉の途中遂に物故するに至りたる為氏の大理想は生前實現するに至らざりもし米國實業家中には氏の衣口を口ぎ其實行を為さんとする者あり現に米國が今春對獨宣戰を為し露國に對して財政上の援助を與ふに決するや直に米國實業家には此機に於てハリマン氏の道志を達成せんとの議起りたるものにして米國特使ルート氏が是等に關し露國政府と特に商議する所ありしや將た又幾許の理會を得たるや這般の消息は一切之を窺知する能はずと雖も東淸鐵道讓渡問題は斯く古き歷史を有し今尚交通機關統一の大理想より米國人の熱望しつつある所なれば此際斯る交渉の成立せると否とは暫く措き將來必ず問題を惹起すべきものにして我國としては特に其前途に注意すべき問題なりと言ふべし.

329. 東淸線讓渡說, 時事新報, 1917.08.10

東淸線讓渡說, 全然虛報か, 世界一周計畫

▲ 獨探の放てる虛報

露國が米國に對し長春滿洲里間の東淸鐵道を割讓すべしとの說あるも右は彼の樺太口山權獲得說の如く全く獨逸人側より捏造せる一種の謠言に過ぎざる可し過般米國特使ルート氏一行が露都に赴きたる際も同樣の謠言盛んに傳へられ同氏は非常に迷惑を感じたる事あり殊にルート氏の訪露使命は協商國側の露國に對して有する希望と略同樣の目的を達せんとするにありたるに之を探知せる獨探が右說の如き種々なる謠言を放ちたる結果露國社會黨の迫害を受け遂に其目的を達せずして歸米の途に口きたりとの報道さへある位なれば東淸線讓渡說の如きは全然虛報と云ふも過言に非ず.

▲ 世界一周鐵道計畫

随つて何人も斯かる説を信ずるものなしと雖も只米國人中今尚故
イ、エチ、ハリマン氏の所謂世界一周鐵道計畫の一部として東清鐵
道の買收を行はんとする議論を有する者ある事だけは之を認めざる
を得ず、無論此計畫たる、真に世界交通の便宜を圖らんとするにあ
るべしと雖も萬一斯かる計畫が步を進むるに至らば自然關係各國殊
に日本の政治經濟に重大の利害を及ぼすべきを以て輕々に之を看過
するを得ざる可し元来故イ、エチ、ハリマン氏の計畫は亞米利加、
日本、支那、西比利亞歐米を連絡せんとするに在りて最近發行の米
亞協會機關雜誌「エシヤ」誌上に於てジヨルチケナン氏は詳細に此
を紹介し居れり.

▲ ハリマン氏の目的

其れに據ればハリマン氏は最初日本が露國より贏ち得たる南満鐵道
の支配權を獲得し之を改築したる後東清鐵道を買收し更に西比利亞
鐵道並に北満洲より「バルチツク」沿岸に出づる露國政府鐵道の運
輸權或は敷設權を獲得せんことを目論見、之が成就の上は米國及び
露國を連絡する大西洋橫断航路を開くの企圖を有したるものにして
既に氏は大西洋郵便會社所属船舶を以て右計畫の一部に當て居たり
き、口もハリマン氏が極東の事に興味を抱くに至りたるは千九百五
年以来の事にして氏は當時米國公使として東京に駐剳せしロイド、
シー、グリスコム氏より荐に日本来遊を勸誘せられたる結果同年八
月一六日桑港を解纜して日本に渡來したるが其目的は云ふ迄もなく
ポーツマス條約に依り日本に譲り渡さるべき満洲の鐵道經營に關し
日米合辦のシンヂケートを組織せんとするに在り日本は當時廿億の
國債と露國の復讐に對する恐怖の念にかられし際なりしを以て駐日
米國公使グリスコム氏及日本政府米國人顧問ダーハム、ダブル
ユー、スチヴンス氏等の斡旋盡力に異議なくハリマン氏との提議に
賛意を表し直に假契約を締結したり其條件は南満鐵道を日米共同經
營となす事、同社は日本法律の下に組織し且つ日本政府の支配下に
置く事、日米シンヂケートを設け之をして其經營に當らしむる事.

330. 中東鐵路問題, 申報, 1919.01.27

中東鐵路問題, 外交要聞

中東鐵路問題吉林孟督軍於二十一日由吉林電致府院, 說此次協商國委員會議決定西伯利亞烏蘇里阿莫爾中東四鐵路歸英美日法意五國共同監督查, 中東路與該三路性質不同。我國未便默認。而應力為交涉。冀挽主權。應請中央特派大員來東交涉以圖補救云云。又孟督軍先有皓(十九)電孟督郭省長又有聯銜號(二十)電略謂據傅參贊電稱訪司梯生據云協商路事已定等情竊謂劉使所陳應付之三策。而應悉力抗爭效電所陳仍乞內外堅持力圖補救.再美員巴爾穆等今日來吉。容俟接唔再行詳報云云。昨日閣議時特開審議商榷辦法, 聞已略有端緒矣。

331. 中東鐵路問題, 申報, 1919.02.05

中東鐵路問題

中東及西比亞兩鐵路一在我國領土內與我有特別契約關係, 一則緊接我國國境, 此次協商國協議組識共同管理西比利亞鐵路委員會其辦法業經商定, 草約已由各國代表簽字, 名義上仍推俄人為委員長, 實際上則由各國協同管理, 我國亦會出兵西比利亞與各國取一致行動, 且中東路又在我境內, 此次獨未及參預, 殊為遺憾。至各國會設委員會, 其內部議決情形迄未能詳, 茲集合東西各報所載大略如左:一)名稱定名為公共監督委員會;二)參預各國由英美法日意俄及捷克等七國會同辦理;三)委員長以西比利亞之全俄政府交通總長華士總勒耶夫為本會委員長;四)工程師長另由美國方面推舉美國工程師斯悌文遜為工程師長;五)分科委員會內部附設分科委員會二:(甲)工程師委員會, (乙)軍事委員會;六)權限, 以上權限在亞俄之西比利亞鐵路適用之, 歐俄及中東各路並可仿行, 惟中東鐵路既有仿行字樣, 吾當局應□維也。據中美通信社消息云, 關於西伯利亞鐵路及東清鐵路在協約國用軍於西伯利亞範者, 其管理權訂於萬國合同中,

據云此不過暫時辦法，一俟各國軍隊由西伯利亞撤退即歸無效，且無論外國鐵路工程師以及管理鐵路專家在此合同項下欲以管理鐵路事務者其義務至協約國軍隊撤退而止，合同中所訂定者有委員會一以中英意日俄美各國代表組織之每國得派代表一人，委員會主任須以俄人充之，此外設工程事務所隸委員會下由鐵路專家組織之，此等專家即由該協約各國有軍隊在西伯利亞者派遣，使之在協約各國用軍範圍之內管理各鐵路上之經濟及實行各事，更設協約軍用交通所同隸委員會下掌管協約國運輸軍隊及各種要需物品，據聞美國鐵路工程即約翰爾佛斯蒂芬斯君將為工程事務所長，凡關於鐵路上管理事務當會同所內各員辦之。斯氏前為俄國鐵路工程隊長，服役一年有半，此次該鐵路既得如此著名而富於經驗之工程師，將致全力於鐵路上事務，則諸路線之政治商業狀況，當一如從前也。此協約委員會在用軍範圍內收管路政，不過於軍隊駐屯西伯利亞之期間乃有統轄各路線之實權，而且所收管者不過俄國鐵路上管理之權利（即西伯利亞及東清鐵路對於中國較為重要者）。至於中國前派之東清鐵路監督，現在可不更換，因中國當得代表於委員會工程事務所以及協約軍務交通所，其影響於東清鐵路之管理者至堅固也，若中國能委通曉工程而有外交才幹之人至各所，則中國對於東清鐵路之位置當較從前愈改良善云云。惟該路傳來消息，則謂最近協商國在海參崴開會之時會推俄委員主席，所有共同管理辦法已大致商定，中國此後爭議之機會似極有限云。

332. 協議中之中東鐵路問題，申報，1919.02.12

協議中之中東鐵路問題

協商國為中東路管理問題將在海參崴開會，除各國委員紛來埠外，駐日美大使業已啟程赴崴參預會議。我國因是已派現在西比利亞調查之劉鏡人氏就近到崴列席，政府昨得劉氏電告，駐日德黎斯美大使已於前日抵崴擬定來日開會，嗣因美使感患微疾遠又展期等語，又據吉省傳參贊報告□頃據美大使面達共同管理絕不侵犯中國主權，且須特別加以尊重，中俄美日英法意七國在崴委員當一本此意商酌適當辦法。

又據某方面消息，關於西伯利亞鐵路及中東鐵道，日前會由協商各國在東京會議，其會議中所訂約文大致如左：一）鐵路總監管在聯軍各國軍隊選用區域內應由特別公共聯軍委員會執行該會，以現在西伯利亞所有軍隊之各聯軍國組織之，俄亦在內，該會會長應屬俄人。二）應行設立下列各部歸聯軍委員會監督：（甲）技術部，為管理該區域內所有鐵路之技術，後經濟之措施以現在西伯利亞有軍隊之各聯軍國鐵路專家組織之。（乙）聯軍軍事運輸部承相當軍事長官之調令，共同整理軍事運輸。三）保護鐵路應屬聯軍各國之軍隊，每路仍留俄經理或總辦為候補，附與俄國現行法律原授之職權。四）技術部，應推舉督理一人，委以各鐵路技術上之處理，凡關於此項技術上處理事宜，該督理得施訓令於上條所載之俄官，並得委派幫辦及稽查在本部任職，此項人員由現在西伯利亞有軍隊之各聯軍國國籍人中遴遣，隸屬於本部總辦事處而分配其職務，該督理於必要時可於最要之車站委派各種鐵路專家至各聯軍國之利益歸軍事保護，願加相當之注意，該督理分配本部所有公事室辦事人員之職務，而此項人員該督理可以任意委用。五）其聯軍公共委員之公事室辦事人員應由該會會長委任，該會長有權分配此項職員之事務並得撤退之。六）本協約俟外國軍隊由西伯利亞撤退後應即停止施行，而按照此條約委派之外國鐵路專家並可召回按約中所稱委員會係由中俄美日英法義七國代表參列，其會長為俄西伯利亞政府交通總長渥斯脫羅耶夫，技術部技師長為美人司梯溫斯，此項協約並推及於中東鐵路其詳細節目均以附件聲明。

333. 西比利亞鐵路與中東鐵路國際管理合同，申報， 1919.02.20

西比利亞鐵路與中東鐵路國際管理合同

北京電西比利亞鐵路與中東鐵路國際管理合同業已發表（譯者按其全文已見本月十二日本報）。關於此事之口頭照會如下：美國大使署奉國務部之訓令，以所定關於中東鐵路及西比利亞鐵路之計畫提交日本外交部以供日本政府之考慮，此項計畫使史提芬君可承日下俄國管理

部之命令為俄國人民利益計暫行擔任中東鐵路與西比利亞鐵路之實在行動，美政府願切實聲明者，史提芬君與助其行事之俄國鐵路勤務團實代表俄國而非代表美國，亦非代表美國之任何利益，蓋美國並無欲得俄國鐵路利益，或思歸美國管理之願望也。

日本帝國政府照會如下：十月二十五日美國大使署關於所述鐵路之口頭照會，日本帝國政府願表示誠摯之謝忱，照會內所載質言聲明美國並無欲得俄國鐵路之利益或得其管理權之願望，帝國政府聞之共為滿意。普通照會如下：西比利亞鐵路國際管理計畫牽涉之任何財政責任及中東鐵路之俄國利益尚須續行討論，第二欵利益二字乃指各協約國與美國之便利而言，並不含有政治或其他勢力範圍之意，此項計畫須解釋為使用鐵路以利俄國人民誠摯之企圖，合同所載甚為明晰，按所議辦法中國利益得受完全之保護，想中政府必能懇切協助使之實行也，今所提出之合同全文電報傳達如有錯誤得加必要之口頭更改。

（十七日）

334. 關於西伯利亞鐵路與中東鐵路國際管理事宜，申報，1919.02.21

關於西伯利亞鐵路與中東鐵路國際管理事宜

北京電：關於西比利亞鐵路與中東鐵路國際管理事宜所宣佈之公文尚有下載之一件。一）珍田子爵將以修正之計畫致駐華盛頓日本大使石井子爵使遞交國務部說明該計畫書之提出乃由了解美國專家史梯芬君稱為鐵路總理之故。二）協約國國際委員會應以中法英意日俄美七國代表組織之捷克斯拉夫問題稍緩再商。三）以上七國代表各舉一鐵路工程專家為工程委員會會員。四）史梯芬君難為會長仍可被舉為工程委員會會員。五）日美兩國即以商定之計畫及了解舉任史梯芬君一節通告上述各政府並請依守及抒誠協助。六）該計畫應釋為誠摯之企圖，志在為俄國人民利益計，暫時使用中東鐵路與西比利亞鐵路俾日後得以歸還，有此二路利益之人而不損及彼等現有之權利。至於以該二路線工程之進行委託史梯芬君日美兩國皆擬予權力及必要之輔助使

其所行一切得以成功。　（十九日）　▲路透電▲

335. 中東鐵路之管理問題，申報，1919.02.23

中東鐵路之管理問題

各國聯合管理西比利亞鐵道及中東鐵道之辦法，其大綱已有成議，惟尚須在海參崴集合各國代表開會議一次，然後正式作最後之決定。聞開會之時吾國僅以各國中一員之資格參與其間，政府所有對於此事之意見當於出席會議時為正式之表示，現在則雖擬有辦法亦無從著手，又聞政府昨日接到吉林省長郭宗熙篠日來電内稱頃據傳參贊號電中東鐵路事件在崴開議，協約各國互資研究，請特別組織提議約章當附入國際委員會共同共決等，因事機迫急究應如何應付之處乞迅示機宜並請行知劉使接洽，一切為禱。

北京某報近載海參崴消息，西伯利亞鐵路協議現在已經開始實行，設置三種機關，㈠監管處，㈡技術部，㈢軍事部，每機關均由各聯軍國派遣代表一人，中國為聯軍國之一，當然亦須派定三人，惟我國既為聯軍國之一，此種協議我國何能不聞不問？乃此次東京協議並未預先知照我國，僅將決定文件通告我國政府，殊為憾事。況中東鐵路在吾國領土之内，更不能認為俄路適用共同管理之方法，吾國委員劉鏡人氏對於此點曾經電請政府力爭，迄無效果。現聞中東鐵路路警問題，日本頗希望由彼擔任，劉鏡人曾電告政府請政府力爭警權，政府復電亦頗注意，不知結果又將何如也。

336. 政府對中東鐵路之主張，申報，1919.03.01

政府對中東鐵路之主張

中東鐵路問題近日政府方在極力研究之際除派劉鏡人外更將加派詹天佑前往參與。聞政府方面近日所預備主張之權利約分四端，第一，中

俄合派技士技術員會同聯軍委員會共同管理西伯利亞路之一部；第二，中東路所有職權所處地位當然在中俄協約所規定者以上；第三，軍事運輸部我國應另派軍事專家充任；第四，中東路沿路警察應由我國設置。

另一消息中東路自郭督辦抵京後即向當局陳述意見，以西伯利亞及中東兩路現因俄亂無暇顧及路事，又恐落於激派之手，轉釀禍患，列國提議共同管理，其意甚善，無如情勢不同，應請主持變通，西伯利亞地屬於俄共管理，不妨由列國主之中東一線本為中俄條約上之關係，現俄既無履行條約之能力，又無繼承之屬託，當然歸立約對手國經理，況歐戰吃緊之際，俄方倀擾，我國派兵接理相安至今，我國於此損失頗鉅，難為參戰義務分所應盡，亦以協約國以和平仗義執言，我國不惜糜欸勞兵以盾其後也，協約國為和平起見有變通管理之主張，雖未見之事實，然與我有利害關係，應先提議，諒列國亦不能過於出此損此益彼之舉，也聞當局主張折衷辦法，(一) 路局仍由我國照常管理，(一) 照協定條約年限提前贖回，(一) 路線之兵備於戰事完全了結後改為警察以維持沿線之治安，(一) 贖回之借款由協約國之銀行團輸入，(一) 以鐵路收益按年償還，(一) 技師及一切用人得自由由協約國聘用。

337. 中東路問題之現在，申報，1919.03.09

中東路問題之現在

處置中俄鐵道問題在崴埠會議解決，屢誌前報，聞我國對於此項問題之主張，以依照中俄條約所規定，我國應有之權利為至小限度，故對於中東鐵道不能與西伯利亞鐵道同一辦理。關於此點已經府院一再會議決定，向協約國委員會要求將中東路劃出西伯利亞路外另訂辦法。據日人消息，共同管理西伯利亞鐵路之細目關係各國，應開會會議決定。此項會議已於昨日在海參崴開會，討論一切。又據亞細亞通訊社四日哈爾濱消息，協約國各委員已在海參崴開會，中國委員劉鏡人提出中國要求在滿西界內擔任警備責任案，會長莫理司氏已應允與各國委員討論該案。詹天佑前赴海參崴參與會議，頃已經過哈埠。聞日本

有已派前駐華公使林權助為高等委員赴崴參與會議。

338. 中東路國際管理之佈告，申報，1919.05.02

中東路國際管理之佈告

中東路國際管理之佈告中東鐵路自海參崴議決，由聯軍各國共同管理後，現中國方面及聯軍方面技術部長均已頒發佈告實行，協定條件分錄如下：

郭宗熙佈告：中東鐵路郭督辦關於管路事件於四月六日頒發佈告，云本督辦在北京行轅接准霍坐辦，三月二十三日電開現聯軍國及中國各代表會議，議決為改良西伯利亞鐵路及中東鐵路運輸起見，特設一萬國共同會，專事監視。上開各鐵路並由七國代表組織技術會，指示管理一切方法，兼擔任財政上之補助，並在會議案內切實聲明，決不侵犯主權，於聯軍撤退時即將新設各會一律取消等。因在案查中東鐵路系根據中俄兩國條約辦理，聯軍各國所議辦法既能保全合同本旨又義與鐵路行政章程毫無變更，而尤獲技術上之協助，是以本坐辦除將各國議定辦法飭令公司遵照辦理外，別無他法謹此電聞切盼贊同。等因准此除電復霍坐辦云聯軍國共同監管會對於東省鐵路既能保全中俄合同本旨，復得技術上之援助，貴坐辦認為可以照辦，本督辦亦應予以贊同，即希查照外合亟通告中東鐵路沿線各站一體知照。

司蒂芬佈告：中東鐵路及西伯利亞鐵路國際管理技術部長官司蒂芬氏關於任命該技術部副長喀薩格威次及長春線區監視者大村技師發布公文第三號及四號，內容大要如左：第三號（四月十五日發表），任命中東鐵路副經理喀薩格威次為西比利亞鐵路及中東鐵路國際管理技術部副長之職務，由長官隨時命令之，喀薩格威次仍兼充中東鐵路副經理，本公文自公佈日有效。第四號（四月十六日發表）茲依中東及西比利亞鐵路國際管理協定第三項規定之技術部長權限發布命令如次，由哈爾濱至長春之路線稱為長春管區，屬於技術部長之直接支配，任命大村為該管區之監視人監視官，一切事項應報告長官，承長官之命處理一切有監視技術部員並命令之之義務。技術部員系指關於鐵路技

術上及經濟上之處理役使，鐵路辦事員者而言，命令之發布須經由監視官及副監視官，辦事員對於該命令有完全忠實服從之義務。哈爾濱車站及終點置於中東鐵路管區之支配下，本命令自公佈日有效。

339. 共管鐵路案之答覆，申報，1919.06.20

共管鐵路案之答覆

新國會眾議員陳鴻疇等，前為政府不抵制中英公司在巴黎和會提議共同管理中國鐵路提出質問書，經政府答覆，此案業已打消，茲覓得原答覆文錄之如下：查統一鐵路借款由各國共同管理問題，政府堅持反對始終未渝。近聞中英公司有巴黎提出秘密說帖之議，亦正力謀設法打消此次陳議員等對於此事提出質問，自應逐條分別答覆。

原質問書稱中國借款各路含有政治關係者十居其九，路權一失，土地即隨之而去，政府有何法抑制等語。查交通部對於所轄各借款鐵路深知其管理之權與領土主權有密切關係，故平日交通部財政無論如何困難，所有到期本息皆極力設法應付，從未敢稍涉疏虞，而貽債權者之口實。蓋所以杜彼覦覬之漸，即所以革我管理之權，此應答覆者一。

又原質問書稱中英公司不過借資我國之一銀，公司竟敢首倡陰謀欲將全國鐵路權操於數人掌握，政府何不嚴屬拒絕等語。查統一鐵路問題，政府一經覺察外交委員會有此主張，立即堅持反對，並電陸專使切勿提議在案。至本月一日，接專使來電，略稱中英公司提出秘密說帖一件，大致謂統一中國鐵路借款而置鐵路於共同管理之下，政府以此事關係全國交通命脈國民生路，豈容將此管理之權授人，當即一再致電陸專使，略謂統一借款與共同管理有相因而至之勢，皆有百害而無一利，務望竭力打消，弗令竟成為議題，並力推該說帖立說之。某原電具在，可以復按，是政府對於中英公司秘密說帖不獨共同管理鐵路一層，已電陸專使力謀打消，即對於統一借款之說亦已嚴屬拒絕。此應答復者二。

又原質問書稱該公司將此事提交巴黎和會，謂英美二國駐京公使與中國政府一二要人磋商，得其認可。所謂一二要人究係何人，此一二要

人能否擅將此種大批重禮送與友邦等語。查陸專使報告中英公司秘密說帖中，雖云所擬辦法系英美兩使館與中國政府中之一人商議所得之結果，究係泛指抑或捏造，不得而知。然交通部為主管機關，本院為政府主體，對於此事始終堅持反對，未嘗有認可之語。政府以此次葉恭綽、王景春來電中有竊以我國各方面對於此事之主張，實有急欲統一之必要等語，政府深恐其或有誤會，對外有所主張，即經致電陸專使，略謂政府非佃不願各國共同管理鐵路有礙我國內行政之主權，且亦並無統一路債之意思，以免有人藉端造謠滋生誤會，並囑其將政府主旨亟應對外宣布。嗣接王景春來電稱從未對外人發表何項主張，是政府並無對外認可之事，此應答覆者三。

又原質問書稱，聞五月一日陸專使來電及五月三日交通部特派員葉恭綽、王景春來電內容如何，政府對於該兩電有何辦法等語。查該兩電內容，一則詳述中英公司說帖中大致情形，請示對付之主旨，一則系擬具條陳辦法而已。惟中英公司秘密說帖即擬在巴黎提出，已涉及外交範圍，祇有仍在巴黎設法打消。已由本院迭電陸專使表示政府對於些案不能承認，外政府亦已先後致電葉恭綽，略謂鐵路司全國交通命脈，管理之權豈容授人，且事關內政，尤非外人所能越俎代謀，況鐵路借款合同為雙方同意協定之事，凡未經我政府同意正式認可，無論外人有何主張，當然不生效力。此應答覆者四。以上各節俱系實在情形，相應諮復貴院查照。

340. 東支鐵道와 日本, 동아일보, 1920.04.07

東支鐵道와 日本

日本政府는 英佛兩國의 同意를 得하야 東淸鐵道管理에 關하야 支那政府에 抗議할터이라더라. (東京發)

341. 東支鐵道の實權, 國民新聞, 1920.10.07

東支鐵道の實權米國人の手に歸す

支那の利權回收熱の口而に白人の潜めるは口に豫期せられたる所な
るが過激派政府が支那に對し通南を交渉し来るに方りても英米人の
口口員覺しきものあり就中東支鐵道管理進行の口には例のスチーブ
ンス氏の貢献る輕視す可らざる者あり最近の情報によれば東支鐵道
は兎も角現在の露國より其管理權を引渡し支那の管理に任せスチー
ブンス氏は其運轉改良の主腦者たるに支那政府との約束成立し愈々
来年度より口際の口業に口手すべく米國より鐵道技師一千名及多数
の汽口機關車等を輸入すべき計畫熱したりと傳へらる現在の東支運
輸状態は頗る不完全にして年額約五六百萬圓の缺損を生ず此を口長
し幾分の收口を見るべき相當巨額の資本は何れより求むるべき口は
未だ明かならざるも多分借欵に依るべく又ス氏今日の活動は米政府
の指口に非ざるべきもス氏が愈々支那の依口により該鐵道を管理す
るとせば差當り北満の我居留民及南満鐵道に及ぼす利害關係の容易
ならざるは明かなり.露支の取極 は東支鐵道還附と共に其沿線の租借
地も亦支那に還附するに在り哈爾賓の如き現在の租借口口を口れ司
法行政の二權悉く支那の手に口ちんか現に駐屯せる我が若干の軍隊
も直ちに撤退を餘儀なくせらるべく我居留民の生命財産は全部支那
官憲の乎によりて保障せらるる事となり邦人として甚だしき不安に
陷るべし斯る状況に立到れるは華党支那の利權回收を口れる在支英
米人活動の結果にして彼事は支那の為めに口き其勢力範圍を口むる
と同時に我居留民は之が為大打撃を受け既得の地位は次第に口口す
べし.英米兩國 政府は露國の政情定らざるに乗じ其權利を割讓せしむ
るを奸まざるは既報の如く米國の如き口港口殺に對し我口哈口口地
占口の如きすら抗議的質問を口する位にして口令回收とは言へ支那
に東支鐵道を管理せしむるは其本意に非ず出来得べくんば現在の口
に放任するを上策とし已を得ざれば東支鐵道を國際管理の下に口き
露國の政情安定するを口ちて徐に其處分を口ずるも未だ遅しとせず
と口すに似たり英米兩國の如き電に經濟上の關係に止る口口すら此

問題の成行に口深口の注意を拂ひつつあるに拘らず經濟上國際上忽諸に付す可らざる帝國政府が未だ何等の政策をも定めざるは奇怪千萬にて對支外交は今や日々受動的口口的に陷り既得地位の維持する困難の情態に陷れる狀況歷々看取せらる.

342. 東支鐵道經營策は日米共管の外なし, 東京日日新聞, 1921.06.12

東支鐵道經營策は日米共管の外なし

スチブンス氏日本の厚意を謝す

東支鐵道共同管理委員長スチヴンス氏一行三名は日本より朝鮮經由哈爾賓に赴くべく二十七日奉天を通過せり其談に曰く東支鐵道は各國に對する負債三千萬圓以上に達し居れば昨年来多少の利益を擧げ居るも年額二百萬圓ぐらいに過ぎず然も此中經營費に支出されるものあるを以て純益としては左のみ多額に上らず然る上は如何なる方法に因つて負債を償却するかレール貨車の如き鐵道必需のものも久しからずして修繕或は新造を要する次第なれば此鐵道が借款によらざれば經營困難に陷るべきは明かなる事實なり然れども借款のことが如何なる狀態に進捗し若しくは頓挫し居るかは未だ哈爾賓に臨み關係者に接せざる今日之を知るに由なし日本側の支出すると云ふことも未だ確定したるにあらざるべし米國としては一千萬圓を支出することすら全然不可能なり何となれば米國は歐洲戰爭中日本と同樣好機運に乘じて各種事業勃興して多大の利益を收めたるも戰後忽ち二轉し民間の金融梗塞せる所に政府は戰爭中英佛に對する莫大の貸出少しも回收されず斯る際なれば東支鐵道のみならず支那政府及び民間事業資金の借款にも願じ兼ね且支那は既往の借款に對しても日米共同の運河借款以外利息すら支拂はざる狀態なれば假に借款に應ずることが可能なりとするも之に應ずる希望なきものの如く東支鐵道に對する列國の共同管理は支那の希望せざる所なるべし然れども

東支鐵道が昨年来收益を見るに至りしは共同管理が與つて力ありし
は勿論にして若し露支兩國のみが經營すとせば列車は恐らく運轉中
止の悲運に陷るべし支那は利權回收を滿口すれども支那自ら經營し
て收むる利益は之を外國に經營せしめて得る利益に比して極めて
少きは既往の事實が之を證明せり南滿鐵道にしても日本が之を經營
する故に支那人の受くる利益日本人より却て多きも之を支那にて經
營せば其受くる利益は今日より少く或は却て損失を招くに至らん米
國は歐洲戰中露國に對して十數億弗の物資を供給したるも今以て一
文も回收されざるに獨り共同管理側より脱退すべきものにあらず此
點に於ては今回日本外務省とも口意なき諒解を得たり米國は東支鐵
道に對して經濟的欲求を有するも政治的には何等の野心を口かず日
本の東支線に野心なき事も其沿線撤兵によつて之を諒解し今日は口
も疑ふ所なしと因にス氏一行は午後七時奉天に着し北京より來れる
東支鐵道關係の露人、長尾半平氏及び口にス氏の周旋せる撫順炭口
米國技師等に會見して九時四十五分發滿鐵線にて北上せり．（奉天電
報二十七日發）

343．東支鐵道の運命，東京朝日新聞，1921.10.01

東支鐵道の運命事實上の國際管理か

最近在西伯利米人スチーブンス氏は東支鐵道問題に就き活躍中の由
なるが此は該問題が華盛頓會議に提出せらるべきを見越し豫め其準
備を整ふるものと觀測せらる由来米國が世界の交通線を其手に收め
んとするの希望は頗る大規模にして且其根柢深く特にスチーブン氏
と露國鐵道とは互に密接なる關係あり即ち露國崩壞後ケレンスキー
時代(千九百十六年)米露間に於て次の如き借欵密約 締結せられたり．
一、米國は露國に五億ドルを貸與す．
二、露國鐵道の運口は米人技師の顧問を用ひ使用する材料は悉く米
　　國製品を用ふ．

三、米國は口山採掘權森林伐採權并に溝湾使用等に就き優先權を有
　　す.

右密約は米國が豫て希望せる世界一周の交通を實現するものにして
自國横斷鐵道に依り太平洋より大西洋面に出で是より船舶に依り芬
蘭に至り更に歐露西伯利の鐵道を貫通し浦潮に出で太平洋を經て桑
港に至らんとするものなり該條約締結の翌年スチーブンス氏は米國
技術員を率い歐露に至らんとし哈爾賓に着せるが偶ケレンスキー内
閣倒れ露國は過激派擾乱の巷と化せしよりス氏は我長崎に来り機會
を口ちつつありしが同年冬聯合軍西伯利出兵の擧あるに及び米軍と
共に出征し.東支鐵道が聯合軍共同管理の下に置かるるや技術部長と
して大に其手腕を口ひ米軍の撤退と共に一時本國に歸還せるも近時
再び渡来し今尚我之生少将の運輸部長たると共に技術部長の資格を
支持し米國の鐵道政策を實現するに努めつつあり同氏の意見に依ば
目下財政状態の危機に瀕せる東支鐵道の救濟は須らく四國借欸團に
依るべく資源豐富なる米國は最大資力を投じて其實權を握り日本も
亦若干の資金を投じて東支南線（哈爾賓長春間）に就き利益を得べ
しと云ふにあるが如し而も東支鐵道會社佛國の投資に係る露亞銀行
の出資に依り成立せるものなれば佛國が果して如何なる態度を取る
べきやは注目の要あるべく尚露支兩國共東支線を國際管理に移すは
其欲せざる所にて支那の如きは該鐵道は當然支那に回收すべきもの
にして若し回收し能はざる場合に於ては暫らく露支商業的の合辨事
業となさんと主張しつつあるも其實際に於ては東支線を救ふべき資
力なきを以て勢ひ四國借欸團に依るか或は日米協同出資に依るか其
一を選ばざる可からず要するに東支鐵道に對するス氏の主張は華盛
頓會議に於て該鐵道の運命を決するに至らざるなきや之と最も利害
關係を有する我國に取り注目すべきものたるべし.

344. 東鐵管理提議乎, 동아일보, 1921.10.16

東鐵管理提議乎

東支鐵道管理員『수지-분수』氏는 該鐵道國際共同管理案을 華盛頓 會議에 提出할 目的으로 米國에 歸國하얏더라. (北京十四日發)

345. 中東路共管說之由來, 申報, 1921.11.07

中東路共管說之由來

中東鐵路本為中俄兩國所合辦, 故惟有中俄兩國具有管理之權, 乃近 日外間忽有一種風傳, 謂該路技術部總理施得文氏, 擬向大會建議, 請將該路改歸各國共管等語。京中各報, 多有事項記載, 據聞此說系 由海參崴政府傳出。

346. 中東路萬不能共管, 申報, 1921.12.01

中東路萬不能共管

北京電：中東路萬不能共管。一：管理無缺憾, 日軍烏蘇里路, 白天 開車, 夜間不開, 捷克管理西比裡路, 炸軌斷橋, 月月有之, 中國管 中東路, 並未停過一天車。二：護路周密, 現華軍以五混成旅, 配布 該路, 並注意剿匪。三：經濟流暢, 中國有股款二百萬元, 更益以中 交行票一千萬, 流通全路, 俄幣跌價, 華幣取現, 俄人間接蒙其利 益。

347. 中東路問題, 申報, 1921.12.29

中東路問題

北京電：政府二十四又訓電施顧王，中東路問題，有人主共管，應為適當之遏止，一、華俄道勝行，有華股500萬，是吾國有權處理中東路，二、縱彼藉口華無現款，則其他各國，誰有現款在中東路。三、中國土地上敷設此路，按領土主權，當然有管理之權。四、中俄舊約，以36年中國可以贖還，得有法律條約之根據。五、俄國無代表參與太議，則中國並能代表俄國發言。　(28日上午10點)

348. 東支鐵道善後策：閣議にて覺書案附議, 中外商業新報, 1922.08.02

東支鐵道善後策
閣議にて覺書案附議
撤兵後も依然國際監督

沿海州派遣軍及北滿駐屯軍撤兵の方針が決定された結果、一九一九年の東支鐵道及西比利亞橫斷鐵道監督に關する日英米佛伊支露の七國協定は撤兵と同時に自然其効力が消滅しスチーブンス氏を部長とする技術部は當然廢止される譯であるが、帝國政府は是が善後處分即ち東支鐵道今後の管理方法に關し調查中の處最近大體の方針を決し右關係國に對し提案する口となり是に關する覺書案は一日の閣議に上程された筈である、該案の眼目は要するに華府會議の決議を飽迄尊重し該鐵道の主權問題即ち國際管理問題に觸れず大體支那政府の鐵道警備に對する責任ある監視を期待し財政管理に就ては列國共同援助の方針に依り其運轉に對しては依然國際監督を繼續せむとするにある該鐵道が世界貿易の通路として有効な運轉を維持しなければならぬといふ口は列國の希望一致する處で是が善後策　に就てスチーブンス氏の如きは日本の態度を寧ろ疑つて居たが米國政府とし

ては日本の華府會議の諸決議實行に對する誠實の態度に信頼し、此
問題に對してもスチーブンス案を斥けて日本の態度に信頼し非公式
交渉の結果は日米の關する限り充分の諒解に達したので帝國政府は
各關係國政府に對し右正式覺書を交付する口になつたものであると.

349. 協約の明文通りに東支鐵道管理廢止, 大阪毎日新聞, 1922.08.09

協約の明文通りに東支鐵道管理廢止,技術部等も絶對に存置せぬ日米兩國の意見一致

東支鐵道の管理は該管理協約第五項の規程に基き各國の西伯利派遣
軍が全部撤退すると同時に當然消滅すべきものであるから我派遣軍
の引揚げを最後として該協約は愈々その効力を喪失し現にスチーヴ
ンス氏を委員長とする技術部の如きも撤廢すべきものであるが東支
鐵道廳の現状より見て右技術部撤廢後果して能く同鐵道運行の自由
を確保することが出來るであらうか管理協約の効力喪失は實に東支
鐵道の將來に關して大なる影響を有すると同時に利害關係の緊密な
る我國に對する影響も決して少からざる問題であるから我政府にお
いては右失効後の處置に關し過般來米國政府との間に交渉する所が
あつた、その間東支鐵道の技術部長たるスチーヴンス氏の意見は同
鐵道の主なる經營國たる支那の實状は彼が如く又露國側でも現在極
東にはチタ浦鹽の兩政權對立し何れも之に關與せんことを希望して
その歸屬すら不明の状況にあるから斯く曖昧なる東支鐵道廳をして
其經營を委ぬるも到底運行の自由を確保することが出來ぬから日本
軍の撤退によりたとへ管理契約が消滅しても何等かの形式によつて
技術部だけは適當の時機に達するまで依然存續せしめたいといふ希
望で米國政府にこれを稟請すると同時に我國にもその要を通牒して
來たが米國政府は同氏の稟請にも拘らず管理協定第五項の明文によ
りその効力消滅すべきものを他の形式により強て技術部の存續をは

かるが如きは國際信義の上において面白からずとの意見を抱き又我
政府もス氏の技術部存續案には絶對に反對し更に米國との間に交渉
を重ねた結果管理協定失効と同時に技術部等の存續をはかる口なく
之を機會に從來の關係を一掃し今後の經營方針に關しては露支兩國
の意嚮を特に尊重し日、英、米、佛、伊の關係五國は協力して同鐵
道の經營に援助を與へ資金並に材料等も東支鐵道廳の希望に應じて
供給するの申合をなさうといふ日米兩國の意嚮が一致するに至つ
たから八日の閣議で之を附議してその承認を得たから外務省から右
の次策を英米佛伊の各國に通諜しその同意を求める筈である．（東京
電話）

350. 中東路問題, 申報, 1922.08.26

中東路問題

中東路在俄亂之際, 鮑貴卿收回督辦名義, 人謂該路將有一線希望,
而吾則早謂其無益於實際也, 蓋該路之糾紛不僅在俄環而伺其旁者正
大有人在我不能以實力整理則在在皆足以貽人口實, 美人史蒂芬氏之
倡東路共管有所藉口者也, 史蒂芬以外之人覬覦東路亦有所藉口者
也, 今日本既撤兵北滿技術部當然照約取消, 乃初則謀繼續存在而擴
大之繼, 則欲稍變其形式而已, 顧問等名義出之又繼, 欲另行組織由
列國共出資財以經營之, 總之技術部之名稱無論取消與否, 而其必欲
達共管財政之目的, 則固彰彰而不可掩也, 當此危機四伏之時而我國
之所謂當局, 但知盡力於政爭, 而其他百不暇問, 於是兵變匪警連續
而起, 適予外人以華軍無力護路之口實, 是則誰之咎耶。倘使此種事
實發現再不自盡護路之責任, 而僅欲以空言相爭又寗有效耶, 由今之
道無變今之政府則足以引起人之責言者, 將不僅中東路一問題而已,
中東路之共管不又將成為共管中國之見端耶, 嗚呼危哉。

351. 中東鐵道管理法決定, 동아일보, 1922.09.21

中東鐵道 管理法決定

在中英米公使는 中東鐵道管理方法을 左와 如히 決定하얏다더라(上海電)

一、千九百二十年 條約에 依하야 中國의 管理權을 尊重하고 中國의 自發的으로 整理하기를 勸告하고 日本이 此에 干涉함을 防함.

二、沿線의 東部에 對하야는 中國이 獨立管理隊를 組織하기를 勸함.

三、華盛頓會議의 決定에 依하야 關係各國에 協調하기를 望함.

四、海蔘威에 在한 管理委員會를 撤廢하고 哈爾賓에 在한 同技術部의 權限을 縮少함.

五、露中會議는 中東鐵道의 行政에 干涉치 아니할 事.

352. 美日兩國對中東路問題交換意見, 申報, 1922.09.27

美日兩國對中東路問題交換意見

北京電：美日兩國對中東路問題交換意見，政府將令施肇基向美日雙方抗議，根據華會決定，中東路無第三國參加餘地，苟美日間有所協定與換文，中國不受拘束。

353. 日美協定取消東路共管, 申報, 1922.10.08

日美協定取消東路共管

英文日本廣知報九月二十七日紐約電訊云，據華盛頓消息，美國日本間實際上已成立一種協定，取消中東鐵路之國際共管，約中規定斯蒂芬氏主任之協約國技術部，於日軍退出西比利亞後，即停止其職務，以後該路管理事宜，歸中國負責，但中國管理若少效能，則仍須規各

國共管, 英法對此計畫, 已表同意。日人對於國際共管, 最為反對, 謂管理權被美人壟斷云。

354. 今後の東支鐵道, 大阪每日新聞, 1922.11.03

今後の東支鐵道

露支兩國の問題に止め

列國は協同援助に決定

東支鐵道管理撤廢に關する外務省の公表文に就いて注目すべきは次の三點である.

其一、今回公表されたものは各國から支那に對する通告であつて各國政府間の話合ひには記されていない.

其二、各國政府間の申合が成立するに至る迄の經緯が示されて居ない、其經過は當初技術部口殊にスチーブンス氏は日本軍撤退後においても軍輸及び財政上の點から或種の委員會を哈爾賓又は浦鹽に設置する必要ありとの意見を有し其旨を各國代表技術部員に通じ且スチーブンス氏は米國政府にも之れを建議する處があつたが其後日米兩國政府交渉の末該案を採用せざるに決し今回公表の如き結果となつた、即ち今後關係國は西伯利及び東支鐵道が世界交通の要路である關係上並に列國が直接間接に多額の債權を有する點から留保する處あるは公表文記載の通りであるが尚ほ今後運輸或ひは財政に關して種々な事件發生する場合には小問題ならば當該地方の關係國領事が協議することとなし問題によつては本國政府間の交渉に讓ることとなるであらう.

其三、今回の關係各國協定の結果として東支鐵道は露國及び支那兩國關係の問題であると云ふことを確認された、現に今回の支那への通告においても東支鐵道の所有權問題については口も觸れることなく從つて今後之れに財政的或は技術的援助を與ふる問題が起れば先づ以て露支兩國の意思合致點を見る必要を生じ同時に援助について

は各國が協同して相談することとなつた、約言すれば今後の援助問題は露支兩國の希望があつて初めて實際問題となり又之れに對しては一國が拔口け的に援助することなく關係諸國が對等の基礎の上に協力して之を行ふこととなつた.（東京電話）

355. 中東路之糾紛, 申報, 1922.11.04

中東路之糾紛

中東路技術部, 因日軍已於十月二十六日全部撤退, 乃隨之消滅, 現關係各國均有正式聲明, 通告我國, 今後該路之主權, 自當歸我國掌管, 但此路向來於國際頗有關係, 際玆中俄會議行將開幕, 該路之歸屬問題, 勢將成爲最有研究之價値者, 爰將該路成立後之歷史及今後之問題, 誌之如下, 溯中東路原名東清鐵路, 日本稱爲『東支鐵道』, 根據西曆一八九六年中俄兩國間締結之東清鐵路公司條約, 及東清鐵路公司條例而修築, 中俄兩國共同設立俄國政府特許之華俄道勝銀行, 由此華俄道勝銀行以設東清鐵路公司, 該條約重要之條件, 約略如次: （一）中國政府以庫平銀五百萬兩爲股本, 與華俄道勝銀行合同營業, 如有損失, 均照股份之多寡而分擔之, （二）中國政府將東清鐵路之建築經營等一切事務, 均委託華俄道勝銀行辦理, （三）華俄道勝銀行, 爲建築及經營鐵路起見, 設立公司一所, 名曰東清鐵道公司, （四）東清鐵路公司股份之所有者, 以中俄兩國人民爲限, （五）東清鐵路公司之納辦, 由中國政府選任之, （六）總辦得對於華俄道勝銀行及鐵路公司, 凡中國政府委託之事項, 是否實行, 均得隨時檢查, （七）東清鐵路公司自全路開通之日起, 八十年間得管理東清鉄道, 期限屆滿後, 即無代價移交中國政府。其後歐洲發生大戰, 俄國革命勃發, 新舊政府事實上均無經營中東鐵路之能力, 我國爲保全血本起見, 擬將該路收回, 自行經理管理。一九二〇年十月二日, 由上述條約當事者之我國政府交通部與華俄道勝銀行間, 締結東清鐵路管理之追加條約五條, 遂實行收回該路管理權, 並即改名爲『中東鐵路』, 其追加條約中之重要條項, 大略如左, （一）

中東鐵路最高幹部之董事會，設董事九名，除總辦（用中國人）外，中國人占董事四名，（二）增加中國人職員，以便共同管理鐵路事務，（三）中東鐵路沿路之司法權，由中國政府組織特別法庭代行之，當日我國政府並曾聲明，『暫時代俄國政府根據中東鐵路條約，執行一切職權，其期限以中國政府正式承認俄國政府後，並由兩國議定該鐵路辦法之時爲止』，尋即設立中東鐵路臨時委員會，以當管理之任，以上爲中俄間單獨之關係，不圖歐戰期間，協約國以援助俄國撲滅德人爲口實，謂於協約國之戰略及政策上，此無管理能力之中東鐵路，實有由列國共同管理之必要，於是發生所謂中東鐵路管理問題，於一九一九年三月由英、美、法、日、中、俄、義七國共同協議結果，成立一種國際管理，其重要條件如左，（一）由協約國代表組織協約國特別委員會，以當中東鐵路一般監督之任，（二）特別委員會之下，設技術部及軍事運輸部，（三）前項國際管理，與協約國軍隊由其策動地帶內撤退，同時消滅，根據上述條約，由協約國管理數載，及本年十月二十六日，日本軍隊由西伯利亞全部撤退，此項國際管理始行消滅，而特別委員會及技術部，亦即同時廢止，此後該路主權，仍歸我國掌握，由法理上言，所謂中東鐵路之歸屬問題，實頗簡單，但此實際上因列國均欲染指，尤以日美兩國之互相牽制，該路遂有不容中俄兩國單獨處置之勢，此則所謂中東鐵路問題，於現在及將來均不易解決之最大原因，現在日本方面往往以下列理由，爲引起問題之動機，所謂『國際的糾紛』，亦即由是而起，此則極望我國當局能事先消弭者也，其所持理由如下：（一）中國之管理能力不充足，（二）國際管理期內，協約對中東鐵路設定之償權問題，（三）中東鐵路爲世界交通孔道，不能聽中俄兩國處置，（四）在開關富源上著想，不能信任中國之管理能力，是故前次華盛頓會議關係各國，雖欲急行解決『國際的糾紛』，在事勢上亦有所不能，鑒於華盛頓會議議長休士氏所謂『予信此問題，不能由華盛頓會議處置』，及遠東委員會之『本問題宜由適當之外交機關速行處置』之意見，均足證明此事之不易解決，故該委員會乃保留解決之權，僅爲救目前之急，尊重中國收回管理權之事實，從事實上承認我國之管理權，而爲決議如左：（一）中國根據中東鐵路條約，負中國政府因行使權力而生之義務，（二）根據此義務，中國對於中東鐵

路之股東此債券所有者及債權者之外國人之義務，負有履行及不履行
之責任，此外中俄兩國間亦代爲數次之交涉，但迄未得根本解決之
方，最近關於中東鐵路之所有權問題，華俄道勝銀行與勞農代表越飛
氏之間，且已發生糾葛，蓋銀行方面，則根據中東鐵路條約，主張該
路所有權應歸銀行，而越飛氏則以一九一八年勞農政府之法令『華俄
道勝銀行爲勞農政府之所有物，則中東鐵路亦爲勞農政府之所有鐵
路』爲根據，而主張該鐵路不應歸華俄道勝銀行，應歸勞農政府，更
有列國監視於傍，將來縱令中俄會議能將此問題解決，諒列國亦未必
全部承認也。

356. 中東路今後之關係，申報，1922.11.07

中東路今後之關係

中東鐵路技術部，業經列國於上月三十一日正式聲明取消，今後該路
主權，當仍歸中俄兩國，然日本政府對於技術部廢止後之中東路，雖
表面上聲明今後該路之經濟管理仍歸中俄兩國，但對於該路之運用及
沿綫之警備等，則頗慮其不能訂結圓滿之協定，以保運用之自由，且
日、英、美、法四国在該路所投資本不少，債權既多，而該路又爲世
界交通之孔道，自不聽中俄兩國自由處置，故今後中俄兩國如有希
望，關係國仍當共同予以援助，此事既經日美兩國交涉完畢，並已得
英法兩國之同意，此次日本政府發表之廢止中東路技術部聲明書中，
頗有可作研究資料者，其中對於該路之運用及利用一項，有『本問題
當經適當之外交機關速爲處理』之語，前此傳聞美政府提議設置財政
整理委員會，以爲技術部消滅後之列國共管機關，以便仍舊處置該路
一切事務，現在日本政府之聲明書，又有此言，然則所謂『經適當之
外交機關』云云，似即爲承認設置財政整理委員會之一種表示，且亦
捨此別無可以解釋，況日人方面，亦傳日本業已同意於設置財政管理
委員會之說，此事如果屬實，則是侵犯中俄兩國之主權，爲一種之內
政干涉，中俄兩國均不可不早加注意者，且聞該路如有紛擾事件發
生，列國或籍此以實行設置財政整理委員會，今因該路完全運用，並

無紛擾不寗之事，故未能具體的表示，甚望我國政府特別留意也。

357. 日本主張共管中東路，申報，1922.11.09

日本主張共管中東路

中東鐵路技術部撤廢後，日本仍未戢野心，欲設財政管理委員會，以掌握中東路之管權，據三日大阪朝日新聞所載，日本外務當局近有關於中東之談話云，關於中東鐵路管理事務告終之件，日本政府已令小幡公使通告中國，英美法三國當亦已同時發出通告，初美國方面委員史蒂芬氏，主張欲並中東路之員警人事之件，亦收歸技術部，而為財政之援助，美國政府當局在華盛頓會議當時，似亦左袒史蒂芬氏之意見，嗣以現行之管理協定，未容如此辦理，且亦有不許技術部擴充權限之處，遂承認現狀，決定依照現行協定辦理，於是隨日軍撤退而消滅，現關係國對於該鐵路公司之將來，在發表聲明之末段，已言及今後當繼續不怠予以甚深之注意，表明將來必要之時，當出以適當之手段，次則言明如有要求援助之處，經各國協議後，當協力為之，並不吝惜，此際關係國對該路之態度，既已充分說明，則今後之處置，亦自然明白，惟說以從來該路經營援助之狀態，若不更仰給於財政的援助，勢不能維持下去，是故援助時機之來，當不在遠，彼時難免不再實現某種管理方法，但現時則尚無何等具體的決定，蓋不如暫時觀望形勢之為得策也，至對於俄國，則迄中俄會議之結果發現止，仍當暫持觀望態度，彼時關係國自當單獨或協同請求必要之措置，今並無何等考慮，此項聲明之發表所以較後於日軍撤離之日者，蓋因電報往返，多稽時日，關係國間互遲滯之結果耳。

又同日該報載云，一日外務省發表之關於中東鐵路技術部事告終之送達中國政府公文中，應特別予以注意者，計有次述三點，（一）一日之發表，僅屬對中國政府之通告，並未包含迄今日止，關係國間交涉之經過始末，（二）關於今後西伯利亞及中東鐵路之運營及財政，關係國如發生有出以某種行動之必要時，最初交由駐關係地方之各國領事間協議，據其報告，然後考究問題之性質，作為各政府間之問題，此事

列國間業已預有諒解，（三）此次列國協定之結果，所以並未提及中東
鐵路所有權問題者，蓋已確認關於經營及其他問題，係屬於中俄兩
國，故今後予以財政上及技術上之援助時，須先以中俄兩國意見一致
為前提也。

358. 東支鐵道の日本の投資を承認せしめた，大阪毎日新聞，1922.12.20

東支鐵道の日本の投資を承認せしめた渡辺代表談

東支鐵道技術部撤廢後哈爾賓にあって残務整理せる日本代表渡邊嘉
夫氏は同地を引揚げ十九日朝下關着東上した、氏は語る.
東支鐵道の列國管理以來同鐵道に對し日本及び米國が注入した投資
額は各八百萬圓に達してをるがこれは過去數年間に亘り支出したの
であって何等借欵又は債權の形式になつていない、從つて愈々管理
部を廢止するに當り右金額整理の必要あり今日まで滞在した譯であ
るが列國においても亦露支兩國においても十分認めておる所である
か今後のため之を正式に明かにする必要上細目に亘り調査をなし同
鐵道に對する投資の形式において承認を得て來た譯であるがこれは
將來如何なるものであるか現在では四年に承認を得たに止まり借欵
の形式とするかどうかは決定していない、東支鐵道社債額は現在に
おいて約一千萬圓に達し現支配人オツトローノフ氏は今日まで營業
状態改善社内の整理等により若干宛銷却し來りつつあつたので日米
兩國の右投資も右効なるべく豫想されていたが勞農政府は東支鐵道
回收の意思を表示しておりその前途は全く分らなくなつた、東支鐵
道は元來支那の諒解を得て露支の投資の下に建設されたものである
がために現在の如く支那の管理にのみ任すべき理由はない、支那と
しては列國の認める政府が露國に出來るまで管理すると云ふので大
正九年以來管理して來たものでるが支那側では現在においては露國
は列國においても又支那においても承認したものではない、それは
正當政府として引渡すことは出來ないと言つておる、併し最近沿海

縣革命委員會では東支鐵道の在ウスリー代表機關を認めず同鐵道を
ワスリー鐵道の管内に入れてしまつたが東支鐵道の貨物はウスリー
鐵道を經由して浦鹽に出るのであるからその代表機關をウスリー鐵
道に奪はるるに至つては同鐵道の命脉を握つたと同樣の致命傷であ
る、而して露國側の此の態度は東支鐵道回收策の前提と見られてお
る．(門司来電)

359. 英米兩政府の對東鐵方針, 滿洲日日新聞, 1923.02.04

英米兩政府の對東鐵方針

五ケ條の申合せを為す

北京駐在の英米兩國公使露國が東支鐵道占領の陰謀ある旨本口に報
告し且つ之が對策口關し口指揮を仰いでやつた。聞く所に據れば米
國政府は華盛頓駐在の英國公使と商議の結果、露國の東支鐵道に對
する行動は華府口議に於て決定せし原案の精神を破壞するのみな口
ず世界の平和を損傷するものであるから英米兩國は露國の東支鐵道
に干涉するを防止する為め方針五項を決定した．

一、一九二〇年十月二日の條約に據りて支那の得たる東支鐵道委任
　　管理權を尊重しなければならぬ、但し鐵道の管理に關しては支
　　那に勸めて自動的に交通を整理し以て露國に干涉の口實を與へ
　　ぬ樣にすること

二、東支鐵道沿線に於ける馬賊の猖獗に關しては東支鐵道沿線に於
　　ける居留外國人に對しては十分なる保護を與へて危險を感ぜし
　　めざる樣にしまた東支鐵道の防衛には特別に注意すること

三、華府會議の決議に據り外交上意見を交換し一九一九年の協約と
　　關係ある各國の協助を得て支那の利益を保護すること

四、支那を援助して東支鐵道を買收せしめまた適當の時機に東支鐵
　　道に對して財政的援助を與へること

五、東支鐵道に關し華露兩國が直接交涉して平和的解決を為し得た

ときは華露兩國の主權尊重の為め干渉を為さざること

360. 中東鐵道調査, 日英米三國協同, 동아일보, 1923.10.09

中東鐵道調査, 日英米三國協同

日英米三國公使는 今番中東鐵道의 實情을 調査하기로 決定하얏는대 日本公使館에서는 池田書是官이 派遣되리라더라.(北京七日發)

361. 東支鐵道問題と日米佛三國の態度, 大阪每日新聞, 1924.03.11

東支鐵道問題と日米佛三國の態度

露國が實權を揮ふものと觀て共同動作に出るらしい

【北京特電十五日發】東支鐵道の露支共同經營に關し既に露國を承認した英、伊兩國を除く日、米、佛の三國は共同動作に出でんとしつつある模樣である、即ち關係諸國はこれまで同鐵道の露支共同經營がどんな形式となつて現れるかを監視してゐたが最近露支間の同鐵道に關する覺書こそは將來の露支共同經營の實際を語るものとして日、米、佛三國の態度は茲に積極的に決せらるるに至つた、日、米、佛三國では今後の東支鐵道の經營は支那の同鐵道回收までの期間は勞農露國の實權によつて支配されるものであると觀てゐる、而して右覺書において一千九百二十年支那政府と露亞銀行との協定中今度の露支假條約に抵觸するものは無效なることを反證してゐるがこれは日、米、佛三國を共同動作に向はしめんとする重要な點である、東支鐵道覺書の要點は既電の如くであるが該覺書に基いて共同經營の狀態を解剖すると

一、議決機關である理事會は露支各五名の委員にて組織され、其の

總辨は支那人で理事會の決議は七名を法定数とし一名の反對あるも効力を有しない.

二、鐵道警備機關たる監察局の委員は露國人三名、支那人二名で總辨は支那人である.

三、一切の經營を司る管理局の幹部は露國人二名、支那人一名で其の總辨は露國人となつている.

この最後の點は將来の共同經營に露國が實權を揮ふべきを雄辯に物語るもので口も注目すべきところであらう.

362. 東支鐵道と列國, 大阪時事新報, 1924.03.13

東支鐵道と列國

現状維持の原則は崩れた

【北京特電十一日發】口口公使は東支鐵道問題につき本日予本社特派員に左の如く語つた

東支鐵道の處分については過般来支那全權王正延氏と露國全口カラハン氏との間に折角商議を進行しつつ居るやに聞くが之と同時に哈爾賓に於ける東支鐵道省總辨オストルモ氏に對する支那側の排斥運動が漸次火の手を高めて来た、好漢オストルモフは自フの地位を擁護するため一方在哈爾賓露國代表ラチロン氏の歡心を買ふ口に努め他方東支鐵道に對して利害關係を有する日英米佛四國公使を動かしその後援を得んとする二重政策を執り日英兩國は峻拒されたが最後の五分間に於て佛國公使を口説き落し更に米國公使の諒解を得て辛辣なる自家擁護運動を起し居るやに傳ふるものあるも東支鐵道に利害關係を有する以上日英佛米四國の態度が斯く如く明白に二分されたとは信ずるを得ず但し日本の關する範圍内に於ては帝國政府はオストルモフ擁護運動に對して超然たる態度を執りつつあり此問題につき佛國公使と予（芳澤公使）との間に意見の交換があつたと口ふ説は事實でない.

以上は芳澤公使の談話であるが更に北京外交界の内情に精通せる某有力者に就き確問する處によれば東支鐵道問題に關する日英米佛四國の步調が亂れ初めたことは事實であつて之は畢竟列國の露國承認問題と密接な關係がある、即ち華府會議の決議に依れば露國に統一された完全なる政府が樹立せられるまでは華府會議關係國は東支鐵道の現狀維持に就き支那に援助を與へ之を善導する口に決定して居る、故に關係國中既に勞農露國政府を承認した英國と未だ承認せざる佛國との間に東支鐵道處分に關する意見の杆格を生ずるは當然のことである佛國公使がオストルモフ氏を後援せんとするのは同氏の個人的地位を擁護せんとするものにあらずして東支鐵道の現狀を維持せんとする精神に出でたものである、若し日本が從來通り東支鐵道の現狀維持を尊重するならば當然佛國と協調すべきであるが偶々露國を承認した英國が不干涉的態度を支持するに顧み佛國との協調を躊躇しつつありといふのが目下の東支鐵道問題に對する國際關係の真相であると.

363. 美使照會外部對中東路問題, 申報, 1924.05.06

美使照會外部對中東路問題

北京電：五月三日, 美使照會外部, 對中東路問題, 美國依據華會協定干涉 (5日下午一點)

364. 美使館發表中東路照會, 申報, 1924.05.20

美使館發表中東路照會

▲ 聲明並無干涉中俄會議之意

駐京美使昨（十七日）因外間盛傳美國對於中俄交涉, 有所干涉。特發表其本月三日致我國外交部之照會, 以明並無干涉之意。茲披露其

所發表者如下：今因報載美國政府幹預中俄交涉，必須宣佈美國公使於本月三日致外交總長之照會，在該項照會內聲明美國政府對於中東鐵路之態度，以便從此完全消除此項誤會。美國政府與此事之關係，盡行包括在該項照會文內，報紙近接華盛頓來電，自稱言明美國外部對於此事之意見，本非外部當局準發之件，亦非確實，美國外部關於下項交涉，並未發表何項評論。茲照抄致外交部照會一件如下：『為照會事，本公使聞中國政府與蘇俄政府現有交涉，關於該項交涉，現奉本國政府訓令，請貴總長注意於一千九百二十二年二月四日華盛頓限制軍備會議第六次大會通過第十三項議決案。該項議決案聲稱，除中國外之各國，於贊成關於中東鐵路之議決案保留權利，堅要中國對於中東鐵路股東、公司債券所有者、及債權者等之各外國人，是否履行義務，擔負責任，此種義務，各國認為自建築鐵路合同，及中國照該合同之行動而發生者，各國並認一種代管性質之義務，系從中國政府施行其權力於該鐵路之執掌及行政而發生者等語。並請中國政府不可遺忘中國係中東鐵路之受託者，是以中國與其他方面關於該鐵路若有交涉時，不能不顧或單獨取消此項受託之責任。本政府之主張，系在該鐵路各項權益內，有俄國利益必須保存，若非將各債權人及其他有利益者之權利，獲有適宜之保護，無論如何提議，如何變更該鐵路現有狀況，本政府不能贊成等因。本公使轉達上術之聲明，乘此機緣，再行通知貴總長。本國政府無意梗阻中俄兩國協定之成立，此系貴總長業已知悉，因本公使已經當面聲明按照上術之議決案，中國政府對於中東鐵路應擔負數種責任，本國政府之意旨，乘此適宜之機緣，請中國政府注意該項責任所發生之各項權利及利益，應予保存，並應履行其所有之擔負。本國政府提議及此，係欲免將來之糾葛，特為中國一方面之糾葛，相應照會貴總長查照可也，須至照會者，一千九百二十四年五月三日。』

355

365. 美國對東鐵之態度, 申報, 1924.06.20

美國對東鐵之態度

▲十八日華盛頓電報載中國消息, 謂中俄已商定獨管中東鐵路事, 國務部特發表文告稱, 五月三日美政府令駐北京美使正式告中政府注意該路美人之利益, 顧維鈞博士答稱, 今僅中俄兩國與該路有關, 中俄協定並不妨礙他國之權利云, 按當歐戰時, 美兵曾駐西比利亞, 該路由國際委員會管理, 其費由各國共同供給, 故美國對於該路應有債權約五百萬元, 英日法三國亦有債權云云, 聞日法兩國亦有同樣公文致中政府, 中政府以覆美之言答覆之。

366. 中東路與法俄, 申報, 1924.06.24

中東路與法俄

二十二日倫敦電晨郵報稱, 中東鐵路之移交蘇俄, 致使赫裡歐暫不願承認俄國, 大約法總理與英相晤談, 時已提及此事, 俄當局李維諾夫氏曾擬在倫敦出售此路, 或以此路為借款之擔保品, 但因日美法三國在倫敦施展外交上有力手腕, 李維諾夫之謀乃歸失敗云。

367. 東支鐵道에 對하야, 시대일보, 1924.06.25

東支鐵道에 對하야

東支鐵道에 對하야 米國務省의 聲明書發表(華盛頓二十一日發表) 米國務省에서는 中國이 東支鐵道의 管理에 關하야 明白히 義務를 직히기를 承認하리라는 聲明書를 發表하얏데 國務省은 아즉시방은 이 以上으로 아무러한 行動도 取코자하지아니하니 그러나 中國이 負擔하는 義務는 華府會議以前부터이며 中國은 아모쪼록 他國의 利益을 保護할 責

任이 잇다 하얏다.

共同抗議提出乎=[東京二十四日發表] 東支鐵道에關한 中露協定에 對하야 日, 佛, 米等의 直接利害關係를 가진 諸國은 華府會議의 決議를 基礎로하야 中國政府에 抗議하얏슴에 對하야 中國政府는 過般東問四答의 回答을 日本政府에 致하야 華府會議는 設使如何한 決議를 하얏다 할지라도 中露間에 成立한 協定의 效力에 影響하는 것은 아니라고 主張하얏슴으로 日本政府에서도 兩三日前에 다시 抗議를 反復하야 東支鐵道에 對한 日本의 政當한 權利와 利益은 中露協定에 依하야 無視되지안헛슴을 强硬히 指摘하얏다 그리고 米佛兩國은 東支鐵道에 利害關係를 가진 各國共同으로 中國政府에 再抗議할 意向을 가진듯함으로 어찌되면 近間에 共同抗議를 할는지 모르겟다.

368. 東支鐵道に關する米國の盡力を無視, 大阪每日新聞, 1924.07.13

東支鐵道に關する米國の盡力を無視すると米國の對支復答

民間會社からも支拂要求

【紐育特電十二日發】東支鐵道問題に關する米國の對支復答はやうやく起草を終つたが、該回答に於いて米國は「支那は該鐵道の管理者として責任があ口、且つ該鐵道の債權者の權利を尊重せねばならぬ義務がある」旨を力說反對して曰く

復答の內容

支那の通牒には東支鐵道問題を解決するものは、ただ露支兩國あるのみと云つているがコレは米國が該鐵道に對する支那の權利を保有せしめんと欲して種々支那のために盡力せる旣往の事實を無視せる言辭あるのみならず、支那は米國が故ウイルソン大統領時代に該鐵道維持のために支出せる額は五百萬弗に上りし事實又聯合國の西伯利出兵の事實をも無視している.

と、然し米國は右と同樣の公文書口勞農露國に對しては送附しなか

つた、尚東支鐵道に對して鐵道用品を供給せる工業會社、電氣會社等を始として金融に應ぜる銀行業者等は聯合して近く支那に對して支拂要求を發すべくそれぞれ協議中である、因みに外國の國内開發即ち鐵道の敷設、水力電氣發電所の設置、港灣の改良、灌漑の設備のための公債に米國が應ずる所以は起債國をしてその金を以つて米國の材料を購はしめんとするにあるのであるから起債國の擔保物件に關する知識を投資者に與へ以て擔保物件の善惡に關する判斷の資に供せんとする外國公債所有者聯盟なるものの組織が米國に於いて計畫されているのは此の際注目に價する.

369. 英法日美四使會議, 申報, 1924.07.19

英法日美四使會議

北京電, 巧(十八)英法日美四使會議, 應付中東路辦法, 結果甚密, 一致向中政府保留以往權利, 決各國單獨對華交涉或警告, 不採共同行動, 下午一時英法美三使, 由日使館散會後, 同赴英使館午餐。
（十八日下午九點）

370. 英法美日四使密議中東路問題, 申報, 1924.08.01

英法美日四使密議中東路問題

北京電：世（三十一）午前, 英法美日四使在美館密議中東路問題, 結果, 四國不因中俄協定而放任, 仍依華會決案, 維持自國利益, 願擬開使團會議討論俄使館問題, 因加拉罕有函致美使, 今日先將加函分送各使, 明日開會。（三十一日下午九點）

371. 四使會議東路問題, 申報, 1924.08.03

四使會議東路問題

▲ 意見尚未一致

據外交團消息稱，駐京美舒使及英法日三代使，上星期曾開會三次，討論四國在中東路之權利將如何處置之問題，但因四使間意見稍有出入，故並未有結果，至外傳四使已於會議之後，對中國政府提出牒文之消息，則完全不確。蓋此事四使既開會討論，則必須四使之意見能一致，方克致牒於中國。在此意見尚未一致，會議亦未有結果以前，則無致牒中國之理也。惟四國現雖意見各異，衛隊中國發出牒文，而因中東路問題漸告緊迫之故，四使之間，比將力求折中之意見，冀早日得向中國交涉，則亦在吾人意料之中。

372. 四國會議東路問題, 申報, 1924.08.12

四國會議東路問題

▲ 法主再提抗議，美日認為非必要

上星期三日，法美日英四國會議，討論中東路問題，原為法人所召集，蓋法人以東路對己國關係深切，法人民持有東路股票甚多，故對該問題，較他國尤為注意，法代使頗主張四國再對我方提出抗議，但美日兩國以對我送出通牒，為日不久，且我國之答覆，與其意旨並無衝突，實無再提通牒之必要。四國代表討論多時，未有結果而散。

373. 동지철도 국제관리, 시대일보, 1924.10.10

東支鐵道國際管理

米國提議는 不當

[莫新科發電] 駐露中國大使李家鏊氏는 訪問한 合同通信社員에게 露國이 東支鐵道를 引渡함에 對하야 至大한 謝意를 表하고 中國이 一定한 期間內에 右鐵道의 完全한 所有權을 買受케 되기를 希望한다고 附言하고 最近事態의 發露는 기상密接한 露中協同의 短所라고는 認定하나 日本이 果然 이 聯合中에 包含될는지 疑問이다 東支鐵道에 關하야 米中兩國間의 障碍가 생기리라고는 할수업스나 그러나 東支鐵道를 國際管理下에 두라하는 米國의 提議는 □야수작이라 하겟스니 대개 同鐵道는 何人에게도 接觸할수 잇스며 또 使用할수 잇는 것이기 때문이라고 斷言하얏고 佛國은 同鐵道에 關係할 可能性이 잇다는 說을 一笑에 부치고 東支鐵道의 債券賣却은 露國을 除한 他國에 對해서도 不法이라고 指摘하얏다.

374. 英國政府之論調, 申報, 1929.07.16

英國政府之論調

倫敦電：報紙現甚重視遠東時局之危險可能性，工黨報紙每日快報稱，希望中國知其行為之不智，並希望俄國勿忘哀的美敦書之危險。每日電聞稱，今之俄牒，超過和平解決之範圍外矣，想中國方面沒收中東鐵路之舉動，與俄國方面開戰之威脅，殆皆受日本成立和平趨向的政府之影響云。每日新聞稱，俄國之哀的美敦書，與俄國出兵滿州，迴乎不同。蓋出兵則日本不能無言也，惟為世界和平計，此種中俄日之糾紛，亟宜避免云。柏林伏瓦資報稱，蘇俄現處於十年以來所未有之極困難境地位，將在困難經濟狀況之下，與中國冒險一戰歟，抑聽令海參崴與太平洋海岸如熟果之落於日本懷中，兩者必有其一。意者布林希維克卒將請求國際聯盟會解除其無希望之戰爭歟。

375. 二億五千萬法の新會社を設立し, 滿洲日報, 1932.07.04

二億五千萬法の新會社を設立し

東支鐵道に投資する

在哈佛國資本團代表の活躍

【ハルビン特電三日發】此程来哈したフランス銀行團代表メツセナ氏は毎日各方面の有力者を訪問して何事か画策しつつあるが仄聞するところによれば同氏は露亞銀行株主を含むフランス財團を以て資本二億五千萬フランの會社を組織し東支鐵道の改善及支線敷設のため投資せんとする案を出すべくソウエート當局と折衝しつつあるもので實現の上は東支の現在の機構には容喙しないが監事局に監事一名を入れると云ふにある、然しメ氏の案は露亞銀行株主の投資に對する債權を承認せしめんとするものでソウエートは相手にせぬだろうとみられている、尚メツセナ氏は自分の来哈は單に經濟視察で東支問題に關係はないと聲明している.

376. 東支鐵に米資本引入は疑問, 滿洲日報, 1933.04.12

東支鐵に米資本引入は疑問

從来の蘇連の態度

【奉天電話】東支鐵道問題の紛糾に對しソウエートは苦肉の策としてアメリカの資本力を利用し國際化するが如き説を傳へているが、一九一七年のソウエート革命より一九二四年の奉露協定前にいたる期間に東支鐵道の株主として露亞銀行が進出し佛米の資本が東支に引込まれていたが、奉露協定の締結によりソウエート政府がカラハン全權をして東支鐵道は奉露協定に基き第三國の容喙を許さず權利を平等に行使すべきものなりと聲明したことあり、今更第三國の干渉を認容するが如き意向をソウエート政府は有しておらぬ、しかも

露支紛争に際しアメリカの干渉を完全に拒否したのであるから、ソ連がアメリカをして干渉せしめることは許されない、従つて識者の間には将来の禍根を芟除するためソウエートとしてはこの機會において満洲國と奉露協定を根本精神とした新協定を締結すべきで、東支又は東清と稱する名稱も満洲國の成立によりこれを北満鐵路又はソ満鐵道と改稱すべきであるとの意見が行はれている.

377. 東支鐵道問題を佛國が重大視, 東京日日新聞, 1933.04.25

東支鐵道問題を佛國が重大視

建設當時の投資を楯に容喙せば問題紛糾

東支鐵道紛争事件が日満露三國の外交議題となつて表面化するにおよびかねて東支鐵道建設の創始に關し露亞銀行に投資し、東支鐵道會社の舊株券を保有する佛國關係官民側においては漸次これを問題視し

二十日及び二十一日のタン紙始め佛國各新聞紙は何れも本件を掲載し「フィガロ」紙の如きは東支鐵建設に關係なかつた日満及びソヴィエト・ロシアが佛國の承諾なしに本件を議するは不當なりとの社説を掲げると同時に佛國政府は本件に關して速かに日本政府と外交交渉を開始すべきであるとの「ニーゼル」將軍の長文の論文を掲げた.

佛國側の右希望はすでに先般来東京においても佛國大使館と外務當局との間に非公式の話合ありたる處でもし佛國政府が正式に本件を外交商議の議題に提起し来る場合は問題は益々紛糾し来ることを避け難いであらう.

378. 英國不主張請求國聯召集非常大會, 申報, 1933.05.04

日軍向長城撤退

俄日中東路之爭端認爲可望和平解決

倫敦　今日下院開會時, 議員□司向外相西門建議, 遠東問題極關重要, 宜請國聯召集特別大會處理之, 因日軍刻已在長城以南佔據確無疑義的中國土地也, 包爾溫代西門答覆, 謂據渠所得消息, 在長城以南深進之日滿軍隊, 現漸撤退, 目前情勢, 似未有可使英政府請求召集國聯特別大會, 討論此事之充分理由云。□司又問, 此種答語是否含有國聯大會不復注意遠東軍事行動之意, 包爾溫答稱, 渠對於可起糾紛之言論, 不願加以批評, □司繼謂宜訓令駐華藍公使從事斡旋, 以期終止中日戰爭, 包爾溫答稱, 渠以爲此舉未必能有良好結果, 工黨議員考克斯請報告關於俄日在遠東之關係, 包爾溫稱, 據渠所知, 俄日仍在尋常外交關係中, 渠無理由可謂中東路之爭執, 非尋常方法所可解決云。　(三日路透社電)

8

중동철도 매각문제

8. 중동철도 매각문제 (해제)

남만주철도를 비롯하여 일본제국주의가 만주지역에서 부설한 철도
망계획의 일환으로서 길회철도, 제극철도, 랍빈철도, 안봉철도 등이 점
차 완공됨에 따라서 중동철도의 견제라는 효과가 점진적으로 나타나기
시작하였으며, 그 결과 중동철도의 경영에 적지 않은 타격을 주게 되었
다. 이러한 결과 1920년대 말부터 중동철도의 재정 적자가 심화되었으
며, 일본자본으로 부설된 각 철도 구간이 개통됨에 따라 중동철도의 수
송 분담률은 더욱 저하되었다. 더욱이 세계공황, 중소관계의 악화 등
기타 요인이 더해지면서 이러한 적자는 더욱 가중되었다.

중동철도는 1927년부터 점차 재정이 악화되기 시작하였으며, 1930
년 가을이 되면 영업이익의 급감으로 말미암아 종업원들의 임금을 제
때 지불할 수 없을 정도가 되어 결국 러청은행으로부터 300만 루블의
차관을 도입하여 급한 불을 끌 정도에 이르렀다. 1931년에는 중동철도
공사가 러시아인 174명을 포함하여 총 386명의 노동자를 해고하자, 이
들은 연일 철도국 앞에 수십, 수백 명씩 모여 구제금의 지급을 요구하
는 시위를 벌였다. 그럼에도 불구하고 중동철도의 경영은 1930년 내내
개선되지 못하였다. 중동철도는 1934년 8월분의 예산으로 수입
1,776,000원, 지출 1,117,500원을 책정하였으나, 여객, 화물의 수송이
감소하면서 실제 수입은 1,268,000원, 지출 1,532,000원으로 적자를 기
록하였다.

중동철도의 가치 하락은 비단 경제적 문제뿐만 아니라 군사, 전략적
가치의 하락을 수반하였다. 군사적으로 일본은 이미 길림으로부터 직

접 동해로 연결되는 길회철도를 부설하여 병력을 신속히 수송할 수 있게 되었다. 이와같은 형세의 변화는 중동철도의 가치를 급격히 저하시켰다. 길회철도 부설과 기타 철도망계획에 따른 철도의 완공으로 말미암아 중동철도의 경제적 가치가 급격히 하락하자 소련은 마침내 중동철도를 명의상 만주국에, 실질적으로는 일본에 매각하기로 결정하였다. 소련의 리트비노프는 중동철도의 매각을 동양의 평화를 수호하기 위한 결단이라고 강조하였으나 이는 어디까지나 대의명분을 강조한 대외적 구호에 가까웠다. 다시 말해 굳이 동양의 평화가 아니더라도 소련은 더 이상 중동철도를 유지해야 할 실익과 근거를 상실하고 말았던 것이다.

비록 세계공황의 여파 등도 일부 원인이 되기는 하였지만, 길회철도를 비롯하여 제극철도, 랍빈철도 등 일본자본에 의한 철도망이 구축된 이후 중동철도의 경영 악화는 피할 수 없는 일로 널리 인식되었다. 더욱이 막대한 경비가 소요되는 경제개발계획을 추진하고 있던 소련의 입장에서 매년 증가하는 중동철도의 적자를 계속 보전해 나아가야할 이유를 찾기 어려웠던 것이다.

이러한 가운데 1932년 길회철도의 완공은 소련의 중동철도 매각에 중요한 분수령이 되었다. 중동철도공사는 길회철도가 완공되면서 특산물의 대부분이 장춘으로 집중될 추세를 보이자, 이로 말미암아 중동철도의 장래가 매우 비관적이라 간주하여 남만주철도주식회사 본사에 특사를 파견하여 중동철도의 매수를 종용하였다. 1933년 4월 24일 주소련 일본대사가 카라한을 방문하여 중동철도를 중심으로 하는 일소 양국 간 분쟁을 근본적으로 해결하는 방안에 관해 협의하였으며, 5월 2일 리트비노프는 일본대사에게 중동철도를 일본, 혹은 만주국에 매각하여 경영하도록 하는 것이 최선의 방책이라는 뜻을 전달하였다. 1933

년 5월 5일 모스크바에서 리트비노프와 일본대사와의 사이에 중동철도 매각과 관련된 회담이 개최되었다. 여기서 소련은 분쟁의 해결 방책으로 중동철도의 매각 의사를 내비쳤다. 이후 5월 13일 주일 소련대사는 일본외무성을 방문하여 극동에서의 분쟁을 해결하기 위한 취지에서 중동철도의 매각을 제안하였다. 일본정부와 재계는 소련이 표면적으로 일본, 소련, 만주국 등 3국 관계의 개선을 들고 있지만, 실상은 재정적 어려움이 주요한 원인이라고 판단하였다.

1933년 7월 만주국과 소련정부는 중동철도를 매각하기 위한 협상에 착수하였으며, 이를 위해 수차례 회담을 개최하였다. 1933년 7월 3일 개최된 회담에서 소련은 〈만주국에 의한 중동철도 매수 원칙에 관한 각서〉를 제출하고, 매각의 대상에는 철도 본선과 보조선 등을 포함하여 총 2,544.9킬로미터의 노선과 전신선 2,576킬로미터, 그리고 전화 및 급수설비가 포함된다고 명시하였다. 이밖에도 철도 소속의 기관차, 차량, 운전재료, 철도용, 여객용 건축물, 창고, 주택, 사무소, 병영 등 총 면적 190만 9,762평방미터와 함께 공장 및 차고, 하얼빈의 각 공장도 포함하였다. 또한 발전소와 하얼빈전화국, 증기선 및 부두, 철도 부속 토지, 의료시설, 요양소, 재재공장, 인쇄소 등도 포함한다고 천명하였다.

중동철도의 매각가격에 대해 소련대표는 총 6억 2,500만 루블을 제시하였다. 그러나 만주국대표는 중동철도의 경제적 가치가 만주국의 철도망 완성과 더불어 크게 저하되었다고 주장하였다. 따라서 중동철도의 노후화된 설비 상태에 비추어 가격은 6,500만 루블에 불과하며, 더욱이 중동철도의 소유권을 만주국과 소련이 절반씩 소유하고 있는 현실에 비추어 만주국이 지불해야 할 금액은 3,250만 엔(1루블은 1.04엔)이라고 제시하였다. 그럼에도 불구하고 만주국으로서는 만소관계의 장래를 우호적으로 유지하기 위해 크게 호의를 베풀어 5천만 엔을 지불할 용의가 있다고 제안하였다. 철도의 매각가격으로부터 살펴볼 때 중동철도에 대한 양국의 가격 계산에는 매우 큰 격차가 있었음을 알 수 있다.

일본외무성은 자체적으로 중동철도의 매각가격을 분석한 〈중동철도의 평가〉라는 보고서에서 철도의 총 투자비용을 1998년-1905년 건설비 3억 6,600만 루블, 1906-1931년 개량비 4,600만 루블, 1903-1914년 러시아정부 보상금 1억 7,900만 루블, 1932년 1월 1일 미불이자 및 미상환액 13억 9,900만 루블, 합계 19억 9천만 루블로 거의 20억 루블에 이르는 방대한 액수로 평가하였다. 그러나 이미 30년이 경과하여 철도의 가치가 상당히 저하되었으므로 평가액은 1억 5,900만 루블이라고 판단하였다.

중동철도의 매수에 대해 일본군부 일부에서는 적어도 매수의 연기를 주장하는 세력이 있었다. 이들은 중동철도가 일본과 소련 사이에 분쟁의 근원이므로 매수는 필요하지만, 중동철도의 경쟁력이 저하되었기 때문에 매수를 연기할수록 협상에 유리하다고 판단하고 있었다. 소련에서도 중동철도의 전략적 가치를 주장하며 매각을 반대하는 세력이 있었다. 즉 카라한과 육해군인민위원장은 매각에 부정적인 입장을 개진하였다. 그러나 스탈린과 리트비노프는 매각에 적극 찬성하였으며, 결국 이들 반대파의 주장을 억누르고 매각을 결정하였다.

실제 협상의 과정에서 소련은 중동철도에 대한 총 투자비용을 감안하여 6억 루블에 달하는 매각가격을 제시하였으나, 일본은 철도 가치의 하락을 이유로 5천만 루블을 주장하여 양자 사이에는 큰 격차가 있었다. 그러나 결국 1935년의 매각협정을 통해 중동철도는 당초 소련의 요구에 크게 못 미치는 1억 4,000만 엔에 매각되었다. 이러한 사실은 매각에 대한 소련 측의 적극성을 반영하는 것이라 할 수 있다. 다시 말해 소련 역시 중동철도의 매각을 지렛대로 만주에서의 긴장 완화와 정치, 군사적 충돌의 회피라는 외교적 부가 이익을 추구했던 것이다.

그럼에도 불구하고 소련이 중동철도를 매각하는 목적이 동양의 평화를 수호하기 위한 결단이라는 정치, 외교적 해석은 다분히 대의명분을 강조한 대외적 구호에 가까웠다고 할 수 있다. 즉 동양 평화의 근저에는 중동철도의 경제적 가치의 급속한 하락과 경영의 악화라는 보다 근본적인 원인이 있었던 것이다. 이는 바로 일본제국주의가 중동철도의 병행선인 길회철도와 기타 만주철도망의 부설이 점차 완공됨에 따라 의도적으로 초래한 결과였다고 할 수 있다. 길회철도 전 구간의 개통과 제극철도, 랍빈철도 등 일본자본에 의한 철도망이 구축된 이후 중동철도의 경영 악화는 되돌릴 수 없는 것으로 널리 인식되고 있었다. 이와 같이 진퇴양난의 어려운 입장에 처해 있던 소련으로서는 일본의 만주 침략과 만주국의 수립 등 일련의 정치적 사태에 직면하여 중동철도는 일소 간의 군사적 충돌을 피할 수 있는 매우 적절한 통로와 명분이 될 수 있었던 것이다.

마침내 1935년 3월 11일 만주국과 소련은 중동철도 양도협정을 체결하고 철도에 관한 일체의 권리를 양도하고, 만주국은 그 대가로 1억 4천만 엔을 지불한다는 데에 합의하였다. 1935년 3월 23일 일본은 만주국정부가 지불하기 어려울 경우 일본이 이를 대신 부담하기로 하는 지불보증각서에 서명하였다. 이로써 만주에서 소련의 세력을 상징하였던 중동철도의 소유권이 만주국, 실질적으로 일본에 양도됨으로써 일본은 중국 동북지역 전역을 자신의 세력권으로 둘 수 있게 되었다.

8. 중동철도 매각문제

379. 俄外部否認讓與路權, 申報, 1927.11.05

俄外部否認讓與路權

▲ 東方社4日東京電三日莫斯科來電云，天津大同報及其他中國報紙，皆載俄國擬將中東鐵路及其他俄國在滿洲方面之權利，讓與日本，目下正與日本交涉之記事。而勞農外交部對聲明並無此事，系有所爲者捏造謠言云云。

380. 中東路理事長聲明, 申報, 1927.12.29

中東路理事長聲明

北京交部通知各機關云，中東路理事長蓋克爾，聲明俄並無讓中東路權於日本之議。（二十八日下午九鐘）

381. 蘇俄將讓渡中東路利權, 申報, 1929.01.14

蘇俄將讓渡中東路利權

▲ 目的在換得大宗借款
▲ 一解除經濟上的困難

世界社云，據哈爾濱訊，蘇俄政府鑒於東三省易幟實現，中國統一完成，奉方對俄態度益趨强硬，俄方對於中東路之權利難於維持，近與法國政府開始談判，謀將中東路之俄方權利讓渡與法，其條件有二：一、俄方欠法國之舊債，于讓渡鐵路權利時，加入考慮。二、法國以

新債一宗貸與俄國，又聞俄政府同時擬將中東路權售與美國，總之，其目的在於換得大宗新借款，以解決其經濟困難問題云。

382. 東鐵俄路權讓售日本說，申報，1929.01.16

東鐵俄路權讓售日本說

▲ 張學良向日領提抗議

▲ 日領尚在否認中

字林報十四日北平電云，哈爾濱及奉天消息，咸表示華人聞蘇俄與駐日大使，正與日方談判以中東路俄方利益售讓日本之謠傳，頗為驚惶，據哈爾濱消息，蘇俄鑒於其地位不能抵抗中國，而保障中東路利益，故擬以三萬萬盧布售讓日本，但附帶條件，須保障其全路通車權利，保護蘇俄商務金融之投資，及依照逐漸遞減辦法，繼續雇用俄員等數項，又據奉天私人消息，張學良認此訊確實，故於四日親訪林總領事，正式抗議，但林氏答稱，未聞此說，按日前中俄中東協定，曾規定該路所有權，僅能歸於中俄兩國，蘇俄此種舉動，實違背中東路協定，惟蘇俄今日既處於饑不擇食之地位，而加拉罕與顧維鈞所訂之協定，久已失效，蘇俄利益，現既未得中國之書面保障，而奉天又顯然有收回該路管理權之決心，且日本因恐影響豆糧貿易與南滿路營業，及其他附屬事業之故，對於中國之完全控制中東路，必加反對，所以此項消息，北平對之，頗為注意，又字林報八日哈爾濱通訊云，上星期重要華員連袂赴奉，但大半俄人，深信若費必係奉召前往討論排斥全體俄籍路員之事，但同時外聞亦有俄人曾預鑒及此，其駐日大使以東路利益售讓事，向日本接洽業已若干時之謠傳，至所稱華方收回路員養老金之說，現悉並非事實，蓋因有一巡邏警察，前往該辦公室耳房自由使用電話，且於辦公時間後，仍逗留不出，外聞訛傳，遂有華方收回之說，致數日路員，紛往處長處，請求發還養老金云。

383. 蘇俄又有讓賣東鐵說，申報，1929.06.29

蘇俄又有讓賣東鐵說

▲ 視我方接收情勢緩急而定

▲ 東北邊防司令公署之防共計畫

二十二日哈爾濱通訊，俄賣東鐵與日說，一年前曾盛傳一時，距近日又復喧囂。據官方消息，現在偵查此事，確有根據。日前某機關接有海拉爾探報，謂『於內蒙方面，得悉蘇俄現在實有此項計畫。因哈案發生以來，接收中東路消息，應時而起，東北方面對於接收辦法，已有相當準備。蘇俄為保持東鐵權利，不得不作此抗拒之方策。在一月以前，俄方曾撥賣出東鐵，為擴張對華方略之用，旋為一部分人所阻。至近頃俄方當局遠觀中俄邦交之將來，近瞻東鐵之情勢，乃決定讓東鐵南段與日。據接近俄方者言，俄近欲拉日本於東鐵營業範圍內，以為支拒中國之工具。惟俄方對於東鐵，非至萬不得已，絕不出此。苟我方進行收回稍緩和，則俄讓渡東鐵之心亦稍懈。我方收加進行積極，則益促成俄日之交易。總之，俄方舉動，日下尚在觀察中國情形云云。』此或為彼方一種空氣，亦未可知。聞日本亞細亞局長有田來哈，已於昨日會見東鐵俄理事長祁爾金，相談歷二小時，惟未知其是否為此也。

日前東北邊防司令公署何軍事廳長，建議防赤計畫十二項，已經張學良採納，其大概如下：①遼寧熱河黑龍江吉林軍民官吏，應極力防止俄共黨潛入。②監視東北四省駐在之俄國官吏及人民行動，並注意往來之各國人。③僑居俄國之中國人，嚴察其有無宣傳赤化。④俄國之刊行之新聞雜誌小說，須經我官方檢查，有無宣傳共黨字句。⑤軍政界及學校工廠商店之中國人精通俄語者，注意有無宣傳共產主義。⑥各軍隊各軍事工廠各學校，一律防止共產宣傳書籍之潛入。⑦防止無職業之俄人宣傳共產。⑧黑龍江及蘇俄交界地方，添駐軍隊。⑨對各地方蘇俄官署商店，地方官應監視其有無共產黨會議。⑩各軍隊之俄人將校兵士，如發現可疑之處，即得解職。⑪馮玉祥派遣赴俄國留學之學生回國時，通過東北之日，暫時扣留。⑫注意不良之朝鮮人

及蒙古人之親俄派。

384. 噓か眞か大きな賣り物, 大阪朝日新聞, 1929.09.22

噓か真か大きな賣り物

東支鐵道の南部線を日本に賣つてもよいロシヤ側の報道として傳わる
日支離間の眉つばものか

【ハルビン特電二十一日發】モスクワ政府が東支鐵道南部線に對するロシヤ側權利を日本に讓渡せんとする底意ありとの情報突如ベルリンから傳へられ再びハルビン各方面の注目をひくに至つているが、東支鐵道問題の露支紛議最中にこの種の風説あるはこれによつて支那側の神經を刺戟し露支交涉を有利に展開せしめんとするロシヤ側の作戰として警戒されている、しかし一方ロシヤとしては支那に對する面當てとして實際に南部線讓渡を相當考慮しているのではないかと思はれる根據もある、それは

一、ロシヤ側にとつて現在の條件ではマンヂユリー。ボグラニチナヤ間の東支本線の確保が主要で南部線は比較的その價値を喪失している.

二、今回の露支紛議によつてウスリー鐵道の蒙れる打擊は致命的で南部線賣却による資金捻出を有利とする事情

三、露支紛議解決後といえどもロシヤの東支鐵道に對する權益確保の手段なく結局日本に南部線を讓渡しこれによつて東支本線を間接に保障せしめかつ將來の紛議に對し日本の好意的中立をかち得んとすること

などの事情がある、但しこの問題は支那側および第三國の意向もあつて具體化は困難とされるも露支紛議の長びくに從ひ南部線賣却説はしばしば問題とされる性質を有している

この賣却説に對し駐獨ロシヤ大使は否定していないと、なほ右南部線日本讓渡説は最近におけるトロヤノフスキー大使と幣原外相との

往復頻繁なるに見るも裏書されると傳へられている．いつそのこと満
洲と東蒙も世界平和のためだ
アメリカに現われた一論文

◇ …【ニューヨーク特電十八日發】「支那はその満洲及び東蒙古を
日本に賣れ、そして東洋平和を維持せよ」との議論が十八日の
ニューヨーク・テレグラフの夕刊に載せられた．

◇ …テレグラフ紙はアメリカ合同通信系の新聞でスクリツプス・ハ
ワード經營のもの、右記事の筆者はスクリツプス・ハワード系外
報記者ウイリアム・フイリツプ・シムズ氏である、その論旨の大
要にいわく．

◇ …支那は到底その尨大な領土を統一することは出来ぬのみならず
この土地を中心に睨み合つている日、露、支三國の間に必ずや戰
争が起るに相違ない、そうして三國中で一番力の強ひ者が満洲及
び蒙古を獲得することになるであらう、支那はその時依然として
その土地を維持出来るや否や頗る怪しい．

◇ …なほ支那にとつてはこの土地を賣りその領土を縮小して置いて
國内の統一、教育の普及、税金の完全な取立、交通の完備その他
の點に力を入れた方が遥に賢明だ、財政的に見てもこの際多少と
も金を取り入れておいた方が満洲を持つていてそのため將來確實
に起るべき戰争で莫大な費用を費すより遥に利益である．

◇ …またその領土を賣ることが國家の威嚴を損するとの意見がある
ならそれは極めて愚劣の見解といわねばならぬ、何となればその
領土を賣つたためしは至上に幾多の例がある、事實アメリカは各
國の領土を買入れて今日の如き大國になつたのだからである．

◇ …支那はこのために國家の威嚴を落すどころかこれで東洋平和の
みならず或は第二の世界戰争も防止出来るのだ．

385. 中東路可贖回, 申報, 1930.02.22

中東路可贖回

哈爾濱 中國方面爲恢復國權起見，將根據奉俄協定，買收中東鐵路，已決定根本方針，着手實質的調查。蘇俄亦有承諾之意，惟須加算一千七百二十一基羅米突之中東鐵路敷設費，及二十五年間之利息。 (二十日電通社電)

386. 中俄贖路交涉, 申報, 1930.06.05

中俄贖路交涉

哈爾濱 二十九日莫德惠加拉罕再度爲中俄會議事，會談贖路問題，仍無頭緒。僅決定中俄雙方，各將提案整理，定期交換大綱，以後定開會期。外電傳俄要求，先恢復國交等七項，此間無此消息。 (四日專電)

387. 中東路估價中俄主張懸殊, 申報, 1930.06.15

中東路估價中俄主張懸殊

哈爾濱 中國方面，關於中東路之買收問題，估計該鐵路財產爲五億元，以該鐵路爲中俄兩國之合辦事業中國支付總額之半，即二億五千元，即能到達多年之目的。但蘇俄以該國對於中東路之投資額爲五億元，若加以三十年間之利息，全額達十五億元。惟中國方面以蘇俄若堅持此說，則中國可以中東路敷設當時之俄國帝制老帖買收，不必用現金。而據蘇俄計算對於中東路之投資額，千八百九十六年敷設費，三億六千五百六十四萬九千五百四十一元一角七分，改善費二千七百二十

萬七千六百四十八元三角七分，至千九百十四年止，損失填補費一億七千八百五十七萬九千六百十七元九角五分，合計五億七千百四十三萬六千九百七元四角。又中東路財產，蘇俄估計爲十六億，中國估計爲五億，相差十一億云。（十四日電通電）

388. 俄方否認讓售中東股票，申報，1930.09.02

俄方否認讓售中東股票

東京 據駐漢堡日總領事致日外務省電云，駐漢堡俄領事，對於俄方將中東鐵路道股票讓給美國，中美刻正辦交涉事，加以否認，謂爲事實全然無根云。（一日電通社電）

389. 東路俄股讓美問題，申報，1930.09.08

東路俄股讓美問題

日外務省調查真相

▲ 東京訊，中東路俄方股份有讓渡美國，美俄兩國代表現正在漢堡交涉之說。日政府因此事於對滿政策，將波及重大影響，極爲注意。曾訓令駐德東鄉代理大使及駐漢堡村上總領事調查真相。據其呈報，查明此特投機者流之虛傳。駐柏林美俄兩國大使館亦俱否認交涉之事實，目下全無證明交涉事實之材料云。

390. 東支鐵買收說を米國務省とぼける, 神戸又新日報, 1930.09.22

東支鐵買收說を米國務省とぼける

ワシントン二十日發聯合―最近アメリカ資本團が東支鐵道を全部若しくはその一部を購入すべく勞農當局との間に交渉進捗中であるとの風説頻りに傳へられているが、右に關しアメリカ國務省官吏はそうした風説は昨年中屢々國務省側に達したが、最近において右問題に關し何等確かな報告を接受しておらないと語つた、因にアメリカ資本家の東支鐵道購入問題に關し國務省側は曾て一度もステートメントを發表したことはない.

391. 中東鐵道의 讓渡交涉說, 米國務省否認, 동아일보, 1930.09.25

中東鐵道의 讓渡交涉說, 米國務省否認

[華盛頓二十日發聯米國國務省當局은 二十日 最近傳하는 米國資本團과 勞農露西亞 當局과의 中東鐵道讓渡交涉說에 對하야 記者에게 말하되[如斯한 風說은 昨年以來 □□히 傳하얏스나 國務省에서는 此에 對하야 最近何等確報를得치 못하야슴]

392. 贖回東鐵問題, 申報, 1931.02.02

贖回東鐵問題, 蘇俄已有允意

北平　外息, 俄聞美欸將成, 對華決大讓步, 已允中國贖回中東路, 但
　　　盧布之價格, 須折爲市價. （二十一日專電）

393. 全國商聯會電請嚴重向俄交涉, 申報, 1931.03.01

全國商聯會電請嚴重向俄交涉

▲ 以盧布贖回中東鐵路

中華民國全國商會聯合會, 昨分電國民政府行政院外交部財政部實業部及對俄交涉全權代表莫德惠等云, 案查屬會前奉行政院令飭, 調查俄國在華發行盧布確數, 以備交涉贖回中東路一案, 當經屬會通電全國商會調查, 去後, 一時未能依期調查完竣, 常以該盧布散布全國, 尤以東北爲最多, 商人持藏, 不能週知, 業經迭次展限在案, 旋聞中俄交涉中止, 而持票者更不注意, 未幾國內軍事發生, 欲登者又交通阻塞, 以致遷延時日, 自國內軍事平息, 中俄會議復開以後, 屬會又經通電催促各商會, 迅予調查在案, 屬會迭經全國各商會各商人函電紛馳, 請求轉呈嚴重交涉, 茲屬中俄會議復開之期, 屬會一方將盧布在我國確數, 在最短時期內, 調查整理呈報外, 理合電達鈞府院部, 迅令莫代表, 提出嚴重交涉, 務必達到以盧布贖回中東路目的, 至爲懇切, 全國商會聯合會主席林康候‧常務委員蘇民生, 張械泉‧盧廣續‧陳日平‧李奎安‧彭礎立‧叩儉, 印

394. 東支鐵道に關する細目協定案を協議, 滿洲日報, 1931.03.05

東支鐵道に關する細目協定案を協議

莫、劉兩氏を中心に

【ハルビン特電三日發】莫德惠氏は四日奉天を發ち、来哈する旨東支鐵道に報告あり、一昼夜遅れて五日歸哈する劉沢栄氏と會見、東支鐵道の細目協定に對するロシアの態度につき劉氏の意見を聴き協議し再入露する意嚮で協定については樂觀さる、なほ莫氏は入露前東支鐵道一九三一年度豫算、人事行政、露支翻譯科の創設等の重要案を可決する筈

露、支兩國の主張

莫全權は東鐵問題については南京政府の任命により買收案についての財産評価を先づ劈頭に決定する意嚮である、支那側は露支及奉露協定による財産權の折半をも主張する用意ありといふがソウエートとしては東鐵の財産はソウエート政府の投資物件で折半の性質を有していないと解釋しこの爭點の解決は相當困難なものあり東鐵敷設の際支那政府が出資した形式となつてる庫平五百萬兩及その後の利子に關するソウエート政府の保證を得ることも實際に投資していないのであるから果してソウエートが舊條約の該形式的支那の資本を承認し東支財産權の一部としてこれを解決するかどうか、恐らく實質力なきものと一蹴するだろうからこれまた交渉上の難關とされている.

395. 中東路問題俄方提出答案, 申報, 1931.04.16

中東路問題俄方提出答案

對贖回原則完全同意

南京 外部接莫德惠電報告, 十一日開三次會, 對中東路問題, 與加拉罕交換意見後, 加當面提出交還答案。二十一日續開會, 答案內容, 對贖回原則, 完全同意, 但手續稍有異議。我代表團正研究, 備下次會盡量討論。 （十五日中央社電）

396. 中東鐵道를 民國이 買收키로 決定, 中露會議結果, 露國側도 同意, 但價格에 意見相違, 동아일보, 1931.04.18

中東鐵道를 民國이 買收키로 決定, 中露會議結果 露國側도 同意

但價格에 意見相違

[上海十六日發電通]民國政府 着電에 依하면 十一日 莫斯科에서 中露

會議結果, 中國側의 提議인

一、中東鐵道를 民國이 露西亞로부터 買收할 件

은 露國측의 同意하는 바되엇다. 但買收價格에 對하야는 兩者間에 意見相違가 잇어서 目下折衝中 이라고 한다.

397. 蘇俄提出中東路贖回之代價, 申報, 1931.05.24

蘇俄提出中東路贖回之代價

▲ 要求十八億金盧布

▲ 謂此數載東路年鑑

字林報哈爾濱通信, 哈埠所傳中俄談判情形, 關於中東路代價一節, 無論確否, 頗堪注意, 哈埠報紙關於中俄會議之新聞, 被禁揭載, 但從海參崴埠及從莫斯科來之旅客口中續續傳出之消息, 始知其原因所在, 蓋當華代表詢俄方以中東路之代價時, 俄方提出一駭人之數字, 即謂需一, 八〇〇, 〇〇〇, 〇〇〇金盧布, 華代表聞而大異, 答以此數如何能成問題, 蘇俄乃呈出一書, 即「一九三零年中東鐵路之統計」, 係用華文印刷, 書中所紀東路代價, 即爲上記之數, 如是則此數原爲華方承認, 華代表乃稱須向國府請示, 而是會議展期至本月十四日, 同時致電哈埠, 查詢究竟, 然在事實上, 此項數字已存在多年, 每年在年鑑中重印一過, 華方對於該路代價之數字, 似從未注意, 即不啻承認之, 今欲減其數字, 非另設法勸誘蘇俄接受不可, 除上記路價問題之外, 蘇俄又提出多項要求, (一) 該路如爲華方收買, 須保證不用白系俄人爲路員, (二) 俄貨經過滿洲, 須訂用特別稅率, (三) 俄船有在阿穆爾河及伊曼河之華港及松花江下游裝載穀物之權, (四) 華方不得借外資購該路, (五) 購路欸未付清以前, 路上俄員不撤除。

東路代價, 就蘇俄方面之經濟上論, 即使華方出一, 〇〇〇, 〇〇〇, 〇〇〇金盧布, 蘇俄已屬大佔便宜, 蓋東路之租借期, 僅餘二十五年, 而今後二十五年中之該路營業, 必較前衰減, 每年只收入額, 充其量不能逾一千五百萬金盧布, 二十五年總計, 亦不過四萬萬金盧

布，但該路有助於蘇俄出產之銷售，並有助於蘇俄在其他方面之勢力，此等價值，亦宜加入代價中耳。

要之，在今後二十五年內，蘇俄所能從中東路取得之總利，僅當華文中東路年鑑中所記代價五分之一，但蘇俄當然不肯承認其實價，而以較低於華方所承認之價出售，因之華方以一種疏忽之結果，於談判上已處於困難地位。

此次談判，顯將延長，結果或致破裂，亦未可知，蘇俄對此固有所預備，彼之五年計劃，如成功，其大工場及新設備，可隨時變爲軍用，今日以各種重要工器供給蘇俄，不但造成一對彼等自己之競爭者，且使其有成爲世界最良軍備國之可能也。（世界新聞社）

398. 中東路贖路貨幣標準，申報，1931.05.25

中東路贖路貨幣標準

南京 中俄會議之贖路問題，第六次大會席上，俄代表加拉罕曾提出，關於贖路，中國規定用何種貨幣爲交付標準值質問，府院及財部連接各省商會來電，請決定以俄國在華發行之盧布，爲贖回中東路之原則，現已責成上海全國商聯會，將盧布在我國確數，於最短期內，調查具報，一面電囑莫德惠，向對方嚴重答復，務達到以盧布贖回中東路之目的。 （二十四日專電）

399. 東支鐵道を支那買戻し，大阪朝日新聞，1931.06.19

東支鐵道を支那買戻し

代金は關稅から差引く

事實なら對支貿易に大影響

東支鐵道買戻し問題については目下モスクワにおいて露支兩國の間に商議が進行中であるが、その評価方法に關してサウェート側は鐵

道建設に要したる費用を基礎とすべしと主張し、これに對し支那側
は現在の價値を標準とすべしとなし、評價の原則について本質的に
相違しているので具體的数字が出揃うまでに行かず行悩みの状態に
あるところ、右問題についてニューヨーク・タイムス上海特派員ア
ベンド氏は十六日タイムス社に大要次の如き特電を寄せ一般の注目
を惹いている.

最近サウェート政府は國民政府に對し四億金ルーブル（約四億圓）
で東支鐵道のサウェート政府の持分を譲渡するといふことに兩國の
話が成立した、その賣渡代金は即時現金で回收せず、サウェート側
より支那への輸入に對して課せられる新關税で相殺するといふ條件
である、その結果サウェート側は實質的に無税で支那市場で農作物
その他の大大的ダンピングを行ひ得る譯で一方で支那側としてはサ
ウェート側に對し關税を免除したものでないとして第三國の抗議に
對し對抗し得るのである.

右アベンド氏の報道の真否はなほ明確でないがもし事實とすれば列
國の對支貿易上に影響するところ少くないので一般に相當の衝動を
起している.

400. 東北各法團研究對俄方案，申報，1931.06.29

東北各法團研究對俄方案

南京　瀋電，外交協會聯合吉黑哈各法團，共同組織對俄問題研究委
員會，定二十九開第一次會，討論贖路・通商・復交・各問題，
擬具方案，爲莫德惠對俄交涉參考。（二十八日專電）

南京　外息，中蘇會議受粤事影響，俄方存心延宕，贖路問題迄未解
決，現正改談東路暫行管理辦法，以爲調劑，贖路事仍非正式
協商中，期與管理辦法同時解決。（二十八日中央社電）

401. 中俄會議昨日續開, 申報, 1931.08.20

中俄會議昨日續開

南京　外部息, 中蘇會議定今日開二十次會議, 討論購路問題。 (十
　　　　九日專電)

402. 東支鐵道南部線賣卻談を持込む, 神戶新聞, 1931.12.17

東支鐵道南部線賣卻談を持込む
滿鐵では大乘氣となり總裁自ら軍司令官と懇談す

　【奉天十六日發聯合】東支鐵道管理局では長大線（長春大賚間）吉
會線（吉林會寧間）工事竣工の曉は特産物の大部分は將來長春に集
中される形勢にあり、ために東支鐵道の前途は著しく悲觀すべきもの
があるに鑑み四、五日前滿鐵本社に特使を派し滿鐵に東支鐵道南部線
の買收方を慫慂し來つたこれに對し滿鐵側は大乘氣で十六日午前十
時半内田總裁は右に關し本庄軍司令官と會見して重要協議を遂げた.
總裁司令官懇談

　【奉天十六日發聯合】今朝來奉した内田滿鐵總裁は午前十時軍司令
部に本庄中將を訪問して諸般の打合せを行つたが、その際内閣更迭
に伴ふ總裁の進退問題にも言及し種々懇談した趣きである.

403. 蘇俄否認出讓中東路權, 申報, 1931.12.25

蘇俄否認出讓中東路權

莫斯科　今日莫斯科當道否認英國日本中國等處謠傳中東路局長允將該

路南線讓與日本或日本政府所有之南滿鐵路等說，謂爲絕非事實，又否認蘇俄願將中東路任何部份售于日本，謂俄政府或中東路理事從未談及此事，并否認日本刻正收購中東路股票之說，又今日蘇俄共黨機關報泊拉夫達報稱，美國贊助日本佔據東三省，其意蓋欲使日本不能再投資於中國內地，并使日俄關係益見緊張，藉以削弱日本云。　（二十三日國民電）

莫斯科　英日華報金皆載稱，中東鐵路局總董願將中東路哈爾濱之長春一段售與南滿路公司，路局現正考慮出售事，日人正在收買中東鐵路股票云云，今日蘇俄太斯通訊社率命否認此項消息，指爲全無根據，謂中東鐵路局華人方面或俄人方面均未曾考慮此種種議云。　（二十四日路透電）

哈爾濱　滿鐵哈事務所長宇佐美，今日訪東鐵俄局長，聲明日方未進行收買東鐵，哈長段事，法亦未派人與日接洽。　（二十四日專電）

404. 僞國收買中東路蘇俄表示拒絕，申報，1933.04.18

僞國收買中東路蘇俄表示拒絕

滿鐵烏蘇里協定日電傳行將廢棄

大連　據此間消息，「僞滿國」政府現向蘇俄商購中東鐵路及附屬該路之利益，聞蘇俄殊不欲接受所開之條件云。　（十七日路透電）

哈爾濱　滿鐵烏蘇里兩鐵路之運輸協定，將於千九百三十一年九月滿期，烏蘇里方面曾向滿鐵提議要求於是月末改訂此項協定，滿鐵則要求支付超過貨物之發還額七十八萬美金，蘇俄不允，以致交涉停頓迄今。滿鐵方面，以改協定萬不可能，決廢止之，若果廢止，則南行東行之貨物，必惹起滿鐵烏蘇里兩鐵道之激烈競爭，而展開貨物之大爭奪戰。　（十七日電通社電）

405. 東支鐵道の賣却既に交渉畵策中, 神戸新聞, 1933.04.18

東支鐵道の賣却既に交渉畵策中

一億圓位でも手放す肚

【ハルビン十七日發聯合】トロヤノフスキ駐日大使の東京在勤中唯一の問題となつたといはれる東支鐵道賣卻説はソヴィエト側融資價格があまりに巨大にすぎたため立消えとなつていたが北滿の動脈たる東支鐵道問題、滿洲國成立による情勢の變化ならびに並行線の完成により蒙るべき打撃などのためその前途に對する悲觀説が次第に濃厚となり最近ソヴィエト有力幹部間に俄然またもや賣卻説が擡頭して來た、即ち信ずべき筋の情報によれば一億圓位ならば手放したいとの腹で既に一部有力者は當地において滿洲國當局に對する讓渡交渉の緒につかしむべくしきりに畵策中である.

406. 東鐵賣却問題露都で折衝さる, 大阪朝日新聞, 1933.05.06

東鐵賣卻問題露都で折衝さる

二日リトヴィノフ氏と大田大使の會見

【モスクワ特電五日發】東支鐵道問題は今や露滿間の重大なる紛爭の種となり兩國の緊張を深めんとする形勢にあるが、サウエート當局においてはできる限りこれが平和的解決を希望し、この際大局に立つて紛糾の禍根を絶つべき根本的解決策を講ぜんとする用意を明示せんとするに至つた、すなわち右根本的解決策なるものは東鐵賣卻を意味するものであるが、右に關する意見の交換は二日のリトヴィノフ外相、大田大使の間に熱心に行はれたところで、やうやくその真實味を帶びんとしている、なほ東鐵買收の諸條件その他の細目はいまだ審かでないが今後の交渉は東京で行はれるはずである.

407. ロシアの極東政策一變か，大阪時事新報，1933.05.07

ロシアの極東政策一變か

東支鐵道の譲渡を正式に提議し来る

大田駐露大使から報告到着

外務省俄然緊張す

大田駐露大使は今回ソビエット外交人民委員リトヴィノフ氏より日本側に對し東支鐵道を買收されたき旨正式提議された旨外務省へ報告して来た、元来東鐵買收問題については既に我が田中、廣田前駐露兩大使時代においてもソビエット當局との間に非公式懇談の際單なる一話題として意見が交換されたことあるも、ソビエット政府代表者が、帝國政府へ正式に買收譲渡方を提議せるは今回が始めてである、その性質の極めて重大意義あるに鑑み我が内田外相、有田次官の外務首脳部は、俄然緊張至急これが對策樹立を準備するに至つた、今回のリトヴィノフ氏提議の経過を見るに、さきに四月廿四日大田駐露大使より進んでソビエット外交次長カラハン氏を訪問、東支鐵道を中心とする蘇満兩國間紛爭を根本的に解決せんがためにはソビエット政府の極東政策に根本的の再修正を施すべき必要の時期に迫っている旨指摘し置けるに對し、五月二日ソビエット外交人民委員リトヴィノフ氏より特に我が大田大使へソビエット外交人民委員部への来訪を懇請し兩氏會見の席上リトヴィノフ氏は東鐵問題の實際的解決のためには同鐵道を日本若しくは満洲國側において買收經營せらるるが最善の方策なりと思惟する、しかしその買收價格及び支拂ふ方法などについては日本側においても最も誠意ある態度を示されたくこの旨可及的速かに日本政府へ傳達されたく、なほソビエット政府においてもユレニエフ駐日ソビエット大使をして日本政府へ提議せいむべしと述ぶるところあつた、しかしてユレニエフ駐日大使は五月四日改めて外務省に有田次官と會見、本國政府の訓令に基き東鐵買收方を提議せるに對し我が有田次官は東郷歐米局長の同席を求めたる上口頭をもって日本政府全體の確立的意見にはあら

ざるも外務省のみの見解ではソビエト側提議を受諾する用意を有するものである、而して右買收價格も日本外務省としては相當程度に評価し支拂方法としては全部クレジットによらず若干部分は現金にて支拂ふも可なるべく之等の問題解決のため東京に日露満三國共同委員會を開催しては如何とこれまた日本政府として東鐵買收の用意ある旨の最初の明確なる意思表示をなし、東鐵買收問題は茲に急轉直下具體化するにいたつたものである、かくて一六八九年八月二十七日のネルチンスク條約において露清間の國境確定並に通商條約締結以來帝政ロシアの執拗頑強なる帝國主義的東方進出政策の支配のもとに凡そ一世紀半に亘り極東政局を絶えず不安動揺せしめつつあつた帝政ロシア並にその後のソビエト革命政府の画期的國策の變更により、一八九六年九月以來四十年に亘り極東政局動揺の根源たりし東支鐵道を拋棄することとなり極東政局は茲に全く一變せんとする重大局面を展開して來た.

東支鐵の全貌

ソヴエート政府の正式提議により日本が近く愈々買收交渉に移らんとしつつある東支鐵道は帝政並に革命時代を通じてロシヤの極東政策の根幹をなすものにして政治經濟にも頗る重大な意義を有するものであるが、その構成内容を示せば次の如くである.

東支鐵道資産内容（ネンルーブル）一千九百三十一年二月一日現在

一、建設費一千八百九十八年より一千九百五年の間に支出されたる
　　建設費三六五、六四九五四一

一、改良費（イ）一千九百六年より一千九百十七年に至る間評価償
　　還報告書に基き支出されたる改良建設費五,四六二,一〇五

（ロ）一千九百十八年より一千九百三十年に至る間支出されたる改良建設費及び其他四四, 四四一, 五八九計四五, 九〇三, 六九四合計四一一, 五三三, 二三五（中東鐵道年報一千九百三十一年調）東支鐵道本線延長（一千九百三十一年三月一日現在）一, 七二六, 〇五一キロメートル

東鐵所有車輛（一千九百三十一年一月一日現在）機關車五〇一客車

六三八貨車八，九六九

一、東鐵旅客及び貨物運輸（單位千圓）

旅客運輸一千九百二十六年三，二七六，二十七年四，四五七，二十八年五，〇三六，二十九年四，六九六，三十年三，二一五

普通便扱（營業貨物運輸）（一千グラムトン）

一千九百二十六年四，二二〇，二十七年四，八八二，二十八年五，四二六，二十九年五，五八九，三十年四，二〇一

408．機熟せる東支鐵の買收，大阪毎日新聞，1933.05.07

機熟せる東支鐵の買收

案外早く纏り満鐵が經營に當るか

八田副總裁あす打合に東上

妥當な價格は一億一千萬圓以下

露國が東支鐵道を日本に讓渡するとの報は満洲國および満鐵に少からぬ興味を與へている、從來數次賣込説も傳へられたが満洲事變以後一變した東支鐵道の環境は満鐵の新鐵道敷設により經濟的價値はいよいよ減殺のほかなく、露國としても對日満外交のがんをこの際切離し相當の手切金でシベリア經營の台所を賄うことがむしろ有利とされるから今回の交渉も意外に早く捗るかも知れない、これを（一）満洲國が買收するか（二）満鐵が買收するか、いずれにせよ満鐵の經營（または委任經營）化に歸すべく、八田満鐵副總裁は八日上京して外務、拓務、大藏各省と對策を議することとなるであらう、今東支の内容を満鐵鐵道部と對比すれば上掲の通りでこの買收合辦は經濟上だけでなく政治、軍事上多大の意義あること明かでもし買收案が確立すれば既定の路線大計畫は一部變更されるであらう、露國側はこの鐵道に附属する土地および石炭採掘權、森林伐採權を持ち讓渡價格にこれら一切の權利金を織込むことは豫想されるが満洲國側から見れば満洲の鐵道計畫が進捗すれば東支鐵道の機能

は殆ど無用に歸し滿洲事變前から支那側の利權回收に困り果てた露
國側として今さら過大の高張りも出來ないであらうし、殊に滿鐵
（ゲージ四フィート八インチ半）に接續上東支の五フィートのゲー
ジを改めねばならぬこと▲五フィートのゲージに使用した現在の車
輛は讓受の必要がないこと▲滿鐵並みの修繕を加へるには莫大の費
用を要することなどから評價の基準は滿鐵における鐵道の現建設費
（平均一マイル十萬圓）を妥當とされ買收費はこの基準から割出し
て一億一千萬圓を出でず、三億圓程度を私案とする露國側とは懸隔
が甚だしいが該鐵道の失墜を目前にして露國側は思案の末の提案で
あり、これが支拂方法も日露貿易上クレジット設定などにわたり彼
我交涉の奧行と幅は今後相當發展するであらう.

409. 蘇俄將以八千萬元出賣中東路乎，申報，1933.05.08

蘇俄將以八千萬元出賣中東路乎

莫斯科東京曾二度試談

日外務省考慮付欵方法

軍部主張以日貨代現金

東京　此間接莫斯科來電，已證實蘇俄政府願將中東鐵路價□與本之
　　　說，報載外務省中東路僅值日金八千萬元，故擬以此數分四期
　　　付欵，而以貨物鐵路之收入及現欵等作價，蘇俄政府出賣該路
　　　之意，已使北滿嚴重形勢得以緩和，下星期三即爲「滿洲國」
　　　要求退還車輛一個月期滿之時，屆時倘蘇俄不允退還車輛，「滿
　　　洲國」將採取何種步驟，現尚未悉。（七日路透電）

東京　據駐俄大使太田致外務省公電，太田於二日會見蘇聯外務人民
　　　委員長李維諾夫時，李對太田正式提議，要求日本收買中東
　　　路，並請日本對於買價及付欵方法表示有誠意態度，日外次官
　　　有田與俄使於四日會談之時，亦曾談及此事，有田表示日外務
　　　省現有收買中東路之用意。（七日日聯電）

東京　關於蘇俄方面提議之中東路讓渡事件，日內將由日俄間開始交
　　　涉，關於中東路收買價格與支付方法，外務首腦部正在考慮，
　　　大體如下：從政治的經濟的見地，以估價八千萬元爲至當，八
　　　千萬元之支付方法分年支付，每年付二千萬元，償還以到俄輸
　　　出品，即物品支付，中東路收益及現金。（七日電通電）

東京　收買中東鐵路事，日外務省所考慮之價格評價及支付方法，已
　　　詳前電。又外務當局關於收買之法律的見解如下：收買東路當
　　　無異論，所謂收買者，乃蘇俄之共同管理權，至謂東路之所有
　　　權，如俄方所言，在蘇俄者，實雖承認，當交涉之際，一九二
　　　六年奉俄協定之第一條第四項，及第九條第五項（排除第三國
　　　之規定），俄方曾表明一時停止，對於一九一七年革命以前，
　　　東路債務之責任，即於收買交涉成立後，亦由蘇俄政府承擔，
　　　收買價格，須考慮一九六三年無代價收回該鐵道之事實等而加
　　　算定，支付方法，須考慮一九二五年日俄條約議定書中，規定
　　　舊債權本息合計三億日金之處理方法之實施，出售之際不附帶
　　　政治的代價等，又收買價格，推定一億至八千萬日金，惟日方
　　　迴避指定價值。（七日電通社電）

東京　陸軍當局關於收買中東路問題聲稱，俄方國有出賣之意，則可
　　　以開始交涉，然日本現在財政狀態不能支付巨額現金，俄方如
　　　允買價一部，以日對俄輸出品代現金，則有可能性。（七日日
　　　聯電）

410. 東支鐵賣却說に支那側當り散らす，大阪朝日新聞，1933.05.08

東支鐵賣却說に支那側當り散らす

【電通上海七日發】東支鐵道を日本に賣却するとの報道は支那側に
多大のセンセイションをまき起し七日孫科は左の談話を發表した東
鐵が露支兩國の共有物であることは露支協定、奉露協定により明か

で、世界の認めぬ満洲國政府には何の關係もないものである、支那政府と何の交渉もなく東鐵賣込みをなすが如きは支那として斷じて贊成し得ぬところで、もしロシヤがかかる擧に出るにおいては、支那としては決然世界の與論に訴えてもこれに反對するまた外交委員長伍朝枢はロシヤの東鐵賣却は露支協定第九條第二項および第五項または奉露協定により明かに協定違反である、ロシヤのこの擧は目前の小利に囚われて今後の困難を顧みぬ愚かな擧であるとなしロシヤに當り散らしている.

411. 東支鐵問題に佛國から文句, 神戸又新日報, 1933.05.09

東支鐵問題に佛國から文句

「利害關係が多い」

駐日大使、有田次官を訪問

駐日フランス大使ド・マルテル氏は八日正午外務省に有田次官を訪問、東支鐵道問題に關しロシア側が日本へ同鐵道の讓渡方を正式提案し来たれるといふは事實なりや否や、又フランスとしては露亞銀行に對する債權關係もあり、本問題の推移については十分の關心をもつているさらに日満蘇三國共同委員會設置案および最近アメリカ大統領より日本へも提案し来れる關税休日設置案に對する日本の態度方針などにつき說明を求むるところあり、右に對し有田次官より東支鐵道問題はソヴィエト外交委員長リトヴィノフ氏より同問題を政治的に解決したき意向を有せる旨明確に表示し来れるもので、三國共同委員會については日本としては出来得れば速かに設置の希望を有している、さらに關税休日問題に對してもわが政府は主旨においては全然贊成である旨を説明種々懇談の上午後零時三十分大使は辞去した.

412. 日蘇糾紛與蘇聯出賣中東路, 申報, 1933.05.10

日蘇糾紛與蘇聯出賣中東路

日本乘世界經濟恐慌深化, 我國困於天災人禍之際, 不顧國際信義, 竟以武力奪占我東北三省, 熱河灤東, 同遭浩劫, 察哈爾以至平津, 均陷於日本帝國主義侵略之恐怖中, 於焉遠東和平, 悉被毀滅, 國際均衡, 盡爲破壞, 我國希望國聯仗義執言之外交政策, 固已完全失敗, 同時英美在華利益, 亦受威脅, 世界經濟因此亦蒙受莫大之間接影響。

北美合衆國, 憤恨日本帝國主義之權暴, 痛惜對華市場將被割裂, 然彼方正忙於鎖定金融, 無力西顧, 故其初擬即對蘇恢復十五年來已斷之国交, 用圖在經濟上‧政治上, 協力制止日本, 使之不敢過度猖獗, 徒以英蘇關係惡化, 英美又有暫時協調之可能, 而美國又以戰債通貨, 及貿易等國際間之急難, 必有待於英帝國之援助, 是以掀起美蘇復交之進行, 先圖英美之諒解, 況英美兩國果能齊一步調, 成立一時妥協者, 則法國自不致橫生異議, 如是則不須軍事上任何流血行動, 僅以相對的經濟封鎖, 已足使日本屈服而有餘矣, 蓋日本占領東北, 雖自謂持「日滿經濟聯盟」武器, 即能自給, 殊不知日本爲輕工業國家, 棉花既無所出產, 生絲又何處消售, 煤油百分之七十以上均仰給外國, 鋼鐵原料──鐵鑛石百分之九十, 皆屬外國出產。僅此四端而論, 日本已不能不畏懼經濟封鎖, 故複轉其兇鋒, 不待吉會鐵道及延吉三姓鐵路之完成, 即借中東路扣車問題, 顯明表示其對蘇聯挑戰之態度, 其實非真有開戰之決心, 特借此以見好於英美, 希圖緩和英國所暗示之經濟封鎖, 而欲進一步以侵略我國也。

東北三省國際關係, 原甚複雜, 在前尤以中蘇日三角對立爲甚, 東北政權屬於我國時, 我國勢雖弱, 而爲日本之假想敵之一, 丁無疑義, 因此蘇日沖突, 得我國居間緩衝, 尚不至於直接爭斗, 換言之, 中東鐵路尚能在帝國主義環伺之下, 儼然存在, 頃者我國之東北統馭權既爲日人攫去, 蘇聯之應付, 亦說困難, 第一在經濟方面, 大連爲南滿之呑吐港, 黑龍江西部之產物, 亦因洮昂四洮兩路之連接, 而爲大連所吸收, 吉林農產, 黑河流域穀倉, 原爲中東路開發之鵠的, 吉會路

完成，延吉與三姓棧築就後，則清津、雄基二港，勢將包圍海參崴，并刬制其海上的出路，於是中東路，僅有以西比利亞大鐵道勾連歐亞兩洲之單純任務，在軍事上亦將處於被動地位，而失其操縱之力，況蘇聯際此時機，一面欲以□冷的靜觀態度，待帝國主義各國矛盾之展開，一面欲續持其傳統的和平政策，掌固其以往建設，中東路而爲日本借傀儡之名，用武力封鎖者，蘇聯設無以鐵拳解決之決心，對此蠻橫行動，自無有效辦法，而美蘇國交又未恢復，英蘇關係，且已隔離，目前國際形勢，蘇聯實處於不利地位，是以寧肯提出政治上之犧牲，聲言將出售中東路，以暫時緩和當前之緊迫情勢，而堅要三億金盧布巨額之代價，以難日本，其手腕亦極敏活也。

然而就法理立場論，蘇聯如不得我國之同意，決不能單獨出賣，蓋中東路照中俄協定爲中蘇合辦，蘇聯一方斷無貿然出賣之理，故今日蘇聯出賣之說，如爲一種外交手段，藉以延宕時間，緩和對日之緊急形勢，我人猶可曲諒，若俄人爲環境所迫，而真欲出賣於日，則蘇聯實未顧及中俄之邦交，違背中俄以往之協定。蓋今日之東北三省，雖被僞日強佔，但我國決當力圖恢復，而不能承認其永久強佔，則蘇聯又烏能以我未放棄之中東路主權而出賣之，此則蘇聯政府亟應加以反省者也。

413. 東鐵の賣却には支那の同意を要す，大阪朝日新聞，1933.05.10

東鐵の賣却には支那の同意を要す

國民政府、顏大使を通じロシヤに正式抗議

【聯合南京九日發】サウエート連邦外務人民委員長マキシム・リトヴィノフ氏がモスクワ駐剳日本大使大田爲吉氏に對し東支鐵道の賣り渡しを申出でたとの報道に接し南京政府は極度に狼狽し東支鐵道の讓渡を阻止すべく躍起の活動をつづけているが政府機關紙中央日報の報道によれば外交部はモスクワ駐剳大使顏惠慶に對し支那の同

意なくして東支鐵道を賣却することを得ざる旨サウエート政府に正
式抗議方訓電を發したといわれる、一方外交部長羅文幹はサウエー
ト大使ボゴモロフ氏に對し口頭をもつて同樣注意を喚起したと確聞
する.

414. 蘇俄否認出售中東路, 申報, 1933.05.12

蘇俄否認出售中東路

▲ 日人施用種種策略企圖破壞蘇俄利權
▲ 返還扣車期限屆滿, 日準備用武力接收

東京 關於中東路事, 我顏大使九日已往見俄外次加拉罕面致節略,
並提醒民國十三年之中蘇協定, 又切實聲明任何對中東路之處
分, 未經中國同意, 中國政府絕對不能承認。聞加拉罕答稱,
蘇聯政府並未提議出售中東路, 日及僞滿洲國亦均無購買該路
之準備, 渠深信日人之策略, 係以種種方法破壞該路, 使其在
經濟上、財政上成爲毫無價值之物, 而無待於收買, 又顏使所
提節略, 已在莫斯科發表, 內容與外部前日發表之聲明相同。
(十一日中央社電)

北平 蘇俄大使署巴柯夫今日延見中國新聞記者時, 不欲批評外傳蘇
俄擬以中東路售與日本之說, 謂渠未接莫斯科此項消息, 巴氏
又稱, 渠雖兼任駐津蘇俄總領事, 但將常駐北平云。 (十一日
路透電)

北平 今日得哈爾濱消息, 謂該處蘇俄政府人員對於蘇俄將出售中東
鐵路之消息, 認爲完全無稽, 哈爾濱各界均信蘇俄政府將不允
「滿洲國」之請求, 拒絕退還前駛入俄境之機車。(十一日路透電)

哈爾濱 (僞) 滿國限定之俄方返還車輛期間, 將於明日滿期。森田鐵
道司長今日會見督辦李紹庚協議某項重要問題。 (十一日日聯
社電)

哈爾濱 今日下午二時李 (逆) 紹庚赴東路理事會訪問柯茲耐作夫, 督

促返還機貨車外，并提議開改革東路機構之會議，蘇俄是否允開會議，尚難預測，若蘇俄既不返還，復拒開該會議，則蘇俄顯無誠意。「滿洲國」將用最後手段，實行對鎖樸克拉尼溪那耶云。（十一日電通社電）

哈爾濱 中東路交車問題，俄國仍置之不理，明日關東軍將以武力接收該路，調換職員，對俄示威，日軍閥欲奪此路原因有二：一爲對俄軍事上之需要，二爲獨占北滿經濟慮，此路比南滿鐵路更爲重要，茲比較兩路內容如次：

中東路南滿路

營業路程： 一，七二六千米一，一二五千米

從業員： 二五，〇〇〇人一二，〇〇〇人

機關車數： 五〇七輛一六九輛

客車數： 六三二輛五七六輛

貨車數： 一〇，四一四輛八，一五〇輛

運貨： 二，四二四，二七三噸一八，五九二，九五九噸

乘客數： 四，九八二，九五七人一〇，四一〇，五七九人

（十一日華聯社電）

▲ 滬各團體反對電已由顏大使轉俄外長

莫斯科 顏大使今日將上海總商會及總工會爲中東路問題致蘇聯外交委員長李維諾夫電，轉交李氏。（十一日中央社電）

▲ 東段趕築新鐵路哈爾濱與海倫銜接

東京 哈爾濱稱，「滿洲國」交通當局現建築重要鐵路一條，長二百六十八公里，此路成後，哈爾濱與北滿之拉伐可相接通，經過中東路東段之路橋，定五月十五日開工建築，故此新路將橫斷中東路，而與哈爾濱至海倫之路線銜接。（十一日路透電）

▲ 俄員準備總罷工

長春 中東路問題，因蘇俄「滿」兩國均固執強硬態度不相讓，漸次嚴重，「滿」方限定之返還機車等中東路財產之最後日，五月十二日已迫近，而「滿」交通部森田鐵道課長·森第五課長等已到哈爾濱，俄方認爲「滿洲國」使行其實力之前提事，秘密謀對策，

俄方曾於五月一日勞動節之共產黨地方委員會議決：「以總罷工對抗帝國主義國家之侵略」，且已有準備「滿洲國」出於□極的攻勢之時，即時下令全體職員施行中東路之總罷工，「滿洲國」方面亦預期俄方直接行動之結果，使中東路混亂，故已完畢一切準備，應付俄方總罷工發生之時期。五月十二日中東路俄方首腦部之態度如何，極堪注目。（十一日日聯社電）

▲ 俄領返國被留難

哈爾濱 據綏芬河消息，綏芬河中東路局人員在客車後加一餐車與三等車，載蘇俄領事愛戈羅夫入俄，「滿洲國」邊界警察反對將車駛過邊界，據稱，蘇俄代表曾允卸此二車，但後仍准火車拖此二車出發云。據日人消息，上星期蘇俄當道曾將中東路之貨車五百輛交還「滿洲國」，但皆舊廢之車云，（十日路透電）

▲ 要求釋放俄稅長

哈爾濱 茲悉綏芬河蘇俄領事愛戈羅夫現正要求釋放綏芬河蘇俄稅關主任伏羅比夫，伏氏因行李中藏有可疑文件，於將入俄境是為滿洲國邊界警察查獲後被逮。（十日路透電）

▲ 日當局商對俄策

東京 內田外長今晨九時半往訪齊藤首相，報告俄國不屈服於日軍，明日關東軍將以武力管理中東路，截斷綏芬河轉接點，在目前外交部無力量阻止關東軍之蠻幹，待武力發動後，觀察俄方對策，然後決定外交上應取步驟，會議二十分而去。（十一日華聯社電）

東京 內田外長今日下午二時入宮覲日皇，請日皇批准世界經濟會議訓令案，並報告中東路現在爭執情形，明日將取之手段與驅逐俄國勢力之全盤計劃，申述其詳，下午四時二十分出宮，即電示石井代表照辦。（十一日華聯社電）

415. 「賣却」は知らぬと露國、支那を愚弄, 大阪朝日新聞, 1933.05.12

「賣却」は知らぬと露國、支那を愚弄
支那側の追求に對して人を喰つた回答

【上海特電十一日發】駐支ロシヤ對しボゴモロフ氏は南京にて十一日午前十一時外交部歐米局長徐謨を訪問し午後一時まで二時間にわたり會見を遂げた、右會見においてロシヤ大使は本國政府の訓令により東支鐵道賣却をいまだ日本に提議したることなしと九日支那政府の發せる『支那としてサウエート側の東支鐵道賣却提議が事實なればサウエート當局は正式に取消し、また事實でなければ正式に否認の聲明を發するにあらざれば不侵略條約交渉に入る能はず』との抗議的聲明に回答を與へたるのち改めて東支鐵道問題その他につき徐謨と意見の交換を行つたものといはれている、また外交部當局は十一日モスクワの顔恵慶大使よりの報告なりとて談話を發表したが、これによると顔大使は十日モスクワでカラハン氏と會見し東鐵賣却につき支那側の苦情を申出でたるところカラハン氏はロシヤはいまだ東鐵の賣却を何國にも提議したることなしと答えたといつている、これによつて見るにロシヤは支那に對して知らぬの一手で押し進まんとしているが、支那もロシヤの無責任なシラツバクレとは知りながらその回答を諒としてロシヤの外交轉換をはからんと必至となつているので、今後東鐵問題を端緒に日、満、露、支の四ケ國の間には變幻極まりなき外交戰が展開さるべく、その成行きは頗る興味を唆つている.

416. 蘇政府當局者東支鐵賣却提議を確認, 神戸新聞, 1933.05.13

蘇政府當局者東支鐵賣却提議を確認

南京政府は既に抗議權能を失墜
賣却は即現實的臨機の措置
リトヴイノフ氏聲明

【モスクワ十一日發聯合】東支鐵道賣却問題に關聯し種々の憶測情報が傳へられているがソヴイエト連邦外務人民委員長マキシム・リトヴイノフ氏は十一日タス通信社を通に東支鐵道問題に關する重要聲聲を發表した、右聲明においてリトヴイノフ氏は東支鐵道讓渡をモスクワ駐紮大田為吉大使に申出でた事實を認めソヴイエト政府が東支鐵道賣卻を決意するに至つた事情を明かにし、進んで奉露協定を根據とする南京政府の抗議が全く理由なきことを明かにした、右聲明全文左の通り

モスクワ駐紮日本大使大田為吉氏との會談において満洲國當局の行動の結果、最近東支鐵道に關聯して重大なる事態を發生し満洲における日ソ兩國の關係が紛糾するおそれあるに至つた點につき意見の交換を遂げたことは事實である、特にかくして發生した紛争を如何にして處理すべきかを審議したが餘は特に根本的解決の一方法として満洲國による東支鐵道の買上げすなわちソヴイエト連邦が東支鐵道を満洲國當局に賣卻する案を提出した、右に關聯し南京政府がソヴイエト政府に異議を提出し、ソヴイエト政府が東支鐵道を南京政府以外のものに賣卻する權利なきことを主張し、且つ支那大使がソヴイエト政府にこの點に關する覚書を提出したことも事實である、しかしながら南京政府の主張する議論はソヴイエト政府從来の公約にも乃至現實の事態にも副わぬものである、北京（露支）奉天（露奉）兩協定も一定の期間經過前に支那に東支鐵道買戻しの權限を賦與せず且つ何人に對するを問わず殊に満洲に現存し、北京、奉天兩協定に由来する東支鐵道に關する支那側の權利並びに公約を實際に

履行する政權に對しソヴィエト連邦が東支鐵道を賣卻する權利を制限するものではない、しかしながら一層重大な事實は南京政府乃至その統制下にある政權が既に十八ケ月以前より東支鐵道に關するソヴィエト連邦の實際上の相手當事者（パートナー）でなくなつたことである.

ソヴィエト連邦の全く關知せざる事由により南京政府乃至その統制下にある政權は北京、奉天兩協定に本づく權利並びに兩協定に關聯する公約を履行する可能性を奪はれるに至つた、北京奉天兩協定によれば支那の政府はその代表を東支鐵道の理事會に派遣しなければならぬのであるがこれら代表は過去十八ケ月間全然理事會に出席しなかつたのである、南京政府は滿洲國當局による東支鐵道權益の侵害に關する不服を調査することも出來ず乃至支鐵道の正常的機能を保障する手段を講ずることも出來ない、過去十八ケ月間南京政府が北京、奉天兩協定に由來する公約を遂行し得なかつた結果南京政府はこれら兩協定に基く正式の權限を剝奪されるに至つた、現モスクワ駐紮支那代表顔惠慶博士はゼネヴァにおいてソ支兩國の外交關係回復に關する商談中餘に對し北京、奉天兩協定の不可侵を確認する通牒を交換すべき事を提議し餘はこれに同意した、但し滿洲國における情勢變化の結果南京政府が右協定を履行し得ざるに至る事なき場合に限るとの留保を附したのである、南京政府はこの留保を承認しなかつたが蓋し南京政府は現在において北京、奉天兩協定に由來する義務を履行し得ない事を承知していたためである、以上に徵すれば東支鐵道を何人に對し殊に滿洲國當局に賣卻するに當り南京政府が何等異議をも挾むべき理由なき事は明白である、ソヴィエト政府が東支鐵道の賣卻に同意するに至つた動機は次の如くである

つまり帝政政府が外國領土たる滿洲に鐵道を建設したのは帝國主義的目的の遂行を期した結果である事は疑問の餘地がない、然るにソヴィエト政府は斯かる目的を有せず又有する事を得ない、併しながら東支鐵道はソヴィエト連邦に居住する諸國民の勤勞資金により建設されたものであり從つてソヴィエト政府は東支鐵道の所有權と權益とを擁護すべき義務を負うに至つたのである、ソヴィエト政府は

特に東支鐵道を支那に賣卻する用意を有していたのであるが支那は
東支鐵道を買いとる見込みは全く有していなかつた、ここにおいて
ソヴィエト政府は東支鐵道に關する所有權並に其他の權益を完全に
保存しつつ東支鐵道を純粹の商業的企業となし同時に東支鐵道は外
國領土を通過している事實を考慮に入れ同領域の領有國政府に對し
鐵道管理に關する權限の半を附與し且つソヴィエト連邦との間に利
純を折半するに決した、然るに拘らず東支鐵道は滿洲におけるソヴ
ィエト連邦と支那との軋轢の源泉となつた、一千九百二十九年に發
生したる東支鐵道に關する紛争は何人も記憶に新たなる所であり而
も右紛争は何等ソヴィエト連邦の責任に歸せらるべきものではなか
つた、ソヴィエト政府は、紛争の根源を除去せんとする見地から千
九三十年南京政府代表莫德恵氏と東支鐵道の賣卻に關し交渉を進め
た、しかるに右交渉は千九百三十一年秋の滿洲事件により停頓に陷
り今また東支鐵道賣卻問題が再び熟するに至つたのである、以上の
考慮に基きソヴィエト政府は東支鐵道の賣卻を提議した、ソヴィエ
ト政府の提案はソヴィエトの平和政策に對する新たな一證左であ
る、東支鐵道の賣卻に反對するものは何等かの理由により日ソ兩
國、ソ連兩國の關係を惡化する事に利害關係を有するもののみであ
らう事を確信する.

417. 直接買收か否か政府內に兩論，大阪朝日新聞，
1933.05.13

直接買收か否か政府內に兩論
ロシヤ側の真意判明し誠意をもつて考究

本月二日サウエート政府より大田駐サ大使を通じて帝國政府に提案
し来れる東支鐵道賣卻交渉については政府は問題の重要性にかんが
み目下外務、陸軍兩當局を中心に諸般の事情を考慮しつつ慎重なる
研究審議を進めているが現在のところなは最終的態度を決定するに
いたらず、したがつてサウエート政府への正式回答は恐らく来週末

もしくはそれ以後になる模様である、サウエート政府が同鐵道の賣却を決意してこれを帝國政府に提案するにいたつた動機については十一日のリトヴィノフ外相の聲明により大體明瞭となつたので帝國政府としてもサウエートの提案に對し極めて誠意ある態度をもつて考慮を進めているが現在政府部内には左の二様の主張がありなほ決定的方針に到達していない即ち

一、直接買收論サウエート政府の提案よ素直に受入れて讓渡交渉に應ずることが大局的見地より見て有利である、この場合東支鐵道の所有權に關する法理問題等については現實の事實關係に本づいて政治的解決策を計る方針をとる、尤も賣却價格並に代償支拂ふ方法等については最大限度有利なる條件を取得せねばならぬ.

一、満洲國購入論東支鐵道に關する權利一切を継承するものは満洲國である、從つて満洲國は建國以来サウエートの共同經營者として東支鐵道の共同管理に當つているものであるから満洲國が買收することがもつとも合理的である、よつて帝國政府としてはサウエート政府と満洲國政府の中間に立つて直接交渉を勸奨し圓満妥協に寄與することが至當である

右の如く二個の議論の對立があり簡單に最終的態度を決し得ない事情があるので目下關係首脳部ではあらゆる角度から研究を進めて上記のいずれかの結論を決定することとなつている.

418. 蘇俄出售中東路, 我外交部提出嚴重抗議, 申報, 1933.05.14

蘇俄出售中東路, 我外交部提出嚴重抗議

▲ 駁李維諾夫中俄協定失效言論

▲ 日將覆俄向僞國開議出售中東路, 僞交部擬接收中東路全部管理權

南京 外交部以蘇聯外交委員長李維諾夫, 將中東路出售問題, 態度轉

□，深爲駭異，特於十三日晚提出抗議，除送致俄大使鮑格莫洛夫外，並電致駐俄大使顏惠慶，轉致李維諾夫謂李稱我政府已十八個月未出席該路理事會，故中東路協定，事實上已失效等語。此實蘇聯政府未曾明示。我政府十八個月以來，未能派代表出席之原因，並非自願放棄。查協定所規定之權力與義務，乃因某種情形之下，暫時無法繼續此項權力與義務時，並不能即謂永久不能繼續此項權力，此時祇能認爲暫時一種障礙，不能因此即根本廢止，且造成此原因之責任，並不在我。（十三日專電）

南京　外交部以李維諾夫旨稱準備出售中東路，此舉顯違中俄協定，有損我國主權，特向蘇聯提嚴重抗議，十三日晚已電達我駐俄大使館，向俄提出，同時并致送俄大使轉該國政府，外部定十四日下午四時正式公布抗議書全文云。（十三日中央社電）

莫斯科　中國大使顏惠慶今日告美聯社記者，蘇聯出售中東路於僞組織之議，將在中國及其他多數國家間發生非常不良印象，業於星期二夜間訪外交副委員加拉罕，強硬抗議蓋此舉不僅非法與不合理，且明白違犯現行條約，查中俄協定內規定該路之前途，必須由中俄兩政府決定之，今中國因迫於武力，暫時不能在滿洲行使職權，絕對不能影響其對於鐵路之法定權利，而此事之發生即在中俄甫經恢復友誼關係之後，尤爲可遺憾云。（十三日國民電）

東京　東京官場聞俄外長李維諾夫關於中東路之言論，頗具良好印象。因李氏之言拒絕中國之抗議，並重申蘇俄欲將中東路售與「滿洲國」之意也。報稱「滿洲國」築路程序，現已完成，中東路之價值，因以大減，故此路估價時必須顧及此點。日政府將答覆蘇俄向「滿洲國」開議中東路出售事云。（十三日路透社電）

419. 東鐵賣却條件提示さる, 大阪朝日新聞, 1933.05.14

東鐵賣卻條件提示さる

満洲國承認問題を露國は自主的に考慮
聯盟の決定に拘泥せず駐日大使、外相會見

駐日サウエート大使ユレーネフ氏は十三日午後五時外務省に内田外相を訪問、一時間にわたり重要會談を遂げたが、右は日本、サウエート並びに満洲國三國政府間に目下外交的懸案となつている諸問題すなわち日、露、満三國共同國境委員會、東支鐵道紛争解決策、東支鐵道賣卻提案などに關し双方の主張を宣明して大局的意見の交換を行つたものでユレーネフ大使はさきにモスクワにいてリトヴィノフ、カラハン兩氏より大田大使に提議したところ並に同大使より兩三度にわたり有田外務次官に申入れたる事項に關してサウエート政府の方針と態度を詳細に説明し特に東支鐵道賣卻提議問題についてはリトヴゥノフ宣言により明瞭な如く極東における紛争の根本的解決をはからんとする政治的最高政策に本づきこの方針を決定するに至つたものなる旨を述べ提案の動機並に理由につきサウエート政府の立場を委曲説明して内田外相の深甚なる考慮を求めた、右會見により賣卻條件に關しサウエート政府は大體左の如き意圖を有していることが明瞭となつた.

賣卻條件

一、サウエート政府は東支鐵道を満洲國もしくは日本に賣卻したい希望を有するが賣卻が不可能ならば日本もしくは満洲國に貸付けるといふ形式にしても差支えない.

一、鐵道賣卻費の支拂方法についてはかならずしも全額を一時拂とする必要なく年賦拂もしくは鐵道收益金より順次支拂ふといふが如き條件でもいい.

一、賣卻の評價に關してはサウエート政府は軍事的もしくは政治的主觀價値につき多くを主張せず、したがつて純然たる商業的價値に基礎をおいて評價せんとする意向である.

一、満洲國を賣卻交渉の相手とする場合将来において満洲國承認の
　　問題が生起する時はサウエート政府は國際聯盟の参加國ならざ
　　るをもつて聯盟の決議などには全然拘束さるることなく自主的
　　に決定する用意を有する.

420. 問題の東支鐵は日本で買收せぬ, 大阪時事新報, 1933.05.14

問題の東支鐵は日本で買收せぬ

満洲國でするのが得策と我軍部の意嚮決定

東支鐵道買收問題については軍部の態度を決定し外務省に移牒する
關係上陸軍では先づ参謀本部關係當局において研究が進められてい
たが買收に關する具體案がこの程作成されたので名古屋地方に旅行
中の真崎参謀次長の歸京を待つて十五、六日ごろ會議を開き参謀本
部の態度を決定し外務省に移牒することとなつたが参謀本部におけ
る意向は大體次の如くである.

一、ソビエット政府は東支鐵道の譲渡はリトヴィノフ氏の聲明其他
　　ソビエット官憲の説明より見てソビエット政府が同鐵道によつ
　　て惹起される日満露の紛爭の根源を除去せんとすることが主な
　　る目的であるソビエット側の真意を諒解してよい.

一、買收條件については軍部並びに満鐵當局において大體調査して
　　あるが更に現状に基き評價を決定する.

一、同鐵道は満洲國の鐵道政策が完成の暁は其價値は益々減損しし
　　てゆくのであるから買收時期については此點につき充分考慮を
　　拂つて決定する.

一、同鐵道の買收は満鐵をして買收せしめるか満洲國に買收せしめ
　　るかについては将来の關係上満洲國に買收せしめる方が得策と
　　見られる.

421. 蘇俄蔑棄信義出售中東路，我外部抗議全文，申報，
1933.05.15

▲ 該路爲中俄共有非得同意不能處理請注意協定重行考慮本問題之態度

▲ 俄使向日外相提議售路竟公然表示承認僞組織

▲ 日對俄牒決痛加反駁

東京 昨晚俄大使晤外相内田，聞俄大使曾向内田外相提議，倘「滿洲國」當局決定購買中東鐵路，則蘇俄可承認「滿洲國」云。（十四日路透社電）

南京 外交部息，蘇聯提議出售中東路事，外部前以事實真僞未明，僅向蘇聯政府提出節略，促其注意中國之權利及一九二四年中蘇協定之條文，嗣蘇聯外長李維諾夫於接見新聞記者時公然宣稱，中國已喪失其在一九二四年協定下之權利，並直承準備出售中東路不諱，蘇聯政府破壞條約及損害我國合法權益之決心，至是遂判明無疑，我外部爲維護國家權利及條約尊嚴計，於十三日晚電令顏大使向蘇聯政府提出嚴重抗議，聞抗議書內容，述及顏大使與蘇聯外交副委員長加拉罕十一日之談話，及蘇聯外交委員長李維諾夫同日在報紙發表之聲言，謂中國政府對於蘇聯當局所表示之意見，深覺非常驚異，良以該項意見既表現蘇聯政府全然忽視條約之義務，且表現蘇聯政府意欲與不合法之組織，締結不合法之行爲，五月九日顏大使遞交蘇聯外交委員長之節略，曾將中蘇兩國政府依據一九二四年協定，對於中東路相互所據之地位明白指出，蘇聯政府在一九二四年五月三十一日兩國所締結解決懸案大綱協定第九條第二節中，允諾中國政府購回中東路，而絕未允諾任何其他政府或勢力可以取得該路，復按該條第五節之規定最爲明確，即中東路之前途，只能由中俄兩國取決，不許第三者干涉，觀是之故，與蘇聯外交委員長所持意見截然相反者，即蘇聯絕對無意將其中東路所有權益，以任何方式讓渡與蘇聯所願讓與之任何方面，復次中國政府請蘇聯政府注意在上述協定第四條第二節中蘇兩國政府相互所爲之諸言，即兩締約國政府無論何方不得訂立損害對方締約國主權及利益之條約及協定。近來中國政

8. 중동철도 매각문제

府因受優越武力之壓迫，不能參加中東路管理事宜，但中國曾未因此亦且決不因此放棄其在該路有任何條約上暨主權之利益，此項因情勢所生且非中國所能負責之事變，暫時阻礙中國行使該路之管理權，絲毫不影響一九二四年協定條欵之效力。暨中東路之地位，中國政府對於因中俄兩國均應認爲痛心事態發生，而使中國政府不得不依據上述協定要求其權利之理由，絕對不能承認蘇聯目前非得有中國同意不能處理其中東路之權利。與夫中國當局與蘇聯當局實願共管該路時，非得有中國同意不能處理者情勢相同，並無二致。中國政府對於蘇聯政府維持和平之願望，極表贊同。但中國政府有不得不予以指明者，即滿洲之現狀，全世界均認爲係由武力侵略所造成，此項恫嚇行爲，與一九二八年八月二十七日巴黎非戰公約之精神暨文字均屬相反，蘇聯且係該公約締約國之一，所有文明國家均曾保證，對於此種偽組織俱不予以法律上或事實上之承認，今不經中國之同意，而在現狀之下竟將滿洲之重要交通工具，以蘇聯當局擬採之方式邊爾讓渡，是不啻蘇聯當局承認一國際所宣告爲不合法之組織，而予侵略國家以援助，此種計劃一旦完成，顯將與蘇聯政府所昭示愛好和平之願望相反。中國政府基於上述法律暨政治之理由，不得不提出極嚴重之抗議，反對蘇聯政府提議出售中東路，並熱望蘇聯政府將遵照一九二四年協定重行考慮其對本問題之態度。（十四日中央社電）

東京 蘇俄政府提議出售中東路後，中日俄「滿」四國遠東政治情勢，將有急速轉換之勢，日外務省爲對付此形勢起見，與軍部及各方面取聯絡，又充實亞洲局之內容，考慮萬全之策，俄方提議之理由，雖似除去俄滿間紛爭之根源，然俄國革命外交，始終不許他國樂觀，故外務省認圖接受俄方提議，爲極危險，故買收問題，使「滿洲國」，或使滿鐵買收尚未決定，再視蘇俄之態度如何，然後始可決定。今次俄國提議出售中東路之真意何在，莫名其妙，然蘇俄遠東政策漸次轉向劣勢之事，不可否認。蘇俄拋棄中東路一事，可以表示蘇俄之由濱海省退却。由此觀之，將來□太北半島出售之事，亦有實現之可能性。外務省決意以遠東自主

外交之根本原則爲基礎，又以積極强硬態度實行對俄方針。 （十四日東京電）

東京 蘇俄外交人民委員會次長加拉罕，於四月十六日將覺書交太田大使轉致日本政府，對東路喚起日本之注意，欲於東路問題牽入日本，當命駐「滿」大使館調查眞相，現已調查完畢，悉俄方之言，係完全無稽，即着手起草對該覺書之反駁的回答文，該回答文將於本星期內經太田大使轉交加拉罕，據聞該回答文之要旨如下： （一）帝國政府保護蘇俄在「滿」之權益，即此方針，今後亦不變更。但「滿洲國」旣已獨立，日本政府對於「滿洲國」官吏根據其主權行動，不能負責，若歸於「滿洲國」日入官吏之責任，則屬誤解。 （二）東路之紛議係「滿洲國」依自國內監督權之行動，與帝國毫無關係，故向帝國政府提出抗議，實難以諒解。 （三）然東路封鎖事件，關於車輛所有權問題，帝國政府認無回答必要，但據帝國政府之調查，蘇俄切斷外貝加爾與東鐵兩鐵道之聯絡，係侵犯「滿洲國」之主權，「滿洲國」所公布之文書認爲正確。 （四）帝國軍隊在東路運送之運費之一部業已支付，其餘因車輛運費減價，率尚未決定。不得已一時延期止付。

（五）加拉罕之覺書所載非難，全出於誤解，帝國政府除一駁外無他道。但日本政府對於東路問題，希望俄「滿」間從速解決，維持增進俄日「滿」之友好關係。 （十四日電通社電）

哈爾濱 今日哈爾濱時報預料「滿洲國」交通部將限制中東路董事會之權力，並平分中東路之管理權，交通部且將改革該路搗亂份子，修正運費，改組管理局，結果實攬中東路管理權者將爲交通部，將來董事會將以俄「滿」董事各五人組成之，而以「滿洲國」人爲董事長，俄人副之。 （十四日路透電）

哈爾濱 「滿洲國」當局昨日午後與中東路俄代表柯尼作夫會商二小時半，但談話結果，迄未公布。 （十四日路透電）

哈爾濱 「滿洲國」當局近在滿洲里逮捕之俄人兩名，現已解至此地，一名阿潘諾羅志，一名瑪勒樊厄，據警界稱，在該二人身上搜獲滿洲軍用地圖一紙。此二人現由警務當道加以研究，衆料將控以軍事間諜之罪。 （十四日路透電）

哈爾濱　聞綏芬河若干蘇俄人民已退入俄境，報稱蘇俄人民復來準備退出「滿洲國」境之警告云，此間謠傳，蘇俄將在中東鐵路作罷工運動，警界乃認真搜查共產黨之住宅，又傳說「滿洲國」當局已運手銬一萬付前來哈爾濱，此事件引起俄方恐慌，中東鐵路俄代表柯尼作夫担保必無罷工運動之事件發生，警界乃停止搜查。昨夜哈埠事態甚形緊張，警察均全付武裝在街中巡邏，但一夜平安無事。　（十四日路透社電）

422. 東支鐵道滿洲國で買收，大阪每日新聞，1933.05.16

東支鐵道滿洲國で買收

日本側と連絡打合せに大橋外交部次長来る

新京本社特電【十四日發】

【一部既報】露國政府のわが政府に對する東支鐵讓渡提議に關し滿洲國政府は露國政府が滿洲國を無視してこれを日本に提議したのは未承認國たる露國としては日滿兩國の實質的關係に基づき將来同鐵道を中心に惹起されることあるべき日滿露三國の紛争の禍根を除きかつ五ケ年計畫の完成資金を得てこれが遂行を容易ならしめる見地より出たものとして專ら日露間の交渉成行ならびに日本側の内部的方針の決定を待つとともに東支買收の當事國は當然滿洲國たらざるべからずとの立前において日本側諸機關との緊密な連絡を維持し来つたが最近日本川の態度方針がほぼ明瞭となつたのとわが大使館より滿洲國側の真意探究ならびに東支現狀調査に關する移牒を接受するに至りいよいよ同問題に對する具體案の慎重な研究を開始した、しかして滿洲國としては買收價格はこれを買收時期における現狀に基き評價を決定し買收方法は對露借欵の形式において東支收益金中より元利支拂または外債振當てによる現金および物資支拂とすることの意向を有している、かくて大橋外交部次長は来る十七日東京着の豫定で表面私用と稱し急遽渡日の途についたが同氏入京の上はわ

が外務、陸軍當局との間に本問題ならびに日滿露三國共同委員會設置問題に關する重要協議を開始のはずで日滿露東京會商の成行は極めて注目を惹くに至つた.

423. 東支鐵道は滿洲國で買收が至當, 大阪毎日新聞, 1933.05.18

東支鐵道は滿洲國で買收が至當

外務、軍部の意見一致

十七日入京した滿洲國外交次長大橋忠一氏の使命の重心が東支鐵買收問題にあることは別項の通りであるが、帝國政府としては本月二日大田駐露大使を通じリトヴィノフ外相より東支鐵賣卻の提議に接している關係上かねてこれが回答案作成のため外務および軍部側が協議を繼續し、兩當局においては日本が直接買收すべしとする説と滿洲國をして買收せしむべきであるとなす説とに分れていたが大勢は一九二四年の奉露協定を確認する見地より日本政府もしくは滿鐵をしてこれを譲り受け經營せしむるよりも滿洲國をして買收せしむるを妥當なりとするに意見ほとんど確定するに至つた、しかして大橋外交次長も大體これと同意見を抱きつつあるものと信ぜられているから近く本格的に開催さるべき日滿露三國外交商議においてこの方針のもとに話合が進められることとなるべく外務當局は同主旨の回答をロシアに對し發送することになろう、なほ東支鐵を滿洲國に譲渡すべきであるとの法理的根據は前記奉露協定第一條第二項に基づくものであつて該條項は次の通りである

奉露協定第一條第二項一八九六年九月八日の東支鐵道建設および經營に關する契約第十二條所定の期間八十年を六十年に減じ右期間終了したるときは支那國政府は無償にて該鐵道およびその所屬財産を取得すべきものとす、前記期間（即ち六十年）をさらに減少するや否やの問題は兩締約國の合意に基きこれを商議することを得、本協定署名の日よりソヴィエト社會主義共和國連邦は支那國が東支鐵道

會社を買戻すの權利を有することに同意す、買戻しの時に兩締約國
は東支鐵道の現實資金を決定し支那國は該鐵道を正當なる價格をも
つて支那國資本により買戻すべきものとす．

從つて右條項による商談成立の曉は滿洲國が經營するに至るべきも
萬一商談不成立の場合は前記六十年の期間をさらに短縮すべきこと
に關し三國交涉が行はれるものと解されている．

424. 滿洲國承認條件附로 中東鐵道를 買收 大橋氏東京入으로 活氣띌, 동아일보, 1933.05.19

滿洲國承認條件附로 中東鐵道를 買收

大橋氏東京入으로 活氣띌

(聯合東京十八日發) 滿洲國外交次長 大橋忠一氏는 十七日夕刻入東
하엿는데 同氏의 今番의 使命은

一、日, 滿, 蘇 不侵犯條件 終結의 可否

一、東鐵紛爭事後處理及露西亞의 滿洲國 承認을 交換條件으로 하는
   東鐵買收問題

一、日滿通商海航條約 終結問題

一、滿洲國의 治外法權撤廢問題

一、露, 滿國境線 確定에 關한 日, 滿, 露三國共同委員會設置에 關한 件
等極히 廣汎한데 먼저 丁士源公使의 責任과 함께 外務省을 中心으로
內田外相, 軍光, 東鄕兩次官, 유레네프駐日蘇聯大使, 丁士源滿洲國公
使, 大橋外交次長 등의 사이에 日, 蘇, 滿三國關係□調□□重大한 多
邊的 外交商□가 活氣를 띌것으로 期待된다.

425. 滿洲國시켜 買收가 妥當, 交涉엔 相當히 時日걸려, 동아 일보, 1933.05.19

滿洲國시켜 買收가 妥當
交涉엔 相當히 時日걸려

◇ 陸軍의 意向一致

[聯合東京十八日發]陸軍에서는 東鐵買收問題에 關한 쏘베트聯邦의 眞意로 大體로 明瞭히되엇으므로 軍部로서는 곧 主義上 買收交涉에 發하기로 意向의 一致를 보아 目下 外務省과 協議中인데 近日中 쏘베트政府에 回答을 發하기로 되엇다 그리고 買收交涉 開始의 境遇에는 日本으로서는

一、東鐵所用權에 關하여서는 滿洲國과의 關係를 明瞭히 할 必要가 잇다.

一、日本으로서는 滿洲國으로 하여금 買收케함이 妥當하다고 본다.

一、買收한다고 하더라고 買收後 種種不便을 生하므로 □□에 買收케 할른지 또 他方에 依할른지는 大藏, 拓務及滿鐵當局과 協議를 할 必要가 잇다.

이 點으로 다시 滿洲國 其他와도 協議를 하므로 具體的 折衝을 하기까지에는 相當한 時日을 要할 것이라고 보고 잇다.

426. 蘇聯名記者論出售東路事, 申報, 1933.05.21

蘇聯名記者論出售東路事

莫斯科 蘇聯名記者拉達克今日著文刊「伊士凡斯太報」論中東路出售事, 并答覆在華外報對於此事之譏評。拉氏謂中國已一再失地, 而欲蘇聯爲保持中東路, 使蘇聯忍受物質之損失, 雇員生命之危險, 并冒國際衝突之險局, 故報紙之抗議, 殊少誠意, 所謂法理之爭亦未充分, 其發動此種反對蘇聯之聲音似欲使中

國民衆得一印象，認蘇聯爲欺騙也。拉氏繼稱，彼信此種反對
蘇聯售路交涉之運動，未必代表中國嚴屬頭腦之真正愛國者之
意見，并謂凡重視中國之將來者，必知蘇聯不至犧牲他國民衆
之利益以求妥協，而促成力量，與中國實有損而無益也。拉氏
之結論謂，中國悟之民衆及有遠識之愛國份子，必能認識帝國
主義者方欲避免其本身間之戰爭，而以鐵路問題爲樞紐，轉捩
其戰爭於蘇聯，以達其消弱蘇聯之目的，俾易阻遏殖民地及半
殖民地國家之民族運動云。　（二十日塔斯社電）

427. 東支鐵道買收東京で交渉か，大阪朝日新聞，1933.05.23

東支鐵道買收東京で交渉か

露滿間を斡旋に決して政府近く正式回答

東支鐵道買收問題に關し政府は過般來外務、陸軍兩當局において協
議を進めているがすでに大體の方針が決定したので数日中にサウ
エート政府に對し正式回答を發するものと見られるに至つた、政府
の態度は既報の如く滿洲國に對し買收方を勘説し日本が露滿兩國の
中間に立つて買收交渉を斡旋せんとするもので、右交渉は東京で行
つても差支えないとの意向のやうである、なほ來京中の滿洲國外交
次長大橋忠一氏は目下各方面と折衝を重ね買收價格支拂條件などに
つき協議中であるが、既に一通りの成案を得た模様である.

428. 「管理權」を讓渡せしめる，神戸新聞，1933.05.24

「管理權」を讓渡せしめる

東支鐵道買收に關する我方針、閣議決定す

政府は二十三日の定例閣議で東支鐵道買收案を附議した結果、日本
政府は同鐵道を滿洲國において買收することに斡旋すべき方針を決

定した、しかして買收に當つてはその方法並に買收の意義對策など
に關して事務當局の手許において研究せる結果をも辨せ報告し閣議
の承認を得たがその内容は大體次のごとくである.

一、東支鐵道の買收に對しソヴイエト政府が果して同鐵道に對する
　　所有權を有するや否や明確でない、何故なればソヴイエト政府
　　はさきに露支國交回復に際し右鐵道を放棄する旨を言明した.

一、その後一九二四年の露支協定並びに奉露協定によるもソヴイエ
　　ト政府は東支鐵道に對する共同經營の管理權を有するに過ぎな
　　い、よつて滿洲國としてはソヴイエト政府をして右鐵道の管理
　　權を滿洲國のために讓渡せしめ滿洲國はその代償として相當金
　　額を支拂ふべし.

一、なほ滿洲國は同鐵道に附屬するソヴイエト側の利權すなわち礦
　　山採掘權、森林伐採權などを并せ買收する.

429. 北滿鐵道買收に強硬意見起る，大阪毎日新聞， 1933.06.06

北滿鐵道買收に強硬意見起る

政府の保持する對露債權三億圓を想起せよ

三日モスクワで大田駐露大使とソコルニコフ外交次長との會見の結
果北滿鐵道讓渡しに關する具體的交渉はいよいよ来る二十五日から
東京で日滿路三國代表により具體化されることとなつたが、右三國
會議を控へわが政府部内並びに滿洲國側に次のやうな硬化的意見が
台頭して来たことは注目に値する北滿鐵道讓渡し交渉は絶對に商取
引の形式を避け露國が滿洲國のために同鐵道を放棄するといふ立前
で進捗させられねばならぬ.

▲ 同鐵道の評價方法が合理的に考慮されねばならぬこと無論だが露
國に對してはわが方が政府の公的債權請求額だけでも三億圓を保持
していることが想起されねばならぬ▲ 對手國民の希望および正義の

観念に違反する舊帝制時代の侵略的遺物に關し露國がほとんど無償
でこれを放棄する政策を支持して来たことは一九一七年末の露國政
府の平和に關する宣言をはじめとし露國がペルシヤ、アフガニスタ
ン、トルコ、外蒙古などの辺境諸國と締結した國交回復および一九
二〇年のカラハン氏の二回にわたる對支宣言中に明記したところで
あり、この點が特に留意指摘されねばならぬ即ち上記のやうな前提
においてだけはじめて同鐵道に關する政治的解決の意義が闡明され
るわけであるとする意見である.

430. 中東鐵道讓渡交涉 斡旋準備開始 滿洲國으로하야금 懇談 케해 外務當局의 方針決定, 동아일보, 1933.06.06

中東鐵道讓渡交涉 斡旋準備開始 滿洲國으로하야금 懇談케해 外務當局의 方針決定

[東京五日發電通]田駐滿大使로부터 外務省에 到達한 公電에 依하면 蘇聯政府 外務人民委員長代理 소믈니코프氏는 三日 太田大使의 來訪을 求하고

一, 蘇聯政府는 日本政府의 斡旋에 依하야 北滿鐵道讓渡交涉을 滿洲國 사이에 行함에 異議가 없고,

一, 交涉의 場所를 東京으로하고 六月二十五日부터 右交涉을 開始하랴는 旨를 正式으로 回答하다.

그리고 內田外相은 五日 右蘇聯政府의 回答을 直時滿洲國政府에 通達하는 同時에 讓渡交涉斡旋의 諸準備를 開始하기로 되엇는데 斡旋에 關한 外務當局의 方針은 如左하다

一, 交涉은 可成的 蘇滿兩國間의 直接折衝에 委任하고 日本側은 交涉停頓된 時에 斡旋의 努力을 取하기로함

一, 交涉의 場所는 兩國의 希望에 依하야는 蘇聯의 外務次官官邸를 提供함

그리고 日本側 斡旋者로서는 主로 東鄉歐米局長이할 모양으로 兩國의

交涉大體 左와 如하게 內定하고 잇다.

滿洲國側 駐日公使丁士源 外交人民大橋忠一, 交通部鐵道司長 森田成之의 三氏

蘇聯國 駐日大使유레니에푸 北滿鐵道部 理事長 兩氏

[聯合東京五日發]北滿鐵道 讓渡交涉에 關한 蘇政府의 正式回答에 接한 外務省은 五日 早朝부터 重光次官을 始하야 東鄉歐米局長 其他 關係□協議의 結果 右交涉開始를 急히하게되고 다음 方針으로 準備를 促進하기로되엇다

一、買收交涉은 여태까지 滿洲國과 蘇政府間에 行하게할 意圖를 取하고 日本은 仲介의 勞力을 取함

一、買收交涉은 最初는 會議와 如한 形式을 取하지않고 懇談的으로 交涉을 進함

그리고 目下來朝中의 大橋滿洲國 外交次長은 一兩日中에 歸□하야 滿洲國政府와 對策을 한後 今月末 다시 上京할 모양이다.

431. 買收交涉 前途 相當히 困難視, 매일신보, 1933.06.07

買收交涉 前途 相當히 困難視

【東京五日發電通】

北滿鐵道 賣却問題에 關하여 蘇聯政府로부터 正式回答에 接한 外務省에서는 이를 直時 滿洲國政府에 傳達하는 同時에 滿洲國政府의 復答을 待하야곳처 交涉開始의 旨를 蘇聯政府에 通告하기로되엇다. 右交涉에는 價格의 算定 賣却條件等 相當困難한 問題가 豫想되어 豫期와 가티 交涉進捗을 볼지엇절지는 疑問인바 五日이 點에 關하야 外務當局은 非公式으로 左와 如히말하엿다.

432. 北滿鐵道買收の合理的評價決定, 大阪每日新聞, 1933.06.11

北滿鐵道買收の合理的評価決定

滿洲國交通會議終る

新京本社特電【十日發】北満鐵道に關する露滿紛争問題およびその
讓渡評価に關する諸事項を議する滿洲國交通連絡會議最終日の十日
は丁交通總長、森田鐵道司長、李理事長その他關係者に東京豫備折
衝案をもたらせる大橋外交部次長を交えて夕刻まで慎重審議の結果
ここに交通部、外交部の意見は完全に一致を見、最も難點である讓
り受価額は北満の商品價値としての將来性甚だ乏しいものであるが
歐亞連絡幹線であり北鐵を繞る一切の露滿紛争を解決する上におい
ては多少の犧牲もやむを得ずとして日滿露三國とも首肯し得る合理
的評価を決定した模様で五日間にわたる滿洲國最初の交通會議はか
くて幾多の功績を收め終了した、なほ現在懸案中の直通輸送問題は
日滿露三國會商を圓滑に進行せしめるため東京會議以前に可及的速
かに解決せしめる必要あるため十三日からハルビンで紛争解決共同
委員會を開くに決定し李理事長、森田第五課長は十一日ハルビンに
向うはずである.

433. 소정부 정식통고, 동아일보, 1933.06.11

蘇政府正式通告

[聯合모스크바九日發] 太田駐露大使는 八日쏘베트外椊人民委員次長
소콜니람氏에 對한 北滿鐵道(舊東中鐵道)買收問題에 關하야 通告를
發하고 同交涉에 對한 쏘베트代妻의 派遣을 要求하엿다.

434. 北滿鐵買收の交涉正式決定, 神戶又新日報, 1933.06.17

北滿鐵買收の交涉正式決定

和戰兩樣で行く滿洲國交涉委員もきまる

新京十六日發聯合－滿洲國政府は十六日午後二時より臨時國務會議
を開き鄭國務總理以下出席、外交部より提案の北滿鐵道讓渡に關す
る對策につき愼重協議を遂げ、審議の結果北滿鐵道讓受に關しては
ソヴィエート側の出樣が眞劒な場合には誠意を以て折衝に當り、然
らざる場合には斷乎讓渡提案を突きはねめ和戰同樣の根本方針を決
定した、讓受價格及びその手續については交通部案を基礎として交
涉を進めることとし交涉委員を左の通り決定した.

交通部總長丁鑑脩
駐日公使丁士源
外交部次長大橋忠一
交通部路政司長森田成之
右交涉委員の決定は十六日正式發令した.

435. 북만철도 매수, 동아일보, 1933.06.17

北滿鐵道買收 滿洲國側委員 不遠東京集中

[聯合新京十五日發] 北滿鐵道 買收交涉委員會에 出席할 滿州國側委
員 大□外交次長 丁交通總長 森路政局長等은 二十四日까지에 東京에
모힐 豫定인바 滿洲國에서는 近近建國의 主旨 및 □滿親善關係의 增
進 極東平和維持를 위하야 이委員會가 좋은 結果에 到達할것을 望한다
고 聲明書를 發할터이다.

436. 中東路賣買, 申報, 1933.06.21

中東路賣買

▲ 談判未開已生問題

哈爾濱 俄滿賣買北滿鐵道之交涉, 預定二十五日在東京會商。因爲期甚迫, 滿俄之關係, 在哈甚爲微妙, 蘇俄方面欲先解除兩國國境之封鎖, 然後進行交涉, 但「滿洲國」則以封鎖問題, 與返還機貨車有關, 故蘇俄若不意思表示返還車輛, 則決不解除封鎖云。 (二十日電通電)

437. 北滿鐵道 賣買交涉 廿五日부터 開始, 滿蘇直接交涉主義로, 매일신보, 1933.06.21

北滿鐵道 賣買交涉 廿五日부터 開始, 滿蘇直接交涉主義로

[東京廿日發電通] 北滿鐵道賣買交涉은 廿五日부터 蘇聯의 外務次官官邸에서 滿洲國代表 丁士源 大橋忠一의 兩氏 及 蘇聯代表[유레네푸](주일대사) [카스로푸스키](極東部長) [그스네초푸](北鐵部理事長)의 三氏가의 間에 直接交涉主義의 下에 開始되기로 되엿는데 我政府로서는 交涉停頓 其他不得已한 境遇에 限하야 內田外相 重光次官乃至 同鄕歐米局長等이 仲介幹旋을 誠하기로 하고 原則으로는 不干與의 態度로써 이에 臨하기로 決定해잇다. 그리하야 今次交涉圓滿成立은 蘇聯政府의 滿洲國 正式承認이 되기 때문에 我政府로서도 될수 잇는대로 速히 右交涉이 圓滿終了를 希望하고 交涉에 當하야는 鈍然한 商取引으로 他의 北滿鐵道紛爭問題에 論及하는 일이업도록 兩國代表에 對하야 好意的主義를 喚起할터이다.

438. 北鐵賣却問題 蘇對中回答, 中國의 反露를 考慮한 것, 동아 일보, 1933.06.24

北鐵賣却問題 蘇對中回答

中國의 反露를 考慮한 것

[南京二十二日發電通]國民政府에 到着한 蘇聯政府의 北滿鐵道賣却에 關한 對中回答은 아즉正式으로 其內容은 發表되지 안앗으나 通商條約, 不可侵約等의 條約交涉을 앞두고 中國의 反露化를 考慮한 意味의 것이라 解釋된다. 北滿鐵路는 반드시 賣却을 前提로한 것은 아니다. 그 成立與否는 今後의 交涉에 不在한 것이나 然이를 中國은 過去에 잇어 이미 權利를 放棄하엿으며 今日俄然 條約違反이라며 詰難함은 不當하다고 한다.

439. 北滿鐵道賣却交涉, 매일신보, 1933.06.25

北滿鐵道賣却交涉, 廿六日에 初會合

滿蘇代表가 外務次官邸에 進行方法等도 決定

「東京廿三日發電通」北鐵交涉의 滿洲國側代表大橋忠一氏는 廿三一午後五時外務省에 東鄕歐米局長을 防問하고 外務富局幹旋下에 開始될 蘇滿交涉의 進行分法에 開하야 打合한 結果

一、廿六日 午後二時부터 露側外務次官邸에서 滿洲國側代表駐日公司丁士源氏大橋外交次長及蘇聯側代表駐日大使一유레네푸氏極東部長 『카스로푸스키』 氏北鐵副理事長 『쿠스네초푸』 氏의 正式對面을 한다.

一、同日夜外相官邸에서 外相主催의 日滿蘇三國晩餐會를 開催한다.

一、北鐵讓渡交涉의 具體的進行方法에 關하야는 廿七日蘇滿代表問에 打合하야 決定하고 適時正式交涉을 開始할 일

等을 決定하고 또 交涉에 對한 滿洲國側方針에 대하여 重要意見을 交

換하고 六時解去하얏다.

440. 北鐵買收交渉けふ開始, 大阪朝日新聞, 1933.06.26

北鐵買收交渉けふ開始

極東の新局面露満折衝に懸る

わが外務當局斡旋兩國全權顔合せ

我國の仲介の下に行はれる北満鐵道買收に關する満洲國とサウエート連邦の交渉はいよいよ二十六日午後二時より外務次官邸において開始、兩國全權委員ならびにわが國オブザーヴァの正式顔合せが行はれる當日はサウエート連邦全權ユレニエフ駐日大使、カヅロフスキー外交人民委員會極東部長、クズネツオフ北満鐵道副理事長、満洲國全權丁駐日公使、大橋外交部次長ら兩國全權ほか随員、わが外務省より内田外相、重光次官、東郷歐米、谷亞細亞兩局長、天羽情報部長ら出席まず内田外相より仲介者としての挨拶あり、ついで兩當事者の首席全權それぞれ挨拶をなして當日の會議を終り、いよいよ二十七日より具體的交渉に入る豫定である、しかして今回の満サ交渉の成否は更に満サの關係のみならず極東政局一の新しき進展を與うるや否やの問題がかかつているので直接利害關係を有するわが國および支那は勿論極東に利害關係を有する歐米各國もこの交渉の成行を注視している.

441. 中東路讓售之背景, 申報, 1933.06.27

中東路讓售之背景

東京　中東路出售交渉會議今日開幕, 俄外交部長李維諾夫於五月二日在莫斯科對日太田大使口頭提議此事以來, 未滿五十日而達到正式交渉之地步, 其原因蓋有如次三國之立場及主張故也: 　(一)

「蘇俄之立場」：蘇俄因中東路最近繼續虧折，且因「滿洲國」之出現，該鐵路政治經濟的價值減少，認其前途無希望，遂決定出賣鐵路，然拋棄鐵路爲在俄國國策之重大轉換，故政府內部亦有反對意見。然史丹林、李維諾夫等精通遠東情勢之一派主張有力，遂決定出賣。（二）「僞國之立場」「滿洲國」原有計劃，樹立鐵道政策包圍中東路，使其鐵路効用消減，「滿洲國」又認蘇俄在該路之權利非所有權，係俄「滿」兩國之共同經營權，故信今次會議爲買收此共同經營權之交涉。（三）「日本之立場」日本對於今次交涉，僅取幹旋之勞，而限其買收行爲純粹之商業交易性質，故如蘇俄提出政治問題使會議陷與紛糾，則有決意向其斷然邁進。（二十六日日聯電）

442. 北鐵の買收交渉始まる, 神戸又新日報, 1933.06.27

北鐵の買收交渉始まる

わが幹旋により露滿兩國の折衝へ

きょう外務次官邸に展開の歴史的會商の序幕

過去半世紀にわたる日露兩國外交の癌となつていた北滿鐵道（舊東支鐵道）の買收條件を協議すべき日、滿、蘇三國間の歴史的會議はいよいよ二十六日午後二時より我が内田外相司會のもとに裏霞ケ關外務次官官舍大廣間において開會、左の諸氏出席

【日本側】外務大臣内田康哉、外務次官重光葵、歐米局長東郷茂德、同第一課長西春彦、大使館書記官宮川船夫、外務省囑託清水蛍三、陸軍省軍事課鈴木貞一

【滿洲國側】駐日公使丁士源、外交次長大橋忠一外随員

【ソヴィエート側】駐日大使ユレニエフ、外交部長カズロフスキー、北鐵副理事長クズネツオフ外随員,劈頭先づ内田外相より日本語をもって今回蘇滿兩代表が北鐵買收交渉のため入京せられたるに對し歡迎の挨拶ののち兩代表が隔意なき意見交換によって速かに目

的を達成せられんことを希望し、さらに本會議は全く純粹の商業的交渉に終始せらるべきことを辨せ述べ、これを宮川書記官が露譯、清水嘱託が滿洲語に譯し、終ってソヴィエート連邦代表ユレニエフ氏より今日交渉開始に至るまでの内田外相斡旋の勞を謝し、これを日本語、滿洲語に通譯し、さらに滿洲國側代表丁士源氏より同じく外相に謝辭を述べ、滿洲國としては今回の交渉には充分誠意をつくして解決に努力する意向なることを表明、それにて三國側の正式挨拶を終り、日本側は西歐米局第一課長陸軍省の清水中佐をオブザーヴァとして殘し、他は全部退席した上、改めて滿蘇兩國代表間だけの第一回會議に入り大體次の點に關し打合を行つた.

【一】今後に於ける交渉方法は成るべく非公式に隨時會合すること

【一】必要に依つて日本側の出席を懇請することあるべし【一】なほ其他の議事進行方法

右にて記念すべき第一回北鐵讓渡會議は午後五時頃終了の筈である.

443. 北鐵の賣買滿、露の主張に相當の開き, 大阪朝日新聞, 1933.06.30

北鐵の賣買滿、露の主張に相當の開き

我國愈よ仲介に乘出すか

きのうサ側請訓

北滿鐵道の賣買交渉は七月三日第三次會商を開きサ、滿兩國から具體的提案をなすことになつているから本格的には右會商から開始せられるはずであるが、サ、滿兩國の主張は開會冒頭における兩國代表の挨拶に見るがごとくその要望について各自國に有利なる見解を持し、相當強硬態度をとつている事實もあつてサ國代表部は至急本國政府に請訓する必要に迫られ、二十九日午前訓令を仰ぐところがあつた、しかして現在大橋、カヅロフスキー兩氏間の意見の差異點は大要左の如きものであると解せられている.

424

満洲國側

一、北満鐵道は帝政時代にこそ政治上及び軍事上の價値をもつてい
　　たが、今ではその意義を失つている.

一、北鐵の經濟的状態は満洲國の成立と同時にその存在の理由を失
　　い毎月欠損續きである.

一、東支鐵道時代鐵道そのものの管理、修理を怠つたのみならず買
　　收後はゲージの修理をなさねばならぬから多額の減收をみこま
　　ねばならぬ.

ロシヤ側

一、北満鐵道は經濟的のみならず政治的、軍事的の效果著しきもの
　　あり、加うるに過去十数年間の改良工事などもあつてその價値
　　は大きい.

右の如く兩國間の主張に隔りがあると同時に當然討議せらるべき北
満鐵道の附帯事業たる森林、鉱山倉庫、埠頭設備および商業機關の
譲渡並に学校、衛生設備の回收等についてもサ、満兩國ともに獨自
の主張をもつているので、具體案の提議によつて兩國は真剣なる折
衝を開始すべく、場合によつていよいよ日本政府が仲介の勞をとる
のやむなきに至るかも知れずと見られている.

444. 北滿鐵道交涉中に俄然、大問題起る，大阪毎日新聞，
1933.07.06

北滿鐵道交涉中に俄然、大問題起る

わが禁止事項を露國代表から發表

外務當局緊急會議を開き断然、暴露戦術に出づ

四日夜ロシア大使館が突如として三日の北満鐵道譲渡第三次會商で
自國側から提起した對案全文を一方的意思をもつて公表したことは
わが外務省、満洲國代表部に異常の衝動を與へ五日外務省では内田
外相、重光次官、東郷歐米局長、天羽情報部長、鈴木中佐、西歐米

第一課長ら全部参集、緊急對策協議會を開いた結果「ロシア代表部がロシア一流の暴露戰術をもつて背信的外交手段を行使する以上わが方もまた當初の根本方針に一大變更を加へ、その宣傳外交を弾圧するに最も有效適切な方針を選ぶべきである」との結論に達した、すなわち右緊急協議會で問題となつた課題ならびに大綱對策は次のごときものである

露滿兩國の交渉東京で開始されるや、わが方は衡平かつ善良な斡旋者として特に會議の進行を圓滑ならしめるため兩國代表によつて最終的協定が調印せられるまで鐵道讓渡の賠償總額ならびに一切の交換條件等の機微に属する交渉事項を外部に發表することを禁止し右方針を嚴守し來つたしかるに在京ロシア代表部においては四日夜突如としてわが方に何等協議することなく自國の不當なる主張を正當化する目的をもつて前記わが方の禁止事項一切を包含するロシア側對案の全文を公表するに至つた、これは事前に一方的に發表することを望ましからずとする政治的意義を全然無視するもので、國際慣例から見ても明かに不信行爲と見なさざるを得ず、從つてわが方としては前記一切の禁止事項を解除し斷乎暴露的外交戰術をもつてこれに應酬する外ない、しかしてこれがため交渉が豫期の成果をおさめ得ざるに至るも右はロシア側において全責任を負担すべきこといふまでもない.

445. 北鐵買收にまた新暗礁, 大阪朝日新聞, 1933.07.06.

北鐵買收にまた新暗礁

所有權に關しても露、滿の主張背馳す

互に聲明書を出して反駁

白熱論戰の四次會商

第四次北滿鐵道會商は五日午後二時半から外務次官官邸で開會、四日夜ロシヤ側が覚書全文を發表して日滿關係當局に一大衝撃を與

へ、満洲國側も提案を公表して會議に臨み從來の秘密會議が公開交渉にと急轉するにいたつたので、滿露兩國代表は勿論わが國オブザーヴァも極めて緊張の裡に開會、冒頭ロシヤ代表より滿洲國提案に對する最初の反駁として特に所有權問題を掲げ北滿鐵道はロシヤの單獨所有權に属するものであるとて別項の如き長文の聲明書を朗讀した、この聲明に次ぎ滿洲國代表は北滿鐵道がロシヤの單獨所有權に属するとの主張には斷じて首肯し難いとて沿革的にロシヤ案を反駁し、さらにロシヤ側評價の基礎ならびに金ルーブル建値の不當であることを指摘し、進んで六ケ條にわたつてロシヤ側提案が事實誤謬に本づく點を列擧した長文の反駁聲明をなした、これに對しロシヤ代表再び起つて滿洲國側の反駁聲明をさらに反駁し、引きつづき滿洲國代表もまたロシヤ代表の反駁論を討議し、ここに北滿鐵道の所有權問題を繞つて兩國代表との間に論爭が白熱化したが、最後に滿洲國代表より滿洲國側に常に率直にして誠意ある精神に本づき會議を進行せんとするものであるから所有權問題に關して短時間の間に完全な解決はなさんがためには双方の誠意ある公正な議事進行を希望すると述べ、兩國代表協議の結果五日交換された聲明書を慎重檢討の上改めて會商すべきことを約し五日の會議は所有權問題につき相對時したまま同七時十五分散會した.

446. 北鐵讓渡交涉暗礁に乘上ぐ, 大阪毎日新聞, 1933.07.06

北鐵讓渡交涉暗礁に乘上ぐ

露國の回訓到着まで遂に會議は一時休止

露國飽まで所有權主張

ユ大使と大橋氏の一騎打ち

五日の第四次滿露會商は徹頭徹尾ユレーネフ氏と大橋外交次長との一騎打に終始し双方とも頑強に自説を支持して一歩も讓らず開會劈頭ユレーネフ氏が第三次會商で提示した露國側提案の追加提議とし

て發言を求めるや大橋次長は追加提議として發言することを認めず
さきの露國側提案を審議するといふ前提の下に陳述するといふ形式
をとるならこれを許す

と突つ張りユレーネフ氏もやむなく大橋次長の主張に屈服するとい
ふ立前の下に別項のやうな陳述をなし最後に北満鐵の所有權を確認
させるために同鐵道が露國人民の勤勞資金によつて建設されたもの
なることを引用したに對し大橋次長は別項の反駁的聲明をするとと
もに露國側は北満鐵をもつて露國人民の勤勞所得なりと主張するが
露國は舊帝政時代の露國が満洲國の同盟國たる日本に負担した数億
の債務を踏倒しているではないかとて辛辣な一矢を酬い、さらに正
式商議のみを繼續しても無益に感情を刺激するだけだから當分非公
式商議を開きたいと提言したところ露國側委員は愕然狼狽し十五分
の休憩を要求しながら約五十分にわたり別室で露國側委員だけの打
合せを行ひ會商が再び本論に立歸るやユレーネフ氏は露國代表部は
ただ今満洲國側の聲明を聞いたが該聲明中には幾多露國側に對する
事實の曲解に基く道具が引用されている、殊に満洲國側が北鐵讓渡
の審議にあたり直接關係なき對象にまで言及されているのでは露國
に對する友誼的かつ好意的態度と解するを得ないところでおそらく
右は満洲國が露國の平和愛好の精神を誤解しておることに基因す
るものであらうとて皮肉な言辞を弄したため大橋次長は重ねて別項
のごとき再反駁聲明をなし結局露國側は非公式商議の繼續を受諾せ
ず満洲國側提案に關して審議を進めるためにはモスクワ政府に請訓
を仰がない限りその權能なしと逃げモスクワ政府の回訓到着するま
で會商は休止の餘儀なきにいたつた.

447. 蘇俄宣佈中東路出售條件，申報，1933.07.12

蘇俄宣佈中東路出售條件

▲ 日方扣留不准各報登載

華聯社東京通信，俄方所提出之中東路出賣原案，因日外務省認爲於日不利，遂暫時扣留，不准日本各報登載。至七月五日下午，爲俄方已向全世界宣佈，所以不得不宣佈，俄方提案所宣佈内容如左：

（甲）出售客體之地位及其意義：

一、蘇聯政府根據北平及奉天協定，將中東路及其一切附屬財產，（即包含中東路及其在各種時期被奉天官廳以非法手段奪去之財產）同意出售於滿洲國，但是干涉當時被押在該鐵路上之各種蘇俄財產，或依協約應交換之車輛，交換工作未完而留在該路上蘇聯財產，當然不爲出售之客體，此等財產應還於俄國，則組織特別委員會調查，確定應還之財產。如此，俄國所欲出售之財產如左：

一）本線：一・七二六・〇啓羅米突；補助線，（包含薪材運搬線）：二・五四四・九；電信電話線（包含給水設備）：二〇・五七六・〇，二）鐵路所屬之機關車，車輛及運轉材料，三）鐵路用及旅用之房子，棧房，住家，辦事處，兵舍及其他之市民家屋，其總面積有一百十九萬九千七百六十二平方米突之土地。四）工廠及車庫，哈爾濱之各中央工廠，保線科工廠，電話科之工廠。五）各發電所。六）哈爾濱電話局，七）河川商船隊，包含哈爾濱轉運碼頭。八）鐵路附屬地，九）各處之山林，十）各處之醫療機關，及獸醫施設，十一）各處之別墅及療養所，十二）各處之農業企業，十三）製材廠・油房・機械油雜布淨化廠，十四）清涼飲料廠，十五）羊毛廠，十六）印刷所，十七）哈爾濱自來水，十八）脚踏車工廠，十九）學校及俱樂部之房子，二十）其他關於鐵路所屬之一切房屋，施設及財產。

二、如此中東路在北滿之業界及其經濟發展上，今日尚佔其重要地位，而且由蘇聯之財產上及其經濟上之利益估價，亦有絕大價值，在此應特別記載者，因出售此路，於俄方在條約上所規定之各種權益中，一部分因此消滅，一部分即大減其存在之價值，例如數千人之俄

工人，從業員之義務的使用某種之關稅特權等。

三、論中東路之意義，應特別主張者為歐亞交通上之重要連絡線，因出讓此路，必能除去各種現有之阻碍，中東路不喪失此種使命甚為顯明之事實，中東路連絡豐沃，而將來可望發達之北滿南部及海洋，為北滿之幹線，此種使命亦甚重要，不但不為出讓此路而減少其意義，反為出售而消滅各種阻碍，可以在滿生活上增大其意義，滿洲經濟愈發達，其意愈重大。

四、不該因最近所產生之各種特殊條件，而阻害中東路之正常之活動，因此所造成之財政上之暫時惡化，誤解該路之實質上之經濟內容，及其意義與其將來之發展性，此種誤解毫無實據。中東路自中俄共管以來，至一九三零年間，收支對抵，共計尚剩一萬萬四千萬金盧布以上，每年平均二千萬金盧布，此事實足證上段之言論為真，其中應特別記述者，即一九三二年度世界經濟恐慌對於滿洲全體產業生活大加打擊之時，上述特殊原因下造成之鐵路在極困難條件之下，中東鐵路猶獲得總額一千二百萬金盧布以上之營業利益，此種種事實，足以證明中東路所具經濟的威力之大，與其基礎之穩固，鐵路所得利益雖大，而蘇聯政府由該路所得利益不大者，蓋由於繼續不得不支出護路軍、政府各機關之維持費及貸與之欠，以及旅客貨物之免費輸送等等之不生產費用。蘇聯代表部對此雖有廢除之意，而以前中國反對，現在滿洲強硬反對。

（乙）買價及其支付方法（一）決定中東路及其財產之買價，應根據奉天協定第一條第二項。該項規定買收時，中東路現值幾何，及應以何種正當價錢收買，蘇聯根據該項所定，正確地確定中東路敷設及發展所費現實支出額數之貸借對照表基礎條項，並慎重考慮根據公正原則低減買價之一切可能情形。　（二）中東路建設費，未完成工程之進行費，運轉材料購買費，建設資本實現時所受損失，建設當時利息，償還費及至一九三二年度該路改良費，其總額達四億一千一百六十九萬一千九百七十六金盧布，此金額中，並未包含該路完成后數年間，帝制政府以補填赤字及經營維持該路所支出之一億七千八百五十七萬九千六百十八金盧布，又該路記有蘇聯政府債務之對於投下資本之未付巨額利息，此數亦未包括在該總額之內。蘇聯政府考慮中東路技術

的設備之受有某種程度之損失，且因各鐵路建設，其經濟的意義低下，將其買價低減到最大限度，作爲二億一千萬金盧布。 （三）蘇聯政府願以中東路無條件所保留之鐵路用地價格及中東路森林區價格，總共評定爲四千萬金盧布，此金額較其現定價值低減其多，因決定中東路及其一切財產買價總額爲二億一千萬金盧布，加四千萬金盧布，即二億五千萬金盧布。 （四）此數與日本政府自身對於帝制政府所欲支付中東路南部線中寬城子老小溝間之代價比較，當爲三億八千萬金盧布，且交涉當時，中東路一節，並無任何足以特記之人工的設備，亦無任何有價值之企業，至於中東路全體所有國條約經濟的意義更全然無有。因此，由各種觀點言之，二億五千萬金盧布爲妥當公正之買價。

　（丙）連借貸一切讓與 （一）中東路連借貸一切讓與滿洲國，即將來蘇聯政府對於中東路應無任何要求。 （二）蘇聯政府爲使上述買價支付容易，且刺激日「滿」經濟關係之放展起見，同意上述買價之半，即一億二千五百萬金盧布可以商品支付，商品支付可以二年間分四期繳納商品，滿洲國爲支付商品納，發行日本國立銀行或日本銀行團保證之債務證券。 （三）總額一億二千五百萬之金錢支付，其四分之一應即以現金支出，餘額可由有日本政府保證之滿洲國債券支付，以債券年利四分，三年間償還。

448. 北鐵交涉露に讓步の色, 神戶新聞, 1933.07.13

北鐵交涉露に讓步の色

眞面目に折衝する決意見え會議の前途稍好轉

北滿鐵道讓渡交涉は去る五日の第四次正式會商において北鐵所有權問題を中心に全面的に意見の對立を来したのでソヴィエト側は今後の會議續行ならびに對策につき本國政府に請訓中のところ十日右回訓がソヴィエト代表部に到着したのでいよいよ来る十四日より第五次正式會商を開催することとなつた、而して右回訓の内容は未だ嚴

秘に附せられているが各方面よりの情報を總合するにソヴィエト側の態度は

一、本國政府へ請訓したことは即ちソヴィエト側に十分會議の目的達成に關し望みを捨てざる證左である.

一、北鐵の所有權問題については既に十分に見解を表明した故来るべき會商においては必要以上に本問題に關する限り觸れることなくただ留保その他何等かの形式をもつて面目保持につき努力する.

一、しかして二億五千萬圓金留の讓渡價格ならびに算定の標準など實際的討議の方策につき隔意なき意見の交換をなすこととする.

など多少真面目に今後の折衝に臨むことに決意した模様で北鐵讓渡交渉の前途はやや好轉したものの如くである.

449. 北鐵交渉遲延を免れず, 神戸新聞, 1933.07.19

北鐵交渉遲延を免れず

「是非共纏めたい」ロシア極度に狼狽
讓渡價格も相當緩和すると手分して我が外務省に縋る

北満鐵道交渉は去る十四日第五次會議を開催しソヴィエト側が依然として所有權を主張しかつ讓渡價格二億五千萬金ルーブルを固執せるため今日まで停頓しているが満洲國側並びに我が外務省側としてはこの際進んで現狀打開のため對案を出す必要を認めずひとえにソヴィエト側の反省を求めているがソヴィエト側は遲々として進まぬ交渉の現狀に對し相當狼狽の色を現し十七日ユレニエフ大使は公式に内田外相を訪問その出馬を懇請せるを初めカヅロフスキー氏その他が頻に我が外務當局を極秘裡に訪問し交渉打開のため斡旋を懇願しつつある模様である、右の満ソ兩當局の折衝に徴するにソヴィエト側はこの際あくまで北鐵交渉を纏めたき意向強烈にして斡旋者たる我が外務當局に對し熱心なる諒解運動を行つており最初の讓渡價

格の云い値二億五千萬金ルーブルも相當考慮緩和の餘地ある旨を表明しているものの如くである、ただしソヴイエト側としては右讓渡價格二億五千萬金ルーブルを引下げるにしても從來日露漁業協定に際しとれるが如き金ルーブルの協定相場を作ることには絶對反對にして價格表示はあくまで金ルーブルによりこれを引下げる方法によらんとの意向を表明している.

いずれにしてもソヴイエト側は最近讓渡交渉に多大の誠意を示しているをもつて今後は一回位の正式會議を開いた上は直に私的交渉に移り交渉は愈々本筋に入るものと期待されている、しかしながらソヴイエト側の云い値二億五千萬金ルーブルと滿洲國側の主張五千萬圓との間には多大の開きがありもしソヴイエト側にして五千萬圓説に歩み寄らざるにおいては交渉の圓滿解決は甚だ困難なる狀態にありソヴイエト側の態度もまた強硬なるものあり、本交渉は今後相當遲延するのやむなき狀態に陷つている.

450. 北鐵問題近く非公式會談, 大阪朝日新聞, 1933.07.27

北鐵問題近く非公式會談

兩國、外務省の勸告を容る

日本は關與せず

北滿鐵道讓渡第六次會商はサウエート首席代表ユレネフ大使病氣のため無期延期せられたが、我が外務當局は同大使の病氣全快まで交渉を全く休止するにおいては商議を徒らに遷延せしむることとなるとの見地から公式商議を開くまで非公式にでも交渉を繼續してはどうかとの意圖をもつて、二十六日朝滿洲國側大橋外交部次長、サウエート極東部長コズロフスキー兩氏に對してその旨通達するところあつた、これに對し右兩氏とも我が當局の意のあるところを諒とし直に審議を開く用意ありと回答して來たので第一次の非公式會談は近く開催されることになるだろう、しかして右會談に日本からオブ

ザーヴァを出席せしむるかどうかは満サ兩國間に凝議中であるが非
公式會談では忌憚なき意見交換が行はれるであらうから日本のオブ
ザーヴァは出席せしめない方が穩當であると意見の一致を見たので
日本は右會談には一切關與しないことになつた.
北鐵改革愈よあすの理事會へ満洲國側態度強硬サ連は滯貨問題で對抗

【聯合ハルビン二十六日發】北満鐵道では二十八日再び理事會を開
催し席上満洲國側は
一、正、副管理局長の權限
一、各科長の分配
一、正、副局長管轄に關する新提案
を上程し同時に右提案に關する聲明書を發するものの如く、これに
對しサウエート側はポグラニーチナヤ驛封鎖による滯貨問題をもつ
て臨むものとみられている.

451. 北鐵讓渡日本側の調停要望, 神戸新聞, 1933.08.09

北鐵讓渡日本側の調停要望

成否は日本の努力次第
ソ連機關紙所論

【モスクワ七日發聯合】北満鐵道賣卻交渉問題に關し七日のソヴィ
エト共産黨機關紙ブラウダ紙は日本政府の調停を慫慂して左の如き
論説を掲げている.
北鐵讓渡交渉に參加している日本代表は單にオブザーヴァと云ふ資
格で參加して居るに過ぎないが若し日本政府にして真に交渉の成功
に關心を有して居るならばその調停は充分満洲國代表部を促して會
議の成功に導き得るものとなるであらう、而して満洲國代表が其申
出價格を固執し且つ日本政府が約束した調停が不成功に終つたなら
ばそれは日本政府が調停に就て深甚なる努力を拂はなかつたと云ふ

ことになるのは明かである、東京會議決裂の曉に於て日本側は滿洲國の『獨立』なる名目の裏に隱れやうとしても誰一人として斯かる見えすいた策略に欺かれる者はないであらう前回の交涉においてソヴィエト代表部として發表した聲明はソヴィエト側が交涉の成功を容易ならしめんとする用意を有することを證明したものである、今や日本の政策の指導者は會議を成功裡に終結せしむるか否かの二途の内何れかを選ばねばならぬ立場に立つているのである．

452. 蘇聯出售中東路事件之最近, 申報, 1933.08.16

蘇聯出售中東路事件之最近

蘇僞（其實是蘇日）談判讓渡中東路會議，自本年六月二十六日在日本東京開會以來，迄今已一月有半。當會議開始之際，雙方爲東鐵所有權問題及估價問題，即開始激烈之衝突。蘇聯堅主對東鐵有所有權，僞方則絕對否認之，僅承認蘇聯對東鐵有抽象的共同經營權益。關於估價問題，蘇聯討價爲二億五千萬金盧布，僞方則僅允五千萬日金。雙方主張，大相懸殊，自是以後，雖屢次開會，前後共有六次之多，蘇僅允減價五千萬，最近據電訊所傳，蘇僞爲金盧布與日金換算，相持不下，雙方仍無接近可能，而同時日本則積極在北滿作軍事準備，宣稱如談判決裂，即由僞國以強力奪取東鐵。蘇聯在遠東邊境，亦復嚴陣以待，劍拔弩張，聲勢浩大。蘇僞談判售路會議，至是蓋已顯然陷於不可挽救之僵局，此後如非蘇聯願作絕大之讓步，糾紛恐不易了也。

日本之所以必欲攫取東鐵無疑的爲日本帝國主義尋求出路更進一步之表現，目下全世界資本主義國家，方深苦於經濟恐慌之兇險的襲擊，各個資本主義國家，雖竭盡方法，力圖遏止此種狂潮之邁進，但其結果，非特無效，反愈陷愈深。在此情況之下，資本主義唯一之出路，舍爭奪市場再分割殖民地與夫準備戰爭以外，更無他途。而日本則爲此種主義之先驅。故在世界經濟極度恐慌之下，即以迅雷不及掩耳之

手段，佔我東北，日本固深知此種獨占行動，必爲歐美其他各國所不容，但亦深知目前世界資本主義國家間之錯綜複雜的矛盾，尚未解除，決不至對日即有干涉之舉，故敢毅然行之而不疑。結果英法對日，既默無表示，美國則除「講台外交」外，亦未有積極之行動。凡世界各個資本主義國家之所以對日本者，一一盡如日本之所預期，惟蘇聯在東省最後根據地之東鐵，仍橫梗其間，未能攫取到手，此於日本在我東北整個侵略政策上，自屬絕大妨碍，而現在世界經濟會議已告結果，各個資本主義國家間之經濟鬥爭與軍備競爭，已隨世界經濟會議之消逝而加緊展開，國際資本主義，顯然已走向另一新的鬥爭途程，此一新的鬥爭途程，即爲加緊準備第二次世界大戰，日本認清此種形勢，必須加緊將勢力伸入北滿，一以完成其在東北之根據地，一借反蘇旗幟，博取其他資本主義國家之好感，以支持其最後之命運，故遂有攫取東鐵之舉。

日本所以必欲攫取東鐵之意義，既如上述，則蘇聯又何爲決定將東鐵出售於日本？既已決定出售於日，又何爲對於各種問題，絕不讓步，致陷談判於不可挽救之局面乎？此實不煩言而可解。蘇聯之所以決定將東鐵出售於日，無他，鑒於世界各個資本主義國家之環攻形勢，深知在此兩個明顯的對立之下，就蘇聯目前本身之能力言，萬不容冒險與各個資本主義國家輕啟戰端，而其所以在售路談判中不肯讓步者，則又以今日世界各個資本主義國家間之矛盾，急切間尚無調和一致之可能，而蘇聯現在之外交，既其有利，又足以自增其力量，故如可以不讓步者，蘇聯自不肯貿然讓步，此蘇聯所以在會議中一再堅持其主張也。

由是言之，蘇僞談判售路會議今後進展之趨勢，可以知矣。就整個世界情勢言之，個因東鐵問題，將引起蘇聯地位之不利，則蘇聯仍祇有讓步，反之，國際情勢，尚不致因東鐵問題引起對蘇之不利，則讓渡之談判，恐非一時所能解決。或謂日本至此，將起而取直接行動，以武力強奪東鐵，彼時蘇聯又將奈何，惟以吾人觀察，恐蘇聯亦仍祇有退讓之一法，欲對日作戰，吾人殊未見其可能。雖然，世界第二次大戰，在最近之將來，固無論如何，必不能免。無論其爲資本主義集團間之戰爭，抑爲資本主義與社會主義間之戰爭，而時蘇聯必爲大戰中

一最要之角色，此則可以斷言者。

453. 中東路理事會議流會, 申報, 1933.08.19

中東路理事會議流會

▲ 對局長權限問題僞態度甚爲强硬非法賣路交涉尚平穩

哈爾濱 預定今晨十一時開中東路第五次理事會，因俄方委員患病，僅
麥爾基拿夫一人，致不足法定人數流會。現尙無何時開會之希
望，此爲俄方之遷延策，故滿方決依旣定方針進行，正午僞督
辦李逆紹庚命令稽核科澈底調查羅迭管理局長之背任行爲，若
俄方有妨害調查行動時，立卽發動主權，以實力達目的，因此
其情形如何，殊堪注意。 （十八日電通電）

東京 俄僞第三次私的會商，僞方提議俄幣每盧布折算日金二角五分，
而計中東路之現有價値爲五千萬圓，俄代表未與卽答，但表示調
查內容後，將於二十二日第四次會商，提出俄方意見，時日俄方
並無說及所有權問題，會議空氣頗平靜。 （十八日日聯電）

454. 일본의 군벌배들은 중동철도에 대한 협약, 선봉, 1933.08.19

일본의 군벌배들은 중동철도에 대한 협약의 파탄을 도모한다

어떤 신문들은, 일본의 군벌배들의 사이에는 "중동철도에 대한 협약을 신
속히 파단시킴이 필요하다는 사상이 더 고취된다"'는 것을 현저하게 보도
한다. 신문들의 보도에 의한다면 중동철도를 파는데 대한 쏘베트의 제의
는 오년간 계획을 완성할 때까지의 재외 쟁의를 면하기위한 경향을 가진
쏘베트정부의 정치적 지적이며 쎄쎄쎄르는 고의적으로 협약을 지체케 한
다고 일본의 군벌배들은 간주한다고 한다.

그리고 신문들은 계속하여, 만약 최고의 가격을 쏘베트대표가 접수치 아

니한다면 신속히 협약을 중단하는 것이 좋다. 왜 그런냐하면 만주에 만주 철도선이 부설만되면 곳 중동철도는 무갑하여 질 까닭이다.

455. 東路買賣交涉, 申報, 1933.09.22

東路買賣交涉

▲ 定今日重開

東京 内田長外部當時, 對於中東路非法交涉, 因日方意見未一致, 僞代表大橋爲日軍部之傀儡, 爲軍部強奪政策新支配, 毫不退讓, 以五千萬元之主張相持不下, 致該交涉陷入僵局。廣田接任外相後, 九月十七日曾向俄使勸告再開交涉, 聞俄使亦表示同意, 已決定九月二十二日上午十時在日外次官邸開會, 廣田外相果能使日軍部取消強奪政策與否, 確值內外之注目。(二十一日華聯電)

東京 蘇俄國家銀行行長巴里煦尼柯夫爲中東鐵路買賣會議蘇俄代表之一。茲據報知新聞載稱, 該員不專行辦理會議事務, 且從事其他活動, 以期成立俄日經濟聯盟, 及組織俄日銀行, 經濟聯盟之目的, 乃欲使兩國間之貨物得依長期賒欠辦法相流通, 並共同發展遠東之天然利源, 俄國銀行則志在使兩國間經濟財政之關係更形密切云。(二十一日路透電)

456. 停頓の北鐵交涉に外相斡旋乗出す, 神戸新聞, 1933.09.29

停頓の北鐵交涉に外相斡旋乗出す

きのう兩國代表と個別懇談きょう私的會商開く

北満鐵道讓渡交涉の東京會商は全く停頓一方北満洲の現地においては北鐵ソヴィエト側職員四名を満洲國司法當局が手入したるに關聯

して満蘇兩國の關係は今や全面的對立をなすに至つたので廣田新外相は愈々北鐵交渉の政治的解決を下すべき時期に到達せるを考へ積極的斡旋の勞をとるため表面に乗出すに至つた、即ち二十八日午前十一時より約一時間に亘り大橋滿洲國外交次長を外務省大臣室に招致し交渉に對する滿洲國今後の方針を聴取し更にソヴィエト大使ユレニエフ氏を招致し説得大いに努め若しソヴィエト側においてこの際誠意を示すにおいては自分も當初の言明に本づきこの際積極的斡旋に乗出すであらう、この點については既に斎藤首相も軍部側とも充分諒解を得ているものであると熱心にユレニエフ大使を説得大につとめたところ大使も外相の意を諒承し、ソヴィエト側も從來の態度を改めこの際政治的見地から北鐵交渉を一舉に解決するため二十九日午前大橋、カヅロフスキー兩氏の私的會商を再開することとなつた、しかして29日の會商においては北鐵交渉のこれまで停頓せる原因を探求し些々たる技術的問題を一掃し政治的に折衝を開始すべき旨を申出で更に今後會商繼續方針につき打合せるはずであるが滿洲國側はソヴィエト側に對し一應ルーブル對圓の換算率提案を求める意向であるからソヴィエト側のこれに對する態度は極めて注目されている.

457. 露國側の讓歩で北鐵交渉再開か, 大阪時事新報, 1933.10.18

露國側の讓歩で北鐵交渉再開か

ドイツの聯盟其他の情勢で形勢漸次不利に陷る

北満鐵道交渉は去る九月廿二日の第五次會商以來ソビエト側が同鐵道評價基準たるルーブル對圓換算率に關する具體案を提出せざるため停頓中の所十月八日に至りソビエト側が同鐵道交渉の成行に憂慮した結果これを促進せんとするの意圖の下に北満における我國の陰謀事件なる所謂怪文書を暴露せるため俄然日満兩國側の憤激を買い事態を却て悪化せしむるに至つたが然るにソビエト連邦側と

しては斯かる豫算に反せる事態の出現で非常に狼狽にているものの如く若しこのまま交渉を遷延するにおいては

一、現地における滿洲國の露支露奉兩協定趣旨の實行によるソビエット側勢力の駆遂を期す．

一、我國は今回の怪文書に對する警告的抗議を近く提出するが若しこれをソビエット側において承諾せざるにおいては北鐵交渉の仲介斡旋から手を引くのみならず抗議所期の目的達成のために斷乎たる手段に出づべく目下着々準備を整えている．

一、ドイツの聯盟脱退より生じた波紋は世界的に擴大しソビエット側が日本牽制の唯一の力と頼んでいたアメリカの極東政策の轉換によりソビエット側の極東における立場が著しく不利となつた．

等々の事情により若しソビエット側が北鐵交渉に對する讓步をなさざる以上同鐵道は形式的にも實質的にも全然滿洲國の掌中に歸するのみなるを以て機を見るに敏なるソビエット連邦當局としては必ずや革命外交の真髄を發揮し現在の態度を豹變し交渉再開の提議をなすものと期待されるに至つた．

458. 滿洲國政府今日發表文告, 申報, 1934.01.17

滿洲國政府今日發表文告

長春「滿洲國」政府今日發表文告, 為蘇俄如願以誠意與東京續作買賣中東鐵路談判, 則「滿洲國」準備對俄讓步, 惟「滿」政府仍主張原定購價, 所云讓步, 乃指取道中東鐵路運往海參崴之商貨特別待遇, 及津貼蘇俄退職路員而言。又稱, 如此次談判仍無效果, 則「滿」政府擬施其主權, 監管中東鐵路。(十六日路透電)

459. 北鐵讓渡交涉 不遠解決될 듯 一億圓程度로 成立?
매일신보, 1934.01.16

北鐵讓渡交涉 不遠解決될 듯 一億圓程度로 成立?

[聯合東京電話]昨年十月以來 停頓狀態에 잇든 北滿鐵道讓渡 交涉은 八日 [유레네프]駐日 大使가 廣田外相에게 對하야 滿洲國側이 捕縛한 北鐵蘇國從業員 六名의 釋放을 前提로 再開하야 蘇聯邦側으로서는 從來와 가티하지안코 新價格을 提議할 準備가 잇다고 하야 日本의 斡旋을 依賴하엿슴으로 廣田外相을 直視 滿洲國側에 右蘇聯邦側의 意向을 傳達 會商再開促進에 대하야 滿洲國側의 考慮를 求하엿는데 滿洲國側으로서도 右取調가 一段落이 되어 近近六名을 釋放하기로 內定한 模樣임으로 곳交涉再開가 될 것이다. 그리고 斡旋役인 廣田外相으로서는 今回交涉再開에 際하야서는 紙幣圓으로 蘇聯邦側이 新價格을 提議할 것을 蘇聯邦側에 勸說하고 잇슴으로 蘇聯邦側도 今回는 솔직히 그 讓步價格을 提議할 模樣이어서 廣田外相으로서는 今後一, 二回의 會商으로 交涉을 成立식혀 一擧에 解決하랴는 意向인데 讓步價格은 北滿鐵道와 그 所屬財産을 合하야 一億圓程度로 成立될것으로 보인다.

460. 中東路之爭端, 申報, 1934.01.23

中東路之爭端

略謂, 自日本逞兵滿洲, 製造「滿洲國」後, 蘇聯對於中東路之利益, 發生惶慮, 蘇聯繼與日本舉行收買中東路之預備談判, 據蘇聯觀察, 日本在滿洲邊境從事軍事之準備, 因此俄國政府亦不得不在邊境設壘增防。赫禮歐以爲中東路收買談判之能否告成, 實爲和平與戰爭之關鍵, 赫禮歐繼又分析李維諾夫之演說, 謂李維諾夫在結論中宣稱, 蘇聯已具有決心, 不令尺寸領土割讓於人, 因此蘇聯仍將繼續增加陸海空之軍備云。迨後蘇聯於糾紛迭乘之際, 與美國言歸於好, 美俄復交, 而遠東局勢又爲之一變, 然中東路管理問題仍屢釀事端, 俄

日兩方均大爲阻阨不安，每遇發生糾紛，雙方均資爲口實，互相詆擊。

461. 東路交涉重開，申報，1934.04.27

東路交涉重開

▲ 僞方提示新提案

東京 此次重開之東路交涉，其第一次會商，已於二十六日午後一時起在外務大臣官邸開始談判，其出席人員如左：「滿洲國」方面有大橋外交次長·及東路課長森氏·事務官杉原氏·烏澤聲氏，蘇俄方面有極東部長加斯洛夫斯基氏·及克磁尼奧夫氏·翻譯官一人。首由大橋氏提出「滿洲國」方面關於東路買賣之新提案，並加以簡單說明後，復將該新提案之節目，逐次與蘇俄方面行使討論上之問答。聞東路買賣交涉，原爲雙方直接談判，故此次會商當不在內云。（二十六日日聯電）

462. 東路買賣交涉，申報，1934.05.10

東路買賣交涉

▲ 俄對僞提案不滿

東京 中東路非法交涉，於今日下午一時在外務次官邸開第二次中間會議，俄領優禮捏夫對僞方所提之售價及其他條件，表示不滿意，要求僞方再讓步。今日雙方討論頗詳細，討論時間及四小時，約後日再會而散。日外部認爲俄使今日之要求並非最後態度，料英將有讓步云。（九日華聯電）

東京 東路交涉第二次中間會商，關買賣價格，雙方力說其主張之正當，尤以蘇俄方面之討論，則主張由「滿洲國」方面再稍讓步，不至增高價值，故此次討論極形平穩，關於下次會商之期，定如

何，亦未商議，乃於午後五時散會。（九日日聯電）

463. 中東路買賣交涉廣田提出最後方案，申報，1934.07.24

中東路買賣交涉廣田提出最後方案

東京 關於中東路賣買交涉之「滿洲國」方面之方策，經代表等討論，已得到大致方案交與介紹第四次提案之廣田外相矣，外相乃於二十三日午後四時招請蘇俄大使優列尼夫氏至外務省，當時「滿洲國」方面之最後方案面交如下：與之交涉云。（二十三日日聯電）

464. 中東路買賣會議破裂，申報，1934.08.15

中東路買賣會議破裂

中東路買賣會議，自去年六月下旬在東京開始以來，即若斷若續，日方既不肯誠意出資購買，蘇聯亦不便隨意放棄，是以長在遷延之中，迄無解決。自日本佔我東北全境以後，在吉黑邊境屢與蘇聯發生直接衝突，此種衝突，一旦爆發，足以演成遠東戰爭，而為世界第二次大戰之導線。是以日蘇雙方皆嚴行戒備而日本尤蓄意挑釁，故在中東路沿線，屯駐重兵，大興安嶺各要塞，建築堡壘，穆陵河一帶，建築軍事工程，此外復有添築北滿三線之計劃，以期支解中東路，而制其死命。所謂三線者，即一吉林境內沿牡丹江至佳木斯之鐵路，已竣工修築，二自敦化至海林線，亦將積極着手，三黑龍江境內之洮昂鐵道，擬充分利用，並延長齊克路以至於黑河。日人之計劃而成，則中東路將由三段而剪五段，經濟與軍事上之價值，皆將頓形減少。據日方宣傳，上述各路線，概歸南滿鐵道公司一手包辦，乃出於經濟的需要而興築，以期吸收東北之全部農產由大連而出口，惟考其內幕，則築路之舉，莫非由軍部操縱，受關東司令官之指揮，其經濟上之價

值，實居其次耳。吾人試再參照日人最近完成敦圖鐵道之急切益知其主要之着眼點，不在於經濟而在於軍事也。

不寧惟是，日軍進據吉黑後復借剿滅義勇軍之名強行利用中東路，運輸其士兵軍需以致該路不克如常經營，蘇聯知事態之嚴重而爲緩和空氣計乃提議出售該路，冀免戰爭危機之加深，其實蘇聯亦深知日本有意強取，決無成交之望，蓋日人以爲該路已爲囊中之物，將來戰爭發生，無須絲毫報償，即可唾手而得系必先出代價。故所謂中東路之買賣會議，根本爲一滑稽舉動，而況日本復隨時利用僞滿關係，欲使蘇聯於事實上承認僞組織，結果乃使買賣會議更形棘手。

頃者，日外相廣田曾宣言不再擔任調停之責，此後關於中東路交涉，應由蘇「滿」直接談判，今姑不論蘇聯對此提議絕難同意，即論所謂「滿洲國」也者，舉世皆知其爲日本傀儡，其當交涉衝要之大橋八郎，名爲僞國外次，實則仍受東京參謀本部外務省陀務者之指揮，可見廣田之謝絕調停，特具一種威脅性質，催促蘇聯爲實際之讓步而已，然以實力雄厚之蘇聯，非有特殊交換條件，豈肯輕於示弱。

現在中東路之買賣會議，既因廣田之辭謝調停而至於完全停頓，而雙方在吉黑沿邊之軍事佈置，復日益緊張，一若戰禍之爆發可以立至也者，顧吾人早知會議決裂，爲不可避免之事實，故不欲過事張皇，謂此事之結果，即將引起日俄之戰禍，且敢斷言，在國際形勢尚未發生重大變化以至於世界衝突各方形成輪廓顯明之兩大陣營前，日俄兩國尚不致捲入戰爭之旋渦。且就日本之內部言，亦有其特殊之困難，如東北境內未能安定，懷遠至索倫鐵道，二站至黑河鐵道，葉柏至承德鐵道，猶未完成，經濟危機，日臻深刻，皆足使其格外慎重，是以日蘇關係因中東路買賣會議之停頓而更形惡化則有之，謂其行將戰爭，則尚嫌言之過早也。

465. 中東路交涉經過, 日亦發表聲明, 申報, 1934.08.22

中東路交涉經過 日亦發表聲明

結果是否不幸而終 祇能待事實之證明

東京　外務省今日發表一千二百之長文, 述中東鐵路談判進行之詳情, 內言一九三三年六月二十六日該路定價二萬五千萬金盧布, 後由蘇俄逐漸消減, 至七月三十日減至日金一萬六千萬元, 同時滿洲國最初給價日金五千萬元, 後陸續增加, 至七月二十三日增至日金一萬二千萬元, 另加蘇俄職員資遣費三千萬元, 七月三十日蘇俄所提出之價格, 附有新條件, 其中包括一金條欵, 及關於以貨物償付購價一部分之建議, 此項條件足使該路轉讓談判無期延長, 駐東京蘇俄大使佑倫尼夫且稱, 若不給更高之價格, 則蘇俄無意與「滿洲國」直接談判云, 再, 日政府雖明白表示其真誠, 而蘇俄政府願仍視駐莫斯科日大使最後之提案類於哀的美敦書, 其實該大使不過居間斡旋而已, 至中東鐵路蘇俄職員之被逮, 純屬司法事件, 而蘇俄乃借此從事宣傳, 將此事與中東鐵路談判之中止併爲一起, 其實二事不相有關, 如蘇俄真正之意志, 乃在延長談判以期陷日本於國際糾紛之中, 則日政府之誠摯與堅毅之工作必歸無效。而大局行將真正甚爲嚴重, 此將爲衆所目觀者, 第日本今仍抱適當滿意解決之希望, 俾掃除可能的衝突之種種原因, 而有益於日「滿」蘇俄三國間關係之和平發展云云。　（廿一日路透電）

466. 日俄間中東路問題秘密談判忽告妥協, 申報, 1934.09.24

日俄間中東路問題秘密談判忽告妥協

▲ 售價定爲一億七千萬元

東京　中東路交涉自八月十三日停頓以來, 蘇聯方面既不承認廣田最後

方案，已覺無打開途徑，頗屬悲觀，但此次蘇方忽對於廣田外相秘密提出該路交涉之妥協方案，廣田外相加以愼重考慮，決計勸「滿洲國」方面設法承認，並促大橋次長迅速至東京，該次長已於二十二日由長春出發，不日當行抵此間，以便決定再與蘇聯正式交涉，聞此次蘇方提案內容，嚴守秘密，廣田外相曾提該路售價爲一億五千萬元，蘇方採取一億九千萬元，此次或取其適中價格爲一億七千萬元云。 （二十三日日聯電）

東京 日日新聞今日載稱，日滿俄非正式談判之結果，廣田外相與俄大使已獲有非正式之折衷辦法，決定中東路售價爲日幣一萬七千萬元，外相已促滿代表大橋與星野即來東京，以便作最後談判云。 （二十三日路透電）

467. 僞代表抵東京中東路交涉展開，申報，1934.09.26

僞代表抵東京中東路交涉展開

東京 「滿洲國」外交部次長大橋，已於二十五日午後四時五十五分乘車抵東京。 （二十五日日聯電）

東京 中東路讓渡交涉之價額問題，「滿國」已電廣田外相表示同意，故該交涉將於下星期始開始，細目事項亦將協定一切，下月初即將正式簽字。 （二十五日電通電）

東京 廣田外相待今日下午四時四十五分大橋「滿國」外交次長得未東京後，今日或明日將邀請大橋次長與優烈尼夫大使之官邸愻惠重開第三次中東路讓渡交涉，此係由廣田外相之斡旋，重開交涉，故讓渡價額，滿俄雙方既已一致，則今後交涉似能急邊展開，又此次重開交涉時，大橋次長優烈尼夫大使與卡慈洛夫斯基間，關於大綱似能意見一致，雙方將任命專門委員房立委員會，由該委員會商議細目。 （二十五日電通電）

東京 政府本日開閣議，由廣田外相報告中東路賣買交涉急轉直下，售價決定一億四千萬元，職員津貼三千萬元，現已招請滿代表來日

商議詳細辦法。 （二十五日日聯電）

東京 中東路買賣交涉一俟「滿洲國」外交次長大橋氏抵東，由俄「滿」蘇兩國當局迅速辦理，即可正式成立，陸軍當局主張於該項交涉告成之際與調印同時，應將該線路之實權由「滿洲國」接收，但恐接收時期復被遷延，而成爲惹起糾紛之原因，故應迅速辦理接收，至於決定出售後之重要事件，現在愼重硏究者有左列各點：

一，該鐵路賣價三分之一訂爲發給現欵，但此項經費以「滿洲國」現狀觀之，當然非由日本支出不可，値此國庫空財政困窮之際，似應由滿鐵設法籌措，而滿鐵方面現正需欵甚鉅，亦有相當苦衷也。二，該路歷年怠於修理，是以該項修理費用，當亦需鉅欵。三，該鐵道之經營究應以何類組織爲是，可否作爲日「滿」合辦，亦須愼重考慮耳，四接收以後之管理權，應如何處理亦應硏究云。 （二十五日日聯電）

京都 因交涉急遽展開，立即進京之「滿國」代表大橋外交次長謂，收賣價額業已決定等，完全不知，若已決定，則該交涉已成立云云，未免過早，然妥協之成立，非常有希望，設能成爲事實而實現，則擬將中東路成爲純然之交通機關，發揮其機能，如斯則全滿洲當可因此發展，而東亞和平之基礎或可由是確立，又抵東京後，訪問廣田外相及各關係者，叩詢諸般情形後，擬請求萬全之策，再該問題若獲解決，則於東亞和平殊甚可喜，然則在非常微妙之狀態，故一切無從言之云。 （二十五日電通電）

468. 北鐵問題俄然急旋回，滿洲日報，1934.09.26

北鐵問題俄然急旋回

蘇連側妥協案を提示愈よ一兩日中交涉再開

【東京特電二十五日發】滿ソ間の北鐵讓渡交涉は去る八月十六日中絶して以來、再開の見込み薄の狀態を續けていたが九月中旬に入つてソ連側から妥協案を提示して來た爲め俄然交涉繼續の機運展開し

廣田外相の斡旋により満洲國側も之に應ずることとなり代表大橋外交部次長は二十五日着京したので一兩日中に交渉再開の運びとなる模様である.(写真上より廣田、ユレニエフ、大橋三氏)
評価一億七千萬圓案外相きょう兩國代表に提示.

【東京特電二十五日發】廣田外相はソ連側よりの讓歩意思表示に伴いいよいよ最後の妥協案として前回の調停案たる讓渡價格一億五千萬圓とソ連側の固執せる一億九千萬圓との中間をとり一億七千萬圓案を以て兩國に提示することとなり二十五日午後二時ユレニエフ大使と會見して之を傳達し、次いで大橋次長にも之を傳へる筈である.
来月中旬調印の見込満蘇兩國は既に大體諒解.

469. 中東路非法買賣日俄商妥售價, 申報, 1934.09.29

中東路非法買賣日俄商妥售價

▲ 消息已由莫斯科承認能否成交有待細目談判

莫斯科 此間消息變通方面今日承認中東鐵路之購價業已商妥, 惟莫斯科視商獲此項妥協之談判乃蘇俄與「滿」當局重開關於該問題之正式會議之初步, 並謂近今東京談判之重行開始, 乃由日方提議, 並允付較前爲高之價所致, 此項談判之最後成功, 就蘇俄視察點而論, 須視其他若干細目, 如購價如何繼付及蘇俄職員將來如何處置種種討論之結果爲轉移云。 (二十七日路透電)

法提保留

荷蘭 京城蘇聯出售中東路一事, 傳聞日蘇兩國已成立原則上之協定, 此間接得此項消息後, 金融界人士傳聞法國政府已立即通知莫斯科及東京政府, 對于中東路與法國方面有關之利益, 提出保留云。 (二十八日哈瓦斯電)

英報評論

倫敦 日俄兩國關於中東路賣買有成立妥協之可能，泰晤士報因未接獲正式消息，尚不欲加以評論，惟對於日俄兩國獲有妥協餘地，頗爲滿意，其曰，「蘇俄日本於中東路爭執各點，尚未能完全同意，惟其主要點既已得到諒解，似不致因細目之爭，而趨於決裂。但若謂日俄兩國從此可情投意合，則非情理所許。蓋兩國之間互相猜忌之心理仍然存在，蘇俄以日本有窺視領土之心而畏之，日俄在蒙古方面互相競爭，其利害亦相衝突，反之，蘇俄在中國高麗甚至在日本國內之共產宣傳，亦足使日本，凡此種皆非輕易所能消釋者也。吾人所引爲幸者，乃兩國之間爭端最烈之問題，在滿洲方面時時足以引起嚴重事件者，若能從此解決，則日俄關係之緊張，得以暫告緩和而已」云云。

日商活動

東京 中東路讓渡交涉一旦成立，其支付方法之一部，須運物資約一億元赴俄，故連日赴蘇聯通商代理部詢問須何項貨品者甚多，即赴通商局詢問與蘇聯之方法者亦絡繹不絕。外務當局已着手研究代表物件且與商工省交涉，以對從來瀕於杜絕之日俄通商開一新軌道之意氣從事立案，交換物資須選擇第二次五年計畫之必需品及第一第二五年計畫所不能產生者，一面從來蘇俄方面購買日貨時成爲問題之信用授定等，將完全圓滿具體化，對俄輸出業將趁此機會成立組織，享受大投資銀行之金融便利，因個人的交涉及商談之進行，恐難如願以償，故外務省爲結成公正妥當之交易關係起見，擬設日俄貿易組合，掃除部分的組合組織。（二十八日電通電）

470. 中東路所有產業僞擬一併收買，申報，1934.09.30

中東路所有產業僞擬一併收買

▲ 成交後將擴大滿鐵範圍統一交通便利侵略

莫斯科 今日自此間外交界方面得悉，「滿洲國」已允以日金一萬四千萬元買中東路之蘇俄股權，其餘細目尚待繼議，所謂細目者包括中東路所有之廠礦及其他產業，聞「滿洲國」亦將付價收買，更據有力方面消息，蘇俄承認「滿洲國」問題，談判時迄未提出。 （二十九日國民電）

長春 「滿洲國」將乘中東路讓渡交涉成立之機，決謀鐵道國策之確立及運輸之一元的統制，正在研究具體之案，蓋一面謀促進產業之建設及文化之進展，一面爲準備一九三五、六年之非常時起見，從國策的見地以統制之。其具體的方法則擬新設國策鐵道公司，運用東鐵及滿鐵委任經營全線之營業，其資本金預定滿鐵委任經營之資本五億元，東鐵買收價格一億七千萬元，建設運用資金一億三千萬元，合計八億元。 （二十九電通電）

471. 僞提付價條件，申報，1934.10.02

僞提付價條件

▲ 商品占一萬萬代現金俄籍路員三年內退職俄使電莫斯科請訓

東京 「滿洲國」方面，關於中東路讓渡之要求，已經廣田外相提示蘇聯，由蘇聯駐日大使電莫斯科政府請訓，至滿洲要求之主要條件，大約如下：一、讓渡價格之支付方法，爲現金四千萬元，物品一億元，（物品支付所以獨多者，欲使日蘇「滿」三國間之貿易關係圓滑，而強化經濟提攜）一、支付期限爲三年，物品種類則任蘇聯之希望，一、支付資金之調達，以在日本發行之「滿洲國」公債充之，又對蘇聯職員退職津貼其支給之原則

如下，一、「滿洲政府」準據中東路規定，對於蘇聯職員由「滿洲政府」負擔支付退職津貼千五百萬元以下，一、蘇聯職員於三年以內順次退職，務使鐵道運轉不發生障碍，一、希望蘇聯政府善處退職俄人等，莫斯科回訓本週可到，若蘇聯同意，即着手起草條約，故本月中可以修正字句，或可實行簽字。（一日電通電）

472. 中東路出售問題我國方面態度，申報，1934.10.09

中東路出售問題我國方面態度

▲ 將有更嚴正表示

南京 關於中東路出售問題，近經日俄數度談商，俄方有讓步趨勢，據聞我方對此事已向蘇聯政府說明我方立場，將來或有更嚴正之表示。（八日中央社電）

473. 蘇俄發表中東路談判經過，申報，1934.11.01

蘇俄發表中東路談判經過

▲ 延宕之責歸之日方路價已定餘多支節

莫斯科 近日日本報界對於中東路出售談判之進行，常作不正確之報告，同時滿洲各報復對蘇聯橫加責難，進行其反蘇聯宣傳，頃塔斯社自消息靈通方面探得：關於談判真相消息如下：自塔斯社於八月十八日及八月二十八日發表關於談判進行之報告後，日外務省代表即力根據日滿方面之要求（即彼等所提建議須全部接受），建議重開自八月初即告破裂之談判，日廣田外相於九月六日向蘇聯大使優列涅夫聲明，願將七月二十三日日滿所提路價一萬二千萬日金，提高至一萬三千萬日金，九月十二日優列涅夫答覆廣田聲稱按

照蘇聯政府意見，此項談判歷時已十五日，此時不宜再事細微而拖延
之論價，而宜謀此項談判之真正結束，蘇聯政府於七月三十日所提一
萬六千萬日金之價，顯已蒙極大犧牲，因此數低於中東路費用遠甚，
唯如此項論價即能結束，同時日本政府能立即同意者，則蘇聯政府復
願減價至一萬四千五百萬日金，其時廣田復出價一萬四千萬日金。

九月十九日優列涅夫知照廣田，謂蘇聯政府不願見談判之長此遷延，
願以一萬四千萬日金之價出賣，唯中東路解雇員工之津貼金不在其
內。

雙方對於路價既經同意，遂進行其他出售條件之談判，其中最所注意
者爲鐵路讓渡及付欵保障之條件問題。關於第一項問題，日滿方面建
議，出售協定一經簽訂，則該路一切權利即行讓渡於「滿國」，唯日
滿方面同時主張，鐵路之讓渡須於協定簽訂後一個月內執行，蘇聯方
面爲求協定之迅速簽訂計，接受廣田所提在協定簽訂以後即將所有權
讓渡日本之建議，唯於其所提讓渡之條件則不能同意，因如此則「滿
國」一面爲鐵路之主人，而於讓渡期內該路業務及經濟地位應由蘇聯
負責矣。根據目下日滿當局心理度之，如此辦法將發生種種嚴重之衝
突，而有害於兩國之邦交。

474. 中東路日俄交涉絕望，申報，1934.12.06

中東路日俄交涉絶望

俄欲英美爲糾紛調停委員（華聯社東京通訊）關於中東路非法買賣交
涉，自九月日俄雙方成立買賣條件之大綱以來，迄今已垂三個月，然
關於路價之交付方法，商品之選擇等細目條件一經進展，該項交涉之
前途似已陷於絕望，日方按其原因如下：一、關於商品價格之查定及
商品種類之選擇，蘇俄主張爲防備發生糾紛之際，於成交之時，記明
是時得設立使第三國參加之委員會，以期解決糾紛之公正，而第三國
定爲英或美，在日僞與俄關係緩緊無常之際，俄方之要求亦爲正當，
然日僞認此爲輕蔑的條件，二、蘇俄認爲日本廢除華盛頓條約後，日

本之國際的地位, 將更陷於孤立之窮局, 而各國將積極指責日本違反九國條約, 加嚴要求取消滿洲之門戶對鎖政策。際於此時, 若與僞滿締給任何協定, 不但爲英美之所忌厭, 且亦非蘇俄之良計也。三、俄法軍事同盟之成立, 足使蘇俄西境無憂, 對日可取強硬態度。四、上述各種環境均有利於俄, 故非貫澈主張, 即不欲成交。

475. 北鐵買收와 鮮銀의 將來, 北進할 것은 當然, 매일신보, 1934.11.08

北鐵買收와 鮮銀의 將來, 北進할 것은 當然

北滿鐵道賣買交涉은 廣田外相과 駐日蘇國大使間의 交涉이 漸次好轉되는 狀勢인대 此에 對하야 鮮銀當局은 말하되 對蘇國折衝은 常識보다도 策略이 必要하다 大體北鐵交涉의 基本은 決定되고 此에 附帶할 細目案은 決定되얏스니 念慮는 업겟다. 北鐵의 滿洲國買收가 決定되면 그 經營은 滿鐵에 委任하고 自然我陸軍의 守備區域도 擴大됨에 따라.

一、鮮銀의 機關이 北進하는 것은 當然하다.

一、買收成立後 蘇國에 交附할 資金의 滿洲國 公債는 内地公募에 依하야 當然鮮銀金券의 增發을 보게 되겟다.

一、買收中物資供給도 滿洲國財界를 多忙化 하겟다.

右等의 點으로 보면 鮮銀의 前途는 相當 多事多忙 하겟스며 加藤總裁도 近間東上하야 政府와 協議할 模樣이다.

476. 中東路交涉, 申報, 1935.01.21

中東路交涉

東京 本年第三次關於中東路細目交涉, 已自十七日繼續。十九日午後四時起, 由東鄉歐亞局長與加資洛夫斯基代表在外務省會商至午後十一時半方散會, 討論達七小時以上, 將前次成爲懸案之物價

決定及不履行合約之際插入仲裁裁判條項之件，又局員恩俸支付之計算方法與全部之各項問題，變方均熱心交涉，上項折衝之結果，凡關於插入仲裁條項各節彼此意見尚未達到完全一致之地步，至於其他細目各點，凡須在技術上應稍加考慮者，尚剩餘若干，但讓渡交涉之大綱雙方主張殆已達到一致之點，下星期一至星期二該代表復與東鄉局長會見，當可決定該問題。十九日之交涉對於細目在事實上業經完結，倘此後圓滿進展，則下星期內可設立協定文件起草委員會，之該項條文之作成前後需一個月左右，大約該協定之調印當在三月上旬云。 （二十日日聯電）

477. 談判歷一年零七閱月，中東路非法賣買成交，申報，1935.01.23

談判歷一年零七閱月，中東路非法賣買成交

▲ 日俄代表澈夜商定詳則草擬協定二月中可簽字

▲ 售價計一萬四千萬日金三之一付現餘以貨代歟

東京 中東鐵政轉讓問題，業經最後解決，蘇俄代表柯士洛夫斯基與日代表東鄉澈夜會商最後之詳則，已於今晨二時商獲妥協，俄日「滿」三方代表委員會今將從事草擬正式協定，豫料二月間可以簽字，聞關於該約出售之詳則，多有利於「滿」方，蘇俄已撤銷前所提出如貿易合同及領事管理之土地與建築物主權發生爭執，應交國際仲裁之要求，惟商妥此項土地與建築物，如用爲蘇俄領事署，則無期限與蘇俄而不取租費，按該路轉讓談判，始自一九三三年六月二十六日，共開會議四十次，四次爲俄「滿」兩方之代表所開者，二十二次爲日外相廣田與駐東京蘇俄大使佑里尼夫所開者，八次爲俄代表柯士洛夫斯基與日代表東鄉所開者。 （二十二日路透電）

東京 外務省發言人宣稱，草擬中東鐵路轉讓協定之委員會，大約將以蘇俄代表柯士洛夫斯基、「滿洲國」外交次官大橋、日外務省歐

亞事務局股長西氏組織之，聞購價爲日金一萬四千萬元，另俄職
員解職津貼三千萬元，購價三分之一付現，協定簽字時先付半
數，尚餘購價三分之二分三年以貨代欵付清，即食米、生絲、絲
織品、小船、電氣機件、機器、漁網、銅茶、大豆是，聞其中未
列有軍火。

長春外交部發言人今日宣稱，關於中東鐵路轉讓談判之完成，未許邊
抱樂觀，孰敢謂在草擬轉讓協定全文與下月下旬簽定協定中間不發生
周折乎。（二十二日路透電）

東京 日俄間成立之中東路賣買協定內容大體如次：

一、「賣却物體」中東鐵路及一切附屬財產各種工廠、各發電所、森
　　林利權、各種企業、鐵路所屬一切房地產等。

二、「出售價格」一億四千萬元。

三、俄籍路員退職金及津貼由「滿洲國」負擔，免俄籍路員職時，須
　　於三月前豫先通知，並於通知後與以猶豫時間兩月。

四、「賣買條件」一億四千萬元之價格，以現金及物品付之，價格之三
　　分之一付現金，三分之二付物品，期限三年，分六期付清。

五、「付現金方法」簽定協定後，即時付半額，其餘半額在三年期限內
　　分六期付清，但付年三釐利息，設立金平價約款，規定日俄匯兌。

六、「付物品方法」以日「滿」兩國所產物品按期付清，物價由蘇俄商
　　務官與日「滿」商人決定，關於物品價格之決定發生糾紛時，由
　　以俄委員兩人日委員一人滿委員一人所組織之裁定委員會解決。

七、「擔保付價」日本政府對俄政府交公文書，聲明擔保「滿洲國」在
　　規定期限內，按期付清一切現金及物品，

八、「接收時期」簽字協定，同時接收一切權利。（二十二日日聯電）

東京 東路讓渡協定與蘇日之交換公文，豫定以日蘇英三國語草成
　　之，昨夜會談始決定用英語，因此結果，決定中止以日本文草
　　成定文。（二十二日電通電）

478. 北鐵交渉の妥結，東京朝日新聞，1935.01.23

北鐵交渉の妥結

北満鐵道譲渡交渉は、基本的諒解に伴ふ細目協定において、二、三の點が解決せざるために、最後の成立を見るに至らなかつたが、大勢は已に定まり、成立は單に時間の問題に過ぎなかつたのである。その鍵を握る露國側の譲歩により、東郷カズロフスキー第八次會談をもつて、細目條件の全部に互る折衝が急速に完成の凱歌を奏するに至つたことは、日満露三國の關係に一大エポックを画したものとして欣快に堪えざるところである。

思えば北鐵問題の日満露三國折衝がスタートを切つたのは、一昨年六月二十六日で、爾来幾多の波瀾曲折があり、一再ならず停頓して、一時は交渉の絶望視されたこともあつたが、日満露三國關係者の不撓の苦心と努力とによって、折衝を重ぬること四十回、實に一年有半の歳月を費して、ここに目出度く妥結の域に達することを得たのである。来月下旬をもつて愈正式に歴史的調印を見るはずであるが、ことのここに至つたのは、一九一八年例の有名なるカラハン氏宣言によつて、早くもその示唆を與へたものの、その後宣言の實行は怪しく、空手形に終らんとしたのであつた。満洲國の出現によつて、現實の認識に勇敢なる露國は、進んで既定方針を遂行する機會を捕えたもので、露國は正式に満洲國を承認するに至つていないが、北鐵譲渡を決意したことが、確たる満洲國の存在を承認することを意味するものといわねばならぬ。北鐵譲渡は、この意味において、單なる經濟的價値以上のあるものであることを確認すべきであると思う。

廣田外相は再開議會の外交演説において、北鐵問題の妥結によつて、日満露三國の友好關係が愈強化されることとなれば、關係三國共に本交渉所期の目的を達する次第で、尚又帝國は進んで右以外の諸懸案解決に努力し、兩國の平和關係を促進するとともに、この方針の徹底を期し、これがためには獨り我方の努力のみならず、露國側の誠意ある協力を希望し、この觀點より満露國境方面の軍備に對

する考慮を喚起するところがあつたのである。日露乃至満露間には國境問題、漁業問題、交通連絡問題等尚幾多の懸案があり、うちには相當面倒なものもあるが、日満露三國間の最大の問題が平和裏に解決したことは、今後の三國關係の上に、煌々たる燈台の前照的効用を與うるものといわねばならぬ.

479. 中東路交涉, 申報, 1935.02.03

中東路交涉

東京 昨於一日在外務省已舉行中東路讓渡協定第一次小委員會, 當日僅爲初次聚合, 故關於今後進行議事, 加以商量而已, 其二次開會訂於二日, 仍在外務省議事室舉行, 「滿洲國」方面仍舊希望日本繼續行使斡旋, 是以該委員由歐亞第一課長西氏與蘇聯代表柯資洛夫斯基及克慈辰作夫兩人擔任起草該項文件云。 (二日日聯電)

480. 中東路賣買合同定期正式簽字, 申報, 1935.03.11

中東路賣買合同定期正式簽字

▲ 二十二日發生效力

東京 蘇聯中東路代表柯資羅夫斯基於克慈尼作夫兩人於九日午後往外務省晤東鄉歐亞局長, 行使各項折衝之結果, 將該路讓渡協定條文之最後協定之件業經辦妥, 故訂於十二日午後十時在外務省大臣室由廣田外相與蘇聯大使優列尼夫氏、「滿洲國」公使丁士源氏舉行暫時調印, 其臨時應行簽訂之件大致如左：一、滿蘇間關於中東路讓渡之基本協定, 二、關於付欵保證日本與蘇聯交換之公文。三、日・滿・蘇間之物價裁定委員會議定書十二日行使暫

時調印後，訂於十五日當將上項文件交與樞府審查委員會審查，然後於二十日提交於樞府定例會議決定之後，並於二十二日召集三國代表于外相官邸，舉行正式調印典禮，該項協定與調印同時發生效力，舉凡中東路一切管理，應自即日起正式讓渡於「滿洲國」方面矣，該項正式調印後須付出讓渡欵方法之如何，對於日本匯兌行市當不無相當影響，頗爲一般人士所注目，蘇聯方面希望將該項代價欵項用英國法定貨幣交付，但關於此點，日本大藏當局與正金銀行當事人方面聞已得到充分諒解，然究以若何換算價格，行使該項代價之外國貨幣交欵，故置勿論，而正金銀行則以所持之外國貨幣行使該項付欵，已屬明瞭，至於直接給與匯兌行市以壓迫等等憂慮，似覺尚不至發生也。　（十日日聯電）

481. 東鐵非法草約簽字，我政府再提抗議，申報，1935.03.12

東鐵非法草約簽字，我政府再提抗議

▲ 聲明蘇聯出售爲不合法

▲ 中國一切權利仍予保留

南京　關於中東路非法買賣協定之草約，今日聞將簽字，我國全國人民對於此事極端注意，頃據外部負責人員談，稱中東鐵路係由我國供給一部分資本，特許敷設於我國領域以內，民國十三年五月卅一日，我國與蘇聯簽訂之中俄協定指明中東路爲兩國共同經營之商業性質之企業，復明白規定，該路之前途，祇能由中蘇兩國取決，不許第三者干涉。乃前年春間，忽聞蘇俄有提議出售中東路之消息，本部當經電令我國駐日蘇兩國使館調查實情，迨出售消息證實，又電駐蘇使館，向蘇聯政府提示，蘇聯在法律上對我方所負之義務，迭經顏大使向蘇聯外部嚴重交涉，蘇方終無明確表示，本部鑒於情勢緊迫，復於二十二年五月九日正式發表宣言，根據中俄協定聲明，祇有中蘇兩國得以處理中東路之前途，如有違反協定之任何行爲，我方概不承認等語，乃蘇聯當局，毫不反

省，且以爲我方在事實上，既不能與蘇聯共管中東路，即已喪失我方所根據之中俄協定規定之權利云云。此種不顧法律事實之聲言，我方自不承認，於同年五月十四日，根據協定歷舉法律、政治上之理由，向蘇聯正式提出嚴重抗議。乃蘇聯政府，依然不理，出售之議且進行愈急，並與第三者議定，在東京會商，本部復於是年六月廿五日，再提第二次抗議，重申條約上之權利，但蘇聯政府以售路爲其既定政策，絶不因我方之反對而停止進行。現在東路非法買賣協定將行簽字，本部刻已電令顔大使，向蘇聯政府再提抗議，聲明蘇聯出售東路之舉，我方認爲不合法，而無任何之拘束力，所有中國在東路之一切權益，絶不因此種非法買賣而受絲毫影響，中國對中東路之一切權利，仍予保留云云。（十一日中央社電）

東京 中東路買賣合同之草案，於今日下午八時半在廣田外相官邸先行暫時之簽字。日方出席者爲廣田外相、栗山條約局長、該局小林第一課長、東鄉歐亞局長、該局西第一課長，「滿方」出席者爲丁士源及大橋，俄方出席者爲駐日俄使優烈尼夫、參贊卡茲羅夫斯基、及副理事管理局長克茲尼卓夫，又正式簽字待與日方有關之兩項協定通過樞密院後，於二十二日舉行。（十一日華聯電）

東京 東京各界觀察中東路非法交涉成後，將有下列各項之影響：一、蘇俄撤廢在北滿之各機關，此後蘇俄勢力將漸消滅，二、因關於該路之各項糾紛可期消減，日俄外交漸上軌道，三、日本在北滿之經濟的及軍事的地位更加鞏固，四、東四省之交通機關之經營歸一，五、因北滿產物不經過海參崴，今後均運大連或韓北，故該地將更加繁盛，六、中東路沿線俄人門市營業資本甚巨，此後日商將代取其地位，七、俄方經營之林業，亦將移於日人手中。（十一日華聯電）

長春 「滿洲」決待中東路買賣案簽字後，將該路委滿鐵公司經營，聞滿鐵公司已準備新路員二千五百名，待時期調往接收。又聞該公司決改變該路現有路軌六英寸半爲八英寸半，惟因財政關係，決於簽字後先將長哈更換新路軌，軌道業已向日本製鐵公司訂購，此段路長二百四十五啟羅米突，需費用七百萬元。（十一日華聯

8. 중동철도 매각문제

459

電)

長春 中東路讓渡協定，十二日臨時簽字，二十二日正式簽字。「滿洲國」爲確保接收前後之治安起見，置軍警於一統制之下，至蘇聯方面職員撤退時止，以期警備之完全。（十一日電通電）

東京 十一日由日蘇「滿」三國間舉行之中東路讓渡協定暫時調印，其制成之協定及議定書等共計有左列四件：一、將中東路蘇維埃聯邦之權利讓渡於「滿洲國」政府，此爲「滿」蘇間之協定，二、附屬於上項協定之最後議定書，此爲「滿」蘇間之議定書。三、關於裁定物價之議定書，此爲日「滿」蘇三國間之議定書。四、關於保障「滿洲國」付欵之交換公文，此爲日蘇間交換之公文。

至與上項協定相關係之日滿間保障問題，亦經交換公文一件，此係根據日「滿」議定書之精神而設，故無採取調印形式之必要也。（十一日日聯電）

482. 北鐵讓渡假調印，大阪每日新聞，1935.03.12

北鐵讓渡假調印

東亞の禍根除かる

交渉開始以来一年十ヶ月目

◇……日、満、露三國國交の癌とまでいはれその満洲國への讓渡は當面の緊要事とされていた北満鐵道はいよいよ十一日夜東京で假調印され、廿二、三日ごろの正式調印によつて名實ともに満洲國交通の大幹線として更生することとなつた.

◇……北満鐵道の歷史は古い、その昔東清鐵道といつた當時から東支、北満と二度も名を改め、その間露國は帝政からソウヴイエトに、満洲は清國から民國に、さらに満洲國にと幾變遷した、今北鐵の歷史を見るに一八九六年すなはち日清戰争直後李鴻章、ロバノフ密約（露支攻守同盟）の第四條によつて露國はシベリア鐵道延長線の支

那領土敷設權を獲得し、一九〇二年には満洲里－ポグラニーチナヤ間、ハルビン－大連－旅順間その他支線を加へて延長約二五七〇キロに列車を通じなほ森林、礦山、附屬地その他沿線にあらゆる利權を附屬せしめて満洲經營の野望を着着實現したが、日露戰爭の結果露國の勢力は北満に退却し、艮春（今の新京）以南の線はわが南満洲鐵道となつた.

◇……露國は革命以来、この鐵道とそれに附屬する既得權益を縱橫に驅使して赤化宣傳に大覺となつたが、支那はその利權の逐次的回收に成功し一九二四年、奉露、露支協定によつて完全に露支合并の一商業鐵道となり、自来歐亞を結ぶ國際幹線の一つとして露支間に種々紛爭を口しながらも存續して来たのである.

◇……満洲國成立後、同政府のこの鐵道に對する政策は極めて強硬であつた露國側はその營業の不振に苦慮し不正行為すらあへてしたが、遂に力盡きてか一九三三年（昭和八年）六月満洲國に對し正式に北鐵賣却の意圖を有する旨通告し来りここに讓渡交渉が東京で開かれ日本はこれが仲介に努力したが價命その他の點で容易に折合はず、會商一年有余、その間露國側代表の不誠意から満洲國側代表は一時東京を引揚げたことなどあり、昭和九年九月に至り内田外相のたゆまぬ斡旋が功を奏し、その最大眼目たる價格の點に漸く妥協の曙光を見出し、自来半ケ年、漸く今度の假調印となつたのである.

◇……總延長一七二六キロ、満洲國土を東西に貫きハルビン－新京間支線を口て満鐵に連る北鐵は、將来満洲國の正しき口口によつて歐亞連絡の重大役割を果すとともに、満洲國内の治安維持、産業開發に著しい效果をもたらすであらう、これは満洲國外交の輝かしい成功であるとともに東亞の一大禍根の除去として記憶さるべきものである.

483. 日對俄進一步謀解決各懸案, 申報, 1935.03.13

日對俄進一步謀解決各懸案

▲ 中東路賣買成交後先從採油權交涉着手邊界糾紛談判多困難

東京　中東路賣買協定之草約，業於十一日晚九時半簽字，本交涉自昭和八年六月二十六日舉行第一次正式交涉以來，閱時一年十月，先後開會凡五十六次（其中正式會議六次，廣田外相與優烈尼夫俄使之會見二十四次，中間會商四次，東鄉歐亞局長與俄代表柯資羅夫斯基之會見八次，協定文起草委員會十六次）可知其交涉如何困難，其間迭次瀕於決裂危機，然由廣田外相努力斡旋之結果，遂見圓滿成立，昨日簽字後，廣田外相與俄使繼續會談關於日俄國交之根本調劑問題，交換種種意見。外相謂東路交涉已經成立，爲遠東和平及日俄「滿」三國不勝慶賀之至。日俄兩國應在此友好空氣未脫離前，解決各種懸案，以其有效方法，先從易着手而漸入困难问题，俄使答謂，本國政府對於外相意見表示同情，希兩方以互讓精神解決懸案，於是兩國先由北樺太煤油試掘權之延長問題開始談判，而逐漸談及國境紛爭調停委員會，漁業條約之改訂問題等。　（十二日日聯電）

東京　日本陸軍部對中東路買賣交涉成交，漏出意見如下：因買賣成交，關於該路之俄「滿」糾紛雖可消減，惟蘇俄若不拋棄其對遠東之野心，勢必更加努力鞏固國境，故非蘇俄具有誠意，該項交涉之成交，對日俄關係之緩和實無多大效果云。　（十二日華聯電）

484. 東路非法協定全文, 申報, 1935.03.13

東路非法協定全文

新聞通訊社云，蘇聯非法出賣中東路事，協定草約竟於十一日晚九時簽字，此事業經我方向俄提出正式交涉之中，將來進行交涉結果如

何，尚在未可預料，茲探得該項合同草案全文如下：

一、賣出物體：中東鐵路及其一切附屬財產，一、（甲）鐵路總長：
二,七二六公里，爲滿洲里·綏芬河·長春間的幹綫，　（乙）二,五四四公
里爲業務用線，二,五六七公里電話給水設備及電報線，一、該鐵路所
有車頭及貨車，一、各種工廠森林權及鐵路所屬一切財產，二、出售
價格一億四千萬元，及蘇聯路員退職金約三千萬園，三、買賣條件：
一億四千萬之價格以現金及物品支付之，價格之三分之一付現金，三
分之二付物品，期限均爲三年，四、付現金方法：簽定協定後即付半
額，其餘半額在三年期限內分六期付清，但須按年三分利起息，付欸
以日幣爲單位，萬一日幣對瑞士佛郎的價格，漲跌有過十分之八時，
日幣之比價照時價變更之，五、付物品方法：協定簽字後以日「滿」
兩國出產，：如米·生絲·絲織品·小船舶·電氣機械及器具·魚網·銅茶·大
豆等蘇聯所需要之物品抵償買價。但蘇聯不要武器，物價由蘇聯二
人、日本一人、「滿洲國」一人組織之審查委員裁定之，如有困難
時，日本物品移歸蘇日政府辦理，滿洲國物品由蘇滿政府辦理之。
六、擔保付價之日本政府，以公文書面通告蘇聯政府，聲明擔保「滿
洲國」在限定期內，付清一切現金及物品，七、鐵路接收及與其他線
連絡方法：一、移交財產爲要明瞭其財產起見，最近應在哈爾濱作成
貸借對照表，以爲標準，一、蘇聯所有的財產，爲蘇聯總領事館·館員
寄宿社·圖書館·病院及學校，一、與烏蘇里、西伯利亞兩線的聯絡，中
東路在滿洲里、綏芬河兩站與蘇聯的西伯利亞及烏蘇里兩站聯絡。關
於聯絡的規則，待中東路買賣正式成立後另行協定，八、接受時期：
簽訂協定后同時即行正式接收一切的權利，九、蘇籍路員解雇退職金
及津貼：甲、辭退蘇路員時，須於三月前預先通知，通知後，蘇籍路
員回國，應給與猶豫時間兩個月，乙、退職蘇籍路員的家族及行李，
在中東路有免費運輸的權利，丙、退職金外，儲蓄金應於簽字時即時
付與，至於津貼，則限兩年內付清。

485. 中東路賣買成交後日俄衝突危機未全滅, 申報, 1935.03.14

中東路賣買成交後日俄衝突危機未全滅

▲ 野心不戢和平難期英泰晤士報之論評

倫敦 倫敦泰晤士報今日社論謂, 中東路賣買合同簽第一字之消息, 可使人稍慰, 此乃常識克服疑忌之勝利, 雖日俄間關係緊張之種種原因, 未因此而消滅, 但衝突原因之一今既不存在, 則此緊張已可鬆動, 此項合同, 表示變方將不願有戰爭, 足見頭腦穩健之政治家猶能支配以避免戰爭, 尚望雙方軍民領袖繼續和衷接洽, 如是則和平可以保矣云。 (十三日路透社電)

▲ 新聞通信社云, 據東京日報載滿鐵副裁對於中東路曾作如下之傲語 : 可見日方平日之野心一般, 茲爲譯錄如下 : 綜合全「滿」鐵路經營, 實爲日「滿」交通政策上最急之任務, 但中東路之存在, 對於此項實有極大之妨害, 且阻止運輸交通圓滿之發展。今轉讓交涉業已成立, 中東路將名實相符成爲「滿洲國」國有鐵路之一幹綫, 而統制於國家經營中, 刻正在努力準備接收, 相信接收之後, 火車一刻不至停頓, 至少須保全照常開車, 同時更信此後必能較蘇聯管理時得更多之利益。尤可喜者, 六千名蘇籍路員現非歸國不可, 所剩地位自可由日本人補充, 故中東路買賣成功, 不僅消滅蘇聯在遠東之赤化政策之策源地, 且可解決日本失業問題, 不僅除鐵路經營上障碍, 實日「滿」兩國外交史上劃一之大成功云云」, 於此可見日方之野心爲如何云云。

486. 中東路非法賣買與日俄關係, 申報, 1935.03.19

中東路非法賣買與日俄關係

日蘇中東路非法賣買談判開始於一九三三年六月, 其間經過無數之波折, 乃卒於本年一月二十二日雙方成立妥協。俄方不惜一千四百萬元

之最低限度代價，讓諸日人，並將於本月二十三日正式簽約。我政府
對此問題，主權所關，自難緘默，故曾疊向蘇日雙方提出抗議。本月
十六日再提嚴重抗議，同時復根據民國十三年之中俄協定，分致聲明
書於有關係各國，重申我國之立場，雖其效果，在目前尚難逆觀，然
爲否認此項非法賣買，保留我國在該路之一切權利計，要亦適當而必
要之舉動也。

蘇俄之讓渡在我國境內之中東路，不獨不顧我國之主權，且爲違反中
俄協定，不合法理之舉動，此在中蘇邦交已復之今日，吾人殊不能不
深抱遺憾，然一考蘇俄之所以不顧中國利益，而悍然出此，則與近時
國際環境之推移，亦有相當之關係。蓋第一）自日本侵佔我東北四
省，組織傀儡國以來，日俄雙方無時不處於正面衝突之地位，而中東
路之糾紛，大有成爲兩國戰爭導火線之可能。今俄方對日所以不得不
多方讓步，求暫時之相安，其目的乃在勉強保持和平，以進行其社會
主義建設之原定計劃。第二）自僞滿吉會拉賓北黑等鐵路完成以後，
中東路在經濟上早已失去其獨立性，即一旦日俄戰爭事發生，勝負之
數，不在此路之得失，第三）就歐西之關係言，希特勒之雄心，咄咄
逼人，其通過波蘭以奪取烏克蘭之企圖，未嘗一日終止，最近復公然
宣言廢除凡爾賽和約中之軍備條欵，整軍經武，尤其敢作反蘇聯先鋒
之表示，此種形勢，早爲蘇聯所洞悉，爲免除其爲東西雙方夾擊之危
險計，故對於中東路問題不得不對日讓步。

雖然，中東路非法讓渡交涉之成功，果可以緩和日蘇間緊張之關係
乎，此亦吾人值得注意之問題也，論者每謂：「中東路讓渡交涉之成
功，不僅足以消滅蘇聯在遠東赤化之策源地，且日俄間外交上之糾紛
形勢，亦可從此一掃而空。故中東路賣買成立以後，日本對於滿洲之
統治，將更趨鞏固，滿鐵對於全滿鐵道，亦可放手經營，使北滿資源
容易開發，對俄輸出日漸增加，由是日蘇關係可以愈趨緩和，而兩國
之邦交，亦有日趨和平親善之可能」。但依吾人之觀察，日蘇間中東
路讓渡之成功，固爲緩和日蘇關係初步之成功，然若對於今後之日蘇
關係過分樂觀，恐亦失之過早。何以言之？日蘇關係之重心，不在中
東路糾紛之解決，而實在不侵犯條約之如何訂立，而日方是否願與俄
方訂立不侵犯條約，實爲今後兩國關係是否真能趨於緩和之重要關

鍵。今後亞東國際關係之如何發展，亦將依此問題之變化而轉移。其次，吾人所宜注意者，即日蘇在海參崴沿海之漁業衝突，日方之意，在掃除蘇俄在東方沿海之漁業勢力，俄方於此，是否亦願拱手讓人，大是疑問。再次，日軍部之雄心，在奪取俄屬西伯利亞東沿海濱省之地，同時，排除蘇俄在外蒙新疆之勢力，以完成其獨佔東亞必要之准備。現在中東路之讓渡，雖已告成功，日方是否適可而止，願與蘇聯保持恒久之相安，恐在目前，莫敢遽作肯定之預言。設日方不以此爲滿足，而作再進一步之要求，俄方是否再步步退讓，不予抵抗，此亦大堪思索與想像之問題也。

凡此皆與中東路非法賣買相關之重要問題，此種種問題之如何開展，不獨與我國有深切之關係，且與整個東亞之安危，亦有莫大之影響，故吾人亦未可忽視之也。

487. 중동철도에 대한 협약은 추밀원의 승인에 제출되엇다, 선봉, 1935.03.23

중동철도에 대한 협약은 추밀원의 승인에 제출되엇다.

도쿄, 15일발. 모든 신문들은 중동철도에 대한 협약을 연구한 추밀원의 특별위원회가 협약에 관련되는 모든 문서들을 작업에 일치하게 승인하엿다는 것을 지적하엿다. 협약을 정식적으로 승인하기 위하여 삼월 20일 추밀회 확대위원회에 제출되엇다.

488. 日方擬接收東鐵附屬房產, 申報, 1935.03.24

日方擬接收東鐵附屬房產

▲ 與平俄使館交涉中

北平 平俄使館旁有中東鐵路附屬房產，現中東路既已出賣，日方擬一併將該項房產接收，歸滿鐵公所管理，聞正與俄使館交涉中。

(二十三日專電)

489. 中東路非法讓渡後日即將統制整個東北交通, 申報, 1935.03.26

中東路非法讓渡後日即將統制整個東北交通

▲ 關東軍交通監督部長有重要表示

▲ 在軍事及經濟上可發揮極大威權

大連通訊：中東鐵路非法讓渡簽字後，日僞正在積極舉辦接收各項手續，而此際日關東軍交通監督部長兼關東局監理部長大村卓一，帶同村治井·上兩理事官，以監理部長之資格，赴旅大各機關，作初次之巡視，經於十五日午後一時三十分，乘車來連，大村卓一等下車後，即向歡迎者寒暄，乘汽車到信局，巡視電話·郵編·電報·各局，幷與該幹部會談，然後投宿於大和旅館。關於接收後中東路及日僞郵便條約等重要問題，大村卓一，有如下之表示：一、在北鐵（即中東鐵路）接收後，該鐵路線即爲日本在滿洲之一大動脈，其於軍事交通便利上，倘遇時局發生變故時，可發揮極大威權，其於平時，更應努力吸收運載貨客，今後與其他諸線在一貫政策之下，而得統一經營，俾受整個統制之效果，更可決定依此作爲世界產業交通之一幹綫，充分發揮其機能，對於軌道修改，使南北一貫，目前單就南部支線着手，一方面修理路線，期於今後依順序而得經濟發展，至於東西兩部線，因運行國際列車之關係上，在接收後對於聯運之事，「滿」蘇兩國間，亦當有調節之必要。近日將作技術洽商，亦可成立協定，更在接收後，由配車事務起始，在「新京」哈爾濱之車站改築，及其他沿線諸般之施設準備，均將逐次進行。在北鐵接收而最堪關心者，對於「滿洲國」產業之開發，有連帶性，於此一幹綫，則今後北滿，偏僻地之產業，開發之促進，爲充實社會之施設，其培養線之自動車道路，水運以及航空路之伸長等，均得作充分計劃考慮，即如其他「國」有線，亦當始終全體一貫，而協力於統制之政策。至於日「滿」郵政條約事，關於

具體方案，目下在「中央」審議之中，現地方面亦深望其及早實現，而促進之狀態中，對此正確之時日雖不能言明，但可望在最近成立，因立於特殊關係，雖屬於日「滿」兩國問題，實則有關於國際的，所以外務當局，以法的見解深思熟慮，始終出以慎重之態度。

該關東軍交通監督部長兼關東局監理部長大村卓一，又於十六日偕同村治・井上二人，巡視周水子飛行場、大華冶金公司、若草山觀測所、海務局、滿鐵等，十七日，訪問關東州、旅順要塞司令官，十八日晨，乘九時發之亞細亞大快車返瀋，俟歸任後，擬實施其所表示之方針，讓渡後之東鐵路線，因東西兩線，老朽不堪，難應需要，故日僞急於着手修理，聞除改修橋樑外，如路線照舊敷衍下去，固可暫緩於一時，惟松花江鐵橋，如列車運駛回數，較現在增加時，殊難支持，該橋橋柱與基礎，久已脆弱，如另新建築，其建築費約需一千二百萬元，一時難於籌劃如此巨資，至於修改路線，南部支線經訂於本年八月一日開始實施，至其方法，每公里配從業員三十名，總計一千二百名，在全線動員，自午後二時許起，一齊着手變更工事，三小時半完竣，午前五時半新置標準的軌道。　（東北社）

490. 日俄非法售受之中東路沿線重要市鎭，申報，
　　　1935.04.01

日俄非法售受之中東路沿線重要市鎭

▲ 全線掌握軍事及經濟上極大威權

▲ 各市鎭出產豐富并有美麗風景線

哈爾濱通訊：擧世矚目之日僞俄非法售受中東鐵路事件，已於三月二十三日成立協定簽字式，此東路即爲日僞所有矣，攫奪該路之眞實主人翁爲日本，意在於交通上發揮其軍事威權，而控制整個東北，以完成日本獨霸遠東之一部份。由此可知該路之重要，無怪日人不惜鉅資，而急圖購獲之也，茲將東路沿線之重要市鎭，與其在軍事上之位置，以及出產與風景等情形，分誌如次：

濱州線

滿洲里：距哈爾濱西方五百八十英里，位於東北之西北端，握蘇俄、外蒙、僞滿洲國之國境，爲突出如鼎之一角市鎮，昔於淸建設東淸鐵路時，係薩貝加爾鐵路之終點，東淸鐵路之起點站，日俄戰爭後，依中日滿洲之條約，與海拉爾同時開放爲外國人居留地及貿易地，現在人口約六千五百名，內計日本人三百五十名，俄人三千名（赤白各半數），華人三千名，跨於線路之八十六站附近，立有大門，此門係爲中俄紛爭後，中國軍擊退俄軍紀念門，名爲反擊門，街中寂靜，紛爭之際，俄國飛機擲下炸彈所破壞之家屋殘跡，仍然存在，令人視之，頗有廢墟之感。

札蘭諾爾：爲東路有名之札蘭諾爾煤礦所在地，分五區，一年間採煤量，約一千萬噸，其品質并不佳良，中俄紛爭時，曾中止採煤，僞滿洲國成立後，又繼續開辦。

海拉爾：係古時呼倫貝爾之政治中心地點，爲商業旺盛之市鎮，在海拉爾河支流右岸，被砂□圍繞爲一盆型之中心市鎮，人口約有一萬一千餘名。自僞滿洲國成立以來，海拉爾又爲僞興安省內之政治行政中心地點，呈發展之形勢，距海拉爾南方三百里之甘珠爾廟，每年陰曆八月一日至十五日，有蒙古定期之大集市。

興安：係僞滿洲國之屋頂，大興安嶺之分點，有白樺深林，夏夜亦戚肌寒，居於高地，爲有名之避暑區，療養所，此處有路線式線路，蘇炳文崛起抗日討僞時，日軍工兵大尉荒木，即在興安大隧道前被擊斃，

成吉思汗：自碾子山至成吉思汗一帶，係丘陵性之草原，處處立有美麗之白樺木，即有名之成吉思汗柵近處地方。

富拉爾基：挾嫩江而對昂昂溪，於濱洲線上比較重要之市，特產物之產地，每年輸出大豆豆餅各五萬噸，嫩江漁業，亦極旺盛。日俄戰時，日本之殉難烈士橫川省三、仲禎介等六人，□多次困難，由北京潛入，企圖炸燬嫩江鐵橋，乃被俄軍發見，於此處將橫川仲禎二人逮捕。

安達：北滿之穀倉地帶，并爲農產物之大集散地，在一年內，由站發
送之大豆約五十萬石，小麥二十萬石，粟三萬石，大麥二萬
石，高粱二萬石，實爲極大數字之集散地，入收穫期時，無
論英國、俄國商人，均設有出張所於此，在野積場之大豆，
累積如山，頗爲壯觀。

濱綏線

綏芬河：爲蘇維埃沿海州與我東北之唯一關門，並與俄領之古老兌谷
相對峙，爲東部線之終點站，市鎮在山之斜面，頗有俄國風
調，人口華俄約同數，與日本人、朝鮮人相併，共計約九千
人。

牡丹江：松花江支流，臨牡丹江岸，迫近寧安方面之沃野，藉水運力
而爲爲農產物集散地，該市依水運與鐵路，運輸甚便，將來
之發展，頗堪期待，距牡丹江約七基羅，西方之待避站愛
河，有中東路之農事試驗所，並爲牡丹江、愛河風光明媚之
所。

橫道河子：位於濱綏線中間，昔僅爲一寒村，俄國建設東鐵時，視爲
軍事重要地點，乃建立大停車場，建立以來，急激發展，人
口約一萬左右，附近地方，產有多量木材，農產物如蜂蜜
等，亦頗不少，所謂北滿之嵐山者，即指此處，由此觀之，
成爲北滿之風景線，又爲濱綏線之屈指重要都市，人口約一
萬五千，該市比他市較爲美麗，商業亦極旺盛，市之螞蟻河
附近，適於夏季水浴及釣魚，每年由哈爾濱赴此處避暑之俄
人甚多，又爲農業集散地，有山葡萄酒蜂蜜酒等名產物。

二道甸子：市之四週，爲山所繞，係濱綏線唯一之溫泉及獵狩地，哈
爾濱之中產階級，時常携獵犬赴該地打獵，至夏期時，哈爾
濱方面到該處避暑者，亦頗不少，並有專爲避暑者租借之別
墅。

阿什河：站之南方五滿里地方，有阿城之市街，此地因太近哈爾濱，
失却其發展性，昔時亦曾爲北滿與南滿之連絡地，頗有相當
發展之地方，阿城之南五滿里，有白城之土城遺址，此爲金

代會寧府之首都，係歷史著名之地方。

「京」濱線

寬城子：南部線之終點站，距僞「新京」站三基羅之支線，而與滿鐵
連絡，市街在「新京」西北方，人口約三千，有俄國之田舍
市街氣味，有電報會社，寬城子送信所，張有高大之無線電
受播線，因臨於「新京」，日本人口大爲增加。

窰門：此處自東鐵建設以來，爲急激發達之市，沿線穀物之重要收集
地，該站每年運輸大豆約二十七萬石，高粱二十萬石，其他
合計共五萬石，又家禽之飼育，甚爲旺盛，人口約一萬。

松花江：係臨第二松花江右岸之市鎮，其橋樑之延長爲二千四百英
尺，爲東路第二之長橋，水運便利，由下流伯都納方面，以
風船輸送穀類。

三岔河：在「京」濱線之穀物發送量占第一位，年額達一千三百萬甫
特，次於濱洲、實綏縣、哈爾濱、安達、滿溝，占第四位，
人口三萬五千，商業繁榮。

雙城堡：距哈爾濱南方二十四英里，乃「京」濱線沿線之重要都市，
該地從來以官設郵驛，與阿什河伯都同爲古來北滿之都邑。
至清末期，經樊勳「滿洲」移民結果，人口增加，尤其自東
路建設以來，物資集藏，日見增加，發送數量，在三線中，
首屆一指，市鎮位於站之南方一英里，人口五萬餘。 (東北
社)

중동철도와 일본자본 철도와의 대립

9. 중동철도와 일본자본 철도와의 대립 (해제)

근대 이래 철도는 제국주의 열강이 식민지, 반식민지에서 자신의 세력을 확장하는 주요한 침략 공구였으며, 러시아(이후 소련) 역시 중동철도의 부설 및 발전을 통해 중국 동북지역에서 자신의 배타적 세력권을 확대해 나갔다. 러일전쟁에서의 승리 이후 후발주자로서 남만주지역을 자신의 배타적 세력권을 형성한 일본으로서 북만주로 세력을 확대하기 위해서는 러시아세력의 억제가 불가결함을 잘 인식하고 있었다.

일본이 만주와 몽고에서 세력을 확대하는 과정에서 가장 큰 장애는 바로 러시아의 존재였다. 일본은 1900년 초 이래 러시아의 위협이 시베리아철도와 중동철도에 의해 언제라도 실현될 수 있을 것이라 두려움을 가져 왔으며, 따라서 러시아의 철도가 조선으로 뻗어 나가는 것을 극력 저지해 왔다. 비록 러일전쟁의 결과 일본은 러시아의 세력을 북만주로 후퇴시키는데 성공하였지만, 중동철도 본선이 러시아의 수중에 남아 있는한 러시아의 재기를 경계하지 않을 수 없었다.

청일전쟁 직후인 1896년 러시아는 청러밀약을 통해 중동철도 부설권을 획득하였으며, 이후 중국 동북지역은 사실상 러시아의 세력권으로 분류되었다. 그러나 러일전쟁에서 일본이 승리한 이후 포츠머스에서 체결된 러일강화조약의 제6조에서 러시아는 장춘으로부터 여순에 이르는 철도 및 기타 일체의 지선, 그리고 이 철도에 부속된 일체의 권리 및 재산을 일본에게 양도하기로 합의하였다.

이후 1906년 11월 26일 일본은 남만주철도의 부설과 경영을 위해 남만주철도주식회사 창립총회를 개최하고 본사를 동경에 두었으며, 다음해인 1907년 본사를 대련으로 이전하고 동경에는 지사를 남겨두었다. 이 철도가 바로 중동철도 남부지선인 남만주철도로서, 이후 중국 동북지역은 중동철도로 대표되는 러시아의 세력과 남만주철도로 대표되는 일본의 세력이 북만주와 남만주에서 첨예하게 대치하는 제국주의 각축의 장이 되었다.

1906년 6월 9일 남만주철도주식회사의 설립이 공포되고, 같은 해 말 정식으로 설립되었다. 남만주철도주식회사는 4개월 여의 준비기간을 거쳐 1907년 4월 1일 철도 및 부속지의 일체 행정을 인계 받아 본사를 대련에 두고 영업을 개시하였다. 남만주철도주식회사의 자산은 1914년 2억 1천만 원에 달해 중국에 대한 일본의 직접투자 가운데 약 55%, 그리고 만주에 대한 투자의 약 80%에 해당되는 사업자산을 소유하고 있을 정도로 방대한 규모를 자랑하였다.

이후 중동철도로 대표되는 소련의 세력과 남만주철도로 대표되는 일본세력은 중국 동북지역에서 첨예한 경쟁을 전개하였다. 즉 동북지역의 농산물 등이 남만주철도를 통해 대련으로 운송되어 이출되거나 혹은 중동철도를 통해 러시아(이후의 소련)의 블라디보스톡으로 이출되면서 양 철도 사이에 이 지역의 상품 운송을 두고 치열한 경쟁이 전개되었다. 중동철도이사회는 남만주철도와의 경쟁에서 우위를 확보하기 위해 운임의 할인을 통해 물동량을 중동철도로 흡수하기 위한 정책을 적극 강구하였다. 일찍이 1907년 중동철도이사회는 〈중동철도의 영업방침 및 운임정책에 대하여〉라는 제목의 보고서를 러시아의 재무장관에게 제출하였다. 중동철도는 이 보고서에 기초하여 운임정책을 수립하였으며, 1908년에 특별회의를 개최하여 운임 개정에 착수하였다. 중동철도이사회는 운임정책을 결정하는 과정에서 일본과 남만주철도를 적극 견제하였다.

이와같이 중국 동북지역에서 세력을 확대하고 있던 러시아가 일본의 세력 확장을 억제하기 위한 구체적인 방법은 바로 중동철도를 통해 남만주철도를 견제하는 것이었다. 반대로 일본 역시 끊임없이 남만주철도를 통해 만주에서의 세력 확장에 부심하였으며, 이러한 과정에서 중동철도에 대한 견제는 매우 핵심적인 과제가 아닐 수 없었다. 실제로 일본의 만몽정책은 전적으로 대러시아정책이며, 그 핵심에 바로 중동철도와 블라디보스톡이 있다는 일본 측의 기록은 이러한 사실을 잘 웅변해주고 있다. 따라서 이를 위한 구체적인 방안은 바로 북만주를 포함하여 동북지역의 물동량을 얼마나 남만주철도 및 일본의 세력 하의 철도로 흡수하느냐가 관건이 아닐 수 없었다.

만주에서 중동철도와 남만주철도는 치열한 상품 운송 경쟁을 전개하고 있었다. 1913년 중동철도의 화물 운송거리는 3,818,700만 리에 달하였으며, 남만주철도는 4,598,900만 리에 달하였다. 여객 운송거리는 중동철도의 경우 1,492,800만 리에 달하였으며, 남만주철도의 경우는 2,303,200만 리에 달하였다. 화물 운송수익은 중동철도가 12,648,000 루블, 남만주철도가 10,902,000루블이었으며, 여객 운송수익은 중동철도가 4,136,000루블, 남만주철도가 4,720,000루블에 달하였다. 1920년대 중반의 통계에서도 대련항과 블라디보스톡항의 상품 운송량의 비중을 비교해 보면, 전자가 55%, 후자가 45%로서 여전히 치열한 경쟁을 지속하고 있었음을 알 수 있다.

이렇게 본다면 일본이 남만주지역에 대한 지배권을 공고히 하기 위해서는 남만주철도의 정상적인 경영과 발전이 불가결하였으며, 나아가 북만주로 세력을 확장하기 위한 가장 큰 장애는 바로 중동철도를 기반으로 한 소련세력이었음을 알 수 있다. 다시 말해 남만주철도가 중국 동북지역에서 상품 운송의 분담률을 높여 수익을 증대시키기 위해서는 결국 중동철도를 통한 상품 운송량의 감소가 전제되지 않고서는 불가능한 일이었던 것이다. 이러한 이유에서 일본의 만주정책 역시 자연히 소련세력의 억제 및 중동철도의 견제에 중점을 두지 않을 수 없었다.

1924년 중국과 소련이 〈중소협정〉과 〈봉소협정〉을 체결하여 중동철도의 공동관리를 개시하자 일본은 중동철도의 존재를 자신이 세력범위를 확대하는데 주요한 장애물로 인식하였으며, 따라서 모든 수단을 동원하여 이를 저지하고자 시도하였다. 중국 동북지역에서 소련이 배타적 세력을 확보할 수 있었던 근거는 바로 중동철도를 통한 물류유통의 장악이었다. 다시 말해 이 지역의 경제와 무역의 명맥이 중동철도와 불가분의 관계를 형성하고 있었던 것이다. 남만주철도를 통해 남만주지역을 장악하고 있던 일본의 입장에서 북만주로 자국의 세력을 확대하기 위해서는 중동철도의 영향력을 감소시킴으로써 소련의 세력을 약화시키는 방법 외에는 없었던 것이다.

이러한 이유에서 일본의 대만주정책은 전통적으로 소련세력의 견제, 즉 중동철도의 경제적 효과를 약화시키는데 집중되었다고 해도 과언이 아니다. 이를 위해 만주사변 이전에 일본은 이미 만주에서의 대철도망 계획을 수립하였으며, 이러한 계획의 주요한 목적은 한결같이 중동철도의 세력을 견제하는데 초점이 맞추어져 있었다. 일본제국주의는 일찍부터 중국 동북지역에서 철도망을 구축하기 위한 철도 부설계획을 수립하였으며, 이러한 계획은 1932년 만주국의 수립 이후 더욱 가속화되었다. 그런데 이와같은 철도망 구축 계획은 무엇보다도 중동철도를 견제함으로써 이 지역에서 러시아세력을 억제하는데 주요한 목적이 있었다. 그 대표적인 철도가 바로 일본에 의해 부설된 길회철도, 안봉철도, 랍빈철도, 제극철도 등이었다.

길회철도는 만주 횡단철도로서, 일본이 1909년 9월 청조와 체결한 간도협약의 제6조에서 부설권을 획득하였다. 길회철도는 중동철도의 병행선으로서 동북지방에서 물류의 운송을 두고 중동철도와 치열한 경쟁을 전개하였다. 길회철도는 명확하게 중동철도를 견제하기 위한 병행선이었으며, 북만주에서의 상품 유통을 상당 부분 분담함으로써 중동철도의 발전을 억제하기 위한 목적에서 부설되었다고 할 수 있다. 따라서 종래 중동철도를 통해 블라디보스톡항으로 운송되던 물류의 상당 부분을 탈취함으로써 중동철도에 타격을 주고 나아가 러시아세력을 약화시키기 위한 목적에서 부설된 것이다. 길회철도는 장춘에서 시작하여 길림을 거쳐 훈춘을 넘어 조선의 회령으로 연결되며 다시 나진항으로 연결되어 중국 동북지방의 상품을 일본 각지와 가장 단거리로 운송할 수 있는 신설 유통망이라고 할 수 있다. 길회철도의 부설과 새로운 유통망의 출현으로 말미암아 중동철도에 비해 운송거리 등에서 강점을 가지고 있었기 때문에 중동철도로서는 적지 않은 위협을 받게 된 것이다. 길회철도는 종래 대련항이나 블라디보스톡항을 경유하는 노선에 비해 운송거리에서 우위를 확보하고 있었다.

길회철도의 부설과 완공은 기존 남만주철도를 통한 대련항으로의 물류 운송이라는 1선 1항주의로부터, 길회선과 나진항을 더하여 2선 2항주의로의 정책적 전환을 의미하는 것이다. 이를 통해 남만주 및 서북만주의 화물은 종래와 마찬가지로 남만주철도를 통해 대련항으로 반출되며, 북만주 화물의 일부는 길회철도를 통해 나진항으로 반출되어 상호 시너지효과를 극대화함으로써 중동철도를 거쳐 블라디보스톡으로 유출되는 물류 유통을 효과적으로 견제할 수 있게 되는 것이다.

더욱이 길회철도는 경제적 효과뿐만 아니라 군사적 효용성도 크게 기대할 수 있었다. 일찍이 일본육군성은 한국 북부로부터 중국 길림까지 철도를 부설하여 중국 동북지역으로부터 한국 북부지역에 걸친 방어선을 구축하고, 이를 통해 일본의 세력을 부식하는 것이 정책상 매우 중요하다고 판단하였다. 일본육군성은 기존의 남만주철도를 통해 만주지역을 발해 및 대마도해협과 상호 연결시켰다면, 장춘-길림-회령을 연결하는 철도의 부설을 통해 만주지역을 한국 및 동해안으로 연결시켜야 한다고 주장하였다. 이를 통해 길회철도가 중동철도의 군사, 전략적 효과를 감소시키는데 크게 기여할 수 있다고 지적하면서, 만일 러시아와 일본 양국 사이에 전쟁이 발발할 경우 러시아는 중동철도를 통해 하얼빈으로 야전군을 집중시키게 될 것이다. 따라서 일본으로서는 한국 북부지역에 있는 일본 주둔군으로 하여금 러시아군을 견제하도록 하는 동시에, 다른 한편으로 일본의 주력부대를 만주로 집결시켜 결전에 대비해야 한다고 주장하였다. 길회철도가 완공된다면 일본은 청진-회령-길림-장춘 노선을 통해 병력을 효과적으로 수송할 수 있을 뿐만 아니라, 연해주 및 중동철도 연선에 있는 러시아군에게 큰 위협이 될 수 있다고 주장하였다.

　제극철도와 랍빈철도의 부설 및 개통 역시 중동철도의 수송 분담률을 더욱 저하시킴으로써 북만주에서 상품의 운송을 담당해 왔던 중동철도의 독점적 지위를 한층 동요시켰다. 제극철도가 개통되기 이전에 근산과 태안지역의 농산물은 대부분 안달지방으로 반출되었으며, 또한 필수품들은 하얼빈과 안달을 통해 유입되었다. 인근의 訥河와 嫩江 지역의 상품 역시 치치하얼과 하얼빈을 거쳐 거래되었다. 말하자면 이들 지역의 상품 유통에서 중동철도의 주요 정차역인 하얼빈이 차지하는 위치가 매우 중요했음을 알 수 있다. 그러나 제극철도가 개통된 이후 이 지역의 상품 가운데 중동철도를 경유하지 않고 이 철도를 거쳐 다시 조앙철도로 운송되는 상품의 수량이 급격히 증가하였다.

랍빈철도의 부설은 중동철도의 경영에 심대한 타격을 주었다. 랍빈철도는 중동철도의 거점인 하얼빈을 관통하여 북만주로 노선을 전개함으로써 기존 북만주의 물류 유통을 독점하고 있던 중동철도의 세력을 견제하기 위해 부설된 것이다. 랍빈철도는 만주에서 가장 비옥한 지역인 중동철도 동부선과 남부선 사이를 관통하여 해당 지역의 물류 유통을 독점할 뿐만 아니라, 더욱이 북만주지역으로부터 해외로 수출되던 유통경로를 크게 단축함으로써 블라디보스톡항을 경유하던 중동철도에 비해 운임에서 경쟁력을 확보할 수 있었다. 이러한 결과 기존의 노선 독점으로 말미암아 높은 운임을 부과하고 있던 중동철도를 경유하지 않고서도 북만주와 하얼빈 이북의 물류가 랍빈철도를 경유하여 수출됨으로써 결과적으로 중동철도의 세력을 크게 약화시키는 의미를 가지고 있었다.

뿐만 아니라 랍빈철도는 송화강철교를 통해 호해철도와 연결됨으로써 송화강 이북의 물류 유통 역시 상당 부분 흡수할 수 있었다. 북만주 상품의 수출뿐만 아니라 랍빈철도의 출현으로 말미암아 일본상품이 저렴한 운임을 바탕으로 이 지역에서 상당 부분 유통될 수 있는 기반을 마련함으로써 일본산업의 수출시장으로서의 역할도 기대할 수 있었다.

소련 역시 랍빈철도를 부설하는 목적이 자국 소유의 중동철도를 견제하는데 주요한 목적이 있음을 분명히 인식하고 있었으며, 따라서 랍빈철도 부설과 중동철도의 횡단에 대해 반대와 항의가 있을 것임은 자명한 일이었다. 이에 대해 일본외무성은 랍빈철도의 부설 및 중동철도의 횡단 주체를 만주국 교통부로 위치시키고 실질적인 공사의 주체인 남만주철도주식회사를 교통부의 공사 청부업체로 의미를 축소시켰다. 이러한 결과 대외적으로 독립 자주국을 표명한 만주국 교통부가 자국의 국유철도 부설을 위해 중동철도를 횡단하는 사실에 대해 소련으로서는 이를 거부할 마땅한 명분을 찾기 어려웠으며, 결국 이와같은 요구를 받아들이지 않을 수 없었던 것이다.

　안봉철도는 최초 러일전쟁기간 동안 일본의 군사적 목적에 따라 부설되었으나, 종전 후 후발자본주의 국가인 일본의 상품 수출과 시장의 확대를 위한 경제적 기능을 제고하는 일이 시급한 과제로 부각되었다. 이러한 이유에서 안봉철도의 부설과 개축은 교통운수상의 기능과 구간적 편의성뿐만 아니라, 일본과 한국, 중국 동북지역, 나아가 유럽으로 이어지는 간선철도로서의 역할을 적극 반영하였으며, 나아가 각 지역을 상호 연계하는 새로운 유통망의 형성을 위한 기틀을 마련하였다고 볼 수 있다.

　새로운 유통망의 형성은 비단 철도의 개통을 통한 교통운수상의 조건뿐만 아니라 이를 활성화하기 위한 종합적인 물류의 유통체계를 필요로 하였으며, 이를 위해 일본제국주의는 정책적 수단을 적극 강구하였다. 그 대표적인 정책이 바로 안봉철도 개축과 동시에 완공된 압록강 철교의 가설을 비롯하여, 안봉철도를 통한 국경통과 화물에 대한 관세의 경감 조치, 그리고 大阪-'日本鐵道院-朝鮮鐵道-安奉鐵道-奉天으로 운송되는 화물에 대한 '3선연락운임제'의 실시였다. 일본은 새로운 유통망을 활성화하고 이를 통해 자국 상품의 수출을 보다 확대하기 위해 '일본철도원'(일본내 철도), 조선철도, 안봉철도를 경유하는 三線連絡 貨物에 대해 약 30%의 특별 할인운임을 적용하기로 방침을 정하고, 마침내 1914년 5월 1일부터 이를 실행에 옮겼다. '3선연락운임제'의 핵심적인 내용은 안봉철도를 통과하는 화물 가운데 면사, 면포, 기타 면제품, 韓國米, 마대, 모자, 맥주, 염간어, 생과, 곤포, 도자기, 燈製品 등 12개 품목에 대해 특별할인요금제를 실시하는 것이다. 이는 경부철도, 경의철도를 통해 화물을 흡수함으로써 한반도철도의 경영을 개선하는 동시에, 안봉철도를 경유하는 유통루트로 하여금 운송거리와 시간, 비용 등에서 우위를 확보하도록 함으로써 이를 통해 綿紗布 등 주요 상품의 수출을 확대하려는 일본의 정책적 의도를 강하게 반영하고 있다.

새로운 유통망의 출현은 해로를 통한 기존의 루트로부터 안봉철도를 통한 육운으로 일정 정도 물류 유통을 분담하는 의미를 가지고 있었다. 일본정부는 일본경제의 수출 증대 및 시장의 확대를 위해 물류 유통의 안정성을 확보하는 일이 매우 중요하다고 인식하였으며, 이를 위해서는 기존 중동철도의 상품 운송을 분담함으로써 소련의 세력을 억제하는 일이 불가결하였다. 이러한 근저에는 중국 동북지역을 둘러싸고 오랜 동안 치열한 시장경쟁을 전개해 왔던 러시아에 대한 견제가 자리하고 있었으며, 더욱이 육로를 통한 새로운 유통망의 출현은 유사시 정치, 군사적 효용까지 기대할 수 있었다.

주지하다시피 러일전쟁 이후 체결된 〈러일강화조약〉 제6조에서 러시아는 長春으로부터 旅順에 이르는 동청철도 지선(남만주철도) 및 기타 특권을 일본에 양도하는데 합의하였다. 이후 동청철도로 대표되는 러시아세력과 남만주철도로 대표되는 일본세력은 중국 동북지역에서 첨예한 경쟁을 전개하였다. 러시아는 "동청철도를 통해 러시아제품을 북만주로 수입하여 만주시장을 장악하고, 만주상품의 수출은 동청철도-블라디보스톡 노선을 경유하도록 한다"라는 목표를 설정하였다. 일본 역시 "과거 20년 간 일본의 만주정책은 바로 대러시아정책이었으며, 그 핵심에 동청철도와 블라디보스톡이 있다"라고 인식하였다. 이와같이 일본과 러시아는 동북지역의 물류를 가능한한 자국 세력의 철도로 흡수함으로써 만주시장을 장악하기 위해 치열한 경쟁을 전개하고 있었다.

일본이 안봉철도의 개축과 압록강철교의 가설을 서두른 배경에는 바

483

로 이와같은 러시아와의 경쟁관계가 자리하고 있었다. 이러한 사실은 "압록강철교가 완공되고 안봉철도가 완공되어 철도로 국경을 통과할 수 있게 되었다. 조선철도 경유선의 번영을 도모함으로써 블라디보스톡과 대항하는 것이 반드시 필요하다"는 기록으로부터 잘 알 수 있다.

주목할 점은 바로 이와같은 정책이 중국 동북시장에 미친 영향이라고 할 수 있다. 관세 경감과 '3선연락운임제' 등이 실시된 1913년, 1914년을 기점으로 중국 동북지역에 대한 일본제품의 수출이 급증하였다. 총 수출액의 급증은 이와같은 정책적 효과를 여실히 보여주는 것이며, 이러한 결과 일본은 중국 동북지역을 안정적인 수출시장으로 확보할 수 있었다.

만주국 수립 이후 관동군사령부와 만주국은 철도 노선을 계속적으로 증설해 나가기로 합의하였다. 즉 1)돈화-도문강선, 2)랍법-하얼빈선, 3)극산-해륜선, 4)통교, 금현-적봉, 열하선, 6)돈화-해림선, 7)왕야묘-색륜-만주리선, 8)장춘-대뢰선, 9)연길-해림-의란-가목사선, 10)신구-의주, 거류하선 등이 이에 속한다. 이들 교통망은 길회철도뿐만 아니라 만주지역에서 일본자본에 의한 철도망의 구축과 유통망의 장악을 의미하며, 사실상 중동철도의 기능을 무력화시키는 결과를 초래할 것임은 명확한 일이었다.

길회철도를 비롯한 일본자본으로 부설된 철도망의 구축과 더불어, 설상가상으로 세계공황의 여파, 그리고 중소관계의 악화 및 중국관민의 반제운동 등이 겹치면서 중동철도의 경영은 더욱 어려운 지경으로 빠져들고 있었다. 1920년대 말부터 본격화된 중동철도의 재정 적자는 길회철도 등 각 철도의 개통에 따른 수송 분담률의 저하뿐만 아니라 세계공황, 중소관계의 악화 등 기타 요인이 더해지면서 더욱 심화되었다. 1927년 중동철도의 화물 운송량을 살펴보면, 국내화물 1,594,000

톤, 수출화물 2,767,000톤, 수입화물 539,000톤 등 총 4,900,000톤을 운송하고 있었다. 그런데 길회철도 등 일본자본의 철도가 점차 완성되어 가던 1934년의 수송량을 살펴보면, 국내화물이 1,355,000톤, 수출화물이 627,000톤, 수입화물이 105,000톤, 총계 2,087,000톤으로서 불과 7년 만에 운송량이 급격히 감소하였음을 알 수 있다. 결국 이와같은 운송량의 감소는 중동철도의 재정 악화로 이어질 수밖에 없었다.

9. 중동철도와 일본자본 철도와의 대립

491. 東支線禁運輸問題, 京城日報, 1917.11.30

東支線禁運輸問題決行なかるべし

哈爾賓運輸委員會より同地満鐵公所に通達ありたる東支南部支線貨物運輸禁示に關する決議は既報の如く十一月十九日より向ふ一週間の猶豫を附し實施すべしとの事なりしが本日は恰も協定當日なるを以て之れが實施如何を調査するに未だ何等の實行に關する東支側よりの報に接することなく満鐵當局者の間にも爾後の形勢一切不明なる由にて満鐵當局者の談によれば假に若し近日にも決定の報ありたる暁には如何にと云ふに日露貿易上の一大打撃なるは勿論なるも哈爾賓在留邦人の運命に就きては差し當り大なる變化のなかるべきを信ずれども之によりて強盗等の現在以上に横行する恐れは勿論計り難し、され共在留邦人の

▲ 食料品缺乏の如きは萬々氣遣ひなかるべく、即ち現在既に開始され居る馬車輸送が擴大さると同時に奥地輸送の機關の充實さは邦人用食料品ぐらいの荷物を輸送するは困難ならず、又かかる暁には最近の創立に係る長春運輸株式會社の如きはかかる急場に處して充分なる活動を始むるは論を俟ざる所にして、又土地柄として馬賊の襲来に關する荷主側の憂慮もさる事ながら此の點に就きては這般の事情に通ずる練達の士もある事なれば十分危険防止の用意を豫めなし得べしと、又如上禁令決行實否に對する樂觀の理由を聞くに第一禁令決行を必要とする重大なる理由を見出だし得ぬものにして若し近来噂おりし

▲ 極東獨立問題 のため武器輸送を未發のうちに防遏する策として行はるるものとすればあまりに推なる方法と云ふべく又浦鹽方面より近き将来に於て對獨戦争用の軍器輸送が大袈裟に行はるるが如き事

も幸か不幸か今日の露西亞に於ては到底想像だに及ばざる所と云ふ
べく、加ふるに元来哈爾賓の混乱は石炭の缺乏が最も重大な原因を
なしつつある今日なるに最近五十荷車程西伯利亞方面より著車した
る事實もあり若し東支線荷物運輸を禁止しつつ獨は石炭輸入のみを
除外するが如き

▲ 勝手なる條件 の禁止令は成功むづかしかるべく、さればとて石炭
を除外せざる禁止令の如きは在り得べからずとせば、上述の諸理由
と合して恐らく決行の事覺東なかるべし、現在に於ては未だ滿鐵側
よりも何等の交渉をも成す迄に至らず哈爾賓輸送委員會に於ても四
方より非難の聲に口せられ或は此の儘立ち消えとならざるを得ざる
べし. (二十五日長春支局)

492. 北滿特産物の浦塩集中, 大阪毎日新聞, 1921.05.11

北滿特産物の浦塩集中

運賃引下 一箇年産額百萬噸と口せられて居る北満の特産物は従来満
鐵に依つて其大部分が大連に搬出され大連を中心として日本及び各
國へ輸出されたものだが最近東支線と烏蘇里線とが協定の結果運賃
の低減を計つて以来滿鐵と東支線との運賃は噸當り六圓即ち一車で
百八十圓内外の差額があるので近来浦鹽に向つて搬出される満洲の
特産物の量が急激に増加して来た浦鹽色めく東支鐵道は更に國境浦
鹽間の運賃を低減し浦鹽埠頭における貨物の保管及び積載費用の半
減を實行したので浦鹽への輸送状態の圓滑と勞働組合と妥協成立の
ため最近に至つて浦鹽に到着する北満の貨物は日々百七十車乃至二
百車を算するに至り沈滞した浦鹽が漸く復活の曙光を口めて来たと
之がため浦鹽敦賀間に定期航路を有する大阪商船では社外船の口口
口口に刺激されて最近口當り六圓の運賃を三圓に口減し定期船の船
腹の全部を提供する事となつたが最近の航海より載貨に入港する商

船の定期船は毎回十噸以上の北満貨物を積載して居口口恐らく此状
態は當分持續すべく今建實行後の惡影響と關連して大連市勢に對す
る一大脅威であると噂されて居る.満鐵對抗策満鐵は目下之が對抗策
の考究中であるとの事だが原因は東支南部線即ち哈爾賓長春間の運
轉が非常に高口に當つて居る點にあるとの事である.(口習来電)

493. 東支南線運賃問題, 大阪朝日新聞, 1921.05.22

東支南線運賃問題 (長春特電二十日發)

満鐵の割引に對し運動起る

満鐵が北満貨物吸收策として去る十日により東支鐵道南部支線長春
の北八十哩以北より發送南下する撥類運賃を三割五分割引を實施せ
るが右は當地特産物業者に大打擊を與ふるを以て鐵道組合は十九日
之が對應策に就き協議會を開き蹶起して均霑運動準備中にて一面
商業會議所も當地一般に及ぼす影響甚大なりとし臨時會議を開き善
後策講究中なり而して特産物商等の意見を聽くに當地に集散する一
箇年の種類數量約百萬噸にして其の内約五割五十萬噸は長春の北八
十哩以北の産出品にて他の五割は其の附近及び以南より出廻り是等
は全部長春の日支商人の手に依り取引さるるものにして満鐵沿線全
體の貨物運賃收入と長春一驛の收入と較匹敵するの數を示すことあ
りて長春經濟界の漸衰は實に是等特産物によつて左右さるる有權に
て頗る甚大なる影響を來し有能引實施の結果一箇年約三十萬噸 (價
格約三千萬圓) の取引高減少を見るに至るべく全く特産物商等浮沈
の岐るる所なるを以て我等は全力を盡して右割引に均霑の目的を達
せずんば熄まずと非常なる意氣込なり尚右割引は吉長鐵道にも大打
擊を與へ支那側の抗議も起り問題を惹起するに至るべしと.

▲ 既報満鐵の運賃割引問題に關し當地經驗者の談によれば満鐵當局
は右割引を以て完全なる貨物吸收策の如く單純なる想定を下し居れ

るも満鐵が如何に運賃割引を以て遠く北滿の貨物を引付けんとする
も永年實際の研究を重ね居る東支當局の貨車政策如何により貨物の
南下を防止しするは易々たる事にして假令日本が同鐵道を管理する
關係上便宜ありとするも又最近傳へらるる日本が財政上の援助をな
すにしても實權が東支長官の手にある以上豫期の効果を擧ぐる事の
困難なるは明瞭なり若し割引政策が効果ありとするも愈口類出廻り
の盛期に至り幾十萬噸の貨物一時に殺到せんか現在の滿鐵輸送力に
ては到底之れが荷捌きの不可能なるは過去の事實に徵して明かなり
毎年輸送期を經過して雨季に際し幾萬噸の貨物を野積みとして荷主
に苦痛と損害を與へ非難攻擊されたる苦き經驗ある事に想到せず徒
らに地方商人を苦しめ又自ら不利を招くが如きは賢明なる滿鐵諸公
の取るべき策にあらず尚十分愼重なる調査考慮を要すべき重大問題
なりと非難の聲高しと. (長春特電二十日發)

494. 問題の東支鐵道, 大阪朝日新聞, 1921.06.01

問題の東支鐵道

奉天特電三十一日發

東支鐵道共同管理委員長尾半平氏一行の四名は内地より三十日夜来
奉一泊の上三十一日北行せり長尾氏は東支鐵道に關し目下問題に上
れる重要の點に就き力めて之を語るを避けたるも其談片を總合する
に大要左の如し.

東支鐵道の共同管理は米國の態度を尊重し其意嚮は鐵道政策を左右
し得る力あるも新政府は從来の政策と踏襲し来り近き將来に之を變
更する模樣あるを見ずスチーブンス氏は六月十六日頃横濱に到達し
更に將東を視察して哈爾賓に来る豫定なり氏は身を軍籍に置き陸軍
大佐なれど軍人若くは政治家と云ふよりも鐵道運輸に四十五箇年の
永き經驗を有するだけ鐵道界の老練家と云ふべく斯の如き人の共同
管理委員長たることは過任と云はざるべからず長春、哈爾賓間の滿
鐵管理延長に對する事件は之を發表するを得ず只滿鐵が最近に斷行

したる運貨値下げは東支鐵道に先鞭をつけられ

北満貨物 が多量に浦渦に輸運されしに驚きし結果に外ならず東支鐵
道は歐洲戰中満鐵との高率なる運賃値上げの圓定を無視したりと云
ふよりも満鐵が貨物吸收の政策及び機關を設くるに哈爾賓を眼中に
遺かざりしが落態なるべし東支鐵道の經營口は直らに列國の協同管
理を聯想するも現在既に協同管理の手に依って經營され居る以上は
別に形體を正式に改むる必要あるを見ず殖民地會議に於ける余の提
議の多くは當局に容れられざりしも各國の同じく共に必要とする財
力援助の件は遠からず實現するに至らん四國借欵團は此財力援助に
多大の注意を拂ひ居るも初めより之に何等の關係あるにあらず通商
問題は久しく輿論に上り居るも列國の態度未だ決定せず.

極東政權の基礎も確立せざる今日獨り日本のみが通商條約を締結す
べきにあらず英國の締結したりと傳へらるる對盛通商は歐露方面に
限られ其範圍が極東をも包含する迄に有效なる形勢にあるとは思惟
されず六國代表委員會議は元来列國駐兵の爲めに必要を認められて
設けしものなれば各國既に撤兵したるも日本の未だ撤兵せざる口め
に口口口口尚存續し居れり今回のニコリスク及び浦潮政變は極東に
とり口めて重大意義 あるを口む若し之を輕んじて従来の二の舞のの
線返しと見る者ありとせば觀測の誤りなり一兵の力を籍らずして政
權の無造作に右黨の手に移りたるは曽つて久しく赤化したる極東一
帯の民心が既に左黨に口き果てたる所以なれば今後左黨が再び冒頭
して政權奪回を圖らんとするも軍隊の進路を求むるに東支鐵道は既
に露國の專管經營を離れアマール線は沿線到處白化の氣分横溢し居
りて之が討伐容易のことにあらず今後は却つて右黨の勢力西方に向
つて漸進するに至らん.

495. 滿鐵東支運賃競爭, 大阪時事新報, 1921.06.02

滿鐵東支運賃競爭, 北滿特産物爭奪

北満の特産物である豆粕及豆類が勞銀の低落と鐵道の貨車配置復舊

とによって從来大連方面に輸送さたたものが俄に浦塩方面に輸送さ
るるに至つたので満鐵側では大いに狼狽し之が對抗策を講じたが其
の結果五月十一日から運賃を三割方引下げて貨物の爭奪に努めたた
め多少の效果はあつたが未だ東支鐵道の運賃が約四割方安く北滿か
ら大連迄の運賃に比較し豆粕頗當り八圓豆類同七圓五十錢方低位に
あるので依然貨物の大半は東支鐵道によって浦塩方面に輸送されて
居るやうな狀態である最も内地への海路運賃は往航貨物不振のため
浦塩の方が大連に比し三割方高いから結局満鐵を經て大連より内地
に輸送さるる方が一割方高くなる勘定であるから貨物の大半が浦塩
に集中されることは理の當然であるが唯だ茲に荷主の杞憂とする所
は今後東支鐵道が現今のやうに貨車の配置を繼續することが出来る
や否やの點にあるといふことが東支鐵道の方では若し満鐵の運賃引
下によって今後北滿の貨物が大連に集中されるやうなことが有つた
ら更に運賃の引下を断行するといふ意嚮であると.

496. 東支鐵道運賃整理, 大阪朝日新聞, 1921.07.02

東支鐵道運賃整理

東支鐵道は口に穀物運賃の低減を断行し満鐵をも其對應的運賃低減
策を立つるの餘儀無きに至らしめたるが昨二十八日在北京のオスト
ロウモフ長官より東支鐵道口に達せる電報によれば材木、豆、油、
粉糖其他に關する運賃低減を附議せりと云ふ株主總會の問題として
は如何とも思はるるも機關紙の云ふ所によれば此點に就ては相當に
失業者を満足せしむべく信ぜられるとの事である同鐵道の一般的運
賃整理の意あることは匯傳へられたる處なれば此際或は實現さるべ
く自然種々の影響を口すであらうと思はれる.(哈爾賓特電二十九日
發)

497. 東鐵改賃對策，東京日日新聞，1921.08.13

東鐵改賃對策

長春日支實業家早川社長に懇談

【長春特電】（十日發）長春特産商代表商業會議所代表及支那特産商代表等は早川滿鐵社長に重ねて會見を求め午前十時先づ特産商代表より来る十月より改正すべき東支鐵道聯絡貨物に對する特定運賃は長春の消長に關する大問題であるとて大正九年迄の長春出廻り貨物の統計を舉げ東支鐵道の運賃改正及滿鐵との聯絡運賃制定後の貨物出廻り状態を詳しく説明し又馬車出廻りに對して附属地内に入る馬車は滿鐵地方事務所で車税を徴収せぬ事を力説した又支那代表者は今回の運賃改正の結果長春は一小部落となるべく是迄滿鐵附属地にて十数年間築き上げた基礎は根底より破壊せらるべき旨を述べた．之に對して早川社長は斯の如き説明は初耳だが馬車に對し二重税を課する世界にも類例なき不條理の制度は之を改正すべしと聲明し又支那人の利益は滿鐵のそれと一致するは云ふ迄もないから特定運賃改定に就ては充分考慮を拂ふ諸君の満足する様取計らふべしと契約したので代表者は早川社長の言明を信じて満足して引取つた早川社長はかかる日支代表的實業家の實際に關する説明を聴き非常に覚る處があつた模様であると．

498. 滿鐵の大打撃，報知新聞，1921.09.08

滿鐵の大打撃

北満に於ける貨物の争奪戰

北満洲に於ける貨物の大部分は從来東支南満鐵道に依つて輸送されたりしが最近に至りて浦港の整備並に烏蘇里の兩鐵道に於て貨物運賃率の値下げを決行したるを以て多く同鐵道を經由して東下するの

傾向を見るに至れり而してその結果は東支南満兩鐵道の連帯輸送に依る満鐵輸送收入は實に同鐵道の三分の一の實收を舉げ得るに止まるの状勢となりしが

△ 最近五月を 最高とし六月以降に至りては六割三分五厘の減收を示し之れに對し烏蘇里鐵道にありてはその閑散期にも拘らず六月に入りて俄然六百噸の増貨を見るに至れり從つて満鐵側の打擊の多大なるは勿論口に早川社長の東支鐵道總督宗小口氏長官オスタグース氏を訪問したるも恐らく此の問題に關聯して近く大連に於て兩鐵道連帯輸送に關する前後策の協定を為すに至るものの如く一方烏蘇里並に整備鐵道に於ては

△ 浦港に於て 之れが對策を講じ更に同鐵道貨物運賃の値下を實行せんとし先づ浦港荷積勞銀の値下を為すべく東部商業會議所長バラーフ氏はエグリシコ一埠頭勞銀値下の為め大飛躍を試みつつありて遂に北満に於ける貨物輸送の争奪戰の開始を見るに至れるが如し

499. 貨物連絡辨法, 동아일보, 1921.10.13

貨物連絡辨法

東支, 烏蘇里線

東支, 烏蘇里兩鐵道連絡輸送에 就하야 東支鐵道 「오스토로모후」長官은 □者海參威에 赴하야 烏蘇里, 東支兩線에 在한 貨物의 連絡輸送辨法四個條를 協定하얏는대 其內容을 略記하면 如左

一, 東支鐵道一帶의 穀類는 『쁘구라』 經由海參威의 輸出은 十月十五日부터 每日二十貨東로 할 事

二, 海港埠頭에서 東支鐵道로부터 出貨하야써 起重機를 建築하야써 直히 汽車로부터 汽船에 積込을 行하고 損耗를 多出하는 倉庫貯積을 要치 아니하도록 할 事

三、 貨物의 保險은 鐵道會社로부터 一半을 擔任하고 保險會社로부터
一半을 擔任할 事
四、 海港에서 東支鐵道의 出貨에 依하야 一千噸의 油를 容할 油槽 二
個를 建築하야 哈爾賓으로부터 輸入하는 豆油의 貯藏用으로하야
汽船의 積込輸出함을 待할 事
等인대 近々此의 實施를 見함에 至하리라더라. (長春)

500. 東支滿鐵運賃協定會議, 東京日日新聞, 1922.06.17

東支滿鐵運賃協定會議

十五日から開會

[上口特電] (十五日發) 東支鐵道と滿鐵との貨物運賃協定會議は十五
日長春に會し東支側は長官オストルゴフ重役フヒテル・ブニカリヨ
フ氏等始め一行十七名滿鐵側は理事大藏公望運輸部長梅野口貨物課
長宇佐美幹氏等一行廿一名で十五日は相互訪問答禮した後長春滿鐵
驛樓上會議室にて打合の上十六日から正式會議を開く口で一週間位
にて會議を終る豫定だが滿鐵はどこまでもその主張を徹す口に努め
萬一話が纏らない時は競争する覚悟であると.

501. 東支滿鐵連絡會議と其管理, 滿洲日日新聞, 1922.06.24

東支滿鐵連絡會議と其管理

東支滿鐵連絡會議は目下長春で開催されつつあるが該會議を視察し
て歸連した某消息通曰く元来東支鐵道は露華兩國で管理して居るの
であるが露國の盛んであつた當時其主權は殆ど露國で握り露國の
都合の好い事のみ計られて民國は全然其恩恵から除外されて居つた
然るに露國口懷後其位置が正反對となり今日では民國が其主權を握

つて居る併し凡ての施設を見るとどうも主權は民國にあるが其實は
露國にある様である即ち民國は露國が全盛時代 名實共握つて居つた
のに比して民國は其名のみを握つて居る感がある此れは今次長春會
議に提出されて居る議題が露國に益する所多くして民國には餘り及
んで居ない傾きがあるに見るも明かで此點は特に民國委員の注意せ
ねばならぬ重要な事である事實東支東部線と

鳥蘇里線との連絡が良好であれば浦鹽が大に繁栄するのであつて露
國が大に利するのである之に反し東支南部線と滿鐵との連絡が不充
分であれば南滿洲延ては民國全體の大打擊で民國が非常に不利を被
るのであるされば露國が主 權を握つて居つた當時は殆ど東支線及滿
鐵連絡の事は關却せられ居つた然るに民口に主權が移つてから若干
此方面の事が注意せらるるに至つたが未だ充分でなく矢張り露國を
利する事が主である如くである此れは今次の長春會議の東支鐵代表
オストロモフ氏の巧妙な手段に依るのであらうか民國委員は此口奮
起して滿鐵と良好なる連絡を保つ事は決して日本を利するものでな
く民國自身を利するものてあるとの大局から打算せなければならな
い然らざれば民國が折角掌握した主權も何等其口がない事となるで
あらう.

502. 東支滿鐵協定に異議を挾む英米, 大阪毎日新聞, 1922.07.20

東支滿鐵協定に異議を挾む英米

【浦鹽特電十八日發】東支鐵道長官オストロモフ氏が浦鹽を訪問し
たので日本の撤兵後ウスリー鐵道は到底維持することが出来ないか
らその一部を東支鐵道に併合し、東支鐵道を浦鹽まで延長する計畫
のためであるなどの臆測が行はれているが探聞するところによると
同氏は英米側の鐵道管理技術部員等が長春における東支、滿鐵兩鐵
道協定に對し異議を挾み同協定はウスリー鐵道の利益を無視したも
のであると唱へて口動するのでウスリー鐵道長官と了解を求めるた

めに来たもので數回の會見で十分な了解を得たとて十七日夜歸任の
途についたが同長官は語る.

本年度前半期の浦鹽經由の輸出口高は二千萬プードに達し後半期を
合すれば四千萬プードに達するだらうがこの数は運輸力の最大限度
であるから何等かの制限を設けなければ將来運輸が困難になる惧れ
がある、長春會議の協定に同意したのもこの意味においてである.

503. 日本在符拉迪沃斯托克之政策, 申報, 1922.07.25

日本在符拉迪沃斯托克之政策

北京電：日本一而撤回濱海省之軍隊，一而堵塞符拉迪沃斯托克對北
滿之門戶，而使遠東共和國因南滿鐵路之運用，在經濟上成日本之附
屬國，日本勢力若是。其歷時已久，欲支配哈爾濱商務集中點之企
圖，至此可謂終結，鐵路輸送商已正式與南滿鐵路立約，規定凡貨物
由哈爾濱以外運往由大連出口者，每噸可少付運費日幣三元五角五
分，此舉可吸收平時運赴符拉迪沃斯托克之貨物，轉至大連，同時中
東鐵路發行為期三百萬金盧布之債券，日本統一長春至哈爾濱松花江
碼頭鐵路軌道之計畫，遂愈近實現之期，而日船之行于松花江及阿穆
兩者，其所運之貨物可由日入上車直接裝載也。其結果將使中東鐵路
與西比利亞鐵路不相聯絡，然猶有重要影響者，則為日人之完全征服
滿洲是，蓋自滿鐵路減收運費後，符拉迪沃斯托克不能與大連競爭
也。

504. 浦潮輸出入解禁, 大阪朝日新聞, 1922.11.11

浦潮輸出入解禁 (浦潮特電十日發)

東支烏蘇里直通問題と砕氷船問題も近く解決

沿海縣の新時局に關聯し一時東支鐵道と烏蘇里鐵道との聯絡が杜絶

し多量の貨物がボグラニチナヤ驛に停滞するに至り兩鐵道とも至大の不便を感じていたが之が直通聯絡を回復すべく九日ボグラニチナヤ口に於て東支、烏蘇里兩鐵道代表者第一回會議が行はれた、烏蘇里側からは同鐵道の新長官カスター氏、チタ交通省全權代表イシチエンコ氏、東支側よりはプロシカレフ及び技師オーヘンベルグが東支鐵道長官オストロウモフの代表として參加し相互の聯絡問題を議題とし運賃率の協定、哈爾賓浦潮間の運轉開始問題を附議し大體の諒解を遂げ直通運行は九日から開始され浦潮港の砕氷船問題も諒解を遂げたるものの如く最後的協定成立は數日後にありと觀測されている、尚口に浦潮財政部長の命により白楊丸太材八千石の輸出差止め其他貨物の輸出も禁止となつたが其後該命令は解除され輸出入は依然自由となるに至つた右に關しチタ軍司令官ウボレーウイツチ氏は我領事館に左の如く辨明した.

一、白楊材の輸出に關しては白色政權との契約及び取引を一切承認せざる原則に基き既に白色政權に代金支拂ひを完了したと否とに拘らず新政權を支拂ひたる場合に於て輸出を許可する.

二、輸出停止問題に關しては白色政權が資却せる木材其他の輸出を防ぐ為め整理の終るまで一時停止せるものであつて政策として一般貨物に對する輸出を禁止せんとする如き計畫を有せず.

三、東支鐵道との直通問題は既に解決の運びに至り船舶業者及び輸出業者が重大なる利害關係を有する冬期港内の砕氷船の作業は現在計畫中であつて出來得る限りの便宜方法を取る筈である.

505. 東支鐵道併合爭議解決の會議, 大阪毎日新聞, 1922.12.30

東支鐵道辨合爭議解決の會議卅日ポグラニーチナヤで開催

【浦鹽特電廿八日發】烏蘇里鐵道が東支鐵道の一部を突如合併したことに關し烏、東兩派の間に引續き爭議中であるが東支鐵道は露國が既往において發表したる聲明並に兩鐵道の規約等に徵しても同合

併の不當である旨抗議を發し且つ一方烏蘇里鐵道に支拂ふべき運賃約三十萬留を差押へている、これに關し烏蘇里鐵道はポグラニーチナヤ以東エゲリシエリドまでの新運賃率を發表し、同運賃は今後直接烏蘇里鐵道に對して支拂はしめんとしている以上の爭議を解決すべく兩鐵道は哈爾賓商業會議所派をも加へて來る三十日露支國境ポグラニーチナヤに於て會議を開く筈である、本問題が勃發して以來日本人取扱ひの浦鹽港經由穀物は著しく減少したが外國人取扱ひの歐洲向け浦鹽港經由輸出穀物は益々增加の傾向を示している、今週中の輸出豫定量だけでも數萬封度に達するとのことである.

烏蘇里鐵道貨物運賃規定

東支烏蘇里兩鐵道による輸出業者の貨物運賃に關し人民委員會交通部長イチチエンコ氏は二十八日左の如く發表した.（東京電話）

第一、荷主は烏蘇里鐵道に支拂ふべき運賃を哈爾賓極東銀行に烏蘇里鐵道の勘定として前納すべし.

第二、荷主は右前納金を在浦鹽烏蘇里鐵道營業部にその都度納入することを得べし

第三、荷主は烏蘇里鐵道に支拂ふべき運賃を直接在浦鹽烏蘇里鐵道營業部に納附することを得.

第四、烏蘇里鐵道に對する支拂は總て沿海縣内に通用する貨幣又は紙幣を輸出運輸の爲め定められたる相場により遂行すべし.

第五、哈爾賓極東銀行支店は荷主より前金を受くると同時に本規定第一に基き烏蘇里鐵道廳または在浦鹽同口營業部へ前納者氏名及び金額を通知す、この通告により營業部は前金納入者たる荷主に對して積算を行ふ.

第六、烏蘇里鐵道廳は各荷主に對し新規定の適用により生ずべき凡ゆる支障を避けんがため本規定發表の日より一週間は特殊の取扱ひをなすべき口を通告す.

若し荷主が荷物を烏蘇里鐵道に對する運賃未拂の儘にてエゲリシエリド車頭より搬出をなさんとする場合は本規定公告の日より一週間内に於ける支拂保障を銀行がなしたるものに限り右搬出を許可す.

第七、荷主が若し貨物に火災保険を附することを望まざる場合には其旨在浦鹽烏蘇里鐵道營業部に届出ずべし.

506. 變改されんとする東支鐵道經營方針，大阪每日新聞，1924.10.17

變改されんとする東支鐵道經營方針

若し實現したら満鐵は大打擊少くも年一千萬圓の減收

【奉天特電十六日發】東支鐵道は露奉協約の結果赤色系の新幹部が就任し從來の經營方針を改革することとなつたが就中鐵道運賃政策についてこれまで満鐵と契約せる協定率を變改する意嚮があり既に東支鐵道新任長官イワノフ氏は烏蘇里鐵道との間に運賃問題の商議を進め東支鐵道沿線の貨物を浦鹽に集中せんとする計畫がある、右は歐洲大戰以前の運輸狀況に恢復せんとするもので白色系によつて満鐵と妥協したる地位を奪はんとする新方針であるが若しこの計畫にして實現せんか満鐵は最少限の見積において一個年約一千萬圓の運賃激減を來し營業上の大打擊となるのでその成行きを傍觀しているわけに行かず奉天側の東支鐵道新幹部を通じこれまで通り協定を續行せしめる運動のため満鐵大倉理事は十六日奉天總領事館において船津總領事の斡旋で理事袁金鎧、揚卓、劉哲氏等と會見して意見の交換を行ひ勞農側東支鐵道幹部の說得を希望する所があつた、東支鐵道督辨鮑貴卿氏とも同時に會見する筈であつたが鮑氏は遽に病氣と稱して會見に應じなかつた、尚大倉理事は十七日奉天發哈爾賓に赴き勞農側幹部と會見して満鐵側の意思を述べ運賃契約存續に努力する筈である.

507. 加拉罕反對洮齊路，申報，1925.05.14

加拉罕反對洮齊路

俄使加拉罕對於洮齊鐵路之建築，異常反對，據加氏對某要人談及，謂蘇俄對於中東鐵路決計交還中國自辦，只須俟俄法間之交涉妥協，中東路即可由中國借款收回，但在中東路未經中國收回之前，俄人對於中日共同經營之洮齊鐵路至為反對，加氏謂，日本南滿鐵道會社，蓄意壟斷北滿農產之運輸權者，已非一日，當一九二二年長春會議時，曾以百萬鉅資，賄于中東路之前俄局長渥斯特洛烏莫夫，使其修改中東鐵路運輸章程，以便從中取利，現在因為這個局長去職，尚在特區法庭審訊之中，恐中俄會議一經實現，無論中東路歸于中國，或由中俄合辦，於日人均多不利，故運動當地官吏，急行敷設洮齊鐵路，此線若成，則東路無論如何，決難為南滿鐵路對抗，現在南漢鐵路會社集資二千萬，在北滿各地，設立國際運輸會社，其用意即在輔助洮齊鐵路，俟洮齊鐵路竣工之後，為洮齊鐵路及南漢鐵路招攬貨載，洮齊鐵路之建築，實為蓄意破壞中東路之運輸權，中國不察，竟行允許開工，在東路未歸中國自辦之前，蘇俄礙難同意云云。

508. 俄使對俄兵與鐵路問題，申報，1925.05.29

俄使對俄兵與鐵路問題

奉天電，俄使對俄兵與鐵路問題，為二次抗議，張復謂奉軍所募俄兵，均入華籍，應有充兵義務。如見疑，可審查，惟此系另一問題，不能與正式會議混合。歐戰華人在外國充兵甚多，我政府未有異議，洮齊鐵路無論如何辦理，中國自由主權，豈能受外人無理之干涉？

509. 北滿鐵道問題, 大阪每日新聞, 1925.06.15

北滿鐵道問題

日露支三國の入組んだ關係

朝鮮鐵道から満洲における露支關係交通取調べの命を帯び同地方に
出張中であつた飯笹主任は十三日歸任した、その談に曰く.

洮齊鐵道 の敷設に對しては露國は非常に恐れあらゆる反對運動を試
みたが張作霖氏は支那の領土に鐵道を敷くのに露國の干渉を受ける
譯はないとて工程を進めている、多分本年度中には完成の見込であ
る、この鐵道が出来れば北満地方は満鐵と運輸系統を異にしている
東支鐵道によらず、満洲開發上に新紀元を画するに至るであらう.

北満地方 における特産物は生産数量は約二百五十万トンでこれが搬
出の徑路は (一) 東支南部線を經て満鐵に出ずるもの (二) 東支線
およびウスリー線を經て浦鹽に東行するものがあり満鐵は其数量を
東行四分、満鐵六分に協定しようとしばしば會議を開いたが今に未
解決のままになつている、その結果相互貨物の吸集に全力を傾注し
て運賃の競争猛烈を極め現在の情勢においては南行六分五厘以上を
占め東支、ウスリー線はあくまで競争を繼續するの不利益なのを自
覚しすでに非公式に協定の下打合會をしているから近く正式に根本
的解決を見るであらう.

松花江 航行問題については露國帝政時代に露國が自由にやつていた
が露國の動乱以来すべての行政權を支那が回收した松花江は東支線
の大なる栄養線であるが東支鐵道は多少の汽船を擁して航行する口
が出来ないで困つている、もし露國が強ひて航行すれば兵力で對抗
すると支那側は鼻息が荒く現に沿岸に兵を出して示威運動をやつて
いるこれがため松花江の船運貨は平常の二倍に暴騰しハルビン地方
の特産物商は大打撃を受けている. (京城發)

510. 粟運賃引下 中東鐵道의 打擊, 시대일보, 1925.06.25

粟運賃引下 中東鐵道의 打擊

중동철도의 해항 집중책에 脅威을 感한 만철 급 조선철도국은 결국 此와 堂堂히 對抗하기로 협의가 되어 유월이십삼일부터 국선은 종래의 朝鮮 內通過粟에 대하야 一割引의 特定運賃을 中東線 各驛發南滿連絡安東 轉送의 □으로 元山及釜山着의 것에 限하야 二割五分까지 引下하기로 되엇다. 此와 同一步調에 出하는 만철이 통과화물에 대하야 얼마나 한 할인특정을 하얏는지는 중동선에 대한 躊躇로 一切秘密에 附하나 다만 元山着의 철도운임이 海港經由에 比하야 十圓이 高하얏스나 今回의 特定으로 겨우 同額이 되엇다고 鐵道局에서는 말함으로 滿鐵의 引下程 度도 窺察하기에 足하야 滿鐵이 安奉線에 對하야 츠음 取한 運賃引下 이다. 此에 對하야 中東鐵道가 다시 汽船과 提携할지 或은 單獨히 運 賃引下를 行치아니하면 滿鐵을 經由함이 輸送의 正確及遲滯를 期하는 便宜가 잇고 또 船積에 依하면 約百分之三의 荷□를 生하나 그러나 鐵 道에 依하면 其憂慮가 업게되어 結局荷主는 鐵道에 依하는 것이 有利 한 結果가 될 것이다. 目下中東鐵道의 四部沿線에는 約一萬噸의 粟滯 貨가 잇다하는데 此等의 거의 全部는 朝鮮에 輸入되난것갓홈으로 鐵道 局及滿鐵은 目下國際運送을 此貨物吸收에 全力을 注하며 그리고 鐵道 局國際運送間에 交涉이 되든 中東線發貨物運賃의 拂涙問題도 此運賃 特定割引決定과 同時에 解決된듯하다고 한다.

511. 滿鐵の向うを張る露國の鐵道計畫, 大阪朝日新聞, 1925.08.18

滿鐵の向うを張る露國の鐵道計畫

黑龍江省橫斷線を交涉

【大連特電十六日發】洮南より齊齊哈爾にいたる洮齊鐵道の工事は

着々進行し、今年十月頃をもつて完成の豫定にて該鐵道完成の上は
滿鐵本線の培養線として多大の望みを囑れているが、最近傳へられ
るところによれば勞農政府は右洮齊線の牽制策として賓黒鐵道の別
線たる齊黒鐵道、すなわち齊齊哈爾より大黒河に口ずる黒龍江省橫
斷鐵道の敷設權を獲得せんとして種々画策中である、もしこの交涉
成立せんか目下東支鐵道より材料及び改築費融通を條件として現に
齊々哈爾、昂々谿間を運轉しつつある支那側輕便鐵道を露國式の五
フート廣軌に改築の交涉進捗中なると相竣つてますます洮齊線の價
値を減少するわけで滿鐵側では頗る焦慮している、右齊昂輕便鐵道
の改築がなり、且つ齊黒鐵道の敷設を見んか目下長春において行は
れつつある貨物積換は當然齊齊哈爾で行はるることとなるべく、更
に齊黒線が開通して黒龍江省を橫斷してその貨物を吸集せんか、該
沿線の貨物はことごとく同線に吸集され洮齊鐵道建設の目的の大半
消滅し、從つて洮齊線の滿鐵培養線としての價値は極めて貧弱とな
るわけである、北滿における日露兩國の經濟關係はかくてますます
銷綜紛糾を加へつつある.

512. 中東鐵道果實運賃引上 滿鐵의 對抗策, 시대일보, 1925.09.02

中東鐵道果實運賃引上 滿鐵의 對抗策

「奉天電」中東鐵道에서는 從來의 果實運送運賃이 一車에 二白五十六
圓假量이엇섯는데 今回此를 約 二倍로 引上하얏슴으로 同業者는 大端
히 困難하다는데 그만흔果實이 朝□□임으로 運賃을 引上하야 滿鐵에
對抗策으로 朝鮮果實을 元山으로 하야 海港에 集中하랴 하는 魂□인듯
하다고한다.

513. 重視되는 北滿鐵道, 동아일보, 1925.10.05

重視되는 北滿鐵道

北滿日露三國鐵道政策을 中心으로한 係爭은 이대로 방임하여서는 장래 삼국외교상의 중요안건이 될 운영인데 最近某所者情報에 依하면 黑龍省督辦 吳俊□氏는 張作霖氏의 諒解를 得하야 東中鐵道長官의 援助 下에서 이미 海林「마카셍콥」間의 鐵道敷設會社를 設立하야 着者計劃을 能行하는 바 右計劃은 大體로 左와 如하다.

會社名稱保□鐵道局, 資本金 一千萬元(外資를 一切 加入식하지안음) 建設路線「마카셍콜」에서 海林에 至하는 建設豫算 七百五十萬元 建設工程第 一年에 「마카셍콥」綏化間을 完成하고 其成績에 依하야 本年中에 保□까지 六十中里를 建設하는 듯하더라. (東京電)

514. 北滿洲の鐵道網, 大阪每日新聞, 1926.06.10

北滿洲の鐵道網計畫又は着手のもの十有一

【ハルビン七日發聯合】近年北滿各地ですでに建設に着手しあるひは計畫中に關する新鐵道を示すと次のやうである

▲ 長扶鐵道（長春より農安を經て伯都訥の扶余にいたる九十マイル、資本金二百五十萬円にして計畫中

515. 滿鐵の大脅威, 大阪朝日新聞, 1926.09.29

滿鐵の大脅威
ロシヤの浦港集中策
抜目ない画策いろいろ

【大連特電二十八日發】滿鐵に對抗する意味における露國のウラジ

オ集中政策は從来東支、ウスリ兩鐵道を通じ極端なる東行運賃割戻政策となつて現れたが最近更に

一、久しく問題となつていたウラジオ取引所の立會を開始したこと

二、ウラジオより上海に向け滿洲口口殊に高口の輸出促進並に上海より北滿に向け貨物のウラジオ吸收策を徹底せしめるため、有力なる上海支那商人七八名をウラジオ經由、東支鐵道沿線に招待して殆ど國賓のやうな待遇を與へたこと

三、從来大豆は口付けたが豆粕には手を出さなかつた國家貿易部が本年は豆粕買占めに口乎し然も極東銀行より東支鐵道の預金を低利にて借入れハルビンにおいて既に豆粕十一、十二、一月物百五十萬枚の大買付けをなせること

など益々挑戰的態度に出ているばかりでなく、又滿鐵の借欵鐵道たる洮南、昂口渓間の鐵道は日本側金融機關の不備と洮昂鐵道當局が滿鐵、東支の双方に秋波の使い分けをしている隙に乗じ洮昂鐵道沿線特産物の東支鐵道誘導に力を注ぎ、洮昂線泰来驛に東支鐵道商業部支部を設け附近農民に資本を貸付け金數をなすなど口目なく立廻り滿鐵に鼻を明さんと力んでいる故に十月の特産物出廻り期接近と共に鋒先ますます現るべく殊に本年の作柄は北滿豊作、南滿不作にして滿鐵の北滿特産物吸收の必要一層緊要なるものがあるから本年は東支、滿鐵間に火の出るやうな北滿貨物争奪戰が行はれるだろうと.

516. 日本に刺戟され東支鐵の新計畫, 時事新報, 1927.09.06

日本に刺戟され東支鐵の新計畫

培養線を敷設

(哈爾賓特電三日發) 田中内閣の滿蒙開發に關する新政策に刺激せられてか、東支鐵道に於ても北滿開發の為め培養線敷設の計畫を進め、二日同鐵道重役會は吉林から三姓に到る吉三鐵道の一部たる東鐵東部線一面坡三姓間延長百五十露里の一三鐵道を約三百萬元の資

金で敷設し沿線及び松花江沿岸の穀類二百萬ブード、木材一千萬ブードを吸収するに決し目下東鐵督辨署から吉林督辨及び張作霖氏に向つて之が敷設及び營業權獲得方を交渉中である。又重役會は北滿特産物の重要産地たる西部線安達方面に於て豫て地方民の計畫する安達拜泉間延長百三十四露里の安拜鐵道及び安達の隣驛滿溝より肇東に到る三百露里の鐵道敷設に對し財政及び技術上の援助を與うるに決定した。此二線が建設された暁は同方面の穀類約三千萬ブードは東支鐵道に吸收せられ最近支那側で建設を終つたばかりの賓黑線の一部呼海鐵道の營業に致命傷を與へ又前記一三鐵道は從来松花江により哈爾賓に集まつた穀類の中十五六萬噸トンを浦潮に直送することとなるので當地商業界は右の決議を重大視して居る.

517. 露支合辨で東鐵貿易機關，東京朝日新聞，1927.09.24

露支合辨で東鐵貿易機關，大連で設立の協議中

實現すれば滿鐵に大影響

【ハルビン電通廿二日發】東支鐵道ロシア側幹部は支那側に對し對東鐵態度を變更し東鐵をあくまで純然たる營利的企業とし露支協力北滿の經濟的開發を力説して支那側懷柔に努力しつつあり即ち東鐵副理事長ラシエウイツチ氏はウラジオ向け四分五厘大連向け五分五厘の現行滿鐵ウスリー兩鐵道間の北滿特産物輸送數量協定改訂につき大連で滿鐵と折衝したがウスリー側の提議は過去の歴史を無視した虫のよすぎるものだと一蹴されたため滿鐵に對抗しウスリー鐵道、ウラジオ港の繁栄を計ることとなつたのであるラ氏は南滿各地の東鐵代辨所の營業狀態を視察し目下大連にある東鐵管理局長エムシヤノフ氏は上海に行き同地で支那側總商會、王正廷その他内外人を網羅し資本一千萬（東鐵民間折半）をもつて合辨東鐵貿易機關を設置し浦潮との聯絡を計り北滿貨物のウラジオ吸收策を講ずる外過般東鐵理事會で決定したロシア側提案に係る東鐵の三倍養線布設案

中ロシアは東三省より東鐵東部幹線一面坡に到る支線を更に黒河に
延長し目下行惱み中の口南チチハル線の黒河延長の先手を打ち沿線
の開發黒龍江水運を業とするロシア國營船舶部黒龍鐵道の經濟的振
興を計らんとするのであるこれが實現の曉は滿鐵の受くる影響は甚
大なるべく滿鐵ウスリー東鐵三者間に特産物のみでも年産高三百萬
トンに達する北滿貨物の激烈なる争奪戰が開始さるるであらう.

518. 東鐵俄副局長近赴大連, 申報, 1927.10.25

東鐵俄副局長近赴大連

北京東鐵俄副局長, 近赴大連, 與滿鐵當局, 有關於東路之某項重要
接洽, 中國方面極注意. （二十四日下午八鐘）

519. 露國、東支鐵の支線增設を計畫, 國民新聞, 1928.02.17

露國、東支鐵の支線增設を計畫

支那側に內々運動中
ハルビン十五日發某有力な方面に達した情報に依れば

勞農側は最近頻りに奉天露國の交歡を希望し、北京政府の財政を諒
察し、其の借欵に應ぜんとし、東支鐵道督辨の肝入でハルビン極東
銀行支配人ボリスキン氏を北京に派遣した督辨の申込金額は二千萬
元であるが、勞農政府は斯くの如き巨額に應じ得ないが、或る程度
迄の金額には應ずる意圖らしい.

最近勞農側は東支鐵道の支線增設を希望し支那側に對し內々運動し
ある形跡であるが、其の主なるものは左の二線である.

一、安達拜泉線

一、穆稜密山線

名、民政四名、革新一名、中立三名合計十四名の殆んど三倍に達す

る立候補で、非常な混戦状態を呈し一寸豫想がつかぬが政民各二名
の當選は確實なるべく残り一名は革新、中立で争うものと見られて
いる．

熊本縣＝【熊本電話】熊本縣の選舉はいよいよ白熱化して来たが、
政友民政兩黨も共に文書戦は一向振はず、ポスターの如きも平凡極
まる物のみであるが、言論戦は極めて盛んに極めて猛烈にして昼夜
に亙り一日に候補の演説會十数回に上るが如きは珍らしからず、然
し民政黨各候補の地盤が各々嚴守され整然たる歩調をとりおるに比
べ、政友會の各候補は文書戦も言論戦もややもすれば同士討ちの有
様で、同日同地方に同派の兩候補が文書を送り或は演説會を開き幾
分乱戦の觀を呈している．

520. 露支競争線の活躍で滿鐵收入の激減, 大阪朝日新聞, 1928.08.08

露支競争線の活躍で滿鐵收入の激減

目下對策に腐心中

滿鐵會社の生命である北満の特産物輸送は最近東支鐵道およびウス
リー鐵道の活躍によつて夥しき影響を受け一時は南行するもの三割
に對し東行七割に及んだこともある、これが結果として滿鐵の鐵道
收入は四、五、六、七の四ケ月間においてつぎの激減を見るに至つ
た．即ち輸送貨物が四ケ月間合計六百一萬三千百十トンにて昨年同期
に比し二十九萬八千六百トンを減じ、貨客運賃は三千六百八十萬八
千四百二十九圓にて九十九萬九千八十八圓の減、貨物運貨のみにて
は三千五十二萬二千五百圓にて百二十五萬三百九十一圓の減少、し
かしてこれに滿鐵従来の運賃収入自然増加率一口を見込むときは約
四百萬圓前後の激減を来してをる．
これが原因は出廻り閑散期であるほか
一、露貨チエルオネツの暴落によつて東行運賃が割安となつてをる
　　こと

一、浦潮港の設備が改善されたこと

一、アメリカ・ナシヨナル・シチーバンクの浦潮支店が東行貨物に
　　對し特に金融的援助をしてをること

一、昨年の北満大豆が水豆にて混合保管に適合せぬもの多くしたが
　　つて南行数量の激減したこと

一、特産買付の満鐵特別機關たる成發東が東三省當局の特産買占め
　　に妨げられて豫期の如き成績をあげ得ざりしことなどにて満鐵
　　當事者はこれを一時的の現象となし新特産期の出廻り増加を期
　　待してをるものであるがウスリー鐵道よりは現勢を理由として
　　満鐵との間に協定比率東行四・五、南行五・五を逆に東行五・
　　五、南行四・五と改訂することを要求しているほか打通線、奉
　　海線などの支那新鐵道が満鐵の競争線として脅威を加へ来るな
　　ど満鐵としては極めて重大な時機に臨んでをるわけで満鐵當局
　　は奉天當局との連絡、培養線の敷設、運賃率の改正などの對策
　　を講究中である.

521. 滿鐵と東鐵間の運賃協定破る，大阪朝日新聞，
　　　1928.09.10

滿鐵と東鐵間の運賃協定破る東鐵側は八日から片務的新換算率を實施

【ハルビン特電九日發】北満貨物の東行、南行に關する滿鐵、東支
鐵道間の運賃換算率改訂交渉は過般来満鐵宇佐見鐵道部長、東支鐵
道エムジヤノフ管理局長間に行はれていたが東鐵側は國債下落せる
今日現行換算率（百金ルーブルに對し百三圓六十錢）を繼續する時
は東鐵のかうぶる損失莫大なるものありとの持說を頑強に突つ張り
新換算率一律に百金ルーブルに對し百十四圓八十錢と定め、片務的
聲明により八日より實施するにいたつた、かくて両者の交渉は事實
上決裂となつたが数年来の両鐵道協定を破り、一九二二年の第七回
長春會議の協定を無視する東鐵今次の非友誼的態度により特産物出

廻り期を控へ兩鐵道間に極めて激烈な北滿貨物の争奪戰の火盗が切
つて落されるであらう.

522. 南滿東支兩鐵道連絡貨物新換算率，滿洲日日新聞， 1928.09.22

南滿東支兩鐵道連絡貨物新換算率，いよいよ二十五日から實施

◇……廿二日満鐵發表

過般来種々物議を醸したにも拘らず、遂に實施する事になつた東支
　鐵道の金留對圓の新換算率は、南満、東支兩鐵道貨物聯絡運輸
　に對し、左の如く適用する事となり、廿五日より愈これを實施
　する旨満鐵當局より發表された
一、満鐵發貨物に對する場合
イ、東支鐵道收得額を満鐵に於て收入する場合は換算率金百留－金
　百十四圓八十錢
ロ、満鐵收得額を東支に於て收入する場合は換算率金百圓－金八十
　七留十一哥
二、東鐵發貨物に對する場合
イ、東支收得額を満鐵に於て收入する場合は換算率金百留－金百十
　四圓八十錢
ロ、満鐵收得額を東支に於て收入する場合は換算率金百圓－金八十
　七留十一哥

523. 十一月實施の東鐵換算率，滿洲日日新聞，1928.10.27

十一月實施の東鐵換算率，十月に比し五十錢下げ百十一圓六十錢に決定

廿六日某所着電に依れば来る十一月一日から變更實施さるべき満鐵

東支兩鐵道間貨物連絡運輸の新換算率は左の如く決定した.

◇満鐵發貨物に對するもの
イ、東支鐵道收得額を満鐵に於て收入する場合の換算率は金百留を
　　金百十一圓六十錢に
ロ、満鐵收得額を東支鐵道に於て收入する場合の換算率は金百圓を
　　金八十九留六十一哥に

◇東支鐵發貨物に對するもの
イ、東支鐵道收得額を満鐵に於て收入する場合の換算率は金百留金
　　百十一圓六十錢に
ロ、満鐵收得額を東支鐵道に於て收入する場合の換算率は金百圓を
　　八十九留六十一哥に
即ち之を十月中の換算率百十二圓十錢に比すれば五十錢を低下する
こととなつた.

524. 東支鐵道クロス線の蒙昻間愈々開通, 國民新聞, 1928.12.25

東支鐵道クロス線の蒙昻間愈々開通, 何れは連山灣に出るもの と我満駿鐵道政策上重大視さる

満鐵が洮昻鐵道の敷設を引受けて以來既に四ケ年になるが其間問題
となつて居た東支鐵道橫斷チチハル聯絡即ち濱古氣、昻々溪、チチ
ハル間約二十哩の鐵道は支那側に於て獨斷にて之が敷設にとりかか
り本年六月工事に着手したのであるが十二月六日完成したので去る
十三日より營業を開始するに至つた此鐵道は黑龍江省の資本約百萬
圓を投じて敷設されたもので克山チチハル線の支線となる筈である
これに依りて支那最近の主張である支那の鐵道は支那人に依りて敷
設すると云ふ一端を實現せしめたもので延いては連山灣に出ずる計
實の現れとして我満蒙特殊權益上注目されて居る.

525. 多年の癌であつた北滿貨物協定成る，大阪朝日新聞，
1929.01.31

多年の癌であつた北滿貨物協定成る爭奪戰もやむ

【ハルビン特電三十日發】昨年来ハルビンにおいて交渉頻繁中の満鐵、鳥鐵、東支の三線運輸協定會議は本年に入り鳥鐵長官シユルサレンコ氏の来哈にまち、宇佐美満鐵鐵道部長、東鐵管理局長エムシヤノフ氏三者の間に交渉著しく進捗し、最近に至り協定文作成に成功し殆ど調印をまつ有様となつた新協定文の骨子は

一、満鐵、鳥鐵間の輸送比率五十五パーセント對四十五パーセントを改定し、五十對五十の比率とすること

二、輸送調節常設委員會をハルビンに設置し東鐵管理局を加へて比率を監督すること

三、從来の比率適用貨物七種を更に擴大すること

四、東行南行貨物輸送賃を各別個に設定し、貨物を分配すること

五、換算率問題は金ルーブル建値制度を廢止し、現在外國貨（ドル）を標準貨とし、東行南行各別個の運賃制を確立するため換算率問題も自然に消滅すること

六、比率違約金制度はそのまま置くこと

なほ輸送調節委員會に東鐵は原則的承認を與へつつあるも、東支鐵道内部の露支關係複雜せるに鑑み現在ロシヤ側管理局長の權限内において輸送調節に参加することになつている結果正式調印には参加するに至らないと傳へられている兎に角本協定成立によつて多年北満の癌であつた貨物爭奪戰が停止され、北満經濟界に一新紀元を畫するものとして重大な意義があるただ、支那側の態度及び從来輸送競争によつて漁夫の利を占めていた東三省が輸送經路の選定極を奪はれる結果多少の動搖ありとみられている．

東支對満鐵運賃の換算率

【大連特電三十日發】満鐵對東支鐵道貨物連絡運輸に適用せられる二月中の標準率は左の如く決定した．

東支鐵道收得額を滿鐵において收入する場合の換算率は金百ルーブルを金貨百十三圓十錢、滿鐵收得額を東支鐵道において收入する場合の換算率は金百圓を金八十八ルーブル四二コペックとする、即ち一月中の換算率に比し一圓二十錢方高値となつた.

526. 滿鐵의 南下貨物 激增, 中東鐵道의 回收로, 동아일보, 1929.07.30

滿鐵의 南下貨物 激增, 中東鐵道의 回收로

中東鐵道 回收事件 以來 滿鐵의 南行貨物은 激增을 來하고 잇는데 最近 四日間의 數量은 七百六十六車 三萬四千二十九噸 平常의 一日平均 六, 七十車에 比하야 約三倍의 增加이러라.

527. 運賃率と地帶問題はつひに審議未了, 大阪朝日新聞, 1931.02.03

運賃率と地帶問題はついに審議未了

東支鐵と滿鐵の妥協成らずきょう終る日滿連絡會議

運賃率問題で俄然暗礁に乗りあげて骨抜となつた日滿貨物連絡會議は枝葉問題の討議のみを續け二日午前の小委員會では貨車積載問題並にルーブル邦貨換算問題を議了し、午後の委員會に諮り三日は本會議を開いていよいよ最後の調印を了することとなつたが、かくてこの會議の主要問題たる運賃率並に地帶問題は審議未了のまま保留を聲明して會議を閉じるのやむなきにいたり、十五年振に開かれた日滿連絡會議も事實上決裂したものと見られ

東支鐵道の希望により開催された本會議も運賃問題については自説を固執して一歩も讓らない東支側の態度と二千萬圓に及ぶ北滿特産物の輸送量を脅かされる滿鐵と、これを支持する本省側の立場は到

底多くの譲歩を許さず、遂に妥協點を見出し得ずして終るにいたつたが、満鐵が本會議における運賃率協定によつて蒙むる損失は二十萬圓程度に過ぎないのに拘らず、この協定の結果近く満洲で開催される東支－満鐵の連絡會議に及ぼす重大な影響を憂い支那側鐵道との問題が複雑な折柄満鐵の生命たる北満特産物二千萬圓の輸送を浦潮に奪はれることをおそれるものである右につき久保田運輸局長は語る運賃率と地帯制度問題で東支側と満鐵側とがそれぞれの立場から極めて強硬な態度を持するため遂にこの重要問題を保留するのやむなきにいたつたのは甚だ遺憾とするところです、しかし近く開かれる東支－満鐵の連絡會議を初め今後の會議によつて何等かの妥協點を見出し得ることと信じますかくて北満特産物に對する日露の輸送競争にはやがて支那鐵道も割込んで紛糾を生ずべくその成行は頗る注目されている.

528. 日露支鐵道係爭を解決する會議, 大阪毎日新聞, 1931.07.14

日露支鐵道係爭を解決する會議

八月下旬ハルビンで開かる
満鐵の永久的安定策を樹立

満洲における日露支の鐵道係爭問題を解決せんとする日満連絡運輸會議は八月下旬よりハルビンに開催されることになり参加機關は鐵道省、満鐵、鮮鐵、北日本汽船、大阪商船、東支鐵道等であるが二十餘年来の難問題であつて常に決裂の原因をなしている.

連絡三經路即ち大連、朝鮮、ウラヂオ各經由の紛争を今回こそ是非とも解決しやうと意氣込みつつあり.この問題は東支鐵道がウラヂオの繁栄策として北満一帯の物資を満洲里よりボクラニチナヤを通じウラヂオを經て日本に運送せんとし運賃は大連または朝鮮經由に比し一割五分乃至四、五割の割引をなし満鐵の一大脅威となるもので紛糾の原因はここに存在しているがこの三經路の係爭は今や全く政

治的解決以外に望み薄となり機會あるごとに東支、満鐵の鬪爭を展開しつつあり現に七月上旬開かれた歐亞連絡貨物會議において

東支鐵道が満洲里、ボクラニチナヤ、ウラヂオ經由貨物賃率作成の件を提示し日本側の強硬なる反對によつて保留され、また満鐵提案の満洲里、大連、安東間運送貨物戾税假手續に關する件が東支側の絶對反對によつて同じく保留された然るに現下の情勢ではチチハル、葫芦島間に支那國有鐵道の全通を見、從來東支鐵道によつて輸送された北満の物資は漸次これに奪はれつつあり東支鐵道は極度の困窮に陷り満鐵また同樣の苦境に陷つたので、ここに兩者は從來の係爭を棄て何等か完全なる協定によつて支那鐵道のチチハル、葫芦島線に對抗せざるを得ない情勢に陷つたもので、しかもこの難局打開は満鐵側よりも東支側の多く焦慮するところであり、今年一月の日満會議が本問題のため決裂したにも拘らず東支側がさらに八月會議開催を要求し來つたのはこの心事を裏書するものである、しかして從來満鐵の後楯となつて來た鐵道省は解決の好機と見て萬全の策を立て満洲里よりウラヂオに至る東支本線貨物運賃の法外なる割引を中止せしめ三經路を同一運賃とし東支、満鮮（長春ハルビン間）と満鐵との連繫を密にして支那鐵道と對抗し永久的安定策樹立に猛進することになつた.

529. 蘇聯政府召東路要員返俄, 申報, 1931.11.01

蘇聯政府召東路要員返俄

北平 蘇聯政府以日人強佔滿蒙五鐵路，若果完成，足以威脅中東路，特派中東路副理事長前赴瀋陽，召該路幹部人員多名返莫斯科，詳詢一切。（三十一日專電）

北平 駐哈俄領昨訪日領，談一小時半，俄方近極活躍，重要人物接踵返國，東鐵副理事長亦回國。（三十一日專電）

530. 東支ザバイカル両鐵道の聯絡封鎖，大阪朝日新聞，
1933.04.09

東支ザバイカル両鐵道の連絡封鎖を斷行

満洲國ロシヤの不法に報ゆ

【ハルビン特電八日發】さきにマンジユリー驛における貨物のトランジット禁止を行つた満洲國政府は八日マンジユリー官憲に對しマンジユリー驛構内に敷設されているザバイカル鐵道および東支鐵道の連絡線封鎖方を命じ、ザバイカル地方貨物は既にボンドせるものに對しても税關の再檢査を行ふやう命令し、同時にこの旨東支鐵道ロシヤ側代表に對し通告を發した、右ロシヤ側が依然として東支鐵道所有貨物列車の自國領引込みを繼續し、積載貨物は税關に提出せるアプリケイションと多大の差異があり脱税の意圖明かなるためである東部線をも閉鎖か

【電通ハルビン八日發】満洲國政府は八日より正式に東鐵のザバイカル鐵道との連接を實力をもつて封鎖したが、これは東鐵ロシヤ側の不法行為による直通貨車露領運輸を阻止するためにして國際列車の歐亞連絡には何らの影響はないこれに對しロシヤ側は報復手段として東支鐵ロシヤ從業員の總罷業全線運行停止の舉に出ずるやも測られずとの説もあるが、これは結局ロシヤ側の不利となるので目下のところ事態はそこまで進展せざるものと見られているが、險惡の空氣はいよいよ漲つている、なほロシヤ側は東部線においても右と同様の不法行為をなしているのでウスリー、東鐵両線接續點ボグラニーチナヤにおいても同様實力行使に出でるものと見られている．
右につき東鐵管理局長ルデー氏同副理事長クズネツオフ氏、副領事スラウツキー氏は緊急會議を開き協議の結果、東鐵問題に關し即刻モスクワの交通人民委員會に對し事件の顛末を詳細報告し請訓した、かくて多年北満の癌とされていた東鐵問題はついに満、露両國の外交問題と化し、モスクワ政府の態度如何は頗る重視されている．

531. トランシスト問題俄然重大化, 神戸新聞, 1933.04.09

トランシスト問題俄然重大化
東支鐵とザバイカルの連絡を断乎遮断
露國側の不法依然繼續され満洲國強硬な態度

【新京八日發聯合】満洲國側の嚴重な抗議に拘らずソヴィエト聯邦側の不法トランシストは依然繼續され日々五十車内外の車輛がソヴィエト聯邦に牽引されつつある現状に満洲國交通部は断然たる態度に出で實力阻止を決意し東支ザバイカル連絡線を遮断せしめソヴィエト聯邦側の野望を封鎖したが萬一ソヴィエト聯邦側より抗議を提出するも満洲國側はこれを断乎一蹴するの態度を決定し極めて強硬な立場を持している.

【満洲里八日發聯合】満洲里駐屯満洲國官憲は中央よりの命令に基き八日東支鐵道とザバイカル線の連絡を遮断したがソヴィエト聯邦側の當地通行はこれにより完全に阻止されるに至つた.

【新京八日發聯合】満洲國政府は今時東支鐵道問題に關しソヴィエト聯邦側の行為につき近く聲明書を發し真相を明かにすると共にソヴィエト聯邦の不法態度の反省を要求することとなつた.
陰険極まる露國側の手段判明

【ハルビン八日發聯合】東支鐵道およびザバイカル鐵道に關してソヴィエト側では陰険かつ巧妙なる方法を講じていたことが判明した、即ち車輛のトランシストに對して東支鐵道からザバイカル鐵道に向けては耐永久なる貨車を嚴重點檢の上牽引しこれをそのまま流通すると共にザバイカル鐵道から東支鐵道局へはボロボロの貨車を送り東支鐵道の工場内で修繕させ更にザバイカルに引戻していたものである.
國際運行に支障なし森東支課長談

【ハルビン八日發聯合】森田交通部鐵道司長と共にハルビンに来た東支鐵道副理事長グズツネフ氏と會見後満洲里の現狀視察に赴いた森東支課長は満洲國政府の嚴然たる措置に關して八日左の如く語つた要するに從来の不正不合理を矯正するにすぎない、併し問題は飽迄不法とトランシストとの處置にあり満洲國政府としては歐亞連絡の要路を閉鎖せんとするものでなく今回のザバイカル線と東支線との連絡遮断により國際列車旅客には何等の支障もないことを強調したい、今回の處置により西部國境線におけるトランシスト問題は一先づ解決したが第二段の問題は東部國境ボグラニチナヤのトランシストである、これはウスリー鐵道と東支鐵道間にトランシスト協定が存在するため可成り複雜な問題である、しかし東部線のトランシスト問題解決ははじめて全般的解決が達成される譯である満洲國外交部冷静な態度.

【新京八日發聯合】満洲國外交部は今次の東支鐵道問題を單なる兩鐵内部の紛爭と見做し全然これに觸れぬ意向で静觀的態度をとつており一部に傳へられるが如く前ハルビン總領事スラウスキー氏に對し抗議するが如き事實はない、更に東支鐵トランシスト事件はこれ以上紛糾するが如きことはないとみられ冷静な態度を持している.

532. 拉賓、東支鐵のクロス問題, 東京朝日新聞, 1933.05.12

拉賓、東支鐵のクロス問題

満洲國、露國側に通告

【ハルビン特派員十日發】東支鐵道東部線と新線拉賓線（拉法とハルビン間）とのクロス點作業工事につき満洲國交通部は東支鐵道理事長李紹庚氏をして十日東支鐵道理事會席上においてソ連副理事長クズネツオフ氏に對し次の通り通告を發せしめた.

一、横断地點＝ハルビン舊市街東側

二、施行設計及び方法＝八メートル二連二十メートル一連の鍛けた
　　を架設す.

三、着手及び續行期間＝大同二年五年十五日より六月二十五日まで
　　の四十日間、追って東支鐵道既設電線路は横断鐵道建設及び發
　　行後の列車運行に支障を及ぼすから電線路をレール上に十メー
　　トルの高さを保つやう電柱を改めるか或は地下線に變更する
　　か、この費用は満洲國交通部の負担、或は希望により交通部で
　　實施しても差支えない.

露國側本國に請訓

　　【新京十日發電通】満洲國交通部は拉賓線のクロス問題につき東鐵
理事會に通告したが、副理事長クズネツオフ氏はルーデイ局長と共
に直に領事館にスラウツスキー總領事訪問右に關し重要協議をなし
取り敢ず モスコー政府に對し満洲國は一方的通告により十五日より
拉賓線の東部線クロス陸橋工事を開始せんとする事を報告請訓した.

533. 中東路將歸滿鐵經營, 申報, 1935.01.25

中東路將歸滿鐵經營

▲ 俄僞協定三月中簽字

長春僞滿將於中東路交涉簽印後, 委託滿鐵公司經營該路, 該契約將
與中東路簽印同時, 由僞外相謝逆介石及滿鐵公司林博太郎簽印.
　(廿四日華聯電)

東京　中東路交涉, 事實上於廿二日成立, 蘇聯方面關於退職資金支付
　　之回訓, 昨日已到東京, 本日加資諾夫斯基與東鄉局長會談後,
　　即移交日滿協定文起草委員會, 約一月起草完畢, 又日俄交換文
　　書之把府諮詢奏請手續, 亦須兩週, 故外務省認俄滿協定之簽字
　　當在三月十四五日.　(廿四日電通電)

長春　「滿洲國」接受東路後, 將以日本人及白俄補充蘇聯國籍之職

員，又蘇聯國籍職員總數達六千八百餘名，占全職員百分之四十一。 （廿四日電通電）

534. 中東路決由滿鐵經營，申報，1935.02.18

中東路決由滿鐵經營

▲ 僞將在日發行公債

東京 對滿事務局於東路讓渡完畢後之東路經營方針，頃已內定，其大綱如下：一、委託滿鐵經營，一、滿鐵以東路經營之純益，償還「滿洲國」國債，如償還之利有不足時，則由滿鐵貸以不足之分，一、東路運費，與國鐵同額低下，一、滿鐵以應急費五千萬元，修理東路之軌道車輛等，一、東路之現在職員，先行全部解雇改行採用。 （十七日電通電）

東京 關於收買中東路之金融方法，目下以對滿事務局爲中心，與「滿洲國」方面及關東軍方面均取得聯絡，並加以慎重考究，其決定之情形大致如左：一、收買中東路之資金計一億七千萬元，以「滿洲國」公債充之，發行於日本內地之金融市場，決定由銀行團承受該項公債之全部，二、該項公債暫不發行其全額，僅就其現欸之形式其現欸與貨品代價，及其辦事人員之退職金等所必須發給之部份分別發行，三、該公債之擔保即以中東路全線充之，而採用伸縮抵押制，四、中東路買賣成立後所急需之三千萬元至四千萬元，當以「滿洲國」向滿鐵借欸之形式由滿鐵出，五、其餘關於中東路必要之金融，決定由該銀行團妥籌，倘市場發生變動，而該項金融陷於無法交涉之際，當由大藏省存欸部承受該項公債，行使其他全體上之援助，亦經獲有諒解矣。

535. 중동철도의 지도는 남만철도국으로 넘어간다, 선봉, 1935.03.30

중동철도의 지도는 남만철도국으루 넘어간다.

도-쿄, 23일발.(따쓰), 신문 련합 "대련긔자는 중동철도 조약의 조인과 동시에 남만철도 관리국은 만주정부의 요구에 의하여 중동철도의 지도와 관리국을 인수한다"고 발표하였다. 거기에는 중동철도에 대한 지도가 남만철도의 총 철도 자국으로 실현될것이라고 지적하엿다. 중동철도의 전신 및 전화처소들은 남만철도의 관리국으로 하여금 만주의 전체 전신 및 전화련락을 징액한 일본-만주, 전신-전화 회사의 관활에 인계하여 주었다.

목 차(연대별)

523

526

527

529

531

533

535

537